Carsten Faschismus in Österreich

F. L. Carsten

Faschismus in Österreich

Von Schönerer zu Hitler

1977

Wilhelm Fink Verlag München

ISBN 3-7705-1480-7

Satz und Druck: Mittelbayerische Druckerei- und Verlags-GmbH, Regensburg
Buchbindearbeiten: Großbuchbinderei Monheim, Monheim

INHALT

VORWORT

Angesichts der außerordentlich umfangreichen Literatur über den Nationalsozialismus und den italienischen Faschismus ist es merkwürdig, daß verhältnismäßig wenige Arbeiten über die faschistischen Bewegungen Österreichs erschienen sind, die sehr eng mit beiden verbunden waren. In der Tat wären diese Bewegungen kaum zu einer wirklichen Gefahr für die bestehende Ordnung geworden, wenn sie nicht umfangreiche Hilfe aus Deutschland und Italien erhalten hätten. Doch gibt es nur einige Wiener Doktordissertationen (meist unveröffentlicht), ein paar Monographien und einige verstreute Artikel, die sich mit dem einen oder anderen Aspekt des österreichischen Faschismus befassen, sowie einige Bücher über die deutsch-österreichischen Beziehungen in den dreißiger Jahren. Was es meines Wissens bisher nicht gibt, ist eine umfassende Geschichte der österreichischen faschistischen Bewegungen und der vielen Wechselbeziehungen zwischen ihnen, keine Geschichte der Heimwehrbewegung, und keine der österreichischen nationalsozialistischen Partei.

Das vorliegende Buch will versuchen, diese Lücke zu füllen. Ich hoffe, zu zeigen, daß die österreichischen faschistischen Bewegungen stark von ihren Vorbildern in Italien und Deutschland abwichen, daß der österreichische Faschismus seine eigenen Wurzeln und Charakteristika besaß, daß die Beschäftigung mit ihm wichtig ist. In mancher Hinsicht ist dieses Buch eine Fortsetzung der Themen, die ich bereits in „Revolution in Mitteleuropa 1918–1919“ (Köln 1973) angeschnitten habe, denn die faschistischen Bewegungen waren eine direkte Reaktion auf die revolutionären Ereignisse dieses Jahres. Doch stellten sie nicht einfach eine Gegenrevolution dar, sondern sie enthielten selbst revolutionäre Züge. Das gab ihnen eine Stoßkraft, die eine rein reaktionäre Bewegung nie besessen hätte. Dies zu zeigen, ist der Zweck dieses Buches.

Meine Forschungen in österreichischen und deutschen Archiven hingen von der Erlaubnis ab, ihre umfangreichen Bestände für die Jahre bis 1938 zu benutzen. Dem Bundeskanzleramt in Wien und ganz besonders Herrn Hofrat Professor Dr. Walter Goldinger bin ich für die Erlaubnis zur Benützung der österreichischen Staatsarchive dankbar. Was die österreichischen Landesarchive betrifft, so gilt mein Dank vor allem dem Direktor des Vorarlberger Landesarchivs, Dr. Karl Heinz Burmeister; dem Direktor des Burgenländischen Landesarchivs, Dr. Ernst; dem Direktor des Steiermärkischen Landesarchivs, Hofrat Prof. Dr. Fritz Posch; dem Direktor des Oberösterreichischen Landesarchivs, Hofrat Dr. Hans Sturmberger; und dem Direktor des Tiroler Landesarchivs, Hofrat Dr. Eduard Widmoser. Für die Erlaubnis zur Benützung des Kärntner Landesarchivs habe ich Herrn Landeshauptmann Wagner und Herrn Hofrat Lobenwein von der Kärntner Landesregierung zu danken, die mir dies gegen starke örtliche Opposition ermöglichten. Nikolaus Graf Revertera gestattete mir freundlicherweise die Benützung einiger Aufzeichnungen seines Vaters im Herrschaftsarchiv Helfenberg, Oberösterreich. Mein besonderer Dank gilt ferner Herrn Dr. Gerhard Botz von der Universität Linz und Herrn Dr. Anton Staudinger vom Institut für Zeitgeschichte in Wien, die mich auf Quellen hingewiesen haben, die mir sonst vielleicht entgangen wären, und die mich in verschiedenen Detailfragen beraten haben. Prof. Dr. Karl Stadler in Linz ist es zu verdanken, daß mir mehrere Archive geöffnet wurden, wo zunächst lokale Schwierigkeiten bestanden.

Meine langen Aufenthalte in österreichischen und deutschen Archiven wären kaum möglich gewesen ohne die Hilfe, die ich großzügigerweise durch das Council der School of Slavonic and East European Studies, University of London, und durch das Institute of Contemporary History, London, im Rahmen seines allgemeinen Projekts zum Studium des Faschismus erhielt. Beiden gilt mein Dank; vor allem aber gilt er meiner Frau, deren Rat und Hilfe so viel zur Vollendung meiner Arbeiten beigetragen haben. Der Titel der englischen Fassung des Buches ist „Fascist Movements in Austria – From Schönerer to Hitler“.

London, im Mai 1976

F. L. CARSTEN

I. DIE VORLÄUFER: GEORG VON SCHÖNERER UND DIE ALLDEUTSCHEN

In den westlichen Ländern der österreichischen Monarchie – Tirol, Kärnten, Steiermark, Ober- und Niederösterreich und Teilen von Böhmen und Mähren – wohnten Menschen, die deutsch sprachen und sich als Deutsche fühlten. Im Gegensatz zu den Tschechen und Ungarn, den Polen und Südslawen, besaßen sie keine eigene Nationalität. Sie waren die treuen Untertanen des österreichischen Kaisers und spielten eine führende Rolle im Dienst der Monarchie, aber sie fühlten sich nicht als ‚Österreicher' im nationalen Sinne. Das war vor dem Ausbruch der Revolutionen von 1848 von keiner großen Bedeutung; der Deutsche Bund von 1815 schuf eine Art Einheit zwischen den vielen deutschen Staaten, und laut der Bundesakte übte Österreich den Vorsitz in der Bundesversammlung aus. Doch die Ereignisse des Revolutionsjahres gaben dem deutschen Nationalismus einen starken Auftrieb, innerhalb wie außerhalb der österreichischen Monarchie. Obgleich die revolutionären Bewegungen in ganz Mitteleuropa besiegt wurden und nach einer kurzen liberalen Phase der Absolutismus im Kaiserreich wiederhergestellt wurde, blieb der Traum von der deutschen Einheit wach, der Traum, der die erste die ganze Nation umfassende Bewegung und die Männer der Paulskirche beseelt hatte. Schwarz-rot-gold waren die Fahnen, die auf den Barrikaden geweht hatten und die von den akademischen Legionen in Wien und Prag getragen worden waren: schwarz-rot-gold blieben die Farben der nationalen Burschenschaften und Korporationen und der Turn- und Sportvereine, obgleich diese Farben von der österreichischen Regierung nach der Niederlage der Revolution verboten worden waren.

Innerhalb der Grenzen der österreichischen Monarchie nahm der deutsche Nationalismus in der zweiten Hälfte des 19. Jahrhunderts Formen an, die von seinen sonstigen Formen in manchem verschieden waren; denn unter den Untertanen des Kaisers waren die österreichischen Deutschen nur eine Minderheit. Sie fühlten sich bedroht durch den rasch wachsenden Nationalismus der Slawen, die zusammen die

Mehrheit der Einwohner der Monarchie bildeten. Laut den offiziellen Statistiken ging zudem der Anteil der Deutschen an der Gesamteinwohnerzahl der Monarchie langsam zurück: von 36,8 % in ihrer österreichischen Hälfte im Jahre 1880 auf 35,8 % im Jahre 1900 und 35,6 % zehn Jahre später, während die Zahlen für die fünf größeren slawischen Nationalitäten langsam wuchsen.[1] Nirgendwo in Deutschland befanden sich die Deutschen in der gleichen Lage. Der überbetonte Nationalismus der Deutschen in Österreich und Böhmen war eine Reaktion auf wirkliche oder imaginäre Gefahren – eine Reaktion, die oft über das Ziel hinausschoß und die durch ihre gewaltsamen Methoden dazu beitrug, die Gefahren, denen sie vorbeugen wollte, zu vergrößern.

Im Jahre 1861 gründete Julius Krickl, der in der Revolution von 1848 eine wichtige Rolle gespielt und in der Wiener Akademischen Legion als Offizier gedient hatte, den Ersten Wiener Turnverein. Seit diesem Zeitpunkt bildeten die Turnvereine einen integralen Teil der nationalistischen und völkischen Bewegung in Österreich. Die schwarz-rot-goldene Fahne des neuen Vereins wurde in der Ostsee getauft: ein Zeichen der preußischen und nordischen Einstellung der Gründungsmitglieder.[2] Nur wenige Jahre später schloß die Niederlage von Königgrätz Österreich aus Deutschland aus und entzog so den österreichischen Deutschen alle Rückendeckung, die sie von dort erhalten konnten. Die deutschen Nationalisten waren jetzt isoliert und sahen sehnsüchtig hinüber ins Deutsche Reich, das Bismarck auf der Grundlage preußischer Hegemonie und des Ausschlusses Österreichs errichtete. Das Deutsche Reich von 1871 wirkte als Magnet der nationalen Sehnsucht, und Demonstrationen zu seinen Ehren wurden an vielen österreichischen Universitäten eine tägliche Erscheinung. Als 1875 ein Kongreß deutscher Wissenschaftler in Graz stattfand, wurden vielfach riesige deutsche Fahnen gehißt; die österreichische Fahne und Nationalhymne wurden beschimpft und die deutschen verherrlicht. Bei einem Bankett zu Ehren der deutschen Gäste gab es weitere Zwischenfälle. Bei einer Studentenfeier an der Universität Graz einige Wochen darauf pfiffen die Teilnehmer laut beim Spielen der österreichischen Hymne und sangen demonstrativ „Deutschland über alles“, so daß die Feier von den Behörden abgebrochen werden mußte.[3]

Einige Jahre später machte sich eine andere Spielart des studentischen Nationalismus bemerkbar. Im Wintersemester 1878–1879 beschloß die Wiener Burschenschaft ‚Libertas‘, den ersten Punkt ihrer

Satzung, daß sie eine Vereinigung deutscher Studenten sei, so auszulegen, daß Juden keine Deutschen seien, auch dann nicht, wenn sie getauft wären. Die gleiche Satzung wurde dann von anderen Burschenschaften in Wien, Graz und Prag angenommen.[4] Bis dahin waren jüdische Studenten, die aus assimilierten Familien kamen und sich als Deutsche fühlten, von den Burschenschaften ohne Schwierigkeiten als Mitglieder aufgenommen worden (unter ihnen eine Reihe von später berühmten Namen wie Freud und Mahler); aber jetzt änderte sich das.

Der Antisemitismus in den Studentenverbindungen, wo er in den letzten Jahrzehnten des 19. Jahrhunderts immer stärker wurde, wurde zum großen Teil durch eine andere Furcht erzeugt, die vor der Konkurrenz, die Angst vor der Überrundung durch Außenseiter. Damals hatte Wien eine jüdische Minderheit von weniger als 15 % der Gesamtbevölkerung; aber an der Universität waren 1880 22,3 % der Jurastudenten und sogar 38,6 % der Medizinstudenten Juden.[5] In der medizinischen Fakultät waren 1869 30 % der Professoren und Dozenten jüdisch, und 1889–1890 48 %; während der gleichen Zeit stieg in der juristischen Fakultät der Prozentsatz der jüdischen Lehrer von 19,8 auf 22 an.[6] Im Jahre 1876 äußerte ein berühmter Professor der Medizin seine Befürchtung, daß „vorwiegend schlimme, galizische und ungarische jüdische Elemente“ nach Wien kämen, wo sie nur durch das Geben von schlecht bezahlten Privatstunden ihr Leben fristen könnten, und fügte in einer Anmerkung hinzu: „Man vergißt oft ganz, daß die Juden eine scharf ausgeprägte Nation sind, und daß ein Jude ebenso wenig wie ein Perser, oder Franzose, oder Neuseeländer, oder Afrikaner je ein Deutscher werden kann; was man jüdische Deutsche heißt, sind doch eben nur zufällig deutsch redende, zufällig in Deutschland erzogene Juden, selbst wenn sie schöner und besser in deutscher Sprache dichten und denken, als manche Germanen vom reinsten Wasser ...“[7] Die Auffassungen des Professors fanden ein starkes Echo unter seinen Studenten. Zwei Jahre darauf wurden die ersten Kontakte zwischen den antisemitischen Burschenschaften und dem Mann hergestellt, der der anerkannte Führer der ultranationalistischen Deutschen Österreichs werden sollte, dem Mann, dem fünfzig Jahre später Hitler seinen Tribut zollte: Georg Ritter von Schönerer.

Schönerer wurde 1842 als Sohn eines wohlhabenden Ingenieurs und Eisenbahnbauers geboren, der für seine Dienste in den Adelsstand erhoben worden war und sich als seinen Landsitz Schloß Rosenau bei Zwettl nördlich der Donau gekauft hatte. Sein Sohn Georg wurde vom vierzehnten bis zum einundzwanzigsten Jahr in Deutschland erzogen; dort beeindruckten ihn vor allem deutscher Fortschritt und Fleiß, die er seitdem ständig mit der österreichischen Schlamperei verglich.[8] In dem Deutschland der fünfziger und sechziger Jahre wurde er zweifellos ebenso stark beeinflußt von der allgemeinen Strömung des Nationalismus, dem starken Drängen nach Einheit, das auf bürgerlichen und wirtschaftlichen Interessen fußte. Der junge Schönerer studierte in zwei deutschen Staaten, in denen zu dieser Zeit die nationale Bewegung immer stärker wurde, Sachsen und Württemberg. Seit 1869 nahm er seinen Wohnsitz auf Schloß Rosenau, widmete sich der Bewirtschaftung seines Gutes und gründete die Land- und Forstwirtschaftliche Gesellschaft in Zwettl mit sich selbst als dem Vorsitzenden. 1873 wurde Schönerer mit 223 gegen 197 Stimmen als Abgeordneter für Zwettl-Waidhofen in den Reichsrat gewählt (das Wahlrecht war indirekt und stark beschränkt). Im Reichsrat schloß er sich dem deutschen Fortschrittsklub an, der den Ausgleich mit Ungarn vom Jahre 1867 ablehnte und statt dessen für eine reine Personalunion mit Ungarn eintrat. Der Klub war ferner für Abtrennung der rein slawischen Kronländer Dalmatien und Galizien von der österreichischen Hälfte der Monarchie, die so eine deutsche Mehrheit erhalten würde.[9] Vermutlich hätte man dann die größte slawische Nation in diesem Teil, die Tschechen, mehr oder minder leicht germanisieren können.

Im Reichsrat setzte sich Schönerer 1876 dafür ein, Österreich solle auf seine Großmachtstellung verzichten, die es nicht mehr aufrechterhalten könne, und den Dualismus mit Ungarn durch eine Personalunion ersetzen, so daß man „engere wirtschaftliche Wechselbeziehungen zu dem uns stammverwandten Deutschen Reiche anknüpfen" könne: „Wir Deutsch-Österreicher dürfen eben eine Wiedervereinigung, d. h. ein inniges Bündnis mit Deutschland niemals aus den Augen verlieren."[10] Zwei Jahre später ging Schönerer wesentlich weiter in seinem Drang nach deutscher Einheit und rief im Parlament aus: „Immer mehr und immer lauter und lauter hört man in den deutschen Kronländern den Ruf: Wenn wir nur schon zum Deutschen Reiche gehören würden, um von Bosnien und seinem Anhange endlich befreit zu sein!" Der Regierung sollten keine Steuern bewilligt werden, und falls sie bewilligt würden, sollten sie von der Bevölkerung nur bei Anwendung von Zwangsmitteln gezahlt werden. Am gleichen Abend und in der folgenden Nacht wurden in Schönerers Wohnung hunderte von Zustimmungskarten von Wiener Studenten abgegeben.[11]

Dies war der Beginn der engen Beziehungen zwischen Schönerer und den nationalistischen Studenten. Damit begann auch die Wendung Schönerers zum Antisemitismus. Doch zunächst blieben seine Äußerungen verhältnismäßig frei von Antisemitismus und eindeutig radikal. Anfang 1881 erließ er einen Aufruf an seine „Deutschen Stammesgenossen", der eine Reihe liberaler Forderungen enthielt, wie Pressefreiheit, freies Vereins- und Versammlungsrecht, Koalitionsrecht, Staatsaufsicht über die Katholische Kirche, obligatorische Zivilehe, Sicherung der ihnen gebührenden Stellung im Staat für den Bauern- und den Arbeiterstand, Erweiterung der Rechte der Genossenschaften und Gewerkschaften, Schaffung von Wirtschaftskammern und eines zentralen Volkswirtschaftsrates, Verstaatlichung der Eisenbahnen, usw.[12] Das Programm verband Radikalismus mit liberalen und antiklerikalen Forderungen, wie das der Tradition des österreichischen Liberalismus entsprach – Traditionen die auf die Regierung des ‚revolutionären' Kaisers Josef II. zurückgingen.

Viele dieser radikalen Forderungen wurden in dem bekannten Linzer Programm der Deutschen Liberalen wiederholt, das im September 1882 veröffentlicht wurde. Seine intellektuellen Väter waren neben Schönerer zwei später führende Sozialisten, Victor Adler und Engelbert Pernerstorfer, der später führende Christlichsoziale Robert Pattai und der bekannte Historiker Heinrich Friedjung; von ihnen waren zwei, Adler und Friedjung, jüdischer Abkunft, allerdings nicht Angehörige der jüdischen Religion. Abgesehen von den radikalen Forderungen verlangte das Programm, daß Deutsch die ausschließliche Sprache der öffentlichen Verwaltung, der Armee und der parlamentarischen Versammlungen sein solle, daß nur die, die fließend deutsch sprächen, öffentliche Ämter bekleiden dürften, daß eine engere wirtschaftliche und kulturelle Zusammenarbeit mit dem Deutschen Reich mit dem Ziel einer Zollunion hergestellt werden müsse; Dalmatien, Bosnien und Herzegowina sollten mit Ungarn vereinigt, und auch Galizien und die Bukowina von Österreich getrennt werden, so daß dessen deutscher Charakter eindeutig feststünde.[13] Anfang des gleichen Jahres beschloß der Deutsche Klub im Reichsrat, keine Juden oder Halbjuden als Mitglieder zuzulassen, und legte das auch in seinen Satzungen fest.[14] Das würde den Ausschluß von zwei Vätern des Linzer Programms bedeutet haben, aber beide waren zu dieser Zeit keine Abgeordneten. Doch das Linzer Programm selbst war defensiv in seinem Charakter, da die Deutschen Liberalen ihre Position in der österreichischen Regierung verloren hatten und ihre bisherige Vormacht gefährdet war.

Während der achtziger Jahre waren deutscher Nationalismus, Antiklerikalismus und Antisemitismus die Hauptbestandteile der Propaganda Schönerers. Noch vor der Veröffentlichung des Linzer Programms brachte er im Reichsrat Petitionen gegen die Einwanderung russischer Juden ein, die auf Grund von Verfolgungen Rußland verlassen mußten und deren Ankunft Besorgnisse bei den Wienern hervorrief. Diese Petitionen behaupteten, die Verantwortung für die Verfolgungen sei zum großen Teil den Opfern selbst zuzuschreiben: ihr Benehmen habe in Rußland „allgemeine Aufregung und Entrüstung" hervorgerufen, und diese Vermutung würde zur Gewißheit auf Grund der Bekanntmachungen der russischen Regierung, „daß vor allem die unproduktive und gemeinschädliche Gebarungsweise vieler russischer Juden die allgemeine Abneigung gegen dieselben hervorgerufen hat". Im Reichsrat beantragte Schönerer die Verlesung einer der Petitionen, weil sie die Stimmung der christlichen Bevölkerung zum Ausdruck bringe – „ich meine, der christlichen Bevölkerung, soweit sie noch nicht verjudet ist".[15]

Im Jahre 1885 wurde dem Linzer Programm ein letzter Punkt hinzugefügt: „Zur Durchführung der angestrebten Reformen ist die Beseitigung des jüdischen Einflusses auf allen Gebieten des öffentlichen Lebens unerläßlich."[16] 1887 unterbreitete Schönerer dem Reichsrat 2206 Massenpetitionen mit 37 068 Unterschriften gegen die Einwanderung russischer Juden. Dort betonte er die Differenzen, die ihn nunmehr von den Mitgliedern des Deutschen Klubs trennten: während sie den Antisemitismus „als ein bedauerliches Symptom" ansähen, betrachte er ihn „als einen Grundpfeiler des nationalen Gedankens, als Hauptförderungsmittel echt nationaler Gesinnung, somit als die größte nationale Errungenschaft dieses Jahrhunderts. Wir betrachten jeden als Abtrünnigen von seinem Volke, von seiner Nation, der das Judentum und dessen Agenten und Genossen wissentlich unterstützt ... Das internationale beutegierige Judentum hat tatsächlich auch bereits seine Krallen in den hehren Leib des germanischen Volkes eingeschlagen ... Unser Antisemitismus richtet sich nicht gegen die Religion, sondern gegen die Rasseeigentümlichkeiten der Juden, die sich weder unter dem früheren Drucke, noch unter der jetzigen Freiheit geändert haben ..."[17] Schönerer schlug vor, die Juden auf bestimmte Berufe zu beschränken und sie in Gettos zusammenzufassen.[18]

Dieser Übergang von einem Antisemitismus, der auf wirtschaftlichen und sozialen Motiven beruhte – Motive, die in Österreich weit verbreitet waren, zu einem Rassismus, der gleichzeitig die Überlegenheit der germanischen ‚Rasse' gegenüber anderen Rassen betonte, wurde Schönerers spezielles Charakteristikum, das ihn von der Mehrheit der Deutschen Nationalisten und Antisemiten unterschied. 1886 telegrafierte er an die Gründungsversammlung eines Turnvereins:

„Eh' werdet ihr die Katze lehren,
Daß ihre Art sie lasse,
Eh' ihr zu Turnern könnt bekehren
Des Judenvolkes Rasse!"[19]

Anfang 1888 übermittelten 407 Gemeinden des Waldviertels, wo Schönerers Gut lag, dem Statthalter von Niederösterreich eine Eingabe, in der sie erklärten: „Wir sind aber nicht gewillt, kosmopolitische Höflichkeiten gegenüber eingewanderten asiatischen Fremdlingen auszuüben, und wollen selbstverständlich, daß in unserem alten deutschen Landesteile bei Besetzung der Stellen in Ämtern und Schulen nicht Personen bedacht werden, die nicht nur unvollkommen der deutschen Sprache mächtig, sondern die auch der deutschen Art und Sitte und des deutschen Gemütes vollständig entbehren ... Sie haben sich in viele einflußreiche Stellungen eingenistet und benutzen und mißbrauchen dieselben im Sonderinteresse ihres Volkes; ... sie bedrücken die Bauern, Handwerker, Beamten und Arbeiter ... In Wahrheit sind die Juden eine fremde Nation und fremde Rasse, die gegen uns weder Humanität noch Toleranz zu üben geneigt ist, sondern es als ihr Stammesrecht betrachtet, uns mit Lug und Trug auszuplündern und womöglich ganz zu unterjochen ..."[20]

Zur Verbreitung seiner Ideen gründete Schönerer 1883 eine Zeitschrift, „Unverfälschte Deutsche Worte", deren erste Nummer verkündete, daß seine Anhänger niemals einen Juden, „weil er deutsch spricht oder gar sich deutschnational gebärdet", als deutsch betrachten oder die Vermischung von Deutschen und Juden billigen würden: „Auf dem ‚brutalen Rassenstandpunkte' stehend müssen wir vielmehr erklären, daß wir weit eher eine Vermischung ... mit den Slawen und Romanen für möglich halten als eine intime Verbindung mit den Juden. Sind doch die ersten als Arier mit uns stammverwandt, während die letzteren uns der Abstammung nach völlig ferne stehen ..." Doch hatte die Zeitschrift 1885 nur 1698 zahlende Abonnenten, von denen 1434 in Wien und Niederösterreich wohnten.[21]

In Wien entstand in den achtziger Jahren eine antisemitische Bewegung anscheinend ganz unabhängig von Schönerers Propaganda. In einer Massenversammlung im Oktober 1880 beschuldigte der Uhrmacher Josef Buschenhagen die jüdischen Hausierer, daß sie billiger verkauften als die Handwerker und Ladenbesitzer und so den Ruin des Handwerks verursachten. Im folgenden Jahre wurde eine Gesellschaft zum Schutze des Handwerks unter scharf antisemitischen Vorzeichen gegründet, und 1882 in den Österreichischen Reformverein umgenannt. Seine Zeitung, „Der Volksfreund", propagierte den Boykott jüdischer Geschäfte mit Losungen wie „Kauf nicht bei Juden" und „Kauft nur bei Christen". Die Bewegung wuchs rasch und führte zu Unruhen und Gewalttätigkeiten.[22] Im März 1882 sprach Schönerer, obgleich er nicht dazu aufgefordert worden war, trotzdem in einer Versammlung des Reformvereins unter tosendem Beifall und rief aus, wenn es je nötig werden sollte, Gewalt gegen die Kapitalisten zu üben zum Besten der Arbeiter, dann würde er der erste sein, das zu tun.[23] Er hatte eine Gefolgschaft unter den kleinen Leuten Wiens gefunden, die durch das Vordringen des Großkapitalismus bedroht wurden und in den Juden einen geeigneten Sündenbock fanden. Der Deutsche Turnverein, der 1885 in Wien gegründet wurde, nahm keine jüdischen Mitglieder auf und wählte auf seiner Gründungsversammlung Schönerer zum Ehrenmitglied. 1887 änderte der Erste Wiener Turnverein seine Satzung, so daß in Zukunft nur Deutsche ‚arischer' Abstammung Mitglieder werden konnten. Acht Ortsvereine der Turnerschaft in Niederösterreich folgten diesem Beispiel.[24]

Bereits 1884 drückte der Sozialistenführer Karl Kautsky seine Besorgnisse über das Anwachsen des Antisemitismus aus: es sei schwer, eine Fraternisierung zwischen Sozialisten und Antisemiten zu verhindern; die Antisemiten seien in Österreich viel gefährlicher als in Deutschland, weil sie oppositionell und demokratisch aufträten und damit an die Instinkte der Arbeiter appellierten.[25] So machte in Wien die antisemitische Propaganda Eindruck auf sehr verschiedene soziale Gruppen, und selbst die sozialdemokratischen Arbeiter waren ihr gegenüber nicht immun. Doch im Deutschen Schulverein, der für die Erhaltung deutscher Schulen in national umstrittenen Gebieten verantwortlich war, wurde 1886 ein Antrag, der den Ortsgruppen das Recht der Mitgliederaufnahme zugestehen wollte, so daß Juden ausgeschlossen werden konnten, abgelehnt. Daher traten Schönerer und seine Anhänger aus ihm aus und gründeten den Schulverein für Deutsche, der aber verhältnismäßig klein blieb. Der Deutsche Schulverein andererseits stellte auch jüdische Lehrer an und unterstützte nach wie vor jüdische Schulen.[26] Im Jahre 1894 behauptete der Jahresbericht des Deutschen Volksvereins, daß die radikal-deutschnationale Richtung des Antisemitismus ständig wachse und daß seine Anhänger überzeugt seien, „daß es keinen Weltsozialismus, sondern nur einen nationalen Sozialismus geben kann, dessen Voraussetzung der Antisemitismus ist . . ."[27]

Schönerers Verehrung für alles Germanische nahm bald merkwürdige Formen an. Im Jahre 1887 war es zweitausend Jahre her seit dem Sieg der Cimbern und Teutonen über die römischen Legionen bei Noreia südlich der Donau. Der Jahrestag wurde mit Sonnwendfeuern gefeiert, verbunden mit der gleichzeitigen Einführung eines Germanischen Kalenders mit dem Jahr des großen Sieges als dem Jahr Eins (113 v. Chr.).[28] Die lateinischen Monatsnamen sollten durch germanische ersetzt werden: von Hartung für Januar und Hornung für Februar bis zu Gilbhart für Oktober, Nebelung für November und Julmond für Dezember. Bald wurde ‚Germanen-Schmuck' verkauft, um Krawatten, Hemden und Uhren zu verschönern, oft mit einem Schönererkopf als Zierde. Sein Bild verschönte teutonische Taschenmesser, Biergläser, Pfeifen und Zigarettenhülsen. Seine treuesten Anhänger trugen gehenkte Juden aus Silber an der Uhrkette und Spazierstöcke mit dem Kopf eines polnischen Juden. Ein geschäftstüchtiger Tabakhändler in Wien verkaufte „Judenbitter-Zigarettenspitzen", die Schönerers Bild zeigten, wenn man sie gegen das Licht hielt: Preis für Antisemiten 20 Kreuzer, „für Juden, Judenknechte und Schmierfinken 25 Kreuzer".[29]

Als in einem Bezirk des Waldviertels die Umsatzsteuer auf Wein und Fleisch einem Juden verpachtet wurde, erließen auf Schönerers Veranlassung die Gastwirte einen Aufruf, statt des teuren Weins lieber Bier zu trinken; dem Pächter und seinen Angestellten wurde ihr Geschäft durch „antisemitische Roheiten" so verleidet, daß er rasch die Gegend wieder verließ. Bei der nächsten Versteigerung gab es keine jüdischen Bewerber, so daß die lokalen Wirte und Schlächter die Pacht zu dem alten, niedrigeren Preise zurückkaufen konnten.[30] Bald führten solche Taten zum Konflikt mit der Polizei. Im Januar 1888 erklärte der überwachende Beamte eine Festkneipe der Wiener Burschenschaft ‚Teutonia' für aufgelöst als sie einen politischen Charakter annahm. Daraufhin schrie Schönerer „lächerlich" und forderte die Studenten auf, sitzen zu bleiben und „Die Wacht am Rhein" zu singen. Als dann die Sicherheitswache in Stärke von sechs Mann erschien, mußte sie die Teilnehmer einzeln aus dem Saal führen, und es dauerte eine halbe Stunde, bis er geräumt werden konnte, während Schönerer ihre Anstrengungen mit hämischen Glossen begleitete. Am Schluß zogen die letzten sieben Teilnehmer „im langsamsten Gänsemarsche an den Wachen vorbei aus dem Lokal".[31]

Abgesehen vom Antisemitismus fanden auch scharfe Angriffe auf Rom und die Katholische Kirche statt. In Marburg in der Steiermark rief Schönerer 1886 aus: „National sein heißt, sein Stammesvolk lieben über alles in der Welt. Unser Gegner ist ferner der Klerikalismus, der uns unter das Joch einer internationalen Hierarchie zu beugen versucht ..."[32] In einer Massenversammlung in Wien zwei Jahre später trat er gegen die Anstellung jüdischer Lehrer „in christlich-arischen Schulen" auf, und ebenso gegen die Konfessionsschule, „da wir Deutschnationale die christlich-germanisch- beziehungsweise christlich-arische Schule wollen" und somit ein „nach dem Willen der Römlinge" gebildetes Volksschulwesen ablehnten.[33] Daneben gab es andere zugkräftigere Losungen. Unter Schönerers Vorsitz wurde in der Volkshalle des Wiener Rathauses eine Massenversammlung organisiert, um die Verstaatlichung der Nordbahn zu fordern: eine Losung, mit der er auf ein starkes Echo rechnen konnte. Dem Reichsrat wurden 3000 Petitionen überreicht, die diese Verstaatlichung forderten, darunter 1341 von Gemeinden und Vereinen und 1334 mit 33 896 Einzelunterschriften. 47 648 Einzelpersonen unterschrieben Eingaben, die eine Zollunion mit Deutschland forderten.[34] Diese Massenpetitionen machten es Schönerer möglich, seine Forderung ins Volk zu tragen und es mit seiner Propaganda zu assoziieren, so daß er im Parlament die Rolle eines Volkstribuns spielen konnte.

Unter Schönerers sozialen Forderungen waren die auf Einführung eines gesetzlich begrenzten Arbeitstages, Verbot der Kinderarbeit, Einschränkung der Frauenarbeit und gesetzliche Sonntagsruhe; sonst „könnte leicht ein Kampf entstehen, wie er grausamer und verheerender in Europa noch niemals gekämpft worden ist ..."[35] In einer Versammlung in Marburg erklärte Schönerer: „Die Arbeiter sind unsere ebenbürtigen Brüder; wir sind verpflichtet, auch für den geringsten zu sorgen und dahin zu streben, daß das Gesetz die Arbeiter schütze gegen Ausbeutung jeder Art. Die Arbeiterführer leben von der Unzufriedenheit der Massen, und ihre Rolle wäre bald ausgespielt, wenn das Gesetz die armen Arbeiter vor Ausbeutung jeder Art schützen würde."[36] Schönerer trat sogar für die Einführung des allgemeinen und direkten Wahlrechts ein, aber nur als „Übergang zu einem vollständig gerechten Wahlsystem", das auf den Nationalitäten fußen sollte.[37] In vielen dieser Forderungen wird der Einfluß Bismarcks und vor allem seiner Sozialgesetzgebung auf Schönerer sichtbar.

Es kann kaum zweifelhaft sein, daß Schönerer seine begeistertsten Anhänger unter den Studenten fand, oder um es genauer zu sagen, unter den Mitgliedern der Burschenschaften, die schon scharf nationalistisch und antisemitisch waren bevor sie mit Schönerer Kontakt aufnahmen. An dem Tag, an dem er seine bürgerlichen Rechte wiedererlangte, gratulierten ihm nicht weniger als vierzehn Burschenschaften und akademische Vereine aus Wien und sieben aus Graz, aber nur je zwei aus Innsbruck und Leoben. Schönerer selbst erklärte einmal, daß seine Partei vor allem aus Studenten und Bauern bestünde.[38] In der Tat war die Bewegung anscheinend besonders stark auf dem Lande, vor allem in Schönerers Heimatgebiet, dem Waldviertel. Im Jahre 1885 veröffentlichten die „Unverfälschten Deutschen Worte" seinen Wahlaufruf und baten alle, die ihn unterstützten, das schriftlich zu tun. Darauf gingen 3260 Antworten ein, mit den Namen, Berufen und Wohnorten der Schreiber. Die größte Zahl kam aus Wien und Niederösterreich, fast 42% der Gesamtzahl. Eine überraschend große Zahl kam aus dem kleinen Österreichisch-Schlesien, über 20%, und eine ziemliche Anzahl aus Böhmen, 16% – aus Ländern, in denen sich das Deutschtum besonders stark durch die Polen und Tschechen bedroht fühlte. Das Echo aus allen anderen Kronländern war unbedeutend, und in einigen Fällen außerordentlich klein, z. B. aus Kärnten und Tirol, wo es später sehr starke nationalistische Strömungen gab.[39]

Was die Berufe der 3260 Anhänger betrifft, so waren die ländlichen besonders stark vertreten. 829 von ihnen waren direkt in der Landwirtschaft tätig, von Bauern bis zu Gutspächtern und Großgrundbesitzern. 606 waren Gemeinderäte, Gemeindevorsteher oder Bürgermeister, von denen die Mehrzahl sicher auch landwirtschaftlich tätig war; und das gleiche galt wohl auch für viele der 159 Gastwirte und Wirte: so daß vermutlich fast die Hälfte in der einen oder anderen Form mit der Landwirtschaft verbunden waren. Die akademischen und halbakademischen Berufe waren gleichfalls verhältnismäßig stark vertreten, etwa 140 Lehrer, Ärzte, Apotheker, Ingenieure und Baumeister, mit oder ohne den Doktortitel, oder 4% der Gesamtzahl. Weiter waren unter ihnen 72 Beamte, 70 Fabrikanten und Brauereibesitzer und 184 Hausbesitzer. 204 oder 6% waren Kaufleute oder Händler verschiedener Art. Ferner gab es eine große Zahl von Handwerkern und Handwerksmeistern, insgesamt 481 oder fast 15% der Gesamtzahl.[40] Es ist fast unmöglich, zwischen diesen einen Unterschied zu machen, da vermutlich auch viele von denen, die sich nicht Meister nannten, keine Lohnarbeiter waren, sondern selbständig arbeiteten. Zu einer Zeit, in der Österreich wenig industrialisiert war, stellten sie die unteren sozialen Schichten dar. Gänzlich fehlten unter den Anhängern die Studenten (die zu jung zum Wählen waren), ebenso wie Militärs und Geistliche (katholischer wie protestantischer Konfession), was vielleicht mit dem Radikalismus des Schönererschen Programms zusammenhing.

Im allgemeinen scheint es, als ob vor allem das Bürgertum und Kleinbürgertum zu seinen Anhängern zählte. Aber man muß im Auge behalten, daß damals nur die das Wahlrecht besaßen, die mindestens fünf Gulden in direkten Steuern zahlten, sonst wäre vermutlich der Anteil der unteren Schichten größer gewesen. Aus genau den gleichen sozialen Schichten kamen später die frühen Mitglieder und Anhänger der Nationalsozialisten: aus Gruppen, die sich besonders stark durch die rasche Industrialisierung oder die jüdische Konkurrenz bedroht fühlten, oder die dem ‚Establishment' aus wirtschaftlichen Gründen feindlich gegenüberstanden. Zwischen beiden Bewegungen gab es nicht nur eine ideologische, sondern auch eine soziale Kontinuität. Unter den Führern der Partei Schönerers in Wien herrschten die akademischen Berufe vor – Beamte, Rechtsanwälte und Ärzte – neben einer Reihe von Geschäftsleuten und Grundbesitzern.[41] Ein Bericht der Wiener Polizei an das Innenministerium aus dem Jahre 1894 erwähnte, daß die Partei nur geringen Erfolg unter den Arbeitern habe; Versammlungen in den Arbeiterbezirken seien schlecht besucht, und die Redner kämen nicht aus der Arbeiterschaft.[42]

Im Jahre 1888 wurde Schönerers politische Karriere gewaltsam unterbrochen. Am 8. März machte das „Neue Wiener Tagblatt" in einem Extrablatt den Tod des schwerkranken deutschen Kaisers Wilhelm I. bekannt (er starb am folgenden Tage): eine Nachricht, die dann in einem zweiten Extrablatt widerrufen wurde. Wütend drangen daraufhin Schönerer und etwa dreißig Gefolgsleute in das Zeitungsgebäude ein und stellten die Herausgeber. Schönerer rief: „Da seht ihr sie nun an der Arbeit, diese Schandblattjuden; wenn sie uns persönlich beleidigen, so kann uns dies ganz und gar gleichgültig bleiben ... Daß sie aber soweit gegangen sind, das Leben, die Person, die Majestät des sterbenden deutschen Kaisers durch Verbreitung falscher Nachrichten zu benützen, um damit ein Geschäft zu machen, das muß uns als Deutsche aufs innerste verletzen. Wir fühlen, daß dadurch die ganze deutsche Nation beleidigt und beschimpft ist.“ Er verlangte dann, daß die Journalisten niederknien und Abbitte leisten sollten, und wiederholte diese Forderung, als sie ihn nur „höhnisch ansahen“.[43] Aber ein Redakteur, der die Lage für bedrohlich hielt, holte die Setzer herbei. Es kam zu einer längeren Schlägerei, in der die Antisemiten Stöcke und Biergläser benutzten, aber nach einigen Minuten in die Flucht getrieben wurden. Schönerer wurde wegen Verbrechens der öffentlichen Gewalttätigkeit und bewaffneten Einfalls angeklagt, nachdem der Reichsrat seine parlamentarische Immunität aufgehoben hatte. Am 5. Mai wurde er zu einer schweren Kerkerstrafe von vier Monaten mit zwei Fasttagen pro Monat verurteilt, sowie zum Verlust des Adels, des aktiven und passiven Wahlrechtes auf fünf Jahre und seines Reichsratsmandates.[44]

Während der Beratung des Urteils versammelten sich Tausende vor dem Gerichtsgebäude und riefen „Hoch Schönerer!“ Eine Woche darauf fuhren 300 Wagen an seiner Wohnung vor, wo 724 Visitenkarten und 135 Blumensträuße abgegeben wurden. Tausende demonstrierten in der Stadt und sangen vor der Hofburg „Die Wacht am Rhein“. Am Tage, an dem Schönerer ins Gefängnis fuhr, wiederholten sich die Demonstrationen. Seine politische Karriere schien beendet, und das war auch seine eigene Meinung zu dieser Zeit.[45] Unter denen, die eine Woche nach dem Prozeß Schönerers Haus aufsuchten, war auch Dr. Karl Lueger, der später Wiens populärster Bürgermeister werden sollte. Es kann kaum bezweifelt werden, daß Schönerers Popularität weder durch die Vorfälle beim „Neuen Wiener Tagblatt“ noch durch den Prozeß und die Verurteilung gelitten hatte.

Doch ohne ihn zersetzte sich die Bewegung, die er gegründet und geführt hatte, rasch. Einige seiner leitenden Anhänger zogen sich vom politischen Leben zurück, andere gründeten neue Parteien oder traten einer anderen Partei bei. „Die unerquicklichsten Verhältnisse“ herrschten unter den Deutschnationalen und in ihrem Verband „krachte es in allen Fugen“, schrieb einer seiner größten Bewunderer.[46] Einer der Parteiführer, Vergani, benutzte Schönerers Abwesenheit im Gefängnis dazu, eine Tageszeitung, das „Deutsche Volksblatt“, zu gründen und sich als Schönerers Nachfolger aufzuführen. Vergani selbst war der Chefredakteur und es gelang ihm, binnen Jahresfrist die Zirkulation auf 19 000 Exemplare zu steigern. Aber Schönerer wandte sich scharf gegen das Unternehmen und schloß Vergani aus der Partei aus, woraufhin er der aufsteigenden Christlichsozialen

Partei Luegers beitrat.[47] Konflikte gab es auch unter den wenigen Abgeordneten, die zur Schönererpartei gehörten. 1889 wurde der Abgeordnete Fiegl ausgeschlossen, zunächst aus seiner Ortsgruppe, und dann aus der Partei, weil er die Eintracht in der Partei gestört hätte, und das zu einer Zeit, als sie und ihr Führer sich in großen Schwierigkeiten befunden hätten. Im Oktober 1889 wandte sich der Abgeordnete Türk an die anderen Abgeordneten der Partei und drohte mit seinem Rücktritt, wenn nicht Fiegl bis zum Monatsende ausgeschlossen würde, anscheinend auf Veranlassung Schönerers handelnd. Als das nicht geschah, trat Türk aus der parlamentarischen Gruppe aus, die nun zu bestehen aufhörte.[48] Obgleich Schönerer nach seiner Entlassung aus dem Gefängnis vom politischen Leben ausgeschlossen blieb, versuchte er, den maßgebenden Einfluß in der Partei und unter ihren Abgeordneten zurückzugewinnen, aber traf dabei auf starke Opposition.

Im Juni 1895 mußte er das selbst zugeben; er erließ in den „Unverfälschten Deutschen Worten" eine Erklärung, daß die Mitglieder des Deutschen Volksvereins in Wien nicht mehr geschlossen hinter ihm stünden, obgleich sie bei ihrem Eintritt seine „ausschließliche Führerschaft" anerkannt hätten; in vielen Fragen gingen die Meinungen weit auseinander, so daß er als Obmann des Vereins zurücktrat. Gleichzeitig legte er seine Stellung als Parteiführer nieder, da „diese Partei nur durch Untreue, Abfall, Wortbruch und Verrat im eigenen Lager dem Untergang geweiht" sei: „Als deutschnationaler Mann und somit als Gegner von allem, was jüdisch ist, muß ich, nach wie vor, überhaupt stets alles bekämpfen, was undeutsch und was verderbt ist. Ich kann mich also auch nicht freundlich zu jenen Parteigruppen stellen, die derzeit unter der Leitung Dr. Luegers stehen . . ."[49] In der Tat war es der Aufstieg der Christlichsozialen Partei, vor allem in Wien, der Schönerer nicht nur viele seiner Parteiführer abtrünnig machte, sondern auch seiner Gefolgschaft unter den Handwerkern und Ladenbesitzern beraubte, und teilweise sogar unter den Studenten. Laut einem Bericht der Wiener Polizeidirektion vom Februar 1894 ging Schönerers Einfluß in Wien, Krems und Tulln und unter den Burschenschaften zurück. Im Sommer 1893 wurde der Herausgeber der „Unverfälschten Deutschen Worte" von Studenten niedergeschrien als er Schönerer pries und sein Name von ihnen mit „Pereat"-Rufen begleitet.[50] Auf dem Katholikentag vom November 1894 hatte Lueger die unverzeihliche Sünde begangen, „Gelobt sei Jesus Christ!" auszurufen, und hatte damit die Brücken zwischen Deutschnationalen und Christlichsozialen zerstört; nach Ansicht der ersteren war er ins ‚schwarze Lager' abgewandert.[51] Seitdem war Lueger der Held und Führer der Wiener Kleinbürger.

Im Jahre 1897 wurde Schönerer, der seine bürgerlichen Rechte wiedererlangt hatte, mit 236 gegen 141 Stimmen zum Abgeordneten für den Landgemeindebezirk Eger-Asch-Elbogen gewählt, während die Gegenstimmen unter drei anderen Kandidaten geteilt waren. Vier seiner Anhänger zogen mit ihm in den Reichsrat ein, alle als Abgeordnete für böhmische oder schlesische Wahlkreise.[52] Der Haupteinfluß der Partei hatte sich in die deutschsprechenden Gegenden Böhmens verlagert, wo die Deutschen durch den aufsteigenden tschechischen Nationalismus und die Zuwanderung tschechischer Arbeiter, die an schlechtere Lebensbedingungen gewöhnt waren, bedroht wurden. Einige Monate später ermöglichte es der Ausbruch der Badenikrise Schönerer und seinen Parteigenossen, Unruhen nicht nur im Parlament, sondern auf der Straße hervorzurufen, und gab ihnen gleichzeitig die ersehnte Chance, ihren Einfluß auf sehr viel weitere nationalistische Kreise in ganz Österreich auszudehnen. Der Ministerpräsident Graf Badeni beabsichtigte, Parität zwischen Tschechisch und Deutsch in der inneren Verwaltung Böhmens einzuführen: ein Plan, der von den Tschechen (die meist Deutsch verstanden) begrüßt wurde, aber auf wütende deutsche Proteste stieß. Im Reichsrat schritten die Abgeordneten der Schönererpartei mit der Unterstützung vieler anderer deutscher Abgeordneter zur Obstruktion und forderten ständig namentliche Abstimmungen, getrennte Abstimmungen und Pausen vor jeder Abstimmung, um die Diskussion des Ausgleichs mit Ungarn zu verhindern und dadurch die Regierung zu Fall zu bringen. Der Schönerianer Hermann Wolf erzeugte Pandämonium als er behauptete, daß die Slawen auf einer viel niedrigeren Kulturstufe stünden als die Deutschen, und die tschechische Kultur mit der der Zulus und Eskimos verglich. Und vor dem Parlament demonstrierten die Burschenschaften und andere Studenten, um Schönerer und Wolf zu danken. Im Juli sollte ein Deutscher Volkstag in Eger stattfinden, um gegen die Badeniverordnungen zu demonstrieren, aber er wurde von den Behörden verboten. Doch die Organisatoren, zu denen auch Schönerer und Wolf gehörten, beachteten das Verbot nicht, und das Resultat war eine Schlacht mit der berittenen Polizei, in der Hunderte verwundet wurden. Bei Unruhen aus dem gleichen Anlaß in Graz im November wurde ein Student getötet.[53]

Am 24. November gab es neue wüste Szenen im Parlament, wo die

Regierung umsonst versuchte, das Gesetz zur Erneuerung des ungarischen Ausgleichs durchzubringen. Kindertrompeten, Pfeifen, Sirenen und andere ‚Musik'-Instrumente wurden geblasen, Pultdeckel wurden zugeschlagen, Raufereien begannen, und mitten in dem Tumult entfaltete Schönerer einen großen Zettel, mit dem er ums Wort bat. Als der Präsident ihm dies nicht erteilte, riß er dessen Glocke an sich und weigerte sich, sie zurückzugeben. Ein anderer Abgeordneter entriß Schönerer die Glocke und der Präsident schloß schließlich die tumultuöse Sitzung. Am folgenden Tage wiederholten sich die Szenen. Wolf nannte den Präsidenten, Ritter von Abrahamowicz, einen „polnischen Gauner", und Schönerer verlangte wieder das Wort, was laut der Geschäftsordnung sein Recht sei. Darauf Wolf: „In diesem Staate gibt es kein Recht mehr. Das hat Badeni mit Füßen getreten." Das Parlament wurde zum Schlachtfeld. Auf Aufforderung des Präsidenten erschien die Polizei und entfernte mit Gewalt mehrere Abgeordnete, unter ihnen Schönerer und Wolf. In den Straßen von Wien, Graz und Salzburg gab es riesige Protestdemonstrationen; in Prag brachen Unruhen aus, so daß das Standrecht verhängt werden mußte. Gegen die Massendemonstrationen, an denen viele Angehörige des Bürgertums und Anhänger der gemäßigten Parteien teilnahmen, war Badeni machtlos. Am 27. November bot er seinen Rücktritt an, der vom Kaiser akzeptiert wurde, nachdem Lueger erklärt hatte, er könne die Aufrechterhaltung von Ruhe und Ordnung in Wien nicht garantieren.[54] Die Sprachenverordnungen wurden zurückgezogen. Die deutschen Nationalisten hatten einen wichtigen Sieg errungen. Im Juni 1898 reichte Schönerer 2183 Eingaben mit 51 674 Unterschriften ein, die die gesetzliche Sicherstellung der deutschen Staatssprache in der Monarchie verlangten.[55]

Die Badenikrise wurde auch begleitet von einer Welle von Versammlungen in Deutschland, die die Sympathie mit den ‚leidenden' Deutschen in Österreich zum Ausdruck brachten. Schon früher hatte Schönerer seine Aktivität ins Reich ausgedehnt. 1892 wollte er in Hamburg sprechen, aber die Versammlung wurde von den Behörden aufgelöst, weil sie eine öffentliche, und nicht wie angekündigt eine private war. Viele Tausende brachten Schönerer stürmische Kundgebungen dar und marschierten nach dem nahen Altona, wo Schönerer auf preußischem Gebiet zu ihnen sprechen konnte.[56] 1896 trafen sich die Abgesandten der österreichischen Nationalisten auf der Reise nach Bismarcks Gut Friedrichsruh in Hamburg mit Vertretern von sechzehn deutschen nationalistischen Vereinen, um Schönerer zu feiern. Nach Bismarcks Tod wallfahrte Schönerer jedes Jahr mit seinen Anhängern nach Friedrichsruh, um dort das „Gelöbnis unbedingter völkischer Treue zu erneuern".[57] Verehrung für Bismarck und das Deutsche Kaiserreich blieb ein stark betonter Zug seiner Propaganda. Doch war das auch ein Zug, der das Wachstum der Partei verhinderte, denn unter den deutschsprechenden Österreichern war die Treue gegenüber der angestammten Dynastie und dem regierenden Kaiser außerordentlich stark.

Ein Aufschwung der Partei wurde vor allem verhindert durch Schönerers betonten Antikatholizismus, seine Propaganda für den Austritt aus der Kirche und einen Übertritt zum Protestantismus sowie seine Angriffe auf die „Judenbibel". Am 1. Dezember 1898 veröffentlichten die „Unverfälschten Deutschen Worte" ein Manifest „Los von Rom": die Ketten, die die Deutschen an eine Kirche bänden, die ihnen feindlich gesinnt sei, müßten gebrochen werden, so daß der germanische Geist in deutschen Landen herrschen könne. Anfang 1899 gab Schönerer bekannt, er würde die katholische Kirche verlassen, sobald zehntausend Menschen ihren Übertritt zum Protestantismus vollzogen hätten, und ein Jahr später vollzog er seinen Kirchenaustritt.[58] Die „Unverfälschten Deutschen Worte" erklärten: „... die Tatsache, daß die Judenbibel kein deutsches sittlich-religiöses Buch ist, und daß der Stifter des Christentums als Sohn einer Rassejüdin und Nachkomme Davids usf. kein Arier ist, läßt sich doch nicht ungeschehen machen ..." Aber einer seiner treuesten Anhänger, der alldeutsche Abgeordnete Dr. Eisenkolb, warnte Schönerer, daß ihre Sache geschädigt würde, wenn die „Unverfälschten Deutschen Worte" immer wieder von der „Judenbibel" schrieben.[59] Sogar Schönerer war gezwungen, das anzuerkennen und erklärte Ende 1903: „Das Bestreben, eine große Partei zu schaffem, ist nur auf Kosten der Grundsätze einer Partei möglich! Auch die Alldeutschen wären in der Lage, eine große Partei zu bilden, wenn sie gewisse grundlegende Programmpunkte, z. B. den Antisemitismus, die Los-von-Rom-Bewegung, Nichtteilnahme an Loyalitätskundgebungen [für den Kaiser] usw. preisgeben würden. Damit wäre wohl eine große Partei fertig, aber auch das deutsche Volk."[60]

Schönerer selbst behauptete in einer Rede zur Jahrhundertfeier der Schlacht von Leipzig, über 70 000 deutsche Männer und Frauen seien „aus dem Dunkel der römischen Priesterkirche" ausgetreten.[61] Doch war das keine sehr eindrucksvolle Zahl in einem Land, das fast dreißig Millionen Einwohner hatte; dazu kommt, daß viele, die aus der Kirche austraten, das auf Grund der sozialistischen, und nicht der alldeutschen Propaganda taten. Im Jahre 1901 errangen die Alldeutschen ihren größten Wahlerfolg, vor allem in Böhmen und Mähren; einundzwanzig ihrer Abgeordneten zogen in den Reichsrat ein. Aber interne Konflikte hemmten nach wie vor die Entwicklung der Partei. Im gleichen Jahr legte Wolf, Schönerers engster Mitarbeiter, sein Mandat nieder, wurde aber wiedergewählt und nahm dann das Mandat gegen den Wunsch der Alldeutschen an. Er brach darauf mit der Partei, und ihm schlossen sich sieben Abgeordnete an, die Schönerers Radikalismus ablehnten und glaubten, daß bestimmte Zugeständnisse an die vorherrschende proösterreichische Stimmung gemacht werden sollten. Wolf gründete die Freialldeutsche Partei, die bald der älteren und radikaleren Partei viele Mitglieder abspenstig machte. Zwischen beiden entstanden wütende Streitereien, da die Schönerianer Wolf für „schwarz-gelb“ und einen Renegaten hielten. Der „Verein der Alldeutschen für Kärnten“ nahm bald für Wolf, bald gegen ihn Stellung; „man wollte die Mitte zwischen Schönerer und Wolf halten und verlor damit jeden Boden“. Die Burschenschaften forderten, daß ihre Mitglieder weder Schönerianer noch Wolfianer sein sollten, aber viele folgten ihren Alten Herren und neigten zu Wolf. „Der völkische Gedanke verblaßte.“ [62]

Mit der Einführung des allgemeinen Wahlrechts im Jahre 1907 ging der Einfluß Schönerers rasch zurück. In seinem Egerer Wahlkreis erhielt er bei der Wahl dieses Jahres nur 909 Stimmen, verglichen mit 4830 für den Sozialdemokraten, 1623 für den Agrarier und 1042 Stimmen für den christlichsozialen Kandidaten. Nur drei Abgeordnete seiner Partei wurden gewählt, während die Freialldeutschen zwölf Sitze gewannen.[63] Schönerer und seine Gefolgsleute betonten immer wieder die „Reinheit“ ihrer Bewegung, aber in Wirklichkeit zerfiel sie. Es gab zu viele „Verräter“ und die Ausschlüsse aus der Partei hörten nie auf, ebensowenig wie die Konflikte zwischen den verschiedenen alldeutschen, deutschnationalen und deutschradikalen Gruppen: Züge, die für das völkische Lager in Österreich charakteristisch bleiben sollten. Im Jahre 1913 gab Schönerer faktisch zu, daß seine Sache verloren sei. In einer Rede zur Jahrhundertfeier der Völkerschlacht von Leipzig meinte er, Österreich sei „auf dem Wege, ein slawischer Staat zu werden, und spätere Geschlechter werden es niemals begreifen können, daß die Deutschen und ihre Vertreter wissentlich mitgeholfen haben, diesen slawischen Staat zu gestalten ... Österreich steht heute unter slawischer Vorherrschaft ...“ [64]

Der Niedergang der Alldeutschen und der recht begrenzte Erfolg Schönerers als politischer Führer hing in erster Linie mit seiner Person zusammen. Er war zu autokratisch und diktatorisch; er stieß ständig selbst seine treuesten Anhänger vor den Kopf und wollte um jeden Preis die Kontrolle über die Partei in seinen eigenen Händen behalten (aber genau das gleiche traf auf Hitler zu). Seine wütenden Angriffe auf Rom und die „Judenbibel" konnten in der streng katholischen Bevölkerung Österreichs auf keinen fruchtbaren Boden fallen, und das gleiche gilt für seine Feindseligkeit zu den Habsburgern und seine Verehrung für Bismarck und das Deutsche Reich. Sein Hang zum Germanischen und der Versuch zur Einführung eines germanischen Kalenders machten ihn zu einem Sektierer; sogar in dem Deutschland der zwanziger und dreißiger Jahre waren die Versuche General Ludendorffs, den Kult germanischer Götter zu beleben, gänzlich erfolglos. In der wesentlich stabileren und wohlhabenderen Welt Mitteleuropas vor dem ersten Weltkrieg isolierten derartige Versuche Schönerer völlig und wurden selbst innerhalb seiner eigenen Partei scharf kritisiert. Es war ein Charakteristikum der Bewegung, daß einer nach dem anderen der Abgeordneten und Unterführer Schönerer verließ – viele, um der aufsteigenden Christlichsozialen Partei beizutreten, die der Kirche und der Monarchie loyal gegenüberstand. Es ist unwahrscheinlich, daß Schönerers Erfolg größer gewesen wäre, wenn er einen mehr demokratischen und revolutionären Kurs eingeschlagen hätte.[65] Im Gegenteil scheint es – abgesehen von seinen persönlichen Eigenschaften – seine rein negative Haltung und sein Extremismus gewesen zu sein, die ihn zur Isolierung verurteilten. In den letzten Jahren des 19. Jahrhunderts entstand in Österreich eine radikale Massenbewegung, aber sie war sozialistisch und wurde von Schönerers alten Gefährten Adler und Pernerstorfer geführt. Unter der Arbeiterschaft hatte Schönerers extremer Nationalismus und Antisemitismus nur geringen Anklang, obgleich die Arbeiterbewegung selbst national gespalten war.

Doch hinterließ die Schönererbewegung ein dauerndes Vermächtnis in Österreich und Böhmen. Zahllose Nationalisten und Jugendliche, vor allem Studenten, sogen die Gedanken des Alldeutschtums und des rassischen Antisemitismus auf. In den dreißiger Jahren des zwanzigsten Jahrhunderts wurden viele österreichische Studenten begeisterte Nationalsozialisten, und sie beeinflußten dann die ältere Generation. Die Väter kehrten zu den Ideen ihrer Jugend zurück; sie fühlten sich wieder jung und konnten mit der Jugend zusammengehen.[66] Viele der späteren nationalsozialistischen Führer waren aktive Mitglieder einer Burschenschaft gewesen. Im Oktober 1933 schrieb der Bezirkshauptmann von Güssing im Burgenland in einem Bericht über den dortigen Amtsarzt einfach, er sei „Burschenschaftler und glaubt, aus diesem Grunde deutschnational sein zu müssen“; er sei auf einige Tage in Deutschland gewesen, und seit seiner Rückkehr „war er des Lobes voll, selbst über das preußische Bier, was bei einigen [Bier]Kennern im Bezirke ein verwundertes Kopfschütteln auslöste“.[67]

1938 – nur wenige Wochen vor dem Anschluß – wurde sogar eine persönliche Beziehung zwischen den illegalen Nationalsozialisten und der Zeit Schönerers hergestellt. Da der österreichische ‚Landesleiter' Josef Leopold von der Regierung an der Ausreise nach Deutschland verhindert wurde, sandte er statt dessen Dr. Anton Schalk, der einst Schönerers Stellvertreter und alldeutscher Reichsratsabgeordneter gewesen war, um Himmler über die politische Lage in Österreich zu informieren, mit Vollmacht mit den Deutschen zu verhandeln.[68] Wie wir sehen werden, waren die Gründer und Leiter der Deutschen Arbeiterpartei in Böhmen und Österreich stark von Schönerer beeinflußt und erkannten ihn als „Führer des deutschen Volkes der Ostmark“ an.[69] Und aus dieser Partei bildete sich in den zwanziger Jahren die Nationalsozialistische Partei Österreichs. Als junger Mann verfiel auch Adolf Hitler dem Einfluß von Schönerers Alldeutschtum und Antisemitismus: was in Hitlers Meinung Schönerer fehlte, war politische Menschenkenntnis und ein Verständnis für die Bedeutung der unteren Schichten und die soziale Frage; anderenfalls hätte seine Bewegung den Lauf der deutschen Geschichte verändern können.[70]

In Wirklichkeit stellte Schönerer auch wichtige Forderungen auf dem sozialen Gebiet, um die Lage des Arbeiters zu verbessern; seine Absicht war, die Arbeiter den Sozialdemokraten abspenstig zu machen – auch hier folgte Schönerer dem Beispiel des von ihm bewunderten Bismarck. Aber genau wie Bismarck war er zu sehr ein Mann der Oberschicht, um den Pöbel ansprechen und um das ‚System' zerstören zu können. Er tat alles, was er konnte, um die Studenten und die Mittelschichten aufzureizen, um sie der ‚Drohung' bewußt zu machen, die von Juden und Slawen ausginge. Aber selbst das war sehr verschieden von den Methoden, die später von den Nationalsozialisten benutzt wurden – gar nicht zu sprechen von ihrer Praxis, als sie endlich an der Macht waren. Schönerer wollte die Zerstörung der österreichischen Monarchie herbeiführen, aber selbst dies Ziel war nicht völlig negativ und destruktiv: schließlich beabsichtigten die Revolutionäre von 1848 die Schaffung eines Deutschlands, das auch die deutschsprechenden Teile Österreichs umfassen sollte, und das würde das Ende des Kaiserreiches bedeutet haben. Die Liberalen von 1848 und die Alldeutschen wollten zweifellos Böhmen und Mähren in diesem geeinigten Deutschland aufgehen lassen; vierzig Jahre nach 1848 war dies Ziel noch unrealistischer geworden, weil inzwischen der tschechische Nationalismus viel stärker geworden war. Im allgemeinen besaß Schönerer keinen politischen Realismus: in dieser Beziehung hatte Hitler bestimmt recht. Doch selbst wenn er stärkeren politischen Verstand besessen hätte, so war doch ein ganz anderer Faktor nötig, um ihm zum Siege zu verhelfen: die gänzliche Zerstörung der relativ stabilen Welt des späten 19. Jahrhunderts. Das wurde von den kriegführenden Mächten des Weltkriegs erreicht, und nicht von den Kräften, die innerhalb der Monarchie tätig waren, so scharf auch ihre gegenseitigen Konflikte gewesen sein mögen.

II. DIE DEUTSCHNATIONALEN GEWERKSCHAFTEN UND DIE DEUTSCHE ARBEITERPARTEI

Während Schönerers Alldeutsche Partei verhältnismäßig wenige Arbeiter anzog und vor allem Teile der bedrohten Mittelschichten repräsentierte, entstand um etwa die gleiche Zeit eine verwandte, aber ausgesprochen proletarische Bewegung in den deutschen Teilen Böhmens. Sie wurde durch den wachsenden Konflikt zwischen Deutschen und Tschechen in den Grenzgebieten ins Leben gerufen, vor allem aber durch die Zuwanderung tschechischer Arbeiter in die Industriegebiete Nordböhmens: ihr Lebensniveau war niedriger als das der deutschen Arbeiter und sie waren bereit, für niedrigere Löhne zu arbeiten. Die Bergarbeiter in den Braunkohlegruben, die Textilarbeiter in seit langem bestehenden Werken, die ländlichen Handwerker, die Eisenbahner fühlten sich bedroht durch den Zustrom tschechischer Arbeiter, die bereit waren, für jeden Lohn zu arbeiten. Im Jahre 1888 erklärte der Textilarbeiter Moritz Fleck auf einer Versammlung deutscher Arbeitervereine in Reichenberg, daß die tschechischen Arbeiter mit Lebensbedingungen zufrieden seien, die kein deutscher Arbeiter akzeptieren würde, daß sie die berechtigten Forderungen der deutschen Facharbeiter zunichte machten und sie zwängen, Arbeit auf einer unsicheren, täglich wechselnden Basis anzunehmen. 1893 gründete der Arbeiter Franz Stein aus Eger einen Deutschnationalen Arbeiterbund, der eng mit Schönerer zusammenarbeitete. 1898 versammelten der Buchbinder Ludwig Vogel und der Drucker Ferdinand Burschofsky die Vertreter von mehreren tausend Arbeitern und gründeten den Verband der deutschen Gehilfen und Arbeitervereinigungen in Österreich; der Verband sollte die Interessen der deutschen Arbeiter schützen und nahm nur ‚Arier' als Mitglieder auf. Burschofsky beschuldigte die Sozialdemokraten, daß sie, um ihre marxistischen Träume zu verwirklichen, zum Nachteil der Deutschen Arbeitsplätze und Häuser an Tschechen geben wollten.[1]

Im Mai 1899 – achtzehn Monate nach der Badenikrise, die vor allem in Böhmen eine wilde nationalistische Agitation auslöste – trafen sich mehrere hundert Delegierte in Eger zum ersten deutschen

Arbeiterkongreß. Die Mehrzahl der Delegierten, die mehrere tausend Arbeiter vertraten, kam aus Nordböhmen, andere aus Wien und Graz und sogar aus München und Berlin. Sie forderten gleiche Rechte für die Arbeiter, Schutz für gelernte Arbeiter gegen Konkurrenz durch ungelernte (d. h. Tschechen) und die Nationalisierung der großen Unternehmen sowie der Bergwerke und Eisenbahnen. Der junge Weber Hans Knirsch, der später ein prominenter Nationalsozialist wurde, schlug vor, an Schönerer, „den Führer des deutschen Volkes der Ostmark", Grüße zu senden – ein Vorschlag, der einstimmig unter Heilrufen angenommen wurde. Im Sommer 1901 zählte der Verband der deutschen Gehilfen und Arbeitervereinigungen zweiundachtzig Vereine mit etwa 14 000 Mitgliedern; aber bald darauf begann er, mit finanziellen Schwierigkeiten zu kämpfen und zurückzugehen.[2] Die viel stärkeren sozialdemokratischen Gewerkschaften konnten die Interessen ihrer Mitglieder energischer vertreten als die wesentlich kleineren nationalen Verbände. Doch als der erste Weltkrieg ausbrach, waren auch diese erheblich stärker geworden und behaupteten, 611 Ortsgruppen und 45 000 Mitglieder zu haben.[3]

Auf der Grundlage dieser nationalen Arbeitervereine wurde im Jahre 1904 von Burschofsky, Knirsch und anderen Arbeitern eine politische Partei, die Deutsche Arbeiterpartei, gegründet; die Gründungsversammlung in Trautenau in Nordböhmen war vor allem aus dieser Gegend besucht, aber auch von Delegierten aus Brünn, Graz und Klagenfurt. Das Parteiprogramm wiederholte viele der Forderungen des Linzer Programms von 1882, auf politischem wie auf sozialem Gebiet, und verkündete: „Wir bilden keine engherzige Klassenpartei . . . Wir sind eine freiheitliche nationale Partei, welche mit aller Schärfe die reaktionären Bestrebungen, die feudalen, klerikalen und kapitalistischen Vorrechte sowie jeden fremdvölkischen Einfluß bekämpft . . ." Das Programm forderte u. a. die Einführung des allgemeinen und gleichen Wahlrechts, freies Vereins- und Versammlungsrecht, Rede- und Pressefreiheit, umfassende politische Selbstverwaltung und Wahlperioden von drei Jahren – Forderungen, die von jeder demokratischen Partei akzeptiert werden konnten. Gleichzeitig sah die Partei die Ursache des bestehenden sozialen Elends in der Zuwanderung tschechischer Arbeiter und verband nationalistische mit sozialistischen Losungen. In Bezug auf andere soziale Klassen erklärte sie 1910, sie trete nur insofern für deren Interessen ein, „als diese mit den Interessen der Arbeiterschaft nicht in Widerspruch stehen"; aber „als eine nationale und freiheitliche Partei" war sie für „ein enges Zusammenarbeiten mit den übrigen deutschfreiheitlichen Parteien in rein völkischen und freiheitlichen Belangen im Lebensinteresse unseres schwer bedrohten Volkes in Österreich", und sie verwarf „den Klassenhaß gegen andere Gesellschaftsschichten".[4]

In den Wahlen des Jahres 1907 erhielt die Partei nur 3500 Stimmen in ganz Böhmen. Aber im Jahre 1911 stieg ihre Stimmenzahl auf 26 000 und sie errang drei Abgeordnetensitze im Reichsrat gegen sozialdemokratische Rivalen, alle in nordböhmischen Industriebezirken. Einer der neugebackenen Abgeordneten war Hans Knirsch. Das Ziel der Partei war nicht die Zerstörung der österreichischen Monarchie, und ebenso war ihr Schönerers radikaler Antisemitismus und Antikatholizismus fremd; in den Augen der Alldeutschen war sie daher schwarzgelb und habsburgtreu.[5] Aber das änderte sich teilweise, als sie in der Person des jungen Rechtsanwalts Dr. Walter Riehl aus Reichenberg einen wichtigen Rekruten gewann. Riehls Großvater hatte enge Beziehungen zu führenden Sozialdemokraten, die den jungen Mann stark beeinflußten. Als Student wurde er aktiver Sozialist, sprach in Arbeiterversammlungen und war für die sozialdemokratischen Gewerkschaften tätig. Noch 1900 war sein Ziel die Umwandlung der Sozialdemokratie in eine Partei, die gleichzeitig klassenbewußt und nationalbewußt sein sollte, die Sozialismus und Nationalismus verbinden würde. Aber im folgenden Jahr trat Riehl der Deutschen Arbeiterpartei bei und wurde bald einer ihrer erfolgreichsten Propagandisten.[6] Um in den deutschen Arbeitern nationale Gefühle zu erwecken und die deutschen Arbeitgeber zur Anstellung von Deutschen anstelle von Tschechen zu bewegen, organisierte Riehl zahlreiche Volksversammlungen. Er betonte, daß der soziale Gegensatz zwischen Bürgern und Arbeitern überbrückt werden müsse, und 1909 verkündete er stolz, daß seine Propaganda erfolgreich gewesen sei, und daß Tschechen ihre Arbeitsplätze an Deutsche abgeben müßten. Die Versammlungen führten oft zu Zusammenstößen zwischen den feindlichen Nationen. Einmal führte Riehl eine Gruppe von zwanzig jungen Arbeitern in eine tschechische Gewerkschaftsversammlung, wo sie die deutsche Fahne entfalteten und die ‚Wacht am Rhein' sangen; es kam zu einer Rauferei, die erst ihr Ende fand, als die Polizei die Versammlung schloß. Riehl organisierte ferner nationale Jugendgruppen, Kinderkrippen und Vermittlungsbüros, so daß möglichst viele Stellen an deutsche Arbeitsuchende vergeben werden konnten.[7]

Unter Riehls Einfluß nahm die Partei im September 1913 auf dem Iglauer Parteitag ein neues, schärferes Programm an, in dem es hieß:

„Die Sozialdemokratie in Österreich ist ein Kind der reichsdeutschen, und die internationalen Grundsätze sollten hier ihre Feuerprobe bestehen. Das Lehrgebäude brach unter der Wucht der Tatsachen schmählich zusammen. Nur die armen Genossen ‚deutscher Zunge' hängen ihm mit übel angebrachter Treue an – zu ihrem eigenen Schaden. Sie, die mit ihren Geldern die Sozialdemokratie groß machten, wurden von den warm aufgenommenen slawischen Genossen in vielen Gebieten von den Arbeitsplätzen verdrängt. Der deutsche Unternehmer nahm den billigeren slawischen Arbeiter, die rote Organisation aber versagte den pflichtgemäßen Schutz ihren alten deutschen Parteiveteranen. Da begann sich endlich auch in den deutschen Arbeiterköpfen gesunder Selbsterhaltungstrieb zu regen. Angeregt von der großen deutschnationalen bürgerlichen Bewegung der neunziger Jahre in Deutschösterreich, gründeten sie in den verschiedenen Städten deutschvölkische Arbeiter- und Gesellenvereine. Man erkannte die Verderblichkeit der internationalen Lehren für das eigene Volk und die Unaufrichtigkeit der von Juden geleiteten und dem mobilen Großkapital verschwisterten Sozialdemokratie ..."

Das Programm verlangte die „Vergesellschaftung der Monopole", die „Ächtung arbeitslosen Einkommens", den Kampf gegen die „Zinsknechtschaft", Klerikalismus und Juden, Kapitalismus und Marxismus; es appellierte an den Haß und die Eifersucht der Arbeiter; die Sicherheit der Deutschen in Österreich hänge davon ab, daß sie gemeinsame Sache machten gegen die anderen Nationalitäten, um ihre Arbeitsplätze und ihre Heimat zu beschützen.[8] Obgleich das Programm auch antisemitische Losungen enthielt, traten sie gegnüber den nationalen und sozialen Forderungen zurück. Die radikal-demokratischen Forderungen des ersten Programms hatten aggressiv nationalistischen und antimarxistischen Platz gemacht.

Der Ausbruch des ersten Weltkrieges beendete die politische Tätigkeit aller Parteien, und viele ihrer Mitglieder wurden eingezogen. Aber die Deutsche Arbeiterpartei arbeitete weiter im Interesse ihrer Anhänger. Auf einer Delegiertenversammlung im April 1918 wurde zum ersten Mal vorgeschlagen, ihren Namen durch „Deutsche Nationalsozialistische Arbeiterpartei (DNSAP)" zu ersetzen, um ihre Propaganda zu fördern. Schon vorher war für sie informell das Wort „nationalsozialistisch" gebraucht worden. Doch der Antrag wurde mit großer Mehrheit abgelehnt. Aber nur wenige Wochen darauf stießen die Parteiführer den Beschluß um und nahmen den neuen Namen an. Er wurde auf einer Parteikonferenz in Wien im August 1918 akzeptiert. Diese Konferenz nahm auch ein neues Programm an; es verwarf „den Zusammenschluß auf allvölkischer Grundlage als widernatürlich. Eine Besserung der wirtschaftlichen und gesellschaftlichen Zustände ist vielmehr nur durch Zusammenfassung aller Schaffenden auf dem Boden des einzelnen Volkstums erreichbar ...“ Die Partei „ist eine freiheitliche und streng völkische Partei und bekämpft daher alle rückschrittlichen Bestrebungen, kirchlichen, adeligen und kapitalistischen Vorrechte und jeden fremdvölkischen Einfluß, vor allem aber die überwuchernde Macht des jüdisch-händlerischen Geistes ...“ Auf politischem Gebiet forderte das Programm die „Zusammenfassung des gesamten deutschen Siedlungsgebietes in Europa (!) zum demokratischen, sozialen Deutschen Reiche“. Das Verkehrswesen, die Bodenschätze und Wasserkräfte, das Versicherungs- und Anzeigenwesen sollten verstaatlicht oder vergesellschaftet werden. Die „Herrschaft der jüdischen Banken über das Wirtschaftsleben“ sollte beseitigt und an ihrer Stelle „nationale Volksbanken“ errichtet werden.[9] Das neue Programm stammte hauptsächlich von Rudolf Jung, einem Eisenbahner aus Böhmen; es war betont sozialistisch und antisemitisch.

Die erste deutsche nationalsozialistische Partei, die so entstand, war in ihrem Ursprung und ihrer Zusammensetzung wesentlich stärker eine ‚Arbeiter‘partei als ihre österreichischen und deutschen Nachfolger. Sie war in ihrem Aufbau durchaus demokratisch. Die Delegierten zu Parteikonferenzen wurden gewählt und Beschlüsse mit Stimmenmehrheit gefaßt; es gab keinen anerkannten Führer. Was sie mit den späteren nationalsozialistischen Parteien verband, war die Mischung radikal-nationaler und sozialistischer Forderungen, der bittere Haß auf alles Nichtdeutsche, die Forderung nach Lebensraum und die allgemeine völkische Ideologie. Als die österreichische Monarchie 1918 auseinanderbrach, wurden Knirsch und Jung die Führer des Hauptteils der Partei, der Deutschen Nationalsozialistischen Partei in den Sudetengebieten der Tschechoslowakei. Riehl siedelte nach Wien über und wurde Führer der Partei in der Österreichischen Republik. Und es gab auch einen kleineren Ableger der Partei in dem Teil von Schlesien, der polnisch wurde, den „Deutschen Nationalsozialistischen Verein für Polen“ mit dem Sitz in Bielitz. Es bestand also eine klare Kontinuität der Führung, und ebenso verhältnismäßig enge Beziehungen zwischen der Partei in der Tschechoslowakei und in Österreich. Sogar nachdem Hitler sich die Kontrolle über die österreichische Partei gesichert hatte, machte er einen Parteiführer aus dem Sudetengebiet, Hans Krebs, zum österreichischen Landesleiter; und in den zwanziger Jahren gab es eine ganze Reihe von ‚zwischenstaatlichen‘ Treffen und Konferenzen der fraglichen Parteien.

Doch Hitlers Meinung über die österreichische Partei, der er viel verdankte, war keineswegs schmeichelhaft. Bei einem Treffen mit den österreichischen Nationalsozialisten, das im August 1926 in Passau stattfand, sprach Hitler herablassend von ihrer Partei als „einer Partei wie andere Parteien auch", die gern Resolutionen verfasse und die nie verboten worden sei. Aber die Bewegung in Deutschland sei immer „unduldsam" gewesen und „habe sich nie zu Kompromissen oder Zusammenschlüssen herbeigelassen".[10] Doch das war eine sehr ungenaue Beschreibung der Münchner Ereignisse vom November 1923, wo sich Hitler mit anderen rechtsradikalen Führern und Verbänden wie Oberland verband, um seinen Putsch durchzuführen. Und auch später verband er sich nur zu oft mit der Deutschnationalen Partei, dem Stahlhelm und anderen Verbänden – bis er stark genug war, um sie zu zerstören.

Wie viel die deutschen Nationalsozialisten ihren böhmischen und österreichischen Parteigenossen verdankten, ergibt sich aus einem Buch, das Rudolf Jung, einer der böhmischen Parteiführer, unmittelbar nach dem Zusammenbruch der Mittelmächte unter dem Titel „Nationaler Sozialismus" veröffentlichte. In der Niederlage und der Gründung unabhängiger slawischer Staaten auf den Ruinen der österreichischen Monarchie sah er nur den Höhepunkt eines langen tödlichen Kampfes, dessen Ziel die Vernichtung des deutschen Volkes war. Tschechen, Juden und andere Fremdlinge waren laut ihm verantwortlich für die Schwierigkeiten der deutschen Arbeiter; liberale deutsche Unternehmer und deutsche und jüdische Sozialdemokraten hätten „die tschechischen Minderheiten im deutschen Siedlungsgebiet der Sudetenländer geschaffen und gefördert"; das Schicksal der Deutschen hinge nicht davon ab, daß sie zu einem Einverständnis mit den Tschechen kämen, sondern sie müßten entfernt und der deutsche Lebensraum ausgedehnt werden. Jung pries Schönerer „als einzigen Politiker von Ruf, der Verständnis für die Lage unserer armen Volksgenossen besaß", während die Sozialdemokraten durch ihre Verbindung von Sozialismus und Internationalismus unnatürliche fremdvölkische Mächte unterstützten. Das „schaffende nationale Kapital" wurde anerkannt im Gegensatz zu dem „zersetzenden Finanzkapital"; Zins und Grundrenten wurden verworfen. Monopole, Warenhäuser und große Güter sollten zum Wohl der Gemeinschaft enteignet werden. Die „Würde der nationalen Arbeit" und das „schaffende Kapital" wurden gepriesen, ebenso wie die „gerechte Verteilung des Einkommens". Bei Jung findet sich auch das Schlagwort „Gemeinnutz geht vor Eigennutz", das wie viele seiner Forderungen auch in den Fünfundzwanzig Punkten Hitlers von 1920 wiederkehrt. Jung verachtete den Materialismus und Mammonismus, die er als Werkzeuge des internationalen Judentums ansah. Für ihn war der wahre deutsche Geist in einem waffentragenden freien Bauerntum und in einem genossenschaftlich arbeitenden Handwerkertum verkörpert – einem idealisierten Bild einer vorkapitalistischen Gesellschaft, weit entfernt von der Gesellschaft der scharfen Konkurrenz und des Klassenkampfes.[11]

Während sich Schönerers Appell an das Bürgertum und Kleinbürgertum richtete, wandte sich die Deutsche Arbeiterpartei an die Arbeiterschaft, ohne andere soziale Klassen zu berücksichtigen. Aber vor 1914 war Österreich nur sehr teilweise industrialisiert, und der Erfolg der Sozialdemokraten unter der Arbeiterschaft war so groß, daß selbst in Böhmen der Appell an ihre ‚nationalen' Interessen nur ein recht beschränktes Echo fand. Das blieb auch so trotz der chaotischen Zustände in Deutschland und Österreich nach dem ersten Weltkrieg, und war vor 1914 sehr viel mehr der Fall. Für die meisten Arbeiter war der Klassenkampf eine Realität, keine ‚jüdische Erfindung', und sie handelten dementsprechend. Was der Deutschen Arbeiterpartei noch mehr als den Alldeutschen fehlte, war ein dynamischer, ‚revolutionärer' Führer, ein Mann ohne jeden Skrupel, der nach der Macht und nichts anderem strebte. Ihre Führer unterschieden sich nur zu einem gewissen Grad von denen der sozialistischen Gewerkschaften, mit denen sie konkurrierten: kleine Leute, die im Interesse der Arbeiter, wie sie es sahen, tätig waren, beflissen und begrenzt, weit entfernt von der Nachkriegswelt der Putsche und Kämpfe um die Macht. Ihre historische Bedeutung liegt darin, daß sie die Saat ausstreuten, die nach 1918 keimte, daß die späteren Nationalsozialisten auf älteren Grundlagen aufbauen konnten, vor allem auf der völkischen Ideologie, die in der einen oder anderen Form viele Tausende beeinflußte.

In Österreich wurde diese Ideologie in vielen Vereinen und Organisationen verbreitet, nicht nur in Parteien und Gewerkschaften. Besonders wichtig unter diesen waren die völkischen Turn- und Sportvereine, die auch in vielen Kleinstädten und Dörfern existierten. 1902 hatte der Deutsche Turnerbund 133 Ortsgruppen und 13 000 Mitglieder; sein Motto war das von Schönerer, „Durch Reinheit zur Einheit".[12] Die örtlichen Vereine nahmen nur Deutsche „arischer Abstammung" als aktive oder passive Mitglieder auf, um diese „Reinheit" zu bewahren.[13] 1901 trennte sich die Deutsche Turnerschaft in Niederösterreich von allen jüdischen Turnvereinen und schloß alle jüdischen Mitglieder aus.[14] 1905 fand in Wien der zweite Deutsche Studententag statt, auf dem der Vorsitzende ausführlich auf die Judenfrage einging und die Fernhaltung jüdischer Studenten forderte sowie einen numerus clausus für sie in den akademischen Berufen. Im Deutschen Schulverein, der deutsche Schulen in gemischtsprachigen Gegenden unterstützte, wurden die Satzungen 1899 geändert, so daß in Zukunft die Ortsgruppen über Aufnahmen entscheiden konnten und der Ausschluß jüdischer Mitglieder möglich wurde. Erst 1921 wurde beschlossen, daß unter Deutschen in den Satzungen nur ‚Stammesdeutsche' zu verstehen seien. Ein altes Ziel Schönerers war endlich erreicht. Im gleichen Jahr wurde der ‚Arierparagraph' auch von dem Deutsch-Österreichischen Alpenverein angenommen und Juden aus ihm ausgeschlossen.[15] So wurde der rassische Antisemitismus auf vielen Gebieten adoptiert, nicht nur auf dem des Sports, und beeinflußte vor allem die Jugend. In der Deutsch-Österreichischen Republik, die durch den Zusammenbruch der Monarchie 1918 entstand, konnten dann die Juden nicht nur für den Zusammenbruch verantwortlich gemacht werden, sondern für alle Schwierigkeiten und Unruhen der Nachkriegszeit. Die Drohung, die Ende des 19. und Anfang des 20. Jahrhunderts nur befürchtet worden war, schien jetzt Wirklichkeit geworden zu sein.

Natürlich war der Antisemitismus nur ein Teil der völkischen Ideologie, aber ein sehr wichtiger. Zu ihr gehörten auch eine Verehrung für alles Deutsche und Germanische, ein Glaube an die Überlegenheit der ‚germanischen Rasse' über alle anderen, die Überzeugung, daß die Deutschen mehr ‚Lebensraum' brauchten, eine Sehnsucht nach der verlorenen Welt des Mittelalters und des Heiligen Römischen Reiches Deutscher Nation, die Abkehr von allem Modernen, ob in der Kunst oder im Wirtschaftsleben, die Verherrlichung der heroischen Tat und des Heldenmutes, wie sie in der Welt der germanischen Sagen und des Nibelungenliedes zu finden waren. Es war eine romantische Ideologie, aber von einer ganz besonderen Art. Ihre Anhänger konnten die Welt nicht realistisch sehen und bevölkerten sie daher mit Göttern und Dämonen, mit Völkern, die auf Grund ihrer ‚rassischen' Veranlagung zur Herrschaft bestimmt seien, und mit anderen, die zur Sklaverei verurteilt wären. Es war eine verderbliche Lehre, die viele Tausende beeinflußte, ein Mythos, der eine magnetische Kraft ausübte. Es war ein neuer Glaube, mit den Schlachten von Noreia (113 v. Chr.)

und dem Teutoburger Wald (im Jahre 9) als den Heiligentagen, in dem die germanische Welt die Stelle des Christentums und der Kirche einnahm. Um noch einmal Schönerer zu zitieren:

„Im großen Jahre Siebzig
Erklang die Wacht am Rhein;
Germania ist erstanden
Und schläft nun nimmer ein.

Mit deutschem Blut und Eisen
Ward fest gebaut das Reich
Und deutscher Geist und Wille
Wird's ewig halten gleich . . .

Germania, laß erschallen
Dein Rufen weit hinaus,
Daß auch der Ostmark Söhne
Sich bau'n ein deutsches Haus!“ [16]

III. GEGEN DIE ROTE REVOLUTION – DIE FRÜHEN HEIMWEHREN

Im Oktober 1918 brach die österreichische Monarchie zusammen – ein Zusammenbruch, der nicht durch eine revolutionäre Bewegung von links, sondern durch die militärische Übermacht der Entente verursacht wurde. Weder in Wien noch in irgendeiner anderen österreichischen Stadt gab es gutorganisierte Revolutionäre, und die linke Massenpartei, die Sozialdemokratie, stand allen bolschewistischen Experimenten feindlich gegenüber. Von Anfang an war die Regierung der ‚Deutsch-österreichischen Republik' eine Koalition aller größeren Parteien. In Wien und in der Provinz traten Sozialdemokraten in die Regierung ein, aber – im Gegensatz zu Deutschland, wo die neue Regierung zunächst rein sozialistisch war – hemmten ihre bürgerlichen Partner die Bewegungsfreiheit der Sozialdemokraten und sorgten für einen sehr gemäßigten Kurs der neuen Regierung. Das wurde auch bedingt durch die völlige Abhängigkeit Österreichs von der Einfuhr von Lebensmitteln und Kohle, die es nur aus den Siegerstaaten erhalten konnte. Allerdings wurden unter sozialistischem Druck in den größeren Städten Arbeiter- und Soldatenräte gebildet, aber außerhalb Wiens und weniger Industriestädte blieb ihr Einfluß schwach, und selbst in Wien stellte er keine ernsthafte Alternative zu der Macht der Regierung dar.

Als in Wien im April und Juni 1919 Versuche einer kommunistischen Revolution, die von der ungarischen Räterepublik inspiriert und finanziert wurden, unternommen wurden, vermochte die neue österreichische Armee, die Volkswehr, die unter sozialdemokratischem Einfluß stand, rasch und leicht mit ihnen fertig zu werden.[1] Trotz Hunger und Unruhen waren und blieben die österreichischen Kommunisten eine sehr schwache Partei – wiederum im Gegensatz zu Deutschland, wo die Kommunisten auf Grund der bürgerkriegsähnlichen Zustände, des Aufkommens der Freikorps und der Linksentwicklung innerhalb der Unabhängigen Sozialdemokratie rasch erstarkten. Aber in Österreich gab es keine Spaltung der Arbeiterbewegung und keinen Bürgerkrieg; die radikalere und energischere Politik der Sozialdemokraten bewahrte die Einheit der Linken und verhinderte ein Anwachsen der Kommunisten. Weite Gegenden Österreichs waren noch ländlich und konservativ, wo der Einfluß der katholischen Kirche vorherrschte. Die Sozialdemokraten waren nur in einigen Industriebezirken stark, und als sie 1920 aus der Koalitionsregierung ausschieden, nahm ihre Macht rasch ab.

Doch die Schwäche der Linken wurde von der Masse der konservativen und katholischen Mittelschichten nicht erkannt. Gleichgültig ob sie sich in abhängiger oder unabhängiger Stellung befanden, fühlten sie sich bedroht durch das Verschwinden der Monarchie und der alten Ordnung, in der jeder seinen festen Platz hatte, durch den Aufstieg einer scheinbar starken Arbeiterbewegung, durch das ‚rote' Wien, wo die Sozialdemokraten umfangreiche soziale Reformen durchführten, und durch die sozialen und wirtschaftlichen Umwälzungen, die die Sicherheit des Bürgertums untergruben. Seine Ersparnisse wurden durch die Inflation entwertet, sein Einkommen schmolz dahin, seine führende Stellung war gefährdet. Obgleich nach 1919 die Gefahr einer Linksrevolution nicht mehr bestand, war die Furcht vor Sozialismus und Kommunismus weit verbreitet.[2] Dazu war die neue demokratische Republik unpopulär bei vielen, die den demokratischen Prozeß nicht verstanden und politische Parteien für überflüssig und ihre Führer für dumm und korrupt hielten.

Nur ein Jahr nach dem Ausbruch der Revolution berichtete die Wiener Polizeidirektion, das politische Interesse sei nur gering, aber „Allgemein ist der Ruf nach einer starken Regierung, die alle Kräfte aufbietet, den Volksnotwendigkeiten Rechnung zu tragen, diese aber in der Förderung der Interessen a l l e r arbeitenden Bewohner dieses Staates und vor allem darin sieht, daß die sechs Millionen Einwohner dieses Staates zu essen und zu heizen haben."[3] Zwischen den Zeilen stand, daß die Sozialdemokraten – damals noch stark in der Regierung vertreten – nur die Interessen ihrer eigenen Anhänger förderten und daß die Regierung im allgemeinen zu wenig täte, um Lebensmittel und Heizmaterial zu beschaffen. Laut dem Bericht wurden diese Gefühle von zwei Dritteln der Bevölkerung geteilt; die Leute erinnerten sich der großen Verdienste, die sich Dr. Lueger und die Christlichsoziale Partei vor dem Krieg um die Wiener Verwaltung erworben hätten; „und es werden die jetzige Staatsform und die sozialdemokratische Partei für alle Not und alle Übelstände verantwortlich gemacht". Die Erbitterung gegen die „Schleichhandel und

Wucher treibenden" Ostjuden „wie der Haß gegen die jüdischen Kommunisten" nähme von Tag zu Tag zu; „die Verbitterung der Menge und ihre Unzufriedenheit mit den bestehenden Verhältnissen" wachse.[4]

Abgesehen von der Enttäuschung durch die neuen demokratischen Regierungsformen und die für sie verantwortlichen Parteien begann sich in den Kleinstädten und Dörfern Österreichs ein anderes Gefühl auszubreiten: Abneigung gegen Wien, seine nie endenden Forderungen nach Lebensmitteln, seine ‚parasitäre' Bevölkerung, seine ‚rote' Regierung, seine Arbeiterräte, die illegale Lebensmittelbestände beschlagnahmten, seine ewig hungrigen Einwohner, die auf dem Lande nach Nahrung suchten. Derartige Stimmungen nahmen rasch zu und verwandelten sich in Haß und Verachtung. Sie waren die Treibkraft bei der Bildung der Heimatwehren oder Heimwehren, die auf dem Lande wie Pilze aus der Erde schossen. Die ersten entstanden in den ersten Wochen der Revolution, vor allem um Plünderungen und Zwangsrequirierungen durch zurückkehrende Soldaten oder entlassene Kriegsgefangene zu verhindern. Die Einheiten wurden auf Befehl der Regierung bewaffnet. An der Südgrenze Kärntens und der Steiermark kam es zu Kämpfen mit vorrückenden jugoslawischen Einheiten, und dort wurden Heimwehren von Offizieren organisiert. Da die Kämpfe mit den Jugoslawen viele Monate dauerten, wurden die Einheiten gut organisiert und ausgerüstet. Im Februar 1919 ging eine Beschwerde aus Knittelfeld nach Graz, daß auf Befehl eines Volkswehroffiziers große Mengen Waffen auf Schlitten in die Dörfer verschoben würden. Die Arbeiter protestierten gegen diese heimlichen militärischen Maßnahmen, aber die Ortsbehörde verteidigte sie mit der Begründung, daß die Heimwehr gänzlich unpolitisch sei und einen Schutz „gegen die immer mehr überhandnehmenden Räuberbanden und sonstigen Landstreicher" darstelle; ihr Kommandant sei ein aktiver Major im Generalstab.[5] Laut der Militärpolizei in Graz gab es einen zum Ankauf von Waffen und Munition bestimmten Fond von circa drei Millionen Kronen. Im Juni 1919 berichtete der Landesbefehlshaber für Steiermark der Landesregierung über Mißbräuche bei den den Heimwehren überlassenen Waffen, über Waffenschiebungen und große Mengen von militärischen Waffen in den Händen der Zivilbevölkerung.[6]

Im Mai 1919 berichtete der gleiche Landesbefehlshaber an die Landesregierung, daß in etwa siebzig Prozent aller Gemeinden Heimwehren bestünden, in einer Stärke von ca. 15 bis 30 Mann in den kleineren und bis zu 100 Mann in größeren Gemeinden. Die Kontrolle über die Heimwehren würde durch Offiziere ausgeübt, die dazu in jedem Bezirk ernannt seien; ein Abbau der Heimwehren könne nicht befürwortet werden. Im folgenden Juli berichtete die Bezirkshauptmannschaft Graz, die Heimwehren arbeiteten eng mit der Polizei und Gendarmerie zusammen und seien „vollkommen unpolitisch"; sie bedrohten niemand außer Verbrechern, und um so überraschender seien die Angriffe auf sie aus Kreisen der Volkswehr, die in der Forderung nach Auflösung der Heimwehren gipfelten. Dem entgegnete der Kommandant des untersteirischen Bauernkommandos, daß seine Einheiten erst dann ihren Zweck erfüllten, „wenn an Stelle der heutigen anarchischen Zustände, wo die verschiedenen Räte kommandieren, Einhalt geboten wurde (sic) und sich jeder Bürger des Staates mit freudiger und aufopferungsvoller Arbeitslust an dem wirtschaftlichen Wiederaufbau unseres geknechteten Volkes (sic) beteiligt."[7] Seine Behauptung, daß die Heimwehren „nicht parteipolitisch" seien, wurde nicht nur durch seinen eigenen Angriff auf die Rätebewegung widerlegt, sondern auch durch einen Befehl der gleichen Organisation, daß sie nur „wahrhaft völkische Ziele" verfolge wie die „Verteidigung und Wiedergewinnung deutschen Grund und Bodens und die Aufrechterhaltung von Ruhe und Ordnung"; die Angriffe auf die Heimwehren gingen zurück auf „die Reinheit und Ehrlichkeit" ihrer Ziele und auf die Macht, die sie ausübten.[8] In der Steiermark beruhte diese Macht vor allem auf Waffen. Wie der Landeshauptmann der Steiermark, Dr. Rintelen, später zugab, erwarben die Heimwehren etwa 17 000 Gewehre mit Munition, 286 Maschinengewehre, zwölf Geschütze und sogar Flugzeuge, zum großen Teil durch List aus Depots der Volkswehr. Einer von Rintelens engsten Mitarbeitern beim Aufbau der Heimwehren war ein früherer Oberst, ein Schwiegersohn Schönerers. Der örtliche Führer in der Obersteiermark war ein Rechtsanwalt, Dr. Walter Pfrimer, dessen Stabschef der Ingenieur Hanns Rauter war. Die meisten Führer waren frühere Offiziere.[9]

Während die Massen der Heimwehrmitglieder aus der Bauernschaft kamen, waren auch zwei andere soziale Gruppen stark vertreten, Studenten und Offiziere; und viele Studenten der ersten Nachkriegsjahre waren im Krieg Offiziere oder Kadetten gewesen. In der Steiermark wurde die Position Dr. Pfrimers wesentlich stärker, als sich ihm die Studentenbataillone aus Graz und Leoben unterstellten; sie bildeten das radikalste Element unter den Heimwehren. Ihr Grazer Führer war Rauter, der im Krieg Oberleutnant gewesen war.[10]

Wie er selbst später schrieb, war es dem Einfluß der Studenten zuzuschreiben, daß die Standarten das Hakenkreuz und die Farben Schwarz-Weiß-Rot zeigten. Ihre Ziele waren: „Kampf gegen Marxismus, bürgerliche Demokratie, Schaffung eines autoritären Staates und der Anschluß an das Reich"; der Steirische Heimatschutz hatte eine „antisemitische Basis" und den Mitgliedern wurde verboten, einer politischen Partei anzugehören.[11]

Auch in Tirol bestanden die mobilen Heimwehreinheiten aus den Studentenkompanien der Universität Innsbruck, die in ihrer politischen Haltung deutschnational waren und enge Beziehungen nach Deutschland hatten.[12] Interessanterweise fuhren Studenteneinheiten aus Graz und Innsbruck 1921, zur Zeit des polnischen Aufstandes, nach Oberschlesien und kämpften dort Seite an Seite mit den deutschen Freikorps, vor allem dem bayerischen Freikorps Oberland, so daß der deutsche Nationalismus starke Bande zwischen ihnen schuf. Einer von denen, die in Oberschlesien ihre Feuertaufe erhielten, war Fürst Ernst Rüdiger von Starhemberg, der spätere österreichische Heimwehrführer, wie er es ausführlich in seiner Selbstbiographie beschreibt. Für Männer wie ihn brachte das Soldatsein einen neuen Geist in ihr Leben, der die Langeweile der Universitätsstudien vertrieb; das galt vor allem für die, die zu jung gewesen waren, um im Weltkrieg zu dienen. Viele Offiziere und Unteroffiziere der alten Armee andererseits fanden es unmöglich, sich aufs Zivilleben umzustellen oder einen Beruf zu finden, der ihren sozialen Ansprüchen entsprach. Die Heimwehren und Frontkämpferverbände, ebenso wie die deutschen Freikorps, gaben ihnen eine Stellung, wie sie sie beanspruchen konnten; dort herrschten die gleiche Atmosphäre und Mentalität wie in der früheren Armee.[13] Dort konnten sie den Kampf gegen den ‚Feind' fortsetzen, ob dieser nun aus Jugoslawen oder aus ‚Roten' bestand.

Im Juni 1920 konnte der britische diplomatische Vertreter aus Wien berichten: „Es besteht kein Zweifel, daß die Bauern, die schon seit längerem bewaffnet waren, in Tirol und der Steiermark in reguläre Einheiten zusammengefaßt werden, um einem möglichen Angriff bewaffneter Arbeiter Widerstand zu leisten oder sie vielleicht anzugreifen. Kurz es scheint, als würden Vorbereitungen zum Bürgerkrieg getroffen . . ."[14] Die Heimwehren wurden auf örtlicher Basis aufgebaut und unterschieden sich voneinander stark nach ihrer politischen Richtung, ihrer Ideologie, ihrer Kampfbereitschaft und der Qualität ihrer Offiziere. Sie besaßen nur örtliche Führer und keine zentrale

Leitung, obgleich, wie wir sehen werden, später große Anstrengungen gemacht wurden, um diese Schwächen zu überwinden, um die Heimwehren zu vereinheitlichen und ihnen eine gemeinsame Ideologie zu geben, die über die einfache Gegnerschaft zu allem ‚Roten' hinausging.

Bereits 1920 fanden in der Bewegung wichtige Veränderungen statt, die von außen in sie hineingetragen wurden, von einer mächtigen Organisation, die im benachbarten Bayern entstanden war, der Orgesch oder Organisation Escherich, wie sie nach ihrem Führer, dem Forstrat Dr. Georg Escherich, hieß. Die Orgesch war einer der bayerischen Wehrverbände, die als Reaktion auf die Münchner Räterepublik vom April 1919 entstanden. Sie sollten die Reichswehr im Fall von Unruhen ergänzen und ihr bei Ausbruch von Krieg oder Bürgerkrieg ausgebildete Rekruten zur Verfügung stellen. Sie waren scharf antibolschewistisch und antisemitisch eingestellt. Unter der Rechtsregierung, die in Bayern nach dem Kapp-Putsch gebildet worden war, stellten sie eine Macht dar und hatten keinen Mangel an Waffen und Geld. Diese kamen wenigstens zum Teil von der Reichsregierung, trotz aller Reibereien zwischen Berlin und München. Im Februar 1920 suchte ein enger Mitarbeiter Escherichs, Dr. Kern, den Reichswehrminister Noske in Berlin auf und erreichte, daß entgegen den Bestimmungen des Versailler Vertrages große Waffenbestände nach Bayern überführt wurden, von wo ein Teil nach Österreich weiterging[15], denn Anfang 1920 entstanden enge Beziehungen zwischen der Orgesch und den Heimwehren. Zu diesem Zweck wurde eine Unterorganisation der Orgesch gegründet, die Orka oder Organisation Kanzler, genannt nach dem Mann, der nach Escherich den wichtigsten Posten in der Orgesch einnahm. In der Orka war ein aktiver Major der Reichswehr, Hörl, der Verbindungsmann zu den Heimwehren; er organisierte besondere Stabsleiterkonferenzen, um technische und organisatorische Fragen zu erörtern.[16] Laut Escherichs eigener Angabe besaß seine Organisation etwa 2 500 000 Infanteriegewehre, 130 000 leichte und 3000 schwere Maschinengewehre, hundert Batterien leichter Geschütze, eine Reihe schwerer Haubitzen und Kanonen sowie dreißig Flugzeuge.[17] Sie konnte daher leicht Waffen nach Österreich abgeben.

In seinen Erinnerungen beschrieb Kanzler die Intervention der Orgesch in Österreich als „Schutzaktion zugunsten jener Gebiete, die sich durch den Wiener Bolschewismus nicht in weitere Not stürzen lassen wollten". In den Verhandlungen mit den Österreichern betonten er und seine Mitarbeiter die Notwendigkeit der Errichtung einer gemeinsamen antibolschewistischen Front, um die eigene Abwehrkraft zu verstärken, den Anschluß Österreichs zu fördern und die legitimistischen prohabsburgischen Tendenzen zu bekämpfen. Im Februar 1920 hielt Kanzler eine Besprechung mit führenden Christlichsozialen in Salzburg, wo schon ein Selbstschutzverband von 1200 Mann bestand; aus den jüngeren Leuten sollten mobile Einheiten gebildet werden mit intensiver militärischer Ausbildung.[18] Eine zweite Konferenz in Salzburg im März war von den Vertrauensleuten von sechzehn Gemeinden, in denen die Heimwehr etwa 2000 Mitglieder hatte, und von mehreren Abgeordneten und lokalen Funktionären besucht. Ihnen setzte Kanzler auseinander:

„... Der alte Militarismus ist gestürzt worden, von bezahlten Judenknechten wurde der Dolch in den Rücken der Frontheere gestoßen, weil eine militärische Niederkämpfung durch alle gegen uns aufgebotenen Heere nicht möglich war. Von Judenscharlatanen wurde die Revolution gemacht, es wurde uns Frieden und Brot, Arbeit und Ruhe versprochen; nichts von alledem ist gehalten worden. Im Gegenteil Bestechung, Korruption, das Schiebertum hat in einer Weise Platz gegriffen, daß es allerhöchste Zeit ist, nach dem Rechten zu sehen. Wir müssen alles aufbieten, um der Judenregierung, d. h. dem internationalen Juden- und Schiebertum Einhalt zu tun ... Darum müssen wir völkisch uns zusammenschließen, das internationale Judengesindel, das uns aussaugt bis auf den letzten Blutstropfen, beseitigen. Die Bolschewisten drängen von allen Seiten gegen uns, um sich mit dem Judengelde bezahlten, irregeleiteten Brüdern unseres eigenen Stammes zu vereinigen und uns die bekannte Seligkeit aufzudrängen ...“

Einer der anwesenden Salzburger Abgeordneten erwiderte, im Interesse des Volkes müsse die Losung heißen: „Alle für einen, einer für alle“; die Gesundung müsse aus dem Bauernstand kommen, der „nicht vergessen darf, daß er die Stütze des ganzen Volkes [ist], daß er als seßhafter, bodenständiger [Stand] verloren ist, wenn er sich vom Strom des Schieber- und Judentums fortreißen läßt.“ Am Schluß der Versammlung wurde ein Gauhauptmann für Salzburg gewählt.[19]

Die ersten Kontakte zwischen München und Innsbruck wurden im gleichen Monat, März 1920, hergestellt; in Kufstein fand eine Konferenz mit Orkavertretern statt, aber gegen den Wunsch des Tiroler Landeshauptmanns Josef Schraffl. Im April fuhr Kanzler nach Innsbruck, wo er führende Tiroler Politiker traf, unter ihnen Dr. Steidle, Dr. Stumpf und Professor Schullern. Es wurde beschlossen, nach bayerischem Vorbild einen Tiroler Ordnungsblock mit Schullern als Vorsitzendem zu bilden, und die ersten Schritte zur Organisierung von Heimwehren wurden unternommen.[20] Eine weitere Besprechung fand im Mai in Innsbruck unter Vorsitz von Steidle statt, an der auch Landeshauptmann Schraffl und viele lokale Würdenträger teilnahmen. Der Orkavertreter, Professor Stempfle aus München, berichtete über die politische Lage in Bayern, wo die Orgesch über 300 000 Mann verfüge, „ein starkes Bollwerk gegen den Bolschewismus":

> „Es muß eine einheitliche Front aller bürgerlichen Elemente erstehen, wenn Gesamt-Deutschland gerettet werden soll. Dies kann nur von Süden aus geschehen, da der Norden nicht allein in den Arbeiterkreisen, sondern auch in der Regierung vollkommen links gerichtet ist. Die Bayern brauchen unbedingt eine Rückendeckung durch die Tiroler und Salzburger, wenn sie gezwungen sein sollten, nach Norden zu marschieren . . ."

Ein Oberleutnant Krazer aus Bayern unterstützte Stempfle und betonte, ein neuer großer Kampf in Mitteleuropa stehe bevor, „der Kampf des Asiatentums, ausgedrückt in dem Bolschewismus unter jüdischer Führung, gegen die germanische Kultur".[21] So wurden die Tiroler Führer nicht nur mit völkischer Ideologie, sondern auch mit dem Plan des Marsches nach Berlin, um die dortige Linksregierung zu stürzen, vertraut gemacht, ohne daß sie dem widersprochen hätten.

Sogar Landeshauptmann Schraffl, der kein wilder Extremist war, stimmte der allgemeinen Richtung der bayerischen Vorschläge zu. Er verwies darauf, daß in Tirol seit Jahrhunderten Waffenfreiheit herrsche und daß nicht einmal die Entente die Entwaffnung der Tiroler Bauern plane (so daß die Heimwehren auf den traditionellen Schützenkompanien fußen konnten): eine Entwaffnung „werde nur von den Parasiten verlangt, die sich um den Wiener Sozialisten Klingl (sic) gruppieren und die zu 90 % Nichttiroler sind. Im Augenblicke nun, wo diese Aktion von Wien aus zu verwirklichen gesucht wird, werde es in Tirol zu offenen Kämpfen kommen. Dann werde die Zeit gekommen sein, wo die Tiroler [an] die brüderliche Mithilfe der Bayern appellieren werden. Umgekehrt werden diese selbstverständlich auf die tatkräftigste Unterstützung der Tiroler rechnen können . . ."[22] Schraffls Motive waren antisozialistisch und antiwienerisch, und auf dieser Basis war er bereit, mit den Bayern zusammenzuarbeiten.

Nur zwei Tage darauf informierte Steidle die Tiroler Regierung, die Heimatwehren würden gebildet, und übersandte gleichzeitig zwei Erlasse der bayerischen Regierung von 1919 über die Formation von

Einwohnerwehren. Aufrufe zum Beitritt erschienen in den Zeitungen, und die Ortsbehörden taten das ihre, um die gute Sache zu fördern. So berichtete der Bezirkshauptmann von Landeck, der dortige Bürgermeister habe etwa dreißig Leute zu einer Besprechung eingeladen, an der fast alle Beamten und Honoratioren teilgenommen hätten. Der Redner habe ausgeführt, im Kampf gegen den Bolschewismus müßten alle zusammenstehen, „die ein Interesse an der Ordnung und dem Wiederaufbau hätten", ohne Rücksicht auf Parteipolitik; „nur die schärfsten Kampfmittel" seien geeignet „gegen eine wohlorganisierte, mit reichen Geldmitteln und allen Waffen versehene und in der Gesinnung vollkommen skrupellose Partei"; das Rückgrat des Ordnungsblocks würde durch eine „wohlausgerüstete Heimatwehr" gebildet werden; die militärische Seite brauche nicht diskutiert zu werden, denn in den Tälern des Bezirks habe schon eine erfolgreiche Propaganda für sie begonnen, und für ihre Bewaffnung sei „schon umfangreiche Sorge getroffen worden".[23]

In dem benachbarten Vorarlberg hatten die Heimwehren im August 1920 eine Stärke von 3350 Mann; sie waren mit 3600 Gewehren und sechzehn Maschinengewehren ausgerüstet, von denen die meisten aus Bayern herübergeschmuggelt waren. Wie ihr Bericht für September 1920 ausführte, erhielt die Organisation durch die Waffenzufuhr „einen starken Impuls"; so konnte man die bäuerliche Bevölkerung des Bregenzerwaldes und südlich Bregenz bewaffnen und die Bildung einer Maschinengewehrkompanie aus Mitgliedern des örtlichen Ruderklubs einleiten.[24] Der politische Ausschuß für Vorarlberg bestand aus drei Mitgliedern, von denen einer großdeutsch und zwei christlichsozial eingestellt waren; aber laut dem Bericht des militärischen Leiters nach München waren zwei von ihnen „der Orgesch bedingungslos ergeben".[25] Im Dezember 1920 konnte er weiter berichten, daß auf Einladung der Vorarlberger Landesregierung eine Sitzung stattgefunden habe, in der Maßnahmen zur Bekämpfung von Streiks besprochen worden seien, und an der die Bezirkshauptleute, Bürgermeister, Gendarmerieoffiziere und Bahnbeamte teilgenommen hätten; die Ideen der Heimwehr hätten sich durchgesetzt, und die Landesregierung „steht nun voll und ganz auf dem Boden der Heimatwehren!"[26] In der Tat entwickelte sich die Heimwehr in Vorarlberg noch stärker als in Tirol unter dem offiziellen Schutz der Landesregierung. Sie hielt sich für eine halbamtliche Organisation, verantwortlich gegenüber dem Landeshauptmann, der die örtlichen Führer ernannte oder jedenfalls bestätigte.[27] Ihre Stärke in dem kleinen Land wuchs anscheinend nicht über 3500 Mann hinaus.

Im Juni 1920 fuhren Stempfle und andere Orgeschleute nach Graz und Klagenfurt, um Kontakt mit den dortigen Heimwehren aufzunehmen. In Klagenfurt sahen sie den Landesbefehlshaber, Oberst Hülgerth, und seinen Stellvertreter, Oberst Klimann, „die allerdings beide der schwarz-gelben Richtung angehören"; doch „Hilgert (sic) hat auf uns den besten Eindruck gemacht und ist als Führer der H. W. Organisation unermüdlich tätig." [28] So war in Kärnten, wo es bittere Kämpfe mit den Jugoslawen gegeben hatte, die Heimwehrführung mit der der Armee in einer Hand vereinigt: auch hier hatte die Heimwehr einen quasioffiziellen Charakter. Doch politisch war der Bericht inkorrekt, denn Klimann war aktiver Großdeutscher, der den Christlichsozialen feindlich gegenüberstand und gegen sie intrigierte, obgleich sie die Heimwehrbewegung unterstützten.[29] Aber in der Steiermark erreichte die ursprüngliche Einigkeit der bürgerlichen Parteien in den Heimwehren schon 1920 ihr Ende, und diese spalteten sich in zwei Organisationen, von denen die eine großdeutsch und die andere christlichsozial war. Letztere wurde von dem örtlichen Bauernbund unterstützt und war daher auf dem Land die stärkere. In Graz verfügten die Heimwehren über 13 000 Bewaffnete, in der Mittelsteiermark über weitere 5000 mit vierzig Maschinengewehren, in der Obersteiermark über 2000, und in der Untersteiermark über 8000 bis 9000 Mann; außer Waffen besaßen sie zwei Flugzeuge, zwei drahtlose Stationen und zehn Lastautos.[30] Die steirischen wie die Salzburger Einheiten empfingen Geldzahlungen aus München, die letzteren 12 000 Mark pro Monat.[31]

Die Orka war vor allem an den österreichischen Ländern interessiert, die an Bayern grenzten, aber sie wurde auch in Wien tätig. 1920 trat sie in Kontakt zu zwei führenden völkischen Organisationen, den ‚nationalen' Studentenverbindungen und dem Deutschen Turnerbund 1919. Auf einer Konferenz im August 1920 erklärte sein Bundesobmann, Regierungsrat Klaudius Kupka, der Bund sei „arisch und großdeutsch" und habe 50 000 Mitglieder, von denen 15 000 ausgebildete Soldaten seien. Bei weiteren Verhandlungen mit den Turnern im folgenden Monat drückte der Redner, Professor Holtey, das unbedingte Vertrauen der Anwesenden auf die Führung der Orgesch aus sowie auf ihr Ziel, „den Zusammenschluß aller deutschen Männer zu einem Großdeutschland". Man empfahl den Turnern „den unbedingten Anschluß an die Orgesch".[32] Mit den Studentenverbindungen wurde rasch eine Einigung erzielt: im September erklärten die Burschenschaften, Corps, Landsmannschaften, akademische Turner und Sänger nach kurzem Bericht Kanzlers einstimmig ihre Unterstützung für die Orgesch.[33] Die Gründungsversammlung der Orka in Wien fand im Dezember statt und wurde von etwa 400 Personen, meist Offizieren und Studenten, besucht. Unter anderen Rednern begrüßte der nationalsozialistische Führer Dr. Riehl die neue Organisation, „die gegen die rote Internationale und den Terror, der von derselben ausgehe, kämpfen werde". Major Hörl, der anstelle von Kanzler sprach, wies auf den Erfolg der Orgesch in Deutschland hin, wo sie bei der Unterdrückung des roten Aufstands im Ruhrgebiet nach dem Kapp-Putsch geholfen habe.[34]

Im November 1920 fanden die ersten offenen Zusammenstöße zwischen den Tiroler Heimwehren und den Sozialdemokraten statt. Die ersteren kündigten an, sie würden ein großes Landesschießen abhalten, an dem auch viele Einheiten aus Bayern teilnehmen würden. Die Bundesregierung in Wien stand dem Plan ablehnend gegenüber, da sie eine Intervention der Alliierten und den Ausbruch von Unruhen befürchtete. Die Sozialdemokraten riefen zum Streik auf und verteilten Waffen unter ihren Anhängern. Bewaffnete Arbeiter besetzten die Gas- und Elektrizitätswerke in Innsbruck und die Lokomotivführer montierten wichtige Teile der Maschinen ab, so daß Streikbrecher sie nicht benutzen konnten. Es fuhren keine Züge, und die bayerischen Einheiten konnten die Grenze nicht überschreiten. Aber das Schießen fand entgegen den Wünschen der Bundesregierung statt, und die Tiroler Landesregierung nahm an den Festlichkeiten teil. In der Festversammlung rief Steidle unter „tosendem Beifall" aus, das Schießen entspräche „einem uralten Tiroler Gebrauch"; die Heimwehren wollten „nur Ordnung, Achtung vor Gesetz und Recht und Schutz jeder ehrlichen Arbeit". Seine Rede klang in einem „Heil dem deutschen Volke" und dem Singen des Deutschlandliedes aus. Landeshauptmann Schraffl schrieb nach Wien, daß – angesichts der großen Bedeutung der bayerischen Heimwehren für die Wiederkehr von Ruhe und Ordnung – bürgerliche Kreise in Tirol beschlossen hätten, auch dort „die Sammlung der bürgerlichen Kräfte zur Aufrechterhaltung der Ruhe und Ordnung und zur Vermeidung jeder Störung der Verfassung" in die Wege zu leiten; die Landesregierung habe das Ansinnen, das Landesschießen zu verbieten, ablehnen müssen, da die Sozialdemokraten dort nur eine kleine Minderheit seien; „die Handhabung des Schießgewehres ist ein geheiligtes Recht, das sich der

Tiroler von Niemanden (sic) und unter keiner Bedingung nehmen läßt ..."[35]

Als Schraffl als Landeshauptmann zurücktrat und durch Dr. Franz Stumpf ersetzt wurde, bestanden die engen Beziehungen zwischen der Landesregierung und den Heimwehren weiter. Auf einer Besprechung im Juli 1921 dankte Steidle Stumpf für die ihnen versprochene Hilfe und versicherte ihm, daß sie eng mit den Behörden und der Gendarmerie zusammenarbeiten und keine Nebenregierung bilden würden; in erster Linie sollten die Landesregierung und die Bezirkshauptmannschaften über die Heimwehr verfügen, und nur im Notfall sollte der Bezirksführer der Heimwehr zum selbständigen Vorgehen berechtigt sein; genau wie sich der Landeshauptmann hinter die Heimwehren gestellt habe, würden sie sich hinter ihn stellen und eine starke Rückendeckung für die Behörden schaffen.[36] Im November wies Dr. Stumpf die Bezirkshauptleute eindeutig auf den Unterschied hin, der zwischen den Heimwehren und den sozialdemokratischen Arbeiterwehren bestünde: letztere seien „ein reines Parteiinstrument, nur bestimmt, um einseitige Parteibestrebungen durchzusetzen", ein „Institut des Klassenkampfes". Man habe ihm berichtet, daß die Sozialdemokraten die Arbeiterwehr den Bezirkshauptleuten zur Verfügung gestellt hätten und daß ein Bezirksleiter eine direkte Zusammenarbeit von Heimwehr und Arbeiterwehr in Aussicht nähme: das widerspreche seinen Absichten und stelle eine große Gefahr für das gesamte Gefüge der Heimwehren dar, das „ein Zusammengehen mit radikalen Elementen nicht zuläßt".[37]

Im Dezember 1921 gab Steidle in einem Interview zu, daß die Tiroler Heimwehr die gleichen Ziele wie die Orgesch habe, daß „Beziehungen kameradschaftlicher Art" zwischen beiden bestünden, daß „manchmal kleine Hilfe, manchmal größere" aus Bayern käme. Der Tiroler Sozialdemokrat Dr. Gruner andererseits teilte dem gleichen Fragesteller mit, die Heimwehren seien vollkommen militärisch ausgerüstet „nach deutschem Muster und mit deutschem Gelde"; abgesehen von Gewehren besäßen sie mindestens zwanzig Kanonen und Stoßtrupps, die aus Reserveoffizieren und Studenten bestünden. Er gab angesichts dieser militärischen Stärke offen die Machtlosigkeit seiner Seite zu: sie mache es den Gewerkschaften unmöglich, ihre Forderungen durchzudrücken.[38] Laut einem deutschen diplomatischen Bericht vom gleichen Monat saßen deutsche Offiziere in der Heimwehrzentrale in Innsbruck; sie hätten enge Beziehungen zu den Studentenbataillonen, unter denen auch eine Terrorkompanie sei; die

Versorgung aus Bayern habe jetzt aufgehört: „man ist komplet".[39] Die Tiroler Heimwehr selbst gab eine Stärke von mehr als 12 000 Mann an, die mit 8446 Gewehren, 140 Maschinengewehren und 22 Kanonen bewaffnet waren. Die Leute waren in fünf Bezirke eingeteilt, von denen Innsbruck mit 5229 Mann weitaus am stärksten war, während das untere Inntal 3014, der Bezirk Reutte 1724, Osttirol 1343 und Landeck 698 Mann hatten.[40]

Von den anderen österreichischen Ländern gab nur Oberösterreich auf einer Besprechung im August 1921 eine größere Stärke an, nämlich 23 000 Mann. Das kleine Land Salzburg gab 8000 an, Kärnten 9000, Niederösterreich 12 600, und Vorarlberg nur 2200 Mann. Professor Stempfle aus München trat für die Schaffung „jugendlicher Terrorgruppen" ein, für die die Studenten heranzuziehen seien. Er wandte sich scharf gegen „ein Hochstaplertum ehemaliger Angehöriger oberschlesischer Freikorpsverbände; das „Geheimziel aller Bestrebungen" müsse die „Vorbereitung zur nationalen Erhebung" sein. Der bayerische Oberstleutnant Hörl beklagte das Fehlen von Geldmitteln: „Der Großgrundbesitz gibt am sichersten; die Industrie zögernder; die Banken versagen." Auch für Österreich sei das Ziel, „eine starke bürgerliche Regierung zu schaffen und die rote Macht zu brechen"; eine „Geheimorganisation" sei noch im Aufbau, und auch ihre Führer dürften nicht bekannt werden. Die Berichte aus den Ländern betrafen vor allem die Bildung mobiler Formationen und Stoßtrupps. Die Oberösterreicher beschwerten sich über die konspirative Tätigkeit des deutschen Majors von Wandesleben „über den Kopf der Landesleitung hinweg" und wollten wissen, auf wessen Auftrag er handle; er mißachte „die Souveränität der Länder" (womit die Separatrechte der örtlichen Führer gemeint waren). Der Vertreter der Steiermark konnte stolz berichten, daß die Heimwehren einen Holzarbeiterstreik im Ennstal und einen Landarbeiterstreik im Hungertal gebrochen hätten.[41] In der Tat wurde das in vielen Ländern ein Haupttätigkeitsgebiet der Heimwehren, da die gefürchtete ‚rote' Revolution ausblieb. Es wurde auch gefragt, ob Escherich und Kanzler noch „in der Oberleitung" seien, und wenn nicht, wer sie jetzt führe? Denn auf starken Druck der Entente waren die Orgescheinheiten in Bayern offiziell aufgelöst worden. Aber sie wurden sofort ersetzt durch eine neue halbmilitärische Organisation, Bayern und Reich, die unter der Führung des Sanitätsrates Dr. Otto Pittinger stand und in Österreich die alten Rechte der Orka beanspruchte. Diese Ansprüche stießen auf die Opposition von deutschen Offizieren und einigen

Österreichern, weil er nicht großdeutsch, sondern weiß-blau und partikularistisch eingestellt sei.

In Österreich wiederum brachen im Verlauf des Jahres 1921 offene Konflikte zwischen den zwei Parteien, die die Heimwehrbewegung förderten, den Großdeutschen und den Christlichsozialen, aus. Im Oktober 1921 hielten die christlichsozialen Heimwehrführer eine besondere Besprechung in Salzburg ab, um über diesen Zustand zu diskutieren. Der steirische Führer Dr. Ahrer berichtete über die Spaltung der Bewegung in zwei Gruppen, von denen die seine viel stärker sei, vor allem auf dem Lande. Sie lehnten alle Beziehungen zur Orka oder zur Hörl ab und bezeichneten ihn als „den bösen Geist"; sie hätten nie Geld verlangt und brauchten auch in Zukunft keines; nach der Ermordung Erzbergers (August 1921) hätten sich in der Orka die radikalen Elemente durchgesetzt, und sie seien für die Schärfe des Konflikts in der Steiermark verantwortlich, der sogar zu Waffendiebstählen der Großdeutschen von den Christlichsozialen geführt hätte. In Kärnten wurden die Heimwehren von den Großdeutschen beherrscht, die versuchten, ihre Rivalen hinters Licht zu führen und auszuschalten; vor allem der Stabsleiter Oberst Klimann sei in diesem Sinne tätig. Trotzdem seien die Christlichsozialen in der Bewegung aktiv und gewönnen langsam an Boden. In Salzburg war das Einvernehmen zwischen beiden Gruppen „im allgemeinen gut"; nur seien die Großdeutschen viel aktiver, während in christlichsozialen Kreisen „noch immer das Verständnis für die Bedeutung der Heimwehr fehle". Darum sei die Heimwehr in der Stadt Salzburg schwach; sie müsse „im Ernstfalle aufgegeben und vom Lande aus erobert werden". Am besten sei der Bezirk Zell am See organisiert.[42]

Am verworrensten waren die Zustände in Oberösterreich, teilweise auf Grund der Passivität oder negativen Haltung der Christlichsozialen und ihrer Führer. Nach Ansicht des oberösterreichischen Sprechers war der Landeshauptmann Prälat Hauser „der größte Hemmschuh . . ., der bekanntlich grundsätzlich nichts ohne Einvernehmen mit den Sozialdemokraten unternimmt", und gegen alle Beziehungen zu Bayern und dem Reich sei. Daher läge die Initiative oft bei den Großdeutschen, vor allem ihrem Vertreter in der Landesregierung, Franz Langoth; sie seien vernünftig und gegen allen Radikalismus, während sich in der Orka die radikale Richtung durchgesetzt habe, die die Heimwehren „zu aktivistischer Anschlußpolitik veranlassen" wolle. Vor allem aber richteten sich die oberösterreichischen Beschwerden gegen die deutschen Offiziere: Major von Wandesleben (der jetzt in Wien arbeitete) und Hauptmann von Obwurzer; dieser habe an Wandesleben Geheimberichte über oberösterreichische Heimwehrsachen geschickt und sei „wegen Vertrauensmißbrauch hinausgeworfen worden“. Dann sei auch dort die „Legitimisten-Riecherei losgegangen, um die Heimwehr zu zersprengen“; aber der „böse Geist“ sei Major Hörl, „der nur in Radikalismus mache und dadurch die Verwirrung hereinbringe“. Die oberösterreichischen Wehren hätten keine Geldmittel aus Bayern erhalten, sondern seien von den Banken und Industriellen finanziert worden. Am Ende der Besprechung machte Dr. Ramek, der Parteisekretär der Christlichsozialen in Salzburg, seine Bedenken gegen einen Anschluß an Deutschland geltend: er würde zum Zerfall Österreichs und seiner Aufteilung unter den nichtdeutschen Nachbarstaaten führen. Als er auch für Wien eintrat und dessen Vorzüge hervorhob, wurde „ihm von den anwesenden Ländervertretern ohne Unterschied bedeutet, daß sie alle miteinander gegenteiliger Ansicht seien“.[43]

Die Reibungen innerhalb der österreichischen Heimwehren wurden verschärft und kompliziert durch Konflikte auf der deutschen Seite und die Interventionen rivalisierender deutscher Organisationen, die alle ihr Hauptquartier in München, dem Mekka der deutschen Rechtsradikalen und Wehrverbände, hatten. Ihre Führer waren sich in den meisten Fragen uneinig, und das wurde durch stark persönliche Konflikte verschärft. Nach dem Scheitern des Kapp-Putsches fanden eine Reihe deutscher Offiziere in Österreich ein neues Tätigkeitsfeld, unter ihnen die rechte Hand Ludendorffs, Oberst Max Bauer, Korvettenkapitän Hermann Ehrhardt (der Führer der nach ihm benannten Marinebrigade) und Hauptmann Waldemar Pabst (der in den Mord an Liebknecht und Luxemburg verwickelt war); und mit ihnen kamen ihre Gefolgsleute. Aus Offizieren und Mannschaften der aufgelösten Ehrhardtbrigade gründete Major Max von Wandesleben in Wien die Sturmbrigade Ehrhardt, die mit der in Deutschland illegal weiterbestehenden ‚Organisation Consul‘ enge Beziehungen unterhielt. Ihre Waffen erhielt die Sturmbrigade von der Orka, aber die Befehlsgewalt lag bei Ehrhardt, was bald Reibungen verursachte.[44] Unter ihren Mitgliedern waren Studenten und ehemalige Offiziere, darunter Carl Tillessen, der wegen des Mordes an Erzberger gesucht wurde. Auch das Freikorps Oberland bildete Gruppen in Österreich, vor allem an den Universitäten Wien und Innsbruck. Von Wien aus wurden Fäden zu gleichgesinnten Organisationen in Ungarn gesponnen. Oberst Bauer hielt sich eine Zeitlang in Budapest auf und erhielt laut einer Meldung der Wiener Polizei einen Paß vom ungarischen Auswärtigen Amt. Ein anderer Freikorpsoffizier, Hauptmann Herbert von Obwurzer, wurde von der Orka zunächst als Stabschef der Tiroler Heimwehren in Innsbruck eingesetzt, dann nach Linz und schließlich nach Wien geschickt. In Linz verfolgte er den Plan, ehemalige Freikorpsleute aus dem Baltikum bei Gutsbesitzern als Landarbeiter unterzubringen, was ihm auch zum Teil gelang. Die Polizei berichtete ferner, die bayerischen, österreichischen und ungarischen Selbstschutzverbände planten gemeinsame Aktionen in diesen Ländern „zum Zwecke ihrer politischen Neugestaltung", aber Beweise dafür hätten sich bisher nicht finden lassen, abgesehen von den regelmäßigen Besuchen deutscher Offiziere in Budapest.[45]

Die Tätigkeit dieser Offiziere, deren Ehrgeiz darauf gerichtet war, eine Achse München–Budapest zu schaffen, konzentrierte sich auf Wien, das für derartige Pläne von entscheidender Bedeutung war. Bauer war General Ludendorff in München verantwortlich, der sich als den zukünftigen deutschen Diktator ansah. Die Offiziere der Ehrhardtbrigade und ihre Freunde lehnten jeden bayerischen oder österreichischen Partikularismus als katholisch und reaktionär scharf ab. Die Orka andererseits war vor allem an Bayern und den österreichischen Ländern, die an Bayern grenzten, interessiert – Vorarlberg, Tirol, Salzburg und Oberösterreich; sie hatte nur geringes Interesse an Wien und seinen ‚Bolschewisten'. Im Oktober 1922 beschwerten sich zwei Offiziere bei Bauer über diese Tendenzen. Obwurzer schrieb, nur die an Bayern grenzenden Länder würden reichlich mit Geld, Waffen und Personal versorgt, während die anderen Länder meist nur Versprechungen erhielten. Er habe darüber öfters mit Oberst Hörl gesprochen, aber von ihm die Antwort erhalten, in Wien komme doch der Bolschewismus, und das geschehe den Wienern nur recht, weil sie nichts dagegen täten; aber die westlichen Länder könnten „der roten Gefahr standhalten und werden dann eben mit Bayern gehen". In Oberösterreich sei nur das Innviertel gut mit Waffen versorgt worden, und für die anderen Landesteile habe er keine Waffen mehr erhalten können. Auch Wandesleben erhielt eine ähnliche Antwort von Hörl, als er sich mit der Bitte um Waffen an ihn wandte: er solle sich mit seinen Wünschen an Ehrhardt wenden, dem er verantwortlich sei; „die Orgesch habe an dem Wasserkopf Wien mit Niederösterreich keinerlei Interesse". Hörl gab zu verstehen, daß für ihn nur bayerische Interessen maßgebend seien, und warnte Wandesleben vor Ehrhardt. In Wien kam es zu einem offenen Konflikt zwischen der

Orka und ihrem Wiener Führer, Feldmarschalleutnant von Metzger, und den ‚nationalen' Gruppen – Studenten, Turner und Nationalverband deutscher Offiziere – die mit Metzger brachen und einen eigenen Deutschen Wehrbund gründeten.[46]

Diese internen Streitereien, teilweise deutscher, teilweise österreichischer Art, wirkten sich rasch auf die ganze Bewegung aus. Die Anhänger der Christlichsozialen trennten sich von denen der Deutschnationalen; aber merkwürdigerweise unterhielten letztere nach wie vor gute Beziehungen zu Dr. Pittinger in München, der bayerischer Monarchist war, während die Christlichsozialen es mit Ludendorff und seinem Vertreter in Österreich, Oberst Bauer, hielten. Laut letzterem war Pittingers Ziel die Teilung Österreichs und der Anschluß der westlichen Länder an Bayern. Andererseits wurde die Seite, die Ludendorff anerkannte, von Männern geführt, die nach dem Kapp-Putsch aus Deutschland geflohen waren, dorthin nicht zurückkehren konnten und daher die deutsche Regierung durch einen neuen Putsch beseitigen wollten. „Die militärischen Führer in Österreich bekämpfen sich wütend . . . Die Spitzen der Organisationen rükken mit ihren eigentlichen Zielen nicht heraus", wurde im Herbst 1922 kritisiert. Der Deutsche Wehrbund, der Pittingers Führung anerkannte, behauptete, er habe die Studenten und Turner hinter sich, aber die Studenten erklärten, sie ließen sich politisch nicht kommandieren. Für die Turner erklärte ihr Führer Kupka, sie seien nicht im Wehrbund. Die Selbstschutzverbände wurden von der österreichischen Industrie finanziert, die laut dem Berichterstatter der Großdeutschen Partei, Dr. Hans Schürff, für diesen Zweck monatlich hundert Millionen Kronen ausgab. „Es ist schade um die Unsummen, die die österreichische Industrie zur Verfügung stellt, denn auf diesen Selbstschutz kann sie sich im Ernstfall nicht verlassen." Aber kürzlich hätten es die Industriellen zur Bedingung gemacht, daß die Verbände die Regierung unterstützten und daß Vertretern der politischen Parteien ein entscheidender Einfluß zugestanden würde. Als ihre Vertreter seien dann gewählt worden: für Tirol Dr. Steidle, für Steiermark Dr. Rintelen oder Professor Hartmann, für Kärnten Oberst Klimann, aber niemand für Wien und Niederösterreich (anscheinend weil dort die Lage zu chaotisch war). Der Sprecher begrüßte es, daß er nicht gewählt worden sei; er habe eine Besprechung mit den Industriellen gehabt und sie über die Verhältnisse aufgeklärt; es sei „geradezu lächerlich, daß wir in Österreich uns von diesen Herren kommandieren lassen. Die Führung müssen wir selbst übernehmen".[47]

Aber nur drei Wochen darauf berichtete Wandesleben, Oberst Klimann habe den Selbstschutzverband Wien-Niederösterreich scharf wegen seiner Einstellung zum Deutschen Wehrbund angegriffen; auf diese Weise drohe die „Einigungs-Aktion mehr und mehr zu einer ‚Uneinigungs-Aktion' zu werden". Auf Grund von Klimanns Stellung im Industriellen-Verband würde sein Angriff Rückwirkungen in finanziellen Kreisen auslösen, vor allem in Kärnten und großen Teilen der Steiermark.[48] Bauer schrieb an Ludendorff, es sei zu einem völligen Bruch mit Pittinger gekommen, da dieser ihm wiederholt das Wort gebrochen habe; sein Verhalten sei „ein Gemisch aus Unwahrheit, Hinterhältigkeit und zielbewußter Niedertracht", und seine Politik reine bayerische Sonderpolitik, die danach trachte, „uns Norddeutsche, d. h. Euer Exzellenz, Ehrhardt und mich möglichst lange auszunutzen und zu betrügen".[49] Pittinger seinerseits sandte Oberst Hörl nach Wien, um Wandesleben zu „einer klaren Aussprache" zu veranlassen und ihm zu kündigen. Aber als Hörl das Restaurant aufsuchte, wo die Offiziere der Ehrhardtbrigade verkehrten, wurde ihm mitgeteilt, daß Wandesleben wieder nach Budapest gefahren sei ohne den Deutschen Wehrbund zu verständigen. In Hörls Augen waren diese Kontakte zu ungarischen Rechtsradikalen „katastrophal": würden die Studenten davon erfahren, wäre Wandesleben „erledigt". Victor Pietschmann vom Deutschen Wehrbund war darüber ebenso „empört", und beide waren der Ansicht, daß Wandesleben als dessen Stabsleiter entlassen werden müsse.[50] Nach der Volksabstimmung im Burgenland im Dezember 1921 war das umstrittene Gebiet zwischen Österreich und Ungarn geteilt worden; aber Ödenburg war an Ungarn gefallen, und die Nationalisten beider Länder weigerten sich, die Teilung als endgültig anzuerkennen. Es dauerte geraume Zeit, bis die nationalen Leidenschaften zurückgingen.

Aber derartige mindere Fragen konnten die ehrgeizigen politischen Projekte des Oberst Bauer nicht beeinflussen. Nach seiner Ansicht war die Erhaltung Österreichs deshalb nötig, weil sonst „durch den tschechisch-jugoslawischen Korridor die Abschnürung Deutschlands (und Österreichs) vom Osten und vom Balkan" erfolgen und der „panslavistische Gedanke einen außerordentlichen Aufschwung" nehmen würde. „Die Vereinigung aller Deutschen des geschlossenen deutschen Siedelungsgebietes ist erst nach dem Zerfall des tschechoslowakischen Staates möglich." Daher könne der Anschluß Österreichs erst nach diesem Zerfall erfolgen, der sonst nicht eintreten würde. Das zukünftige Großdeutschland bedürfe „einer klaren, möglichst kurzen Grenze gegen den Osten", die von Wien nördlich entlang der March nach Oberschlesien laufen müsse (also Böhmen und Mähren einbeziehen würde). „Wien und Niederösterreich dem Panslawismus zu opfern, würde ein nie wieder gutzumachendes Verbrechen sein."[51] Bauers anderes großes Projekt war das „einer bayerisch-österreichisch-ungarischen Union unter Wittelsbach" oder einem Habsburger, was die Abtrennung Bayerns vom Reich bedeutet haben würde. Um die Unterstützung Ungarns für diesen Plan zu gewinnen, trat er für die Abtretung des Burgenlandes an Ungarn ein und war somit, wie der ehemalige österreichische General Alfred Krauß schrieb, bereit, „völkische Forderungen bedingungslos zu opfern, um fragwürdige Hilfe zu erwerben". Bauers Beziehungen reichten von dem weißrussischen General Biskupski bis zu Mussolini und den österreichischen Klerikalen und Legitimisten; in Krauß' Augen war er der „größte Schädling des deutschen Volkes und Österreichs".[52]

Im März 1923 berichtete Bauer aus Wien, der Deutsche Wehrbund habe nicht viel erreicht, obgleich er von Pittinger mit über einer Million Mark finanziert worden sei; in Wien und Niederösterreich habe er höchstens 1500 Mann, die aus den nationalen Vereinen geworben worden seien; seine Haupttätigkeit bestünde darin, „mit allen Mitteln einen Kampf gegen Jedermann zu führen, der sich nicht willig der politischen Führung des Generals Krauß unterordnet und dieser restlos zustimmt".[53] Aber laut seinem eigenen Zeugnis hatte der Deutsche Wehrbund auch noch eine andere Aufgabe, nämlich die, Streiks von Landarbeitern zu brechen. „In solchen Fällen hat der Deutsche Wehrbund die Aufgabe, durch Stellung entsprechender Schutzmannschaften die Hilfsarbeit der freiwillig nicht organisierten Nothilfe zu ermöglichen. Es wird sich unter den Mitgliedern des Deutschen Wehrbundes ... immer eine entsprechende Anzahl von Personen finden lassen, die ganz gerne bereit sind ... auf ein bis zwei Wochen auf das Land zu gehen und dort in einer Gruppe mit anderen Wehrbündlern den eventuellen Schutz der Arbeitswilligen zu übernehmen." Zu diesem Zweck sollten die angeschlossenen Verbände Gruppen von je zwanzig Mann unter einem energischen Führer bilden.[54] Der Wiener Leiter des Deutschen Wehrbundes, General Krauß, war großdeutsch, aber das hinderte ihn nicht daran, sich Pittinger zu unterstellen. Das erklärt zum Teil die bittere Feindschaft von Bauer, Wandesleben und den Ehrhardtleuten zu ihm und zu dem Wehrbund.[55]

Diese Zwistigkeiten beeinflußten auch die Beziehungen zwischen

Christlichsozialen und Großdeutschen in Tirol, wo erstere sehr viel stärker waren. Sie sahen die örtlichen Heimwehren fast als ihre eigene Organisation an und, als der Landeshauptmann mit Orkavertretern verhandelte, zog er keinen Vertreter der Großdeutschen bei. Diese standen den bayerischen partikularistischen Tendenzen scharf ablehnend gegenüber, vor allem denen, die „Bayern vom Reiche losreißen und einen Alpenstaat unter einem Wittelsbacher oder einem Habsburger aufrichten" wollten. Ebenso kritisierten sie die Zusammenarbeit der Heimwehr mit dem bayerischen Freikorps Oberland, das in Innsbruck eine starke Gruppe hatte. Trotzdem entschieden sie, daß es „unbedingt notwendig ist, in der Heimatwehr weiter zu verbleiben".[56] Der Tiroler Führer Dr. Steidle versuchte inzwischen, die Konflikte zwischen den hadernden Parteien beizulegen und gleichzeitig ihre finanzielle Abhängigkeit von München zu verringern. Im August 1922 trafen sich Vertreter aller Selbstschutzverbände in Innsbruck. Die aus Kärnten, Oberösterreich, Salzburg, Tirol und Vorarlberg waren für die Fortsetzung der Beziehungen zu Pittinger, während die aus Wien und Niederösterreich und die Mehrheit der Steirer dafür eintraten, mit ihm zu brechen.[57]

Im Juli 1922 fuhr Steidle nach München, um den ehemaligen Ministerpräsidenten von Kahr, Pittinger und die bayerischen Generale von Möhl und von Epp aufzusuchen. Wie er Bauer berichtete, wollte er sich dort für die von Bayern geleistete Hilfe bedanken und erklären, die österreichischen Verbände müßten nun „ihr Geschick selbst in die Hand nehmen" und eine „Brachialgewalt" schaffen, mit der die Regierung Maßnahmen zur Erhaltung des Staates treffen könnte: er wollte die Bayern bitten, die „von den bürgerlichen Parteien getragene Einheitsfront" in Österreich nicht mehr von außen her zu stören.[58] Zu diesem Zweck entwarf Hauptmann Pabst, der nach seiner Flucht aus Deutschland in Innsbruck Obdach gefunden hatte, ein „Arbeitsprogramm", ein „Schwert ... zum unausbleiblichen Entscheidungskampfe aller konservativ gesinnten Elemente ... gegen die Umsturzbestrebungen der roten Internationale aller Schattierungen". Dies sah vor, daß der österreichische Bundeskanzler alle Behörden anweisen sollte, die Bestrebungen der Wehrverbände inoffiziell zu fördern und Vorbereitungen für den Fall eines Generalstreiks oder von Unruhen nach dem Muster der Tiroler Verfügungen zu treffen. Ferner sollte die Frage geklärt werden, ob im Fall ernster Unruhen in Wien die Regierung in Wien bleiben bzw. wohin sie gehen sollte.[59]

Im Juli 1922 suchte Oberst Bauer das Münchener Wehrkreiskommando auf, um dort mit Hauptmann Röhm zu sprechen. Röhm bestätigte ihm, daß die bayerische Reichswehr „der Kristallisationskörper für alle Organisationen" sei und daß mit allen gutes Einvernehmen bestehe; Pittinger sei nur „die Finanzquelle"; wenn die bayerische Regierung umfalle, würden die Männer an die Spitze treten, die zum Kampf gegen Berlin bereit seien: „Man werde dann eben in Bayern das schwarz-weiß-rote Banner aufpflanzen und die Gesinnungsgenossen aus dem Norden und Osten rufen."[60] So wurden im Wehrkreiskommando bereits sechzehn Monate vor Hitlers Putsch die Pläne für den Marsch nach Norden entworfen. Auf Bauer machte es „den Eindruck einer milit. Behörde im Augenblick drohender Kriegsgefahr".

Im gleichen Monat fuhr Steidle nach Wien, um mit der österreichischen Regierung zwecks Unterstützung der Heimwehren zu verhandeln, aber mußte dort feststellen, daß ihm andere zuvorgekommen waren. Da diese Legitimisten waren, hielt er sie für „völlig ungeeignet, in der österreichischen Heimwehrbewegung eine führende Rolle zu spielen". Er warnte Bauer gleichzeitig, daß alle Bemühungen bei amtlichen und finanziellen Stellen nur Erfolg haben würden, wenn sie über den zentralen Heimwehrausschuß geleitet würden, der in Bildung begriffen sei.[61] In dieser Hinsicht war Steidle erfolgreich, jedenfalls zeitweise. Der Vorsitzende des Industriellenverbandes, Urban, versprach Anfang 1922 den Heimwehren von Kärnten, Oberösterreich, Salzburg, Tirol und Vorarlberg große finanzielle Beihilfe, und das gleiche auch denen von Steiermark und Wien unter der Bedingung, daß zwischen der Orka und den konkurrierenden lokalen Verbänden ein Übereinkommen hergestellt würde. Nach längeren Verhandlungen erklärten sich die Industriellen im Juli dazu bereit, fünfzig Millionen Kronen pro Monat zu zahlen. Im September wurden die Verhandlungen beendet mit dem Versprechen, daß wegen der andauernden Inflation 150 Millionen monatlich gezahlt werden, aber daß die Zahlungen an die einzelnen Verbände über das Büro des Bundeskanzlers Dr. Seipel, des Führers der Christlichsozialen Partei, laufen sollten. So erhielt Seipel ein wirksames Instrument, um die Einigkeit der Rechtsverbände, die sein Ziel war, zu erreichen. Laut seinem Programm sollten sich alle Heimwehreinheiten und antisemitischen und rechten Organisationen verbünden, von den Industriellen finanziert werden und als deren starker Arm der Regierung gegen innere ‚Anarchie' und äußere Drohung zur Verfügung stehen. Für die Einigungsverhandlungen wurde ein Vollzugs- oder Koalitionsausschuß gebildet, in dem Steidles Einfluß stark war. Ein „zuverlässiges Machtinstrument" sollte entstehen, eine Art Hilfspolizei, falls das Bundesheer zu schwach sein sollte. Steidle seinerseits wollte die Selbstschutzverbände zu einem „über den politischen Parteien stehenden Machtfaktor" ausbauen, der die „schwatzhaften Parlamente" überflüssig machen und „den Bestand unseres Volkstums gegen innere (sozialdemokratisch-bolschewistische) und äußere Feinde sichern kann:"[62] ein Konzept, das wesentlich weiterging als das von Seipel.

Doch es war nicht Seipels Zögern oder seine Abneigung gegen zu enge Beziehungen zur Heimwehr, was die Pläne zunichte machte, sondern die Uneinigkeit im Heimwehrlager. Vor allem die radikalvölkischen Einheiten in Kärnten, Wien und Teilen der Steiermark waren scharf gegen das Projekt und gegen jedes Bündnis mit der ‚reaktionären' Christlichsozialen Partei. Sie zogen die Verbindungen nach München und zum Alldeutschen Verband in Berlin vor. Für die Grazer Verbände war Seipel der Träger einer klerikalen, antideutschen Politik der gleichen Couleur wie „Erzberger, Wirth und Genossen". Steidle andererseits war für lose Beziehungen mit München und lehnte alle von dort kommenden Befehle ab, die seinen Zielen widersprachen. Wie er im November 1922 an Pittinger schrieb, sei für alle innerösterreichischen Angelegenheiten nur der gewählte Länderausschuß zuständig; nur mit seinem Einverständnis könne die Münchener Oberleitung allgemeingültige Anordnungen für Österreich erlassen; „daß aber von München aus irgendwie ausschlaggebende österreichische nationale Politik gemacht wird, das ist ebenso ein Unding, als wenn man in Wien bayerische oder reichsdeutsche Politik machen will." Aber Steidles Linie traf auf starke Opposition innerhalb der Heimwehren und mußte aufgegeben werden.[63]

Vor allem schöpften die Industriellen Verdacht, daß ihre großen Subventionen von einer Bewegung, die so zerrissen war, mißbraucht wurden. Sie waren für eine Einheitsfront aller Selbstschutzverbände und für eine einheitliche Leitung in den Ländern, wo keine bestand, d. h. in Wien-Niederösterreich und Steiermark. Für sie waren „nur rein militärisch gegliederte und geleitete Formationen von Interesse", die unter einer „einheitlichen Leitung" stehen sollten; andernfalls würden die Zahlungen aufhören und die Regierung kein Geld mehr überweisen. In der gleichen Mitteilung betonte die Tiroler Landesleitung ferner, daß unter den Tiroler Verbänden Einigkeit herrsche: das Gleiche müsse auch anderswo möglich sein, „zum Heile und zur Lösung der Zukunftsaufgaben des Germanentums in Mittel-Europa".[64] Im Januar 1923 schrieb Steidle an Seipel, er habe unter zwei Bedingungen den Auftrag übernommen, die Einigkeit herzustellen: ausreichende Finanzierung und bedingungsloses Zusammenarbeiten des Staatsapparates mit den Verbänden nach dem Muster von Tirol; beides wurde zugesagt, aber nicht eingehalten, „und der Vollzugsausschuß ... schreibt und schreibt, aber erreicht in der Tat ... nichts". Aber Seipel lehnte es ab, den Ausschuß zu empfangen und veranlaßte die Einstellung aller Zahlungen auf Grund der verworrenen Lage in den Verbänden.[65]

Im gleichen Monat schrieb Steidle noch einmal an Seipel, er habe sich „der undankbaren und mühevollen Einigungsaktion" weiter angenommen „trotz der ständigen Reibungen innerhalb der Selbstschutzverbände", aber die ganze Aktion sei „zum Scheitern verurteilt", und er und die Tiroler Heimatwehr hätten „weder Zeit noch Arbeitskraft übrig für Dinge, welche sinn- und zwecklos geworden sind ..."[66] Doch trotz aller Bedenken unternahm Steidle nur vier Wochen später einen letzten Einigungsversuch auf einer Konferenz, die nach Salzburg einberufen wurde. Oberst Bauer, der anwesend war, glaubte, daß alle Versuche der vergangenen sechs Monate nur einen Zweck gehabt hätten: Pittinger zu unterstützen, damit er in München weiter eine Rolle spielen könne, und Bauer und seine Anhänger dazu zu veranlassen, „mit den Kreisen um den alten Narren Krauß" zusammenzuarbeiten. In Salzburg gründeten die Vertreter von Kärnten, Oberösterreich, Salzburg und Tirol einen „Alpenklub", der ganz „im Pittinger'schen Fahrwasser" segelte. Laut Bauer ging die Initiative wieder einmal von Oberst Hörl aus, der sein Ziel durch die Verteilung von „Banknotenpaketen" erreichte. Aber der lauteste Wortführer des neuen Klubs war Oberst Klimann aus Klagenfurt, der immer bereit war, neue Verpflichtungen nach verschiedenen Seiten einzugehen. Er weigerte sich, die Bindung an Bayern aufzugeben und sprach sein Vertrauen zu Staatskommissar von Kahr aus; eine Unterstellung unter General Ludendorff lehnte er ab.[67]

Im gleichen Monat, Februar 1923, stattete Ludendorff Wien einen Besuch ab, wo mehrere Freikorpseinheiten auf ihn vereidigt wurden. Die Studenten, die das abgelehnt hatten, wurden aus der Bewegung ‚ausgeschlossen' und hielten statt dessen weiter Kontakt mit dem Wiener Polizeipräsidenten Schober und führenden Industriellen.[68] Aber diese waren selbst sehr uneinig geworden. Wie Bauer Hauptmann Pabst mitteilte, wollten „die nationalen Industriellen" nur noch „an die nationalen Verbände zahlen", und die jüdischen wollten nichts mehr für Formationen geben, die hakenkreuzlerisch eingestellt waren: „Das sind nun eigentlich alle, und es ist ein ziemlich übles Delema (sic) . . .“[69]

Im April 1923 trafen sich Vertreter der Verbände, die den „Alpenklub“ gebildet hatten, wieder in Salzburg. Dort wurde Steidle zum Bundesführer gewählt; die Tiroler setzten sich auch mit ihrer Forderung durch, daß Distanz zu München und seinen Plänen notwendig sei. „Die Vereinigung der alpenländischen Selbstschutzverbände erklärt grundsätzlich, Bindungen mit auswärtigen Organisationen nur über einstimmigen Beschluß sämtlicher eigener Vereinigungen einzugehen.“ Die Opposition wurde ohne Schwierigkeit besiegt. Aber die Heimwehren waren nun in drei feindliche Gruppen gespalten. Abgesehen von den Mitgliedern des „Alpenklubs“ gab es die Formationen in Wien, Niederösterreich und Steiermark, die zu Ludendorff und seinen österreichischen Vertretern hielten. Schließlich gab es kleinere Gruppen, wie den Bund der Deutschen in Graz (der aus dem „Alpenklub“ ausgeschlossen wurde) und die Wiener Studenten- und Offiziersverbände, die die anderen Gruppen für Verräter an der deutschen Sache und halbe Monarchisten hielten.[70] Mit dem Fehlschlagen des Hitler-Putsches in München verloren dann die verschiedenen Bindungen an Deutschland an Bedeutung, Ludendorffs Einfluß verschwand und Bauer mußte Wien verlassen. Doch – wie wir später sehen werden – blieb der großdeutsche Gedanke lebendig in den Heimwehren, ebenso wie gewisse völkische und antiparlamentarische Ideen.

Schon 1923 machte sich der Einfluß einer anderen fremden Ideologie in Österreich bemerkbar. Starke Worte fielen in Tirol, nicht nur gegen das ‚rote‘ Wien, sondern sogar gegen die Landesregierung, die die Heimwehren großzog und beschützte. Auf einer Tagung der Heimwehrführer von Mittel- und Westtirol gab es scharfe Worte „gegen den Bürokratismus und das ewige Nachgeben und Kompromisseschließen gegenüber Wien und den Sozialdemokraten“. Es fielen auch Drohungen: „Findet die Landesregierung nicht den Mut, im Landhause und im ganzen Lande Ordnung zu machen, so muß das die Heimatwehr selbst machen . . . Tirol müsse durch die Heimatwehr von dem fremden jüdischen Gesindel gereinigt werden . . .“ Eine der zentralen auf der Tagung erhobenen Forderungen war die nach „vollständiger Niederringung der marxistischen Parteien in Tirol“; sie müßten ebenso bedeutungslos werden wie im faschistischen Italien („großes Reinemachen in Tirol“). Wenn es in Tirol geschähe, würde das ein Beispiel sein für die übrigen Länder, die ihm früher oder später folgen würden. Eine „Besprechung über den Ausbau der Heimatwehr in faschistischer Richtung“ deutete an, woher die neuen Einflüsse kamen.[71]

Doch waren die Heimwehren zu dieser Zeit in Tirol keineswegs stark und lebenskräftig, wie ihre eigenen Berichte beweisen. Im Januar 1923 berichtete die Gauleitung Mittel- und Westtirol an die Landesleitung, daß der Zustrom an neuen Mitgliedern „nur gering“ sei. Wegen Waffenmangels (was war aus den riesigen Mengen aus Bayern geworden?) könnten keine neuen Ortsgruppen gegründet werden, und auch die bestehenden könnten nur insoweit neue Mitglieder aufnehmen als sie Waffen für diese hätten. Die Ortsgruppe in Flirsch zerfiele zum dritten Mal, weil sie noch immer ohne Waffen seien; die Gruppe in Hall mache nur langsam Fortschritte, weil die Gewerbetreibenden sie nicht unterstützten, und die anderen Gruppen im Bezirk Hall könnten auch nicht gelobt werden.[72] Aus mindestens zwei Orten – Landeck und Zams am Oberinn – wurde gemeldet, daß die Nationalsozialisten unter den Arbeitern Boden gewännen, anscheinend weil sie deren radikalere Politik der vorsichtigen Heimwehrhaltung vorzogen. In einem späteren Bericht wurde betont, daß die Heimwehrleute zu passiv seien: sie waren am Anfang der Heimwehr beigetreten, weil sie in ihr „eine Fenster- und Auslagenschutztruppe sahen“, oder weil ihr Chef es wünschte: diese Gründe seien nun weggefallen, und so müßten die Einheiten „einen Ballast“ tragen, der „äußerst hemmend und schädigend“ sei.[73] Die Konflikte und Reibereien zwischen den Führern müssen sich gleichfalls schädigend auf die Bewegung ausgewirkt haben – zu einer Zeit, als es immer größere wirtschaftliche Schwierigkeiten gab und die Inflation viele Leute um alle Sicherheit brachte. Wie der gleiche Bericht betonte, „die wirtschaftliche Not lastet auf allen, ob nun Angestellter oder Geschäftsmann“.

Obgleich die Sozialdemokraten außerhalb Wiens und einiger Industriebezirke viel schwächer als ihre politischen Gegner waren, antworteten sie auf die umfangreichen militärischen Vorbereitungen der Rechten mit der Gründung eines sozialistischen Wehrverbandes, des Republikanischen Schutzbundes, der 1923 anstelle älterer Arbeiterwehren und Ordnergruppen gegründet wurde. Wie kaum anders zu erwarten war, kam es nunmehr zu ständigen Zusammenstößen zwischen links und rechts, jahrelang vor den tragischen Ereignissen von 1927 und 1934. Im Oktober 1923 fanden in der Nähe von Klagenfurt zwei solche Zusammenstöße zwischen mehr oder minder bewaffneten

Gruppen statt, und als Beispiel mögen die Einzelheiten hier kurz berichtet werden. Am 1. Oktober wurde in Waidmannsdorf ein Arbeiter von Heimatschützlern blutig geschlagen (vermutlich weil er Sozialist war), woraufhin vierzig Mitglieder des Schutzbundes aus St. Ruprecht dorthin marschierten, aber ihre Gegner nicht mehr vorfanden. Aber am nächsten Tag umzingelte eine bewaffnete Heimwehreinheit Waidmannsdorf, angeblich um Haussuchungen vorzunehmen, oder wie sie behaupteten, „um die Häuser vor weiteren Einfällen zu schützen". Daraufhin alarmierte der Schutzbundführer von St. Ruprecht seine, wie er angab, unbewaffneten Leute und marschierte mit ihnen nach Waidmannsdorf. Bei seiner Ankunft bot er dem Heimwehrführer freien Abzug für beide Seiten an, was dieser ablehnte. Die Schutzbündler, die offensichtlich in der Mehrheit waren, umzingelten ihre Gegner und nahmen ihnen einige Gewehre ab. Schließlich zogen die Heimwehrleute ab oder, wie die andere Seite behauptete, sie suchten ihr Heil in der Flucht.

Die Affäre bewog den Kärntner Heimwehrführer Oberst Klimann zur Aktion. Er versammelte seine Mannen vor dem Landhaus und erklärte, er sei nicht mehr gewillt, „derartige Provokationen" zu dulden; wenn der Landeshauptmann nicht Abhilfe schaffe, „müßte er zur Selbsthilfe greifen". Er legte dann folgende Forderungen vor: Entwaffnung aller, die bewaffnet aufgetreten seien, Verhaftung und Bestrafung der Rädelsführer. Die Heimwehren seien stark genug, um Ruhe und Ordnung zu erzwingen, aber zunächst werde er seine Absichten auf legalem Wege zu erreichen suchen. Die Landesregierung mußte versprechen, daß alle Schuldigen ihrer gerechten Strafe zugeführt und daß die Bewaffneten entwaffnet werden würden. Sie fügte hinzu, daß die Demonstration des Republikanischen Schutzbundes am 7. Oktober nur friedlich verlaufen würde, wenn auch die Heimwehren jede Provokation unterließen.[74]

Am 20. Oktober 1923 hatte der erste Bezirk der Klagenfurter Heimwehr Bereitschaftsdienst in einem Gasthaus wegen der bevorstehenden Wahlen. Einer von ihnen stand vor dem Haus, als eine Gruppe von Arbeitern anmarschierte und einer aus der Menge rief: „Jetzt gehen wir uns ein Viertel Wein kaufen!" Der Heimwehrmann erwiderte, es sei heute wegen der Wahlen Alkoholverbot. Aber die Menge drängte gegen das geschlossene Tor des Gasthauses und nahm eine drohende Haltung an (vermutlich weil man ihn als Heimwehrmann erkannt hatte). Er riß nun einen Torflügel auf und flüchtete sich in das Innere des Hofs. Aber schon vorher hörte er, wie im Gasthaus und im Hof die versammelten Heimwehrleute ihre Gewehre luden, und dann hörte er zwei Schüsse. Obgleich das Tor wieder geschlossen worden war, gelang es der Menge, es aufzudrücken, und dann sahen die Arbeiter im Hof die bewaffneten Heimwehrleute. Es entstand eine große Erregung, und auf Kommando stürmten die Heimwehrleute aus dem Hof auf die Straße und sperrten sie durch eine Schwarmlinie ab, wobei sie in die Luft schossen; die Menge wich zurück. Als die Gendarmerie erschien, sah ein Beamter drei kniende und mit Gewehren bewaffnete Heimatschützler und forderte sie „im Namen des Gesetzes" auf, die Waffen niederzulegen, was aber nicht geschah. Im Gegenteil, als er sich den Leuten näherte, schoß einer von ihnen dreimal aus naher Entfernung auf den Gendarmen, doch ohne ihn zu treffen. Darauf nahm die Polizei im Gasthaus eine Durchsuchung vor und fand im Keller und auf dem Boden 23 Gewehre mit scharfen Patronen, die beschlagnahmt wurden. Unter den Klagenfurter Arbeitern herrschte ungeheure Erregung, und durch Hornsignale wurde ein Arbeiterbataillon alarmiert. Aber laut dem Polizeibericht „muß es den Arbeitern hoch angerechnet werden, daß sie trotz ihrer berechtigten Aufregung sich nicht ebenfalls bewaffneten und Gleiches mit Gleichem vergalten".[75] Der Bericht erwähnt nichts über Verhaftungen unter den Heimwehrleuten.

Als im gleichen Jahr General Ludendorff Klagenfurt besuchte, wurde er von den Heimwehren feierlich empfangen. Auf jedem Bahnhof, den der Zug passierte, gab es eine feierliche Begrüßung, und in Klagenfurt standen die Heimwehreinheiten Spalier. Die Kärntner Regierung behauptete, „daß das Erscheinen Ludendorffs in Kärnten in keiner Weise mit der nationalsozialistischen Bewegung in Bayern" zusammenhinge: der General sei Mitglied des bayerischen Bauernbundes (!) und sei daher vom Kärntner Landbund zu seiner Vollversammlung eingeladen worden. „Ludendorff kam . . . als bayrischer Großgrundbesitzer und Mitglied des bayrischen Landbundes."[76]

In der Steiermark kam es zu den ersten schweren Zusammenstößen zwischen Heimwehren und Sozialdemokraten im November 1922 in der kleinen Stadt Judenburg. Dort durchsuchten Arbeiter Wohnungen von Heimatschützlern und beschlagnahmten deren Waffen. Der Landeshauptmann Dr. Rintelen, der auf Seite der Heimwehren stand, gestattete es dann dem steirischen Heimwehrführer Dr. Pfrimer, seine Leute als Hilfspolizei einzusetzen, angeblich weil er die Gendarmerie für zu schwach gegenüber den Sozialdemokraten hielt. Ihre Führer in Judenburg wurden verhaftet, woraufhin 3000 Stahlarbeiter in Waltersdorf an der Mur in den Streik traten. Aber Pfrimer mobilisierte die Heimwehren und erzwang so den Abbruch des Streiks.[77] Da die Behörden die Heimwehren unterstützten, waren sie imstande, in einer Gegend, in der die Sozialdemokraten schwach waren, diesen eine demütigende Niederlage beizubringen.

Doch selbst in der Steiermark gab es zwei miteinander rivalisierende Heimwehrverbände, von denen der von Pfrimer geleitete der stärkere war. Im allgemeinen zeigte die Heimwehrbewegung ein phantastisches Gemisch innerer Konflikte, persönlicher und politischer Intrigen und allgemeiner Unfähigkeit, etwas zu erreichen. Sie besaß große Geldmittel und riesige Waffenlager, aber hatte keinen politischen Erfolg. Ihre Führer liebten es, drohende Reden zu halten, aber konnten die Uneinigkeit im eigenen Lager nicht überwinden. Diese wurde verschärft durch die politischen Gegensätze, die in Bayern bestanden, und die bayerischen Führer exportierten ihre politischen Rivalitäten nach Österreich. Die Ideologie der Heimwehren war vor allem großdeutsch und antimarxistisch, aber zum Teil auch stark katholisch und konservativ. In der Tat blieb es eine der großen Schwächen der Bewegung, daß sie keine gemeinsame Ideologie besaß. In den folgenden Jahren wurden dann immer erneute Versuche unternommen, eine solche Ideologie und eine einheitliche Führung zu schaffen; aber – wie wir sehen werden – scheiterten sie alle. Die Heimwehren waren entstanden als eine lokale Bewegung unter örtlichen Führern, und das blieben sie auch in ihrer späteren Entwicklung.

IV. DIE ANFÄNGE DER ÖSTERREICHISCHEN NATIONALSOZIALISTEN

Durch den Zusammenbruch der österreichischen Monarchie wurden die Nationalsozialisten von Nordböhmen, ihrem Haupteinflußgebiet, getrennt, und während der ersten Nachkriegsjahre war die Tätigkeit der Partei eine recht bescheidene. Ihre Führer, wie beispielsweise Dr. Walter Riehl, sprachen oft zusammen mit anderen Rechtsradikalen in Versammlungen, die organisiert wurden, um gegen die starke Zuwanderung von Ostjuden aus Galizien oder der Bukowina bei Kriegsende zu protestieren. Zu einer Zeit großen Mangels an Nahrungsmitteln, Heizmaterial und Wohnraum erzeugte sie heftige Kritik im Volk. Massenversammlungen und Demonstrationen verlangten die Ausweisung der unerwünschten Zuwanderer und die Einschränkung ihrer Tätigkeit. Im Juni 1919 wurde ein Antisemitenbund gegründet, zur „Befreiung unseres Volkstums von der jüdischen Herrschaft".[1] Die nationalsozialistischen Führer, die sich an dieser Agitation beteiligten, traten nicht radikaler auf als die anderen Redner, und ihr Appell war der gleiche. Sie hatten einen Stoff gefunden, der sich zur Ausbeutung eignete, und eine Zuhörermasse, die ihrer Proppaganda zugänglich war. Doch waren ihre eigenen Versammlungen im allgemeinen sehr viel schlechter besucht als die antisemitischen Massenversammlungen im Wiener Rathaus, bei denen es oft Parallelversammlungen im Freien gab.

So wurde eine nationalsozialistische Versammlung im achten Wiener Bezirk im August 1919 nur von etwa 600 Personen besucht, unter ihnen viele Eisenbahner, die geschlossen mit einem Plakat „Juden hinaus!" anrückten. In der Versammlung sprachen unter anderem der Wiener Gauleiter Karl Schulz, ein Vertreter der aus Znaim in Mähren geflüchteten Eisenbahner und Dr. Riehl. Sie schilderten „das Elend der flüchtigen Eisenbahnbediensteten in den von den Tschechen besetzten Gebieten und ihre Drangsalierung durch die Tschechen"; die deutschen Eisenbahner, die ihre Heimat verlassen mußten, seien „hier nur in Baracken untergebracht, während die galizischen Juden in Wien Paläste bewohnten"; die Regierung täte nichts für die Flüchtlinge, und daher müßten sie „zur Selbsthilfe schreiten". Die Reden wurden mit stürmischem Beifall und heftigen Angriffen auf die Juden aufgenommen. Nach Schluß marschierten die Teilnehmer unter Schmährufen auf die Juden und Tschechen zum Ballhausplatz, wo eine Deputation mit Riehl an der Spitze vom Staatssekretär im Staatsamt für Äußeres empfangen wurden. Dann betonte Riehl noch einmal, die Kundgebung richte sich nicht gegen die Wiener Juden, sondern gegen die aus Polen zugewanderten. Danach versuchten Teilnehmer in von Juden besuchte Cafés einzudringen, wurden aber von der Polizei daran gehindert.[2] Anscheinend versuchte Riehl, seine Anhänger im Zaum zu halten und zwischen eingesessenen Juden und Neuankömmlingen zu unterscheiden: andere antisemitische Agitatoren waren weniger vorsichtig. Ein Jahr darauf hielten die Nationalsozialisten eine weitere Versammlung ab, um die Ausweisung der Ostjuden zu fordern. Zu etwa 800 bis 1000 Anwesenden sprach wiederum Riehl: Die Versammlung sei der Beginn einer Volksbewegung, die sich zunächst nur gegen die Ostjuden richte; wenn aber diese Frage nicht rasch gelöst würde, würde sie sich „gegen das gesamte Judentum richten". Es wurde eine Entschließung angenommen, die die Entfernung ostjüdischer Schüler aus den Schulen forderte und so endete: „Wir erklären, daß wir bodenständige Wiener nicht länger hungern, frieren und obdachlos bleiben werden, weil hier viele Zehntausende Ostjuden ihr Schleichhandelsunwesen treiben. Hinaus mit den Ostjuden! Und geht es nicht auf gesetzlichem Weg, dann folgt die Gewalt."[3]

Bei den Landtagswahlen in Wien und Niederösterreich im Mai 1919 forderten die Nationalsozialisten die Einstellung der Lebensmittelzuteilungen an Nichtdeutsche, die Entlassung aller Fremdvölkischen aus dem öffentlichen und privaten Dienst, die Aufhebung des Mieterschutzes für Nichtdeutsche, besonders für die „ostjüdische Seuche", die Verstaatlichung von Wasserkräften, Eisenbahnen und Banken und den Anschluß. Aber nur bei den Landtagswahlen in Salzburg wurden zwei Nationalsozialisten gewählt.[4] Daß die österreichische Partei verhältnismäßig schwach war, zeigte sich auch bei den „Beratungen der Nationalsozialisten Großdeutschlands", die im Dezember 1919 stattfanden. Bei der „gesamtdeutschen Vertretertagung" hatte die böhmische Partei, vertreten unter anderem durch Jung und Knirsch, vier Stimmen; die österreichische Partei erhielt zwei, und die Gruppen aus Deutschland und Polnisch-Schlesien je eine Stimme bei allen Abstimmungen. Bei dem gleichzeitigen Parteitag für Österreich war Wien stärker als irgendein anderes Land vertreten: sechs Delegierte aus Wien und fünf aus Niederösterreich, drei aus der Steiermark, je zwei aus Oberösterreich und Salzburg, und je einer aus Kärnten und Tirol. Da man nichts darüber weiß, wieviele Mitglieder die Partei damals hatte, gibt das gewisse Anhaltspunkte für ihre relative Stärke in den einzelnen Ländern.

Von den sechsundzwanzig anwesenden Österreichern waren sechs Akademiker, mit dem Doktor- oder Professortitel, und zwei Ingenieure mit dem Ing.-Titel vor ihrem Namen. Drei repräsentierten ‚nationale' Gewerkschaften, und ein Punkt der Tagesordnung war „Partei und Gewerkschaft", zu dem die Obleute von zwei deutschen Gewerkschaften sprachen.[5] Zu einem gewissen Grad hatte die Partei aus der Vorkriegszeit den Charakter einer Arbeiterpartei und ein starkes Interesse an Gewerkschaftsfragen beibehalten – im Gegensatz zu der Partei, die um diese Zeit unter dem Einfluß Hitlers in München großwuchs. Das gleiche ergibt sich aus einem Stückchen Information aus der kleinen oberösterreichischen Stadt Neumarkt. Dort wurde 1919 eine recht kleine Ortsgruppe gegründet; die Partei war „eine reine Arbeiterpartei und wirkte als Gegenpol der Sozialdemokraten". Bis 1926 erhöhte sich ihre Mitgliederzahl langsam auf etwa 20 Mann.[6] Doch die verhältnismäßig große Anzahl von Akademikern unter den Führern – fast ein Drittel der auf dem Parteitag genannten Delegierten, wenn man die Ingenieure hinzurechnet – deutet die Bedeutung einer ganz anderen sozialen Gruppe an; und ein dritter Komponent waren die Angestellten und kleinen Beamten, vor allem der Eisenbahn: Gruppen, die sich sehr bewußt waren, daß sie nicht zur Arbeiterschaft gehörten. Im Gegensatz zu den Heimwehren waren die frühen Nationalsozialisten eine rein städtische Bewegung und blieb ihre Propaganda auf die Städte beschränkt.

Die nationalsozialistische Ortsgruppe in Innsbruck wurde im Herbst 1919 gegründet und hatte bis zu Jahresende 48 Mitglieder. Wie die Polizei berichtete, rekrutierten sich die Mitglieder „aus Arbeitnehmer (sic) aller Stände, wie: Intelligenzkreise und Fixbesoldeten, Handelsgehilfen, Staats- und Südbahnbeamten und Diener etc.". Der Redner bei der Mitgliederversammlung definierte es als Aufgabe der Partei, eine Volkspartei zu werden „mit gleichzeitiger gewerkschaftlicher Organisation der Arbeitnehmer ... auf wirtschaftlicher Grundlage, Ausschluß des Klassenkampfes und dermaliger Hintansetzung der konfessionellen Fragen, sozusagen eine Mittelpartei zwischen jener der freiheitlichen, christlichsozialen und Sozialdemokraten . . .".[7] So waren nach Ansicht der Polizei die Innsbrucker Nationalsozialisten „eine Mittelpartei" zwischen rechts und links, und keine ausgesprochene Rechtspartei. Dazu paßt auch der weitere Kommentar: „Die Reden hielten sich im Rahmen eines geordneten, bürgerl. Meinungsaustausches ohne Ausfälle gegen die Behörden oder Agitation für staatsgefährd[ende] Parteien."

Wie klein die nationalsozialistische Partei war, zeigte sich auch, als sie für die Nationalratswahlen im Oktober 1920 ihre eigenen Kandidaten aufstellte. Riehl, der sich dieser Schwäche bewußt war, schlug eine Listenverbindung mit den Großdeutschen auf Grund der die Parteien verbindenden Grundsätze vor, aber diese lehnten ab. Bei der Wahl erhielten die Nationalsozialisten in ganz Österreich 33 898 Stimmen, verglichen mit über 1,2 Millionen für die Christlichsozialen und über einer Million für die Sozialdemokraten; selbst die Großdeutschen hatten mehr als eine halbe Million Stimmen; in zwei Wiener Wahlkreisen erhielt Riehl ganze 4876 Stimmen, und die Partei keinen einzigen Sitz im Parlament – eine schwere Niederlage, die sie dem Verhalten der Großdeutschen zuschrieb.[8] Zu dieser Zeit war die Partei kaum mehr als eine kleine Sekte auf der äußersten Rechten – ebenso wie die Deutsche Arbeiterpartei in München zu der Zeit, als Hitler seine ersten Reden für sie hielt. Die Nationalsozialisten hielten die Großdeutschen für eine „bürgerliche Partei, fußend auf dem Mammonismus" und sich selbst für die Partei des „nationalen Sozialismus, der die Geldherrschaft bricht".[9]

Im August 1920 fand in Salzburg die zweite Vertretertagung der Nationalsozialisten ‚Großdeutschlands' statt, auf der 235 Delegierte erschienen, unter ihnen etwa hundert Nichtösterreicher. Unter letzteren waren zum erstenmal Anton Drexler, der Gründer der Münchener Deutschen Arbeiterpartei, und Adolf Hitler, aber auch sieben Vertreter der Deutschsozialisten, geführt von dem Ingenieur Alfred Brunner aus Düsseldorf. Die Tagung sprach sich deutlich für eine enge Zusammenarbeit aller nationalsozialistischen Gruppen aus. Dementsprechend versuchte Riehl als Schiedsrichter zwischen den Münchener Nationalsozialisten und ihren norddeutschen Rivalen, den Deutschsozialisten, zu vermitteln, indem er eine Trennung ihrer Einflußgebiete in Nord und Süd arrangierte, aber ohne damit viel Erfolg zu haben. Riehl sprach in nationalsozialistischen Versammlungen in München und anderen deutschen Städten, und lud Hitler in Anerkenntnis von dessen Rednergabe zu einer Versammlungsreise in

Österreich ein. Doch auf der Salzburger Tagung wurde den Münchener Nationalsozialisten nur eine Stimme zuerkannt, während ihre deutschsozialistischen Rivalen zwei, die Österreicher drei, und die böhmischen Nationalsozialisten vier Stimmen erhielten und auch verschiedenen anderen deutschen völkischen Organisationen je eine Stimme zugebilligt wurde.[10]

Doch bei dem nächsten „zwischenstaatlichen Vertretertag der nationalsozialistischen Partei des deutschen Volkes", der im August 1921 in Linz stattfand, wurden der Münchener Partei zwei Stimmen zuerkannt, ebenso viel wie den norddeutschen Nationalsozialisten, aber weniger als den Österreichern und Böhmen, die ihre Stimmenzahl vom Vorjahr beibehielten.[11] Der Münchener Vertreter Gottfried Feder sprach über sein Lieblingsthema, die Brechung der Zinsknechtschaft, aber mehrere andere Delegierte konnten ihre abweichenden Auffassungen vortragen; und Riehl hielt einen Vortrag über „die Gewinnbeteiligung, ein Weg zum Sozialismus". Eine Debatte fand auch statt über einen Beschluß der böhmischen Bruderpartei, sich eine „Klassenpartei der schaffenden Arbeit" zu nennen – ein Beschluß, der schwer mit der Verwerfung des Klassenkampfes zu vereinen war. „Gemeinsame Richtlinien einer einheitlichen nationalsozialistischen Politik für das gesamte deutsche Volk" sollten beraten und beschlossen werden[12]; aber in Wirklichkeit gab es ein halbes Dutzend verschiedener Parteien, die in vier Ländern tätig waren, wenn man auch die kleine oberschlesische Gruppe berücksichtigt. Sie erkannten keine zentrale Führung an, und sie unterschieden sich erheblich voneinander in ihrer Politik und ihrem Aufbau. In Österreich wählten die Ortsgruppen ihre Delegierten zur Parteikonferenz, und diese wählte die Parteiführung, wie das auch in allen anderen Parteien üblich war. Doch in München hatte Hitler inzwischen den Parteigründer Drexler beiseite geschoben und sich zum „ersten Vorsitzenden mit diktatorischer Machtbefugnis" erhoben. Es war ihm gelungen, seine Kritiker aus der Partei auszuschließen, und jede Vereinbarung mit gleichgerichteten Gruppen zu verhindern: In Zukunft lag die Macht innerhalb der Partei bei ihm.[13]

Auf der vierten „zwischenstaatlichen Vertretertagung" in Wien im Juni 1922 waren sechs Münchener Nationalsozialisten anwesend, darunter Hitler, Drexler, Esser und Rosenberg; dort hatte die Partei nunmehr 6000 Mitglieder und war stärker als alle rivalisierenden Gruppen geworden. Riehl erkannte das an und begrüßte Hitler in einer öffentlichen Versammlung als „unseren reichsdeutschen Führer".[14]

Hitlers Erscheinen wurde auch erwartet auf einer internationalen Versammlung führender Antisemiten, die im März 1921 in Wien stattfand. Bei ihr waren etwa 150 Leute anwesend und 39 österreichische Vereine vertreten, unter ihnen viele örtliche katholische, christlichsoziale und deutschnationale Gruppen. Aber Hitler erschien nicht, sondern statt dessen sein enger Mitarbeiter Hermann Esser, der „für eine einheitliche Durchführung des Kampfes gegen das Judentum" eintrat: „Auch in München sei es ähnlich wie in Wien gewesen, daß sich die hungernden Einheimischen um die Gastwirtschaften und Vergnügungsstätten herumdrücken mußten, während die wohlgenährten Juden darin praßten. Heute aber sei es schon anders und seien die Juden schon draußen." Wenn der erste Jude in die Isar geworfen würde, müßten auch in Wien und Budapest Juden schwimmen. Der Schriftsteller Anton Orel, ein Anhänger Schönerers, sprach über die germanische Kultur. Er behauptete, „daß schon die alten Germanen unter den übrigen heidnischen Völkern durch ihre Kultur hervorgeragt haben und daß die Germanen unter dem Einflusse des Christentums im Mittelalter die kulturelle Führung in Europa übernommen haben. Im Gegensatze zur germanischen Kultur strebe das Judentum die Weltherrschaft und eine für die Juden pflichtenlose Weltordnung an". Er bezeichnete Freimaurerei, Liberalismus und Demokratie „als Schöpfungen der jüdischen Kultur, welche unbedingt zum Kommunismus führen müsse".

Ein Redner aus Budapest, Universitätsprofessor Kmosko, verkündete, der Zweck der Revolution von 1918 „sei nur der gewesen, das ganze Land unter die Herrschaft der Juden zu bringen"; aber dank dem Verein der „Erwachenden Ungarn" hätten sich die Dinge in Ungarn geändert. Ein anderer ungarischer Sprecher, Dr. Erwin von Palosi, pries ebenfalls die Erfolge der antisemitischen ungarischen Verbände; es sei ihnen zu verdanken, daß Juden keine ungarischen Namen mehr annehmen dürften, daß jüdische Namen in die Pässe eingetragen und daß Juden keine öffentlichen Ämter mehr übertragen würden; das Ziel sei, sie „aus dem politischen Leben vollständig auszuschalten". Zum Abschluß der Tagung wurde in der Volkshalle des Rathauses eine Versammlung abgehalten, die von etwa 8000 Menschen besucht war. Unter den Rednern behandelte der Nationalsozialist Gattermayer die Judenfrage vom Standpunkt seiner Partei. „Er bezeichnete den Weltkrieg als eine Unternehmung des jüdischen Geldsackes, wies darauf hin, daß in den Kriegszentralen lauter Juden saßen, die deutsche Jugend dagegen sich in den Schützengräben verblutet habe." Er forderte getrennte jüdische Schulen, einen numerus clausus für die Hochschulen, die Entlassung jüdischer Lehrer und Dozenten und drohte mit Gewalt, falls die Regierung das nicht annehme. Ein Sprecher aus Graz, Oberst Zborowski, verlangte die Konskription der Juden durch den Staat: „Im Kampfe gegen das Judentum befinde sich das deutsche Volk in Notwehr und habe das Recht, alle Mittel anzuwenden, selbst das Mittel des Pogroms, was lebhafte zustimmende Zwischenrufe auslöste."[15]

Bei der Wahl von 1920 hatten die Großdeutschen Riehls Angebot einer Listenverbindung abgelehnt. Am Ende des gleichen Jahres lehnten die Klagenfurter Nationalsozialisten ein ähnliches Angebot der Großdeutschen für die Gemeindewahlen ab, obgleich letztere ihnen zwei bis drei Mandate an sicherer Stelle anboten. Sie wiesen sie außerdem darauf hin, daß die Klagenfurter Gemeindeverwaltung immer in deutschnationalen Händen gewesen sei und daß viele ihrer Wähler abgeschreckt würden, wenn „die völkischen Kreise" mehrere Listen aufstellten. Aber die Nationalsozialisten waren überzeugt, daß sie allein fünf oder sechs Mandate erhalten würden, während ihnen „das Zusammengehen furchtbar schaden würde"; doch trotz „fieberhafter Wahlarbeit" errangen sie nur ein Mandat „und waren natürlich sehr enttäuscht". Selbst in Villach, ihrem Hauptstützpunkt, ging ihr Einfluß zurück.[16] In Tirol stellten die Nationalsozialisten bei der Landtagswahl vom Mai 1921 zum erstenmal eine eigene Liste auf, aber sie erhielten nur 1226 Stimmen im ganzen Land, davon 691 in Innsbruck, und kein einziges Mandat. Ihre Anhänger waren vor allem Studenten, aber zum Teil auch Arbeiter.[17] Bei einer Besprechung der Vertreter deutschvölkischer Organisationen in Wien im Mai 1920 gab der Obmann der Gewerkschaft deutscher Eisenbahner, der die Nationalsozialisten vertrat, offen zu, daß die Arbeiter „klassenkämpferisch gesinnt" seien und daß man „den Arbeitern in dieser Beziehung einige Konzessionen" machen müsse, „um sie langsam zu uns herüberzuführen"; wenn die Nationalsozialisten ihre Unabhängigkeit aufgäben, „würden wir die nationale Arbeiterbewegung selbst vernichten".[18]

Die Entwicklung im Jahre 1923 schien die Rechtfertigung für diese unabhängige Haltung zu bringen. Infolge der andauernden Inflation und Wirtschaftskrise und der Sparmaßnahmen der Regierung verdreifachte sich die Mitgliederzahl der Partei; im Sommer hatte sie nach ihren Angaben den Stand von 34 000 erreicht. Die Auflage ihrer Wochenzeitung stieg innerhalb eines Jahres von 4000 auf 22 000.[19]

Auch in der Provinz wuchs die Mitgliederzahl entsprechend. Die Tiroler Zeitung, „Der Nationalsozialist", hatte etwa 1900 Abonnenten, und viele Großdeutsche traten zu den Nationalsozialisten über, vor allem in Landeck und Kufstein. Der deutsche Konsul berichtete aus Innsbruck, daß die dortigen Nationalsozialisten anscheinend noch keine direkte Verbindung zu Hitler besäßen und daß Hitler geäußert habe, er könne mit den Tiroler Nationalsozialisten nichts anfangen, weil es ihnen an guten Organisatoren fehle.[20] Versammlungen, die von den Grazer Nationalsozialisten im Frühjahr 1923 veranstaltet wurden, wurden von 150 bzw. 350 Leuten besucht, und die Reden hatten eine stark antisemitische Richtung. Der erste Redner wies auf das Anwachsen der Partei hin und schob dem „internationalen Juden" die Schuld am Ausbruch des Weltkrieges zu, ebenso wie an den Parteikämpfen, die die deutsche Nation zerrissen. Falls die ernsten Mahnungen an die Regierung nichts erreichten, „so wird sich die deutsche Nation selbst von diesen Blutsaugern entledigen müssen, und wenn es nicht innerhalb des Gesetzes möglich ist, so müsse ein Pogrom veranstaltet werden. Eine Massenflucht der Juden in ihre Heimat ist nur dann möglich, wenn einige Juden an den Gaskandelabern in Wien zum abschreckenden Beispiele der übrigen aufgeknüpft werden . . ." Der andere Redner griff die Juden an, die wichtige Stellen in der Wiener Gemeindeverwaltung einnähmen, und die, die „als Führer des internationalen sozialdemokratischen Proletariats" aufträten: „Der von den Juden geschaffene und in die Masse verpflanzte Klassengeist muß beseitigt werden", sonst wäre eine sittliche Erneuerung unmöglich.[21]

In Wien nahm der Umfang nationalsozialistischer Propaganda rasch zu. Im Januar 1923 sprach Hermann Esser vor 1200 bzw. 2000 Zuhörern. Die Plakate enthielten die Schlagzeilen: „Putschgefahr in Bayern! Massenflucht der Juden aus München!" Esser erklärte unter anderem: „Wenn das Volk einmal zur Erkenntnis kommen würde, daß jedermann drei Viertel seines Verdienstes den ausbeuterischen jüdischen Großbanken opfern müsse, dann würden sich alle Nichtjuden zusammenschließen und an denjenigen Rache nehmen, die sie in das Elend gestürzt hätten." Er behauptete, daß in Wien 75 % aller großen Wohnungen in jüdischen Händen seien. Riehl erklärte, die Nationalsozialisten würden in nächster Zeit Demonstrationen in Wien veranstalten, vor allem vor der Universität, aber die Zeit zum Losschlagen sei noch nicht gekommen, und er warnte ausdrücklich vor Teilaktionen.[22] Doch der Antisemitismus Essers und anderer Redner wurde in den Schatten gestellt durch den Streichers, der im August

1923 in Wien vor etwa 300 bzw. 1500 Menschen sprach. „Er wies abermals auf die deutschen Reichskanzler Dr. Wirth und Dr. Stresemann hin, die Jüdinnen geheiratet haben, und warnte im Verlaufe seiner Rede die in der Versammlung anwesenden Frauen und Mädchen vor einem Geschlechtsverkehr mit Juden, denn eine solche Frau sei für das deutsche Volk für immer verloren." Er forderte die anwesenden Frauen auf, sie sollten, „wenn sie ein deutsches Mädchen mit einem Juden sehen, diesem eine schallende Ohrfeige versetzen". Wenn man den Talmud kenne, dann verstehe man, „wohin die tausende Kinder gekommen sind", die Opfer des Ritualmordes geworden seien. Auf Grund dieser Reden wurde gegen Streicher Anzeige bei der Staatsanwaltschaft erhoben und beschlossen, ihn aus Wien auszuweisen; aber die Anzeige konnte ihm nicht zugestellt werden, da er schon abgereist war.[23]

Innerhalb der nationalsozialistischen Partei wurde nach Münchener Vorbild eine Wehrorganisation gebildet, die sich wie in München Sturmabteilung, aber auch Ordnertruppe oder Vaterländischer Schutzbund nannte. Im April 1923 sandte Oberst Bauer ihren Wiener Führer, einen deutschen Leutnant namens Lechner, zu Hitler mit der Nachricht, da Wien die bestorganisierten sozialdemokratischen Arbeiterbataillone habe, sei es unbedingt nötig, diesen etwas Gleichwertiges entgegenzustellen und so eine „Flankendeckung" für die Hitlerbewegung in Bayern zu schaffen.[24] Aber die Haupttätigkeit der SA bestand im Kampf mit politischen Feinden, und ihre Mitglieder waren mindestens teilweise bewaffnet. Als im November 1923 die Nationalsozialisten eine öffentliche Versammlung in Voitsberg in der Steiermark abhielten, erschien eine SA-Einheit von vierzig Mann aus Graz als Saalschutz. Die Zuhörer waren in ihrer Mehrzahl Sozialdemokraten, die eine Abstimmung über den Vorsitzenden verlangten. Einer von ihnen wurde mit Mehrheit als solcher gewählt und gestattete dann dem nationalsozialistischen Referenten, Professor Suchenwirth aus Wien, eine Redezeit von zehn Minuten. Seine Angriffe auf die Sozialdemokratie gingen im Lärm unter, und nach ihm sprach ein Sozialdemokrat, der schließlich den Schluß der Versammlung forderte. Die Nationalsozialisten gaben jetzt das Kommando: „Sturmtruppen herauf!" und der Grazer Saalschutz drängte sich durch eine Seitentür in das Lokal, wo er von den Sozialdemokraten durch das Werfen von Stühlen und Tischbeinen empfangen wurde; aber es gelang der SA, ihre Gegner langsam aus dem Saal zu drängen. Bald darauf marschierte eine 120 Mann starke Abteilung der Arbeiterordner auf, und die Nationalsozialisten verlangten nun das Recht des freien Abzugs. Dem stimmten die Sozialdemokraten nur unter der Bedingung zu, daß sie vorher entwaffnet würden. Die Polizei fand dann bei ihnen fünfzehn Revolver und zwanzig Schläger, aber gab die Revolver den Besitzern zurück, da diese Waffenscheine besaßen! Anscheinend gab es keine Verletzten.[25]

Ein viel ernsterer Zwischenfall ereignete sich im Juli 1923 in einem Wald bei Wien, wo zwei junge Nationalsozialisten einen ihrer eigenen Kameraden umbrachten, den sie für einen kommunistischen Spitzel hielten. Innerhalb der Wiener SA wurde unter dem Namen ‚Trutztruppe' eine Geheimorganisation gebildet. Eine ihrer Untergruppen hatte die Aufgabe, politische Gegner zu töten, wenn das ihr Führer – er behauptete, deutscher Leutnant und Abgesandter der ‚Organisation Consul' in München zu sein – befahl. Die Mitglieder mußten unter Eid geloben, diese Befehle blindlings auszuführen. Eine ähnliche Geheimorganisation bestand unter dem Namen ‚Brigade Schlageter' oder ‚Kameradschaftsbund Schlageter'; sie hatte etwa vierzig Mitglieder, die früher der Wiener SA angehört hatten.[26]

Im April 1923 drückte Oberst Bauer Ludendorff gegenüber seine Besorgnisse über die Nationalsozialisten aus. Seiner Ansicht nach war es unmöglich, daß ihre militärischen Formationen an die Befehle des Münchener SA-Führers Hauptmann Göring gebunden seien, wie es anscheinend Hitler wollte. Aber Bauer war davon überzeugt, „daß dann die Sache schief geht", weil weder die Regierung noch die Polizei oder die politischen Parteien eine Formation dulden würden, die ihre Befehle aus München empfinge. Bauer schlug vor, daß München für Waffen und Geld sorgen und „für deutsche Fragen eine Münchner Leitung, ähnlich wie bei Oberland" gebildet werden solle, vorausgesetzt, daß man Ludendorffs „oberste Führung" anerkenne; daher müsse für deutsche Fragen der Weg über ihn, Bauer, laufen, da er Ludendorffs Repräsentant in Wien wäre. Er war besorgt, „daß Hitler und Göring etwas machthungrig geworden sind und hier herrschen wollen. Ich kann nur raten, daß sie die Finger aus Österreich lassen".[27] Anscheinend schrieb Bauer in ähnlicher Form auch an seinen alten Kameraden Pabst in Innsbruck. Aber letzterer beruhigte ihn: In Tirol seien die nationalsozialistischen Stoßtrupps „noch außerordentlich schwach und bedeutungslos"; die nationalsozialistische Landesleitung „arbeitet jedenfalls durchaus einwandfrei mit uns zusammen und hat sich militärisch an unsere Anordnungen für gebunden erklärt". Aber innerhalb der Partei gebe es „Stürmer und Dränger", die mit der gemäßigten Taktik der Landesleitung nicht einverstanden seien.[28] Pabst waren anscheinend irgendwelche Bindungen der Tiroler Nationalsozialisten nach München unbekannt.

Bauer lag vor allem daran, seinen eigenen Einfluß zu stärken und alle ‚Übergriffe' aus München abzuwehren. Wie er im April an Hitler schrieb, sei er an Ludendorff gebunden und könne nur von ihm Befehle entgegennehmen: „Im Rahmen dieser Bindung stehe ich aber durchaus auf Ihrem [Hitlers] Boden und hoffe auf eine gute und enge Zusammenarbeit." Ein Besucher aus München habe ihm erzählt, daß man dort an seinem Antisemitismus zweifle, aber er könne beweisen, „daß ich den Kampf [gegen die Juden] früher aufgenommen habe wie die meisten Ihrer Freunde".[29] Derartige Bemerkungen und Bauers selbständigere Haltung werden ihn bei Hitler kaum besonders beliebt gemacht haben. Aber Bauers Zweifel wurden mehr als bestätigt, als er im August den nationalsozialistischen Parteitag in Salzburg besuchte.

Bei seiner Rückkehr nach Wien meldete Bauer Ludendorff, daß sein Eindruck „alles andere wie glänzend" war: „Es waren eine ganze Menge Leute da, ganz überwiegend aber Jünglinge von 17 bis 19 Jahren, meist frische Jungen und auch in leidlicher Disziplin. Was ich aber ganz vermißt habe, das sind ältere vernünftige Leute und Politiker." In Salzburg wurde beschlossen, „daß sich auch Österreich der militärisch-diktatorischen Führung Hitlers unterstellen soll." Er habe die Frage ausführlich mit dem SA-Führer Hauptmann Göring besprochen, aber er müsse energisch bezweifeln, „daß er oder irgend welche seiner Angestellten im Stande sind, eine militärisch brauchbare Organisation auf die Beine zu stellen"; auch „überschätzen die Leute die Kraft ihrer Bewegung ganz außerordentlich". Es müsse völlig klar gemacht werden, „daß die österreichischen Nationalsozialisten in allen rein österreichischen Belangen unter österreichischen (sic) Befehl stehen, wobei es wohl das Naturgemäße wäre, daß sie wie bisher sich mir unterstellen". Was die deutschen Belange beträfe, so müsse er wissen, ob Hitler die militärische Leitung Ludendorffs anerkenne oder nicht: Er jedenfalls denke nicht daran, sich Hitler oder Göring zu unterstellen.[30] Im September sandte Bauer noch einmal einen Boten zu Hitler. Er riet noch einmal dringend, „die N. S. Bewegung in Österreich nicht unmittelbar mit der bayerischen vereinigen zu wollen". Es schiene ihm „ein Kardinalfehler . . ., in die verzwickten österreichischen Verhältnisse von dort aus eingreifen zu wollen"; aber er war noch immer bereit, „für alle deutschen Belange" die Münchener Führung anzuerkennen; aus der österreichischen Bewegung sei

„sehr viel zu machen", aber dazu bedürfe es „sehr gut durchdachter taktischer Maßnahmen"[31] (für die offensichtlich ein so kluger Kopf wie der Bauers nötig war).

Die wichtigste Frage, über die in Salzburg entschieden wurde, war die der Beteiligung an den bevorstehenden allgemeinen Wahlen. Die Großdeutschen boten den Nationalsozialisten wiederum eine Listenverbindung und vier oder fünf sichere Plätze auf der gemeinsamen Liste an. Riehl, Gattermayer und mehrere andere Parteifunktionäre waren dafür, das Angebot anzunehmen. Aber es gab starke Opposition, die von den anwesenden Münchener Führern unterstützt wurde.[32] Dann wurde es Hitler überlassen, die Streitfrage zu entscheiden, und er „habe entsprechend dem Programme der Partei, das jeden Parlamentarismus verwirft, Wahlenthaltung empfohlen".[33] Das wurde von dem Parteitag akzeptiert. Formell wurde die endgültige Entscheidung einem „Führerausschuß" überlassen, der unter Vorsitz von Esser zusammentrat und in dem die Österreicher nur zwei von fünf Vertretern hatten. „Angesichts der katastrophalen Lage im Reich" empfahl der Ausschuß dann Wahlenthaltung, mit anderen Worten, weil die Münchener Nationalsozialisten an den bevorstehenden Ausbruch der ‚nationalen Revolution' glaubten. Wie die Großdeutschen sofort erkannten, beruhte der Beschluß auf der Annahme, daß die Verhältnisse in Deutschland und in Österreich die gleichen seien und daß die Errichtung der Diktatur alle Probleme lösen würde.[34] Bauer fand, daß der Beschluß dadurch verständlicher würde, „daß sie eben gar nicht auf Mandate hätten rechnen können, denn die Jünglinge, die dazu gehören, sind ja eben noch nicht wahlberechtigt"; außerdem habe die Partei kein Geld, um eine Wahlkampagne durchzuführen.[35]

Der Salzburger Parteitag setzte auch einen Vollzugsausschuß unter Riehls Vorsitz ein, entweder um die Lage im Auge zu behalten, oder – wie Suchenwirth berichtete – um einen endgültigen Beschluß zu fassen. Aber letzteres ist unwahrscheinlich, da die Entscheidung bereits gefallen war. Der Ausschuß trat nach einigen Tagen zusammen. Riehl erklärte, er könne den Beschluß auf Wahlenthaltung nicht anerkennen, „da die bayerische Taktik eines außerparlamentarischen Kampfes auf Österreich nicht anwendbar sei". Er forderte die Einberufung eines außerordentlichen Parteitages noch im September, um den Salzburger Beschluß zu revidieren. Aber er war isoliert; die anderen sieben Mitglieder des Vollzugsausschusses stimmten gegen ihn. Daraufhin legte Riehl sein Amt als Parteiobmann nieder, aber blieb zunächst

Parteimitglied. Von den österreichischen Ländern entschieden sich alle wichtigen – Wien, Niederösterreich, Oberösterreich, Kärnten, Steiermark und Tirol – für Wahlenthaltung.[36] Aber wenigstens auf einer Parteiversammlung in Graz sprachen sich alle drei Redner gegen den Beschluß der Wahlenthaltung aus. Einer von ihnen erklärte, daß 90% sich ihm nicht fügen würden, weil sehr viele Gewerkschaftsmitglieder seien und so gezwungen wären zu wählen, also für eine bürgerliche Partei stimmen würden. Ein anderer Redner, der Obmann des Deutschnationalen Handlungsgehilfenverbandes, trat für die Aufstellung einer eigenen Liste ein, „weil die bürgerlichen Parteien niemals für den geistigen oder manuellen Arbeiter eingetreten sind ... Zuerst müsse der Kapitalismus bekämpft werden, weil dieser niemals für soziale Verbesserungen eingetreten ist, und es immer nur die Sozialisten waren, welche die Forderungen der ... Arbeiter vertreten und im Parlament eingebracht haben". Es wurde dann ein Antrag angenommen, die Parteileitung zu ersuchen, die Mitglieder von der Pflicht zur Wahlenthaltung zu entbinden und eine eigene Liste aufzustellen.[37]

Anfang September berichtete Leutnant Lechner nach München, es seien noch immer Bestrebungen auf eine Revidierung der Salzburger Beschlüsse im Gange; und deshalb würden ihm die für den Wahlkampf bestimmten Gelder nicht ausgezahlt, obgleich in Salzburg beschlossen worden sei, diese Gelder der SA zur Verfügung zu stellen. Daher könne er keine vollbezahlten Offiziere einsetzen, es sei denn, daß München die Finanzierung übernehme. Lechner wandte sich auch dagegen, daß Göring den Oberleutnant Rudolf Schalek zum „Landeskommandanten für Österreich" ernannt habe; man möchte ihm mitteilen, „ob die endgültige Ernennung tatsächlich erfolgt ist, da mir hiervon nichts bekannt ist".[38] Es war also immer noch unsicher, wie weit die Macht der Münchener Stellen in Österreich ging und wer zu Ernennungen in Österreich berechtigt war.

Riehl blieb seiner Ansicht treu. Im Oktober schrieb er nach München, das Wahlergebnis habe seine Auffassung bestätigt, denn die Großdeutsche Partei sei zusammengebrochen – sie erhielt nur 420 000 Stimmen und zehn Mandate – und „unser Hauptgegner, die Marxisten, haben den Vorteil". Von einer Wahlenthaltung sei keine Rede gewesen, denn die Wahlbeteiligung sei größer als je gewesen, „bis zu 95% in den Arbeiterbezirken". Das österreichische Parlament sei „eben nicht schablonenhaft einfach mit Deutschland zu vergleichen", und es wäre auch im Interesse der deutschen Nationalsozialisten gewesen, sich durch eine Einheitsliste einen gewissen Einfluß in Österreich zu erhalten: „Nun werden die Großdeutschen Minister wahrscheinlich zurücktreten müssen, und ich möchte wissen, an wen sich in Hinkunft sowohl unsere Sudetendeutsche Bruderpartei als auch schließlich unsere Bayern um Hilfe wenden werden?!" Riehl fügte hinzu, daß die neuen Parteiführer in Österreich „andauernd das Parteischiff falsch lenken, oder eigentlich richtiger gesagt, überhaupt nicht lenken".[39] Laut Riehls Andeutung hatten also die Großdeutsche Partei oder ihre Minister den Nationalsozialisten in Böhmen und Bayern Hilfe geleistet.

Nach dem Hitlerputsch in München fügte Oberst Bauer sein eigenes Nachwort hinzu. Wie er noch im November an Ludendorff schrieb, wäre es ihm schon lange klar gewesen, „daß Kahr niemals mit den völkischen Kreisen zusammengehen würde, sondern nur nach einer Gelegenheit suchte, Hitler los zu werden". Aber Göring habe ihm in Salzburg gesagt, daß im gegebenen Augenblick die Nationalsozialisten Kahr zwingen wollten, sich ihnen anzuschließen (genau das, was Hitler dann am 8. November versuchte): Bauers Befürchtungen hätten also „eine nur zu begründete Grundlage" gehabt.[40] Nach dem Münchener Putsch, an dem sich viele österreichische Nationalsozialisten beteiligten, verschwanden Ludendorff und Bauer von der politischen Bühne Österreichs, der erste, um germanische Kulte neu zu beleben, der zweite, um in China dem General Chiang Kai-shek zu dienen. Riehl wurde aus der Nationalsozialistischen Partei ausgeschlossen, weil er seine abweichenden Ansichten öffentlich vertreten hatte. Er hätte Berufung gegen den Ausschluß einlegen können, aber zog es vor, das nicht zu tun. Im August 1924 gründete er eine neue Organisation, den Deutschsozialen Verein für Österreich, der aber eine politische Sekte blieb.[41] Das Verschwinden derer, die Hitler und seinem Ehrgeiz kritisch gegenüberstanden und auch bereit waren, ihm das zu sagen, ließ das Feld frei für die, die dazu nicht imstande waren. Aber der Fehlschlag von München bedeutete auch, daß der Einfluß der österreichischen Nationalsozialisten stark zurückging. Die Währung wurde stabilisiert, und in Österreich wie in Deutschland herrschten bald normalere Zustände, so daß der politische Extremismus abnahm. Es fehlte der österreichischen Partei nach dem Zusammenbruch in Bayern auch das Geld zu einer wirkungsvollen Propaganda. All das, zusammen mit dem Austritt Riehls und seiner Anhänger, hatte „eine bedeutende Schwächung der österreichischen nationalsozialistischen Partei zur Folge".[42]

V. DAS VÖLKISCHE LAGER

Das völkische Lager bestand aus einer Menge kleiner und nicht so kleiner Parteien und Organisationen, in denen sowohl die Heimwehren wie die Nationalsozialisten ohne Schwierigkeit neue Anhänger werben konnten. Die weitaus wichtigste unter ihnen war die Großdeutsche Partei – Nachfolger der Deutschliberalen und der Deutschnationalen der alten Monarchie – und daher oft auch als deutschfreiheitlich oder deutschnational bezeichnet. Sie entsprach der Deutschnationalen Volkspartei der Weimarer Republik; aber sie hielt sich für eine völkische Partei; sie war gern bereit, sich mit den Nationalsozialisten zu verbünden, und einige ihrer Landesverbände – wie z. B. Kärnten – hatten das Hakenkreuz als Abzeichen. Die Bedeutung der Partei wurde von den zwei größeren Parteien der Österreichischen Republik – den Sozialdemokraten und Christlichsozialen – anerkannt, und sie erhielt mehrere Ministersitze in der Koalitionsregierung, die bei der Geburt der Republik im Oktober 1918 gebildet wurde. In den allgemeinen Wahlen vom Februar 1919 erhielt sie 545 000 Stimmen und bei denen vom Oktober 1920 514 000, 18 bzw. 17% aller abgegebenen Stimmen.[1] In späteren Jahren ging die Stärke der Partei zurück, aber auch dann noch saßen ihre Führer in verschiedenen Koalitionsregierungen. Die 17 oder 18% aus den Jahren 1919–20 sind ein Indiz der Stärke des völkischen Lagers in den Anfangsjahren der Republik, zu einer Zeit als die Nationalsozialisten noch sehr schwach waren.

Die Großdeutsche Volkspartei, wie sie offiziell hieß, war eine Vereinigung mehrerer älterer Organisationen, wie des Alldeutschen Verbandes, des Deutschen Volksbundes und des Deutschnationalen Vereins, die alle unter Schönerers Einfluß entstanden waren. Im Oktober 1919 hielten sie einen Einigungstag und stellten Richtlinien auf, die einstimmig angenommen wurden. Diese sprachen sich scharf gegen die Habsburger und die Wiedererrichtung der Monarchie aus und stellten sich auf den Boden der demokratischen Republik, denn „die Staatsform ist derzeit nicht die Hauptfrage“. Sie vertraten auch „den

Standpunkt des Privateigentums", aber „unter Bekämpfung der kapitalistischen Auswüchse", und traten für eine Bodenreform ein. Sie forderten ferner die „Abschüttelung des jüdischen Joches. Die Judenfrage ist nur vom Rassenstandpunkte zu beurteilen".[2] Auf einer Sitzung der der Partei angehörenden Abgeordneten im Dezember 1919 berichtete Dr. Josef Ursin, daß das Einigungswerk großenteils erfolgreich gewesen sei: die Richtlinien seien angenommen worden, und die drei Vereine hätten beschlossen, sich aufzulösen und sich in einer Partei zu vereinigen.

Aus Oberösterreich berichtete der Parteivorsitzende, Dr. Franz Dinghofer, daß dort die Einigung schon vor einiger Zeit erfolgt sei, in Gestalt einer Freiheits- und Ordnungspartei, die ihre Propaganda bis ins kleinste Dorf trüge: „Trennende Umstände müssen vermieden werden; was deutsch und freiheitlich ist, muß gegen schwarz und rot zusammenhalten", d. h. gegen die Partner der Großdeutschen in der Koalitionsregierung. Bezeichnenderweise erwähnte Dinghofer auch, daß man überall Turnvereine gründe: „Das sieht unpolitisch aus und schafft doch die beste Kerntruppe." Dr. Ursin erwähnte, daß auch die Nationalsozialisten „nicht grundsätzliche Gegner der Einigung" seien; Dr. Riehl sei gegen den Klassenkampf, „freilich stehen andere auf dem Klassenstandpunkt" (womit er offensichtlich die völkischen Gewerkschaftler meinte); ein „Großdeutscher Bund" solle Arbeiter, Bauern und Bürger umschließen. Dr. Dinghofer sprach über die Schwierigkeiten, da es zwischen den einzelnen Gruppen starke wirtschaftliche, soziale und sogar kulturelle Unterschiede gäbe: „Es ist wirklich ein Kunststück, die Einigung zustandezubringen und ihr Schlagkraft zu geben. Am schwersten haben es die bürgerlichen Vertreter. Die Interessen der Beamten stehen in starkem Gegensatz zu den Interessen des Gewerbes. Überall gibt es Gefahren der Trennung . . ."[3] Dr. Ursin war der Vertreter der alten Schönerianer. Er betonte seine Verehrung für Bismarck und sein Eintreten für eine Idee, „welche stets die Belange unseres Gesamtvolkes über alle anderen stellt", mit anderen Worten für „den Aufbau des großen deutschen Vaterlandes".[4] Er war betont antisemitisch.

Ein weiterer Versuch, größere Einigkeit auf der äußersten Rechten herbeizuführen, wurde im Mai 1920 unternommen, als sich Vertreter der völkischen Landes- und Parteiorganisationen in Wien trafen, darunter auch die Nationalsozialisten, eine Reihe von Bauernbünden aus Kärnten, Salzburg und Steiermark und verschiedene deutschfreiheitliche und deutschnationale Parteien. Dr. Ursin, der die Verhandlungen eröffnete, bat, „Nebensächliches beiseite zu stellen und von Parteieitelkeiten abzusehen. Wir alle sind großdeutsch gesinnt, wir alle stellen die Belange des Gesamtvolkes allen übrigen voran, wir alle sind Antisemiten, freisinnig und sozial gesinnt". Aber die Bauernbünde waren gegen eine Einheitspartei, und ebenso die Nationalsozialisten. Ein Vertreter der unabhängigen Bauernbünde führte aus, daß sie nur bäuerliche Interessen verträten; wenn sie ihre eigene Partei aufgäben, würden ihre Wähler zu den Christlichsozialen zurückgehen; nur eine ausgesprochene Bauernpartei könnte bei den Wahlen Erfolg haben. Die Vertreter anderer Bauernbünde gaben ähnliche Erklärungen ab. Der nationalsozialistische Vertreter, der gleichzeitig Obmann einer völkischen Eisenbahnergewerkschaft war, hielt die Frage nicht für eine prinzipielle sondern für eine taktische. Seine Partei sei für eine Dreiteilung, getrennte Arbeiter-, Bauern- und Bürgerparteien. Da die Arbeiter klassenkämpferisch eingestellt seien, „knüpfen wir an das klassenkämpferische Bewußtsein der Arbeiter an", um die Arbeiter „langsam zu uns herüberzuführen". Der zweite anwesende Nationalsozialist erklärte, würden sie in eine Einheitspartei eintreten, „so müßten wir eine ausgesprochene Kapitalistenpolitik mitmachen"; eine Volksgemeinschaft sei in der gegenwärtigen Lage unmöglich, aber über eine gemeinsame Front könne gesprochen werden, „und ein mächtiger Aufmarsch der Nationalen ist bei den Wahlen möglich". Dinghofer mußte zugeben, daß eine Einheitspartei nicht in Frage käme, sondern nur „ein einheitliches Vorgehen". Es wurde dann ein Antrag gestellt, eine gesamtösterreichische Partei zu gründen und einen Ausschuß zu wählen, der ein gemeinsames Programm entwerfen und über eine einheitliche Gliederung beraten sollte. Aber die Vertreter der Bauernbünde stimmten gegen den Antrag, und die Nationalsozialisten enthielten sich der Stimme. Der Ausschuß wurde gewählt, aber ohne die Bauernbündler und die Nationalsozialisten, die nur Vertreter in einen „erweiterten Ausschuß" entsandten. In seinem Schlußwort mußte Dinghofer zugeben, daß die Beratungen sie nur „einen kleinen Schritt vorwärts" gebracht hätten.[5] Trotz der Wahl der zwei Ausschüsse herrschte nach wie vor Uneinigkeit.

Das Programm, das auf dem ersten ‚Reichsparteitag' der Großdeutschen Volkspartei im August 1920 angenommen wurde, erklärte dann: „In dem Gedanken der Volksgemeinschaft liegt aber auch die Bekämpfung des roten und des schwarzen Internationalismus und der Kampf gegen den verderblichen Einfluß des Judentumes. Die Partei hält an der Demokratie fest, sie will jeden Versuch der Rückkehr der Habsburger rücksichtslos bekämpfen, sie ist . . . für Aufklärungsarbeit über den verderblichen Einfluß des jüdischen Geistes und die dadurch bedingte Notwendigkeit des Rassenantisemitismus. Sie soll den jüdischen Einfluß auf allen Gebieten des öffentlichen und privaten Lebens bekämpfen, die Einwanderung ausländischer Juden ist zu beschränken, die Ostjuden sind auszuweisen."[6] Im gleichen Jahr betonte Dr. Dinghofer wiederum die Bedeutung der Sport- und Turnvereine für die nationale Sache. In Oberösterreich hätte man Turnlehrer ausgebildet, was besonders wichtig für die Dörfer und kleinen Orte sei. „Wir müssen dahin kommen, daß in jedem halbwegs größeren Orte ein Turnverein besteht, der aber auch völkische Erziehungsarbeit leisten muß." Zu einem Turnlehrerkurs in Linz hätten sich achtzig Lehrer gemeldet, „und der Erfolg war ein glänzender". Er hoffte, durch einen befreundeten Herrn in den nächsten Wochen ein bis zwei Millionen Kronen aufzubringen, so daß auch andere Länder Zuschüsse erhalten könnten. Wenn die Turner sähen, daß die Partei sie so stark fördere, „werden wir auch in politischer Beziehung reiche Früchte ernten".[7]

Im Januar 1921 feierte die Partei den fünfzigsten Jahrestag der Gründung des Deutschen Reiches „voll heißen Dankes gegenüber den Schöpfern des Deutschen Reiches". Der Redner führte aus, es sei die Pflicht jedes einzelnen, an der Vollendung des von Bismarck, „dem größten Führer unseres Volkes", begonnenen Werkes mitzuwirken, und ein entsprechendes Telegramm wurde an den Reichspräsidenten Ebert gesandt,[8] obgleich Ebert von der deutschen Rechten ständig aufs heftigste angegriffen wurde. Auf der gleichen Sitzung berichtete ein Abgeordneter, daß die Parteileitung aus fast allen Ländern Briefe erhielte, „die in schärfster Weise gegen Mitarbeit der großdeutschen Abgeordneten bei Judenzeitungen Stellung nehmen" und daß aus diesem Grunde ein Zerfall der Partei drohe. Dr. Ursin erklärte, er habe ähnliche Briefe erhalten, und beantragte, die Veröffentlichung von Artikeln in jüdischen Zeitungen zu verbieten – ein Antrag, den die Großdeutsche Vereinigung schon früher angenommen hatte. Aber Dr. Dinghofer meinte, von einer „Mitarbeit" könne nicht die Rede sein, wenn er gelegentlich einen Artikel für das „Wiener Tagblatt" schriebe; wenn der Antrag angenommen würde, müsse er aus der Partei austreten: „Ein derartiges überhastetes Diktat ist unmöglich." Überraschenderweise zog Ursin seinen Antrag zurück und erklärte sich mit seiner Überweisung an den Reichsvollzugsausschuß einverstanden, wo er faktisch begraben werden konnte. Es war ein alter Klagepunkt, daß die Partei keine einflußreiche Tageszeitung besäße; nur sechs Monate früher hatten die Abgeordneten genau die gleiche Diskussion geführt, in der Ursin und Dinghofer die gleichen Argumente vorbrachten.[9] Aber die Honorare, die von den großen Tageszeitungen, mochten sie auch jüdisch sein, gezahlt wurden, waren für viele Großdeutsche überzeugungskräftiger als die reinste Ideologie.

Uneinigkeit herrschte auch in einer anderen, praktisch sehr wichtigen Frage: ob die Partei weiter eine ‚reine' Oppositionspartei bleiben oder mit den Christlichsozialen eine gemeinsame antimarxistische Front bilden sollte. Wieder trat Ursin „für eine scharfe Opposition" ein: „Mit der Koalition werden wir für unsere großdeutschen Ziele nichts erreichen ... Die christlichsoziale Politik will ein Österreich ohne Deutschland und durch die Koalition heißen wir diese Politik gut." Der Abgeordnete Angerer aus Kärnten erklärte andererseits, durch ein Beiseitestehen würden sie das System nicht ändern; ihre Anhänger verlangten, nicht ruhig zuzusehen, „wie der Marxismus weiter um sich greift"; für eine aktive antimarxistische Politik sei die Teilnahme an der Regierung nötig. Dinghofer gab zu, daß es in der Partei drei Gruppen gäbe, weil selbst die Befürworter einer Koalition uneins über die Bedingungen wären, unter denen man in die Regierung eintreten solle. Seiner Ansicht nach waren die Österreicher nur an wirtschaftlichen Dingen interessiert und hatten daher kein Verständnis für eine Oppositionspolitik, im Gegensatz zu den Sudetendeutschen, die gewillt seien, in der Opposition zu bleiben, selbst wenn ihre wirtschaftlichen Interessen darunter litten; überließen sie den Christlichsozialen die Regierung, „so wird vollkommen reaktionär regiert", und der Anschlußgedanke würde überhaupt nicht betont werden.[10] Da viele Großdeutsche aus prinzipiellen Gründen gegen jede Koalition mit den ‚Roten' oder ‚Schwarzen' waren, stand die Partei vor einem Dilemma. Aber verschiedene Parteiführer nahmen in den späteren zwanziger Jahren Ministerposten in Koalitionsregierungen an, und gelegentlich schloß die Partei sogar Wahlbündnisse mit den Christlichsozialen, um einen ‚marxistischen' Sieg zu verhindern. Sie bot dadurch ihren politischen Rivalen, vor allem den Nationalsozialisten, reichliche Gelegenheit, sie des politischen Opportunismus zu beschuldigen.

Ähnliche Schwierigkeiten gab es in den Beziehungen der Großdeutschen zu den völkischen Gewerkschaften, die Einfluß unter den Angestellten und Eisenbahnern besaßen. Im Herbst 1923 traten die

Vertreter des Deutschnationalen Handlungsgehilfenverbandes an den großdeutschen Minister Dr. Schürff heran mit dem Ersuchen, daß sie von den Lohnverhandlungen zwischen den Industriellen und den Gewerkschaften, an denen auch Regierungsvertreter teilnahmen, nicht ausgeschlossen werden möchten. Aber die freien Gewerkschaften lehnten es ab, sich mit Hakenkreuzlern an den gleichen Tisch zu setzen, und überraschenderweise schlossen sich dem die Vertreter des Industriellenverbandes an, weil sonst die Gefahr bestünde, daß ihre „Worte mißdeutet würden". Den Vertretern des DHV blieb nichts anderes übrig, als sich zurückzuziehen, aber sie verlangten von den Großdeutschen das Einbringen einer dringlichen Anfrage an die Regierung; doch diese hielten das Vorgehen des DHV für „sehr ungeschickt". Einer ihrer Abgeordneten bemerkte, der DHV sei keine nationalsozialistische, „sondern eine unpolitische Gewerkschaft auf allgemein völkischer Grundlage, der äußerst viele Großdeutsche angehören": die Partei müsse den DHV unterstützen und versuchen, ihn allmählich auf ihre Seite zu ziehen.[11]

Im folgenden Jahr wurden die Großdeutschen in noch größere Verlegenheit gebracht, als bei einem Streik der Eisenbahner gegen Sparmaßnahmen die völkische Deutsche Verkehrsgewerkschaft unter dem Einfluß radikaler Elemente so „überspannte Forderungen" erhob, daß die sozialdemokratischen Gewerkschaften mit ihren realistischeren Forderungen die Führung im Streik gewannen. Nach Ansicht der Großdeutschen würden sie den Gewinn davon haben. In der Meinung des Abgeordneten Dr. Angerer hatte die Deutsche Verkehrsgewerkschaft unmögliche Forderungen aufgestellt, weil keine genügende Verbindung zwischen ihr und der Partei bestand: „Wenn aber die nichtmarxistischen Elemente marxistische Politik betreiben, dann steht die Welt auf dem Kopf." „Die vernünftigen großdeutschen Elemente" müßten in einer eigenen Gewerkschaft organisiert werden; „der Einfluß der Nationalsozialisten ist unheilvoll, denn er gefährdet das Gemeinwesen". Doch ein anderer Abgeordneter meinte, sie würden für eine eigene Gewerkschaft keine Mitglieder finden. Aber Angerer beharrte auf seiner Meinung: es sei notwendig, Einfluß auf die Gewerkschaften zu nehmen; wenn dadurch Nationalsozialisten abfielen, sei das nur ein Vorteil; der Streik sei unverantwortlich, und die von der Regierung eingeleiteten Sparmaßnahmen seien nötig, „weil dieser Staat erhalten bleiben muß". Er trat sogar für den Wiedereintritt der Großdeutschen in die Regierung ein.[12]

Trotz aller Bedenken gründete die Großdeutsche Partei in Wien eine gewerkschaftliche Sektion, aus der dann „eine unpolitische Gewerkschaft“, die „Gewerkschaft deutscher Arbeiter“ hervorging. Ähnliche Organisationen entstanden später in Kärnten, Oberösterreich und Steiermark. Sie standen in Opposition zu den mehr parteipolitisch eingestellten völkischen Gewerkschaften, die von den Nationalsozialisten geleitet wurden, aber sie blieben sehr klein. Mit der Gründung von „unabhängigen Gewerkschaften“ durch die Heimwehren in den späteren zwanziger Jahren, die von der Industrie gefördert wurden, schlossen sich die meisten der von den Großdeutschen organisierten Gewerkschaften denen der Heimwehren an, die wesentlich stärker waren.[13] Die Arbeiter hielten die Großdeutschen mit Recht für eine bürgerliche Partei; sie hatte nur unter den Angestellten und Beamten einigen Einfluß. Selbst die radikaleren völkischen Gewerkschaften wurden vor allem von den gleichen sozialen Gruppen unterstützt. Im Jahre 1927 bestand der Deutsche Gewerkschaftsbund in Österreich bezeichnenderweise aus zehn Gewerkschaften, von denen nur eine eine wirkliche Arbeitergewerkschaft war; und die anderen waren Gewerkschaften von Angestellten, Beamten, Soldaten und Beschäftigten der Verkehrsbetriebe, der Post und der Gemeinden.[14] Anfang 1930 gab ein führender Nationalsozialist die Gesamtmitgliedschaft der völkischen Gewerkschaften mit mehr als 50 000 an – keine sehr eindrucksvolle Zahl.[15]

Viel wichtiger als die völkischen Gewerkschaften waren die Turn- und Sportvereine, die die deutschnationale Sache seit dem späteren 19. Jahrhundert unterstützt hatten. Sie waren nach preußischem Vorbild entstanden und verehrten den ‚Turnvater‘ Jahn, der die Jugend Preußens zum Kampf gegen Napoleon aufgerufen und sie durch körperliche Ertüchtigung zum nationalen Kampf vorbereitet hatte; er blieb ihr Held und Beispiel für den kommenden nationalen Befreiungskampf. Viele der österreichischen Turnvereine nannten sich nach Jahn oder einem anderen Führer aus der Zeit der Befreiungskriege. Sie nahmen nur ‚Arier‘ als Mitglieder auf und arbeiteten eng mit den Heimwehren, und später mit den Nationalsozialisten zusammen. Für sie war die Bildung von Wehrverbänden nur ein Akt der Verteidigung, um dem ‚roten Terror‘ entgegenzutreten. Wie die „Bundesturnzeitung“ 1920 schrieb: „Während die Arbeiterräte, die kommunistischen und sozialdemokratischen Organisationen sich bis an die Zähne bewaffnen, steht das Bürgertum der im Lande vor sich gehenden Bewegung mit verschränkten Armen gegenüber, statt sich selbst neu zu ordnen, um dem drohenden Umsturz die Spitze zu bieten . . .“[16]

Daher müßten überall völkische Sportvereine gegründet werden. In den Verhandlungen mit der Orgesch im Sommer 1920 gab der Obmann des Deutschen Turnerbundes 1919, Kupka, dessen Stärke mit 50 000 an,[17] aber die Zahl ist schwer zu kontrollieren. Kupka bezeichnete den Bund als „arisch und großdeutsch", und das wurde von Oberst Bauer 1922 bestätigt. Aber letzterer kritisierte die Leitung, die uneinheitlich sei und teilweise auf Ludendorff und den alldeutschen Führer Class, teilweise auf Pittinger in München tendiere. Class habe versucht, auf die Leitung einzuwirken, „daß sie ihre übertriebene völkische Richtung und ihre verwaschenen Ziele aufgibt", aber sie habe wenig Einfluß auf die Mitglieder, denen „der ganze Zank zum größten Teil gleichgültig" sei.[18]

Aber das Organ des Deutschen Turnerbundes 1919, die „Bundesturnzeitung", vertrat keineswegs eine „verwaschene" Linie. Ihre Artikel und Kommentare waren betont rassisch bestimmt und scharf antisemitisch. Im Jahre 1920 brachte sie zur Erbauung ihrer Leser eine rassische Interpretation der europäischen Geschichte. Dort lasen sie über Frankreich:

> „Seit der großen Revolution des 18. Jahrhunderts schwanden die Reste des arisch-germanischen Blutes rasch aus dem Volkskörper, und der heutige Franzose ist rassenhaft ein Mischling vom alpinen und mittelländischen Menschen mit keltischen, semitischen und negroiden Bluteinschlägen. Der Volkscharakter ist in stetem Sinken begriffen ..." [19]

Was England betraf, so war die Situation kaum besser. Wie der gleiche Autor behauptete:

> „Seit den Tagen der Puritaner ist viel semitisches Blut ins Volk der Engländer gedrungen und sogar mongoloides und negroides, und so ist es möglich, daß ein Großteil der heutigen Engländer es für rühmlich hält, von den zehn Stämmen Israels abzustammen. Der reinrassig germanische Teil des Volkes ist heute mit den von der Industrie zugrunde gerichteten Bauern und mit dem in den Kriegen gefallenen Adel stark geschwunden und nur der oberste Teil der gesellschaftlichen ‚Pyramide' zeigt noch den nordischen Typus ... Dafür drängt sich in den Industriestädten von Jahr zu Jahr mehr ein kleiner, dunkler Menschenschlag, unter dem sich die alte Aristokratie und der Landadel wie vereinzelte blonde Recken abheben." [20]

In der Innenpolitik griff die „Bundesturnzeitung", wiederum aus rassischen Gründen, scharf den klerikalen und den sozialistischen Einfluß an, Einflüsse, die von den Juden gestärkt würden, um ihr Ziel der Weltherrschaft zu erreichen:

„Nicht Arbeiter, Bauern und Bürger sollen gemeinsam den Staat regieren, sondern der häufig bildungslose Proletarier soll herrschen, das ist jener Arbeiter, der sich willenlos zum Parteiwerkzeug hergibt, der auch im stammesgleichen Bürger oder Bauern seinen größten Feind sieht ... Wie der klerikale Priester deutschen Stammes, so ist auch der sozialdemokratische ‚Genosse' deutschen Stammes aus seinem Volkstume herausgehoben, um das von den jüdischen Führern ausgegebene Losungswort ‚Proletarier aller Länder vereinigt euch' zu verwirklichen ... So bildet der nichtsemitische Teil der Sozialdemokratie die Mauer, hinter der der Jude arbeitet mit seiner rassenhaften Schlauheit, die ihn zum Dämon des Verfalles der Menschheit macht ... Es liegt daher im Interesse des jüdischen Weltherrschaftsplanes, die Massen des Volkes nicht sittlich zu heben, sondern zu entsittlichen, zu demoralisieren und zu verelenden ..."[21]

Dort wurden deutsche Mädchen im besten Stile Julius Streichers gewarnt, sich nicht von Juden verführen zu lassen, denn die Folgen würden furchtbar sein:

„In einer schwachen Stunde kam der Verführer. Er hatte viel Geld und sie erlagen. Er kaufte ihnen Kleider und Schuhe, da gaben sie sich ihm preis. Krank und siech verließ er sie. Unfähig, einem deutschen Manne je deutsche Kinder zu geben, wurde so unserem Volke unermeßlicher Schaden zugefügt. Und solcher Verführer gibt es Tausende. Jüdische Ladenjünglinge und Kommis, Börsenschieber und Lebemänner aller Art sind es, die jährlich unzählige deutscher Mädchen verführen und untauglich machen zur gesunden Ehe. Juden sind es, die sie aus ihren Stellungen vertreiben, damit der jüdische Mädchenhandel blühen kann. Und gerade ihr Blonden seid es, auf die es der Fremdrassige abgesehen hat! Mit Haß denkt er, der sich selbst als Fremder fühlt, an alles Nichtjüdische, höchste Wollust und grausamste Freude bereitet es ihm, euch, ihr blonden Mädel, zu unterjochen! ..."[22]

Haß traf auch die ‚Arier', die Juden unterstützten oder mit ihnen sympathisierten. Sie wurden angeklagt der „Annahme einer uns ganz artfremden Weltauffassung, genauer einer Entartung des Ariers durch Annahme des jüdischen Geistes"; ihre Lebens- und Denkweise sei „der Erhaltung unserer nordisch-germanischen Rasse besonders verderblich".[23]

Der „Zusammenbruch des Deutschen Reiches Macht und Herrlichkeit" sei durch den „Dolchstoß von hinten" herbeigeführt worden. Der Ausbruch des Weltkrieges, „der Hungerkrieg gegen Frauen und Kinder", war „ein Werk der Weltjudenpresse", „in deren Rahmen die deutsche Judenpresse das ihre reichlich beigetragen hat". Nach Kriegsende förderte die gleiche Presse „die wirtschaftliche Ausplünderung, das Schiebertum, die sittliche Versumpfung und moralische

Versuchung in deutschen Landen“, vor allem „durch Schüren des Klassenkampfes“ und ihre Ablehnung „jeder wahren Volksgemeinschaft“.[24]

Es kann daher kaum überraschen, daß die Turner, mit solchen Auffassungen großgezogen, oft zusammen mit den Nationalsozialisten und anderen völkischen Organisationen an Demonstrationen teilnahmen, schon bevor jene eine starke Kraft auf der äußersten Rechten wurden. So demonstrierten im September 1923 viele Tausende in den Straßen Wiens, um ihre „Sympathien für die schwerbedrängten Stammesgenossen im Deutschen Reiche“ und ihren Protest gegen den Frieden von St. Germain zu bekunden. An der Spitze marschierten die Turner, gefolgt von den Gesangvereinen, den völkischen Studenten und Schülern, den Frontkämpfern, den Nationalsozialisten und den Anhängern der Großdeutschen Partei und der landsmannschaftlichen Vereine.[25] Ein Jahr später wurde die Demonstration wiederholt, wieder als Protest gegen die Friedensverträge von St. Germain und Versailles, und diesmal zählte die Polizei die genaue Teilnehmerzahl. Das Kontingent der Turner war bei weitem das stärkste mit 5208 Mann, gefolgt von den Frontkämpfern mit 3048. Alle anderen Gruppen waren wesentlich kleiner: die ‚Hackenkreuzler‘ (sic) zählten 1496 und die völkische Eisenbahnergewerkschaft 1368 Mann. Die übrigen Gruppen waren noch kleiner: 560 Studenten, 528 Sänger, 208 Mitglieder des Freikorps Oberland, 108 Großdeutsche, 84 Sudetendeutsche, 136 Burgenländer, 120 von der Sprachinsel Iglau usw., im ganzen mehr als 13 000.[26] Somit repräsentierten damals die Turner etwa 40 % der Gesamtstärke der völkischen Verbände, und die Nationalsozialisten etwa 11 %.

Im Jahre 1925 bildeten die Nationalsozialisten, der Deutsche Turnerbund 1919, der Alldeutsche Verband, der Antisemitenbund und eine Reihe ähnlicher Organisationen den „völkisch-antisemitischen Kampfausschuß“, dessen Ziel es war, die Abhaltung des Zionistenkongresses, der in Wien am 17. August eröffnet werden sollte, zu verhindern. Der Polizeipräsident lehnte es ab, dem Druck von rechts nachzugeben, und befahl scharfe Maßnahmen gegen die in der Innenstadt randalierenden Massen, die viele Tausende zählten. Selbst die Großdeutschen, die bald darauf über die Frage debattierten, mußten „die Wühlarbeit“ der Nationalsozialisten kritisieren. Laut ihrem Sprecher, Dr. Waber, sei doch die jüdische Auswanderung sehr wünschenswert und müßte die Kolonisation in Palästina unterstützt werden, „denn das ergäbe eine Entlastung unserer Bevölkerung“. Aber er gab zu, er wage nicht, das öffentlich zu sagen, „um nicht am Ende als Beschützer der Zionisten bezeichnet zu werden".[27] Doch ein anderer Abgeordneter stellte fest, der Kongreß habe große Unruhe unter den Anhängern der Großdeutschen erzeugt, und die Haltung der Partei werde stark kritisiert.

Der Frontkämpferverband, der an den allgemeinen völkischen Demonstrationen der zwanziger Jahre teilnahm, bestand hauptsächlich aus früheren Soldaten, vor allem aus Offizieren. Sein Führer war Oberst Hermann Hiltl, und er war vor allem stark in Wien. In seiner Zusammensetzung und seinen Zielen ähnelte er dem Stahlhelm, der gleichfalls eine breite Organisation früherer Soldaten war und eine nationalistische und völkische Ideologie besaß. Im Mai 1920 erklärte der Frontkämpferverband, er sei ‚arisch', stünde außerhalb der Parteipolitik und lehne es ab, etwas mit internationalen umstürzlerischen Elementen wie Sozialdemokraten oder Kommunisten zu tun zu haben. Sein Ziel war die Einheit des gesamten deutschen Volkes, und er war gegen jede „kleinliche Parteipolitik". Seine Mitglieder wurden militärisch ausgebildet und Geheimkurse für Jugendliche sollten aus ihnen den „eisernen Kern" machen, „das Schwert des Führers". Dieser „eiserne Kern" sollte nicht selbst führen, sondern das Organ des Führers sein und jede Aufgabe ausführen, die im Interesse des Verbandes notwendig sei: „Der eiserne Kern ist die Seele der Organisation – eine Seele durchdrungen von dem Geist und dem Willen des Führers . . ." Auf einer Tagung im Jahre 1926 nahm die Frontkämpfervereinigung ein Programm an, das sich scharf gegen den Marxismus aussprach und eine Stärkung der Rechte des Präsidenten der Republik und eine Änderung des Wahlgesetzes in Richtung auf eine ständische Vertretung verlangte. Obgleich Oberst Hiltl leugnete, daß er eine faschistische Ideologie vertrete – vor allem wegen der Behandlung der Südtiroler durch die italienischen Faschisten – so ist doch klar, daß der Verband die Ideen von der Rolle des Führers und dem korporativen System aus Italien borgte.[28] Doch der Tiroler Heimwehrführer Steidle war von den Erfolgen der Frontkämpfer in Wien nicht beeindruckt. Seiner Ansicht nach hätten sie „einen riesigen Apparat mit kostspieliger Aufmachung" aufgezogen, aber was sie geleistet hätten, sei „Bockmist". Sie sollten einmal „ihre Mätzchen" unterlassen und zusammen mit den Heimwehren „vernünftige Arbeit" leisten.[29]

Wie uneins auch das völkische Lager sein mochte, und wie sehr auch seine rivalisierenden Führer miteinander stritten, in einer Frage war man sich einig – der des Antisemitismus. Das war sicher zum Teil der Fall, weil der Antisemitismus populär war, vor allem in Wien mit seinen großen wirtschaftlichen und sozialen Problemen und seiner starken jüdischen Bevölkerung; dort konnten die völkischen Vereine immer große Säle mit Menschen füllen, die antisemitischen Reden stürmisch Beifall klatschten und nach Ende der Versammlung einzelne Juden anfielen. Im September 1919 organisierte der „Deutsche Volksrat für Wien und Niederösterreich" eine Versammlung in der Volkshalle des Rathauses, um „die ausnahmslose Abschiebung aller seit Kriegsbeginn zugewanderten Ostjuden" zu fordern. Es erschienen etwa 5000 Leute, so daß viele draußen bleiben mußten. Der Hauptredner, der großdeutsche Abgeordnete Dr. Ursin, entwickelte das alldeutsche Programm unter Betonung des Antisemitismus und erklärte, „alle Völker seien den Juden tributär", das internationale Judentum habe „gegenwärtig eine noch nie dagewesene Machtposition errungen", sogar die Reparationen „flössen den jüdisch-amerikanischen Milliardären zu". Alle völkischen Deutschen hielten die Habsburger für Verräter an der nationalen Sache und ein Hindernis bei der Schaffung der deutschen Einheit: kein wahrhaft Deutscher wolle ihre Rückkehr. Ursin forderte die Auflösung der jüdischen Banken und die Enteignung des jüdischen Besitzes sowie die Gründung einer völkisch-nationalen Bank. Vor der Volkshalle sprachen andere Redner im gleichen Sinne. Eine Resolution, die die Ausweisung der Ostjuden innerhalb von zehn Tagen forderte, wurde einstimmig angenommen.[30]

Eine zweite Versammlung an gleicher Stelle, die im Oktober von dem Antisemitenbund organisiert wurde, war von etwa 2500 Menschen besucht, während draußen weitere 3000 standen. Mehrere Redner verlangten wieder die Ausweisung der Ostjuden, da der „Druck, den die Juden in Wien auf die deutsch-arische Bevölkerung ausübten, unerträglich geworden sei". Die Ostjuden „hätten gleich angefangen, Schleich- und Kettenhandel zu treiben, hätten sich hier Reichtümer erworben und Paläste gekauft, während die bodenständige Bevölkerung hungern müsse ... Auch die kommunistische Bewegung werde von Juden getragen, man könne es wiederholt sehen, wie ein Jude mit gebügelter Hosenfalte und Goldringen vor Arbeitern stehe und die Phrase: ‚Wir Proletarier!' gebrauche ... In den Restaurants und Kaffeehäusern sehe man vollgemästete Juden, deren Wohlleben in schreiendem Gegensatze zu dem Elend der vertriebenen deutschen Eisenbahner stehe ..." Die Anwesenden forderten dann, daß der Redakteur Anton Orel sprechen solle. Er erklärte, nicht nur die Ostjuden, alle Juden müßten entfernt werden, „um dem drohenden Untergange Wiens in letzter Stunde vorzubeugen". Die gleiche Forderung wurde von einem nationalsozialistischen Redner erhoben: „Aufgabe aller Deutschbewußten sei es, unter der Arbeiterschaft gegen die jüdischen Führer zu agitieren, damit die deutschen Arbeiter endlich erkennen, daß ihr wahrer Vorteil beim deutschen Volke, nicht bei der roten jüdischen Führerschaft zu suchen sei." Eine Resolution verlangte, daß die Ostjuden binnen zwei Wochen abtransportiert werden müßten.[31]

Eine ähnliche Versammlung des Antisemitenbundes und der Frontkämpfervereinigung im Juni 1920 brachte etwa 8000 Leute auf die Beine, so daß vor dem Rathaus mehrere Parallelversammlungen abgehalten wurden. Vor Beginn wurden einige Juden aus dem Saal entfernt. Die Redner, unter ihnen Dr. Ursin und Dr. Riehl, aber auch der christlichsoziale Abgeordnete Leopold Kunschak, forderten die Entfernung der Ostjuden. Nach Schluß zog ein langer Demonstrationszug unter judenfeindlichen Rufen den Ring entlang. Riehl ermahnte die Teilnehmer, ruhig auseinanderzugehen und auf keinen Fall in die Leopoldstadt, wo viele Juden wohnten, zu ziehen. Aber mehrere tausend Demonstranten versuchten, dorthin durchzudringen, und wurden von der Polizei zerstreut.[32] Im November wurde von den gleichen Organisationen eine neue Versammlung in die Volkshalle einberufen, zu der etwa 3000 Personen erschienen. Wieder sprachen Kunschak, Orel, Riehl und ein Vertreter der Frontkämpfer zu der Menge; aber diesmal brach sie in minutenlange Hochrufe auf das Haus Habsburg aus. Eine Resolution forderte die Ausweisung aller seit dem 1. August 1914 eingewanderten Juden, den numerus clausus für Studenten und Professoren, die Entlassung aller jüdischen Beamten, die Einführung der Prügelstrafe und in schweren Fällen der Todesstrafe für Wucherdelikte.[33]

Ähnliche Volksversammlungen fanden in anderen Landesteilen statt. In Tirol wurde 1919 ein Tiroler Antisemitenbund gegründet, in dem drei Landtagsabgeordnete, unter ihnen der Heimwehrführer Dr. Steidle, als Führer auftraten. Im November fand eine Massenversammlung im Innsbrucker Stadtsaal statt, bei der die Studenten und Turner als Ordner fungierten. Die Forderungen, die von ihr angenommen wurden, gingen wesentlich weiter als die Wiener Resolutionen. Die Juden sollten als Nation erklärt werden, wobei als Jude jeder zu rechnen war, der auch nur eine jüdische Urgroßmutter oder einen jüdischen Urgroßvater hatte (also weitgehender als die Nürnberger

Gesetze Hitlers). Juden sollten aus der Armee ausgeschlossen und ihnen der Zugang zu den Berufen eines Redakteurs, Richters, Staatsanwalts, Beamten, Professors, Lehrers und Apothekers verschlossen werden; der Ankauf von Land und Häusern in Tirol, der Vieh- und Holzhandel, der Erwerb von Schürf- und Jagdrechten durch Juden sollte verboten werden; von Juden verfaßte Lehr- und Schulbücher sollten nicht mehr zugelassen werden; für jüdische Studenten, Rechtsanwälte und Ärzte sollte ein numerus clausus eingeführt werden. Protest wurde vor allem auch gegen den Staatssekretär für Heerwesen, Julius Deutsch, erhoben als „Angehörigen jener Rasse, die sich im Kriege zwar nicht an der Front bemerkbar machte, wohl aber im Hinterland durch Bereicherung ihrer Taschen“ [34] (obgleich Deutsch im Krieg jahrelang als Artillerieoffizier an der Front gedient hatte).

Obwohl die Zahl der Juden in Tirol sehr klein war, forderte der Antisemitenbund Anfang 1920 die Ausweisung aller in Tirol nicht heimatberechtigten Juden sowie aller nach dem 1. August 1914 zugewanderter, „ungescheut jeder Drohung der jüdischen Wiener Eintagsregierung, die der Zorn des betrogenen Volkes in Kürze hinwegfegen wird“. Die Tiroler Landesregierung antwortete, daß sich diese Forderung mit den Beschlüssen des Landtags decke und daß die zu ihrer Durchführung nötigen Schritte bereits unternommen würden.[35] Was die anderen Forderungen des Bundes betraf, so gab die Landesregierung zur Antwort, daß sie gewisse Bedenken habe, weil „die Erfüllung dieser Forderungen in vielen Punkten mit der durch die Staatsgrundgesetze gewährleisteten Gleichheit der Staatsbürger“ in Widerspruch stehe und dadurch „ein Ausnahmerecht“ gegen eine bestimmte Gruppe geschaffen würde. Die bestehenden Mißstände könnten „durch einträchtiges Zusammenarbeiten der Bevölkerung mit den Behörden auch ohne Rechtsbeugung“ überwunden werden, und in diesem Sinn begrüße die Regierung „die Mitarbeit des Antisemitenbundes auf das Wärmste“, vor allem aber bei der Bekämpfung des Wuchers.[36]

Die Wahlen von 1919 wurden in Tirol auf einer scharf antisozialistischen und antisemitischen Linie durchgeführt, wobei beide Losungen meist miteinander verbunden wurden. Wie die „Neuen Tiroler Stimmen“, die die Christlichsoziale Partei unterstützten, schrieben: „Der beste Aufschluß wird der Sozialdemokratie am 16. Februar mit dem Stimmzettel erteilt werden. Keine Stimme für die landfremde rote Partei, die unsere Landesfreiheit an die Wiener Juden und Berliner Bolschewisten verschachert wissen will, so daß wir Tiroler nichts mehr sein sollen als Sklaven, um für fremde Ausbeuter zu schuften und zu steuern und zu hungern ..." [37] In einer Wahlversammlung der gleichen Partei in Hall appellierte der Ingenieur Hans Reinl an den Mittelstand, kräftig in den politischen Kampf einzugreifen „in einer Zeit, wo das deutsche Volk von polnischen und anderen Juden regiert werde und jeder Judenjunge bereits eine politische Größe sei". Er kritisierte dann scharf die Haltung der „Innsbrucker Nachrichten", in denen er noch nie ein Wort gegen die Juden, dafür aber viele jüdische Anzeigen gefunden habe, trotz der angeblich antisemitischen Einstellung der deutschfreiheitlichen Partei; nur in den christlichsozialen Zeitungen sei etwas vom Kampf gegen das Judentum, „das heute die größte Gefahr für das deutsche Volk sei", zu spüren, und darum würde er als Alldeutscher christlichsozial wählen.[38] In einer anderen Wahlversammlung in Inzing, zu der die Einladungen durch den Pfarrer verschickt worden waren, beschrieb „der hochw. Herr Pfarrer Köll von Ranggen Wesen und Ziel der Sozialdemokratie ... und geißelte in scharfen Worten das unzuständige Verhalten der Wiener Judenregierung in Sachen der katholischen Ehe". Die Versammlung protestierte dann insbesondere „gegen die Bestellung eines Juden als Berichterstatter in dieser rein christlichen Angelegenheit und erklärt es als eine freche und böswillige Herausforderung des christlichen Volkes".[39]

Im September 1921 fanden bei der Wiener Börse von den christlichsozialen Gewerkschaften organisierte Demonstrationen statt, um gegen die fortschreitende Inflation und die Teuerung zu protestieren. Plötzlich drangen einige Demonstranten in eine jüdische Bank ein und mißhandelten deren Kunden, während andere mit Fäusten und Stöcken auf jüdische Börsenbesucher einschlugen. Ein paar Tage später versuchten Mitglieder des Frontkämpferverbandes die Börse zu besetzen. Auf ein verabredetes Signal hoben die Demonstranten einige Leute hoch, damit sie die Ballustrade erreichen konnten, aber sie drückten nur zwei Fenster ein. Dann unternahmen die Demonstranten, deren Zahl allmählich auf 2000 wuchs, Angriffe auf Kaffeehäuser und Banken in der Nähe der Börse; sie wurden schließlich von der Polizei, die über die Pläne unterrichtet war, abgedrängt.[40] Eine vom Antisemitenbund im November veranstaltete Versammlung war nur von etwa 2000 Leuten besucht, so daß der Vorsitzende sein Bedauern über den schlechten Besuch ausdrückte. Ein nationalsozialistischer Redner erklärte, „die Geduld der Arier in diesem Staate sei zu Ende und der Blumenschmuck auf den Gaskandelabern werde bald durch einen anderen Schmuck ersetzt werden". Er verlangte die Beschlagnahme jüdischer Vermögen und die Schließung der Börse. Ein anderer Redner rief aus, wenn die Regierung weiter untätig bliebe, würde die christliche Bevölkerung zur Tat schreiten; „die Tage der Schonzeit für die Juden" seien zu Ende.[41] Doch als Anton Orel in einer Versammlung in Graz über „Kulturerneuerung und Judentum" sprach, waren unter seinen etwa 900 Zuhörern so viele Oppositionelle, vor allem Sozialdemokraten und Großdeutsche, daß er „in sehr gemäßigten Bahnen ... über Nächstenliebe und Christenlehre sprach". Trotzdem wurde er durch andauernden Lärm gezwungen, die Versammlung voreilig zu schließen.[42]

Im Januar 1923, nach der Besetzung des Ruhrgebiets durch die Franzosen, organisierte „der völkisch-antisemitische Kampfausschuß" eine Riesendemonstration vor dem Wiener Rathaus, um gegen die Besetzung zu protestieren und gleichzeitig die Einführung des numerus clausus und die „Abschaffung der Bevorzugung des Judentums" zu fordern. An der Kundgebung nahmen der Deutsche Wehrbund und die Frontkämpfervereinigung mit je etwa 3000 Mann teil, gefolgt von den Nationalsozialisten und den Studenten mit je etwa 2000; dazu kamen Anhänger der christlichsozialen und der großdeutschen Partei, die Turnvereine, der Nationalverband deutscher Offiziere und der Antisemitenbund – laut der Polizei mehr als 15 000 Personen. Schönerers alter Mitarbeiter Karl Hermann Wolf forderte die Wiener auf, „jetzt endlich vom theoretischen zum praktischen Antisemitismus überzugehen". Riehl erklärte, die Einführung des numerus clausus an den Hochschulen sei keine Parteiangelegenheit, sondern die des ganzen Volkes. Unter den Rednern waren auch Dr. Ursin, General Krauß und ein Vertreter der Frontkämpfer.[43] Aber drei Wochen später waren zwei von dem Antisemitenbund organisierte Versammlungen viel schwächer besucht. Die im Rathaus von etwa 2000, und eine andere in Meidling von nur 800 Leuten, während die Sozialdemokraten die Abhaltung einer weiteren Versammlung im dritten Bezirk (Landstraße) verhinderten.[44] Mit dem Ende der wirtschaftlichen und politischen Krise erreichten diese Massendemonstrationen gegen die Juden und für deutschnationale Ziele ihr vorläufiges Ende, und der Antisemitenbund verlor viel von seiner Anziehungskraft. Doch unter kleineren Gruppen blieben die völkischen Ideen lebendig, um bei passender Gelegenheit aufs neue unter die Massen getragen zu werden.

In dem schon ruhigeren Jahr 1924 konnten die vereinten völkischen

Verbände in Wien zu einer Demonstration gegen die Friedensverträge mehr als 13 000 Menschen auf die Beine bringen,[45] eine verhältnismäßig große Zahl; aber der Tag, an dem sie stattfand, war ein Sonntag, und vermutlich wurden die Anhänger auch aus Niederösterreich in die Stadt gebracht. In den folgenden Jahren ging der Einfluß der Heimwehren wie der Nationalsozialisten erheblich zurück; aber andere Organisationen, z. B. die Frontkämpfervereinigung, blieben recht aktiv und gründeten viele neue Gruppen. Wenn völkische Organisationen ihre Kandidaten bei Gemeindewahlen aufstellten, waren sie nur sehr beschränkt erfolgreich. So wurde 1925 in Eisenstadt nur ein völkischer Gemeinderat gewählt, verglichen mit zwölf Sozialdemokraten und acht Christlichsozialen, obgleich die Nationalsozialisten die Völkischen unterstützten. Sie behaupteten, daß keine andere Partei „ehrlich für unser Volkstum" eintrete, da die Sozialdemokraten international und die Christlichsozialen ungarnfreundlich eingestellt seien, während andere auf der gleichen Liste mit Juden kandidierten; daher müßten sie mit der Losung „Uns geht Gemeinnutz vor Eigennutz!" eine eigene Liste aufstellen.[46]

Im allgemeinen läßt sich feststellen, daß der völkische Appell unter den Studenten und bestimmten unzufriedenen Gruppen des städtischen Kleinbürgertums besonders erfolgreich war, vor allem in Wien und einigen anderen Städten: Gruppen, die in früheren Jahrzehnten von Schönerers Propaganda beeinflußt worden waren. Anderswo war der Einfluß der Christlichsozialen und der katholischen Kirche zu stark, wie er es auch schon vor dem Kriege gewesen war; aber beide, wie wir gesehen haben, vertraten auch einen ‚gemäßigten' Antisemitismus, und vor allem in Tirol konnte man ihn kaum als gemäßigt bezeichnen. Nur in einer großen wirtschaftlichen und politischen Krise würde es den völkischen Ideen möglich sein, diese Hindernisse zu überwinden. Dann sollte das Bewußtsein eines gemeinsamen deutschen Nationalismus wieder stark werden und die Existenz eines unabhängigen österreichischen Staates in Frage stellen.

VI. DER AUFSTIEG DER HEIMWEHREN

Während der Jahre 1924 bis 1926 ging die Heimwehrbewegung zurück, da die ‚rote Gefahr' nicht mehr akut war, die wirtschaftliche Lage besser wurde und sich auch die politische Situation stabilisierte unter konservativen Regierungen, die von der Christlichsozialen Partei beherrscht wurden. Die Heimwehr Gauleitung Unterinntal gab dieser Stimmung Ausdruck, als sie 1925 berichtete, daß „im Staate ‚ohnehin Ruhe herrscht' und ‚keine Gefahr besteht', daß von seiten der Roten nichts zu befürchten ist". Aber sie fügte hinzu, das gelte nur für Tirol und die Alpenländer, so daß „auch allgemein nach wie vor die Notwendigkeit der H. W. voll anerkannt" wird, sogar in den Ortsgruppen, die passiv seien; die Indolenz ließe sich „auf den Mangel auf (sic) Initiative und Tätigkeit beim gewählten Führer zurückführen".[1] Aus Hall wurde 1926 berichtet, daß die frühere Oberlandgruppe sich beinahe ganz der Heimwehr angeschlossen habe und daß der örtliche Turnverein eine eigene Wehrgruppe aufstelle, die im Ernstfall der Heimwehr unterstehen würde.[2] Aber das bedeutete kein wirkliches Wachstum, sondern nur eine Übertragung von Aktivität von der einen auf die andere Organisation. Auch aus Innsbruck meldete man ein „gesunkenes Interesse für die Heimatwehr".[3]

Jedenfalls blieb der Tiroler Heimwehrführer Steidle unermüdlich tätig, die Sache der Heimwehren zu fördern und Geldmittel für sie zu sichern, denn er war überzeugt, daß sonst „einzelne mitarbeitende und brauchbare Selbstschutzverbände in den Alpenländern aus Mangel an Mitteln verdorren".[4] Aber er stieß auf große Schwierigkeiten, die teilweise von der Regierung und teilweise von den Industriellen ausgingen. Im Juni 1925 wurde Steidle vom Finanzminister Dr. Jakob Ahrer empfangen und informierte ihn, daß seit Jahren alle erhaltenen Subventionen nach Wien geflossen seien, wo damit „ein riesiger Apparat angeschafft und unterhalten wurde", während die Alpenländer nichts davon zu sehen bekamen. Ahrer war empört, weil er selbst wußte, daß z. B. in Salzburg die Einheiten aus Mangel an Mitteln zu verdorren drohten. Er ersuchte seinen Besucher um eine detaillierte

Aufstellung über die Summen, die die Heimwehren auf Betreiben der Regierung erhalten hätten und wie das Geld auf die Länder verteilt worden sei. Er erklärte, er müsse es ablehnen, irgendetwas zwecks Beschaffung weiterer Gelder zu tun, und drohte, bereits eingeleitete Schritte rückgängig zu machen.

Steidle schrieb dann an den Industriellen und früheren Offizier Baron Bernhard Ehrenfels, der bisher für die Beschaffung von Geldern gesorgt hatte, um die von Ahrer gewünschte Information zu beschaffen. Ehrenfels antwortete, daß „nach Aufhören der gemeinsamen Finanzierung" im Jahre 1923 Zahlungen nur noch an einzelne Länder erfolgt seien. Er sei dafür in Wien verantwortlich gewesen, aber es könne keine Rede davon sein, andere Länder daran zu beteiligen „oder außenstehenden Persönlichkeiten Einblick zu gewähren", so daß er Steidles Wunsch nicht erfüllen könne. Steidle war über diesen „ziemlich hochnäsigen Brief" sehr verärgert und sandte ihn an den Wiener Polizeipräsidenten Schober, um ihn für seine Pläne zu mobilisieren. Was Steidle besonders ärgerte, war, daß Ehrenfels für seine Zwecke die Unterstützung der Regierung erhalten hatte – eine Unterstützung, die Steidle offensichtlich nicht genoß. Dazu kam, daß diese Unterstützung nicht an die Heimwehren, sondern an die Frontkämpfervereinigung geflossen war, von der Steidle nichts hielt.[5] Es gelang ihm nicht, die Haltung der Regierung zu beeinflussen, die anscheinend große Summen auszahlte, ohne daß die Empfänger Rechenschaft über sie abzulegen brauchten.

Auf Grund der mißlichen Finanzlage unternahmen Steidle und sein Stabschef, der deutsche Hauptmann Pabst, 1926 aufs neue den Versuch, deutsche Unterstützung zu erhalten. Aber auch dort wurden sie enttäuscht. Wie der deutsche Konsul in Innsbruck erfuhr, waren unter den in Frage kommenden deutschen Organisationen nur zwei zur Mitarbeit bereit. Für Januar 1927 wurde in München eine Besprechung der „Stabschefs" der Heimwehren mit den Deutschen organisiert, zu welchem Zweck Pabst „seine von früher her bestehenden persönlichen Beziehungen zu den deutschen reaktionären Verbänden" benutzte; denn – wie der Konsul berichtete – „die finanzielle Lage der Heimatwehren ist sehr schlecht".[6] Vielleicht waren es diese Enttäuschungen, die Steidle veranlaßten, eine radikalere Haltung zu beziehen, nicht so sehr gegen die Roten und Juden, sondern gegen das parlamentarische System und die politischen Parteien als solche. Oder es mag der Einfluß des italienischen Faschismus gewesen sein, für den er sich einige Zeit darauf offen einsetzte. Im August 1926 benutzte er die

Einweihung eines Kriegerdenkmals in Brixlegg am Inn, um zu erklären, „eine Welle der Unzufriedenheit und Verdrossenheit gehe durch die Reihen der heimat- und volkstreuen Männer"; er attackierte die „Zwangsjacke der Parteiuniform und der geistigen Zwangswirtschaft des Parteidenkens" und behauptete, „daß heute nicht die Mehrheit des Volkes und seine mehr oder weniger freigewählten Vertreter regierten, sondern eine Minderheit, die es verstanden habe, sich unter den Augen einer schwindsüchtigen Staatsgewalt eine militärisch organisierte Parteimacht zu schaffen, welche ... die Minderheit zum Herrscher im Staate mache und die untereinander um Lächerlichkeiten hadernde Mehrheit und deren kleinmütige Mandatare höhnisch an die Wand drücke". Er appellierte dann an die Heimwehren, bereit zur Aktion zu sein. Ein zweiter Redner, der christlichsoziale Minister Thaler, wandte sich ebenfalls scharf „gegen die Parteiwirtschaft in Wien": wenn nötig, würden die Heimwehren eines Tages gegen Wien marschieren.[7]

Zwei Monate darauf organisierte Steidle eine Versammlung der österreichischen Wehrverbände in Innsbruck, an der auch die Frontkämpfer, völkische Verbände und Oberland teilnahmen. In Anwesenheit des Landeshauptmanns Dr. Stumpf richtete Steidle seinen Hauptangriff auf die Sozialdemokratie, „die Vertreterin des radikalsten Sozialismus marxistischer Färbung außerhalb Sowjetrußlands", die die Errichtung der „Diktatur der marxistischen Revolution" plane: dieser Drohung müsse mit Waffengewalt und durch „die nationale Revolution" begegnet werden. Dann sprach der Landeshauptmann den Dank Tirols an die Heimatwehr aus: eine kritische Zeit habe begonnen und bald müsse „die Schicksalsfrage für unsere Zukunft" beantwortet werden; er hoffe, daß dann, wenn ein Mann benötigt werde, „dieser Mann vorhanden ist".[8] Das Wort von der „nationalen Revolution" wurde 1923 viel in Bayern benutzt, besonders von Hitler und seinen Anhängern, aber es war neu in Steidles Vokabular. Hielt Steidle sich für den kommenden Führer, den „Mann", von dem Dr. Stumpf gesprochen hatte? Seine Reden deuten an, daß er nicht mehr an eine defensive Aktion gegen ‚rote' Umsturzversuche dachte, sondern daß sein Ehrgeiz gewachsen war.

Gleichzeitig fanden auch im benachbarten Vorarlberg militärische Vorbereitungen statt. Dort unterstand der Heimatdienst direkt dem Landeshauptmann, Dr. Otto Ender, und sein militärischer Führer war ein früherer Offizier, Major Moriz von Matt. Aber es entstanden Schwierigkeiten, als Ender vorgeschlagen wurde, auch weiterhin einen zweiten früheren Offizier, Oberstleutnant Kunze, anzustellen, weil sonst bei Unruhen „der Gegner durch Beseitigung dieser einzigen Führer-Person eine militärische Aktion“ verhindern könne; es sei eine „eingearbeitete Reserve“ nötig. Ender antwortete dem betreffenden Industriellen, Julius Rhomberg, es gäbe nicht genug Arbeit für zwei Offiziere, aber darüber könne er hinwegsehen, da er ihn nicht bezahle; doch er fände es schwierig, die gegen die Beschäftigung von zwei früheren aktiven Offizieren gerichtete Kritik zu entkräften, da ihm verschiedene wichtige Leute erklärt hätten, dann würden sie ausscheiden müssen. Ender schlug deshalb vor, den zweiten Offizier als Bezirksführer für Bregenz anzustellen; sein Gehalt würde dann nicht mehr von der Landesregierung sondern direkt von den Industriellen bezahlt werden, die dann diesen Betrag von dem an den Landeshauptmann zu zahlenden monatlichen Beitrag abziehen könnten. Rhomberg akzeptierte den Vorschlag der Anstellung des Offiziers für den Bezirk Bregenz, aber nicht seine vorgeschlagene Honorierung: „die muß vom Heimatdienst aus geschehen, da es nicht angeht, daß sich die Industrie quasi einen eigenen Militär hält.“ Eine Organisation ohne gute militärische Führer sei wertlos, denn der Gegner werde Offiziere als Führer haben, und „dann werden wir ohne Offiziere eine vernichtende Rolle spielen“. Rhomberg äußerte auch seine Kritik an dem politischen System: „Wir gehen zweifellos einem sehr kritischen Jahr entgegen, die Herren Staatspolitiker im Parlament werden so lange ihr Spiel treiben, bis die ganze Wirtschaft vernichtet ist.“ [9] Die Mehrheitsparteien im Landtag, die Christlichsozialen und Großdeutschen, beschlossen, daß das Land Vorarlberg für alle Entschädigungen an Mitglieder des Heimatdienstes im Falle seines Aufrufs verantwortlich sei, sowie für etwaige Personen- und Sachschäden und die Sorge für die Familien bei Unfällen oder Tod der Heimwehrleute.[10] In Vorarlberg war der Heimatschutz eindeutig eine offizielle Organisation, für die die Landesregierung verantwortlich war.

Die Satzungen des Heimatschutzverbandes Steiermark, gleichfalls vom Jahre 1927, betonten, er sei „eine unabhängige, private, nicht militärische Einrichtung zum Wohle des Volksganzen“. Unter seinen Zielen war: die „Sicherung der gesetzlich festgelegten Staatsform“, die Unterstützung der Behörden bei Gefährdung der öffentlichen Ruhe und Ordnung, der Kampf gegen Korruption „und Verseuchung des öffentlichen Lebens“, die „Unterstützung aller jener Kreise, die für die Schaffung einer starken und unparteiischen Staatsgewalt eintreten“, der Kampf gegen alle Bestrebungen, die „die Freiheit der

Staatsbürger zugunsten einer einzelnen Klasse einzuschränken und ... die Vorherrschaft einer Klasse aufzurichten" trachteten, d. h. der Kampf gegen den Sozialismus. Die Satzungen betonten auch, daß der nationale Besitz und die Kultur des Alpenvolkes „nur durch den Zusammenschluß aller deutschen Stämme zu einem großen deutschen Vaterlande" erhalten werden könnten; die Losung war: „Für Heimat, Volk und Vaterland!"[11] Vermutlich war es in Verfolgung dieser Ziele, daß Dr. Pfrimer in Begleitung von zwei seiner leitenden Offiziere sich zweimal in Deutschland mit Hitler traf, im August 1926 und im Mai 1927. „Seit diesem Tage bestanden zwischen der reichsdeutschen NSDAP und dem ‚Steierischen Heimatschutz' gute Beziehungen", wie einer der Teilnehmer später schrieb.[12] Von ihrer Gründung an war die Tendenz unter den steirischen Formationen stark völkisch, und viele von ihnen trugen das Hakenkreuz als Abzeichen. Ihr Führer Dr. Pfrimer war ein alter Anhänger Schönerers und Mitglied einer Burschenschaft.[13] In den folgenden Jahren sollten die Bindungen an Hitler sehr viel enger werden.

Bis zu dieser Zeit gab es keine Wehrverbände in dem kleinen Burgenland, das Anfang der zwanziger Jahre von Ungarn abgetreten worden war. Im Jahre 1923 schlossen die sozialdemokratischen und christlichsozialen Parteien ein Abkommen, ihre halbmilitärische Tätigkeit nicht auf dieses Land auszudehnen, und das wurde mehr oder minder bis 1926 eingehalten.[14] Doch in diesem Jahr begann die Frontkämpfervereinigung, die an dem ursprünglichen Abkommen nicht beteiligt war, Ortsgruppen im Burgenland zu bilden, und das auch in einigen sozialdemokratischen Hochburgen. In Reaktion darauf gründeten die Sozialdemokraten nunmehr Ortsgruppen des Republikanischen Schutzbundes. Das Ergebnis waren starke Reibungen, und bald gab es lokale Geplänkel und Zusammenstöße, vor allem da beide Seiten Verstärkungen von außen herbeiholten. Im Mai sprach der Frontkämpferführer Oberst Hiltl in Wissen. Als seine Leute am Abend mit dem Zug zurückfuhren, kam es zu einem Geraufe mit sozialistischen Arbeitern und es fiel ein Schuß. In Rohrbach war die Frontkämpfergruppe zum großen Teil ungarnfreundlich und monarchistisch – eine weitere Ursache von Spannungen. Im Juni berichtete der Bezirkshauptmann von Mattersburg, die Lage werde beherrscht durch die Gründung von Ortsgruppen der feindlichen Wehrverbände. Die Behörden drückten mehrfach ihre Furcht vor neuen Zusammenstößen aus; und im Juni verbot der Bezirkshauptmann von Mattersburg das Abhalten einer Frontkämpferversammlung in Schattendorf, weil die Arbeiter der umliegenden Dörfer beschlossen hatten, sie mit Gewalt zu verhindern. Als die Versammlung dann im August stattfand, nahmen nur etwa dreißig Leute daran teil und sie verlief völlig ruhig, aber nach Schluß kam es zu einer schweren Rauferei in einer Gastwirtschaft.[15]

Ende 1926 meldete der Bezirkshauptmann von Mattersburg wiederum, die beiden Wehrverbände hätten ihre Tätigkeit auf seinen Bezirk konzentriert; fast jeden Sonntag und Feiertag fänden Versammlungen statt und Raufereien zwischen den beiderseitigen Anhängern seien an der Tagesordnung; in Rohrbach und Schattendorf hätten die Frontkämpfer bereits Zahlstellen gegründet und weitere seien in Vorbereitung.[16] Zum 30. Januar 1927 kündigten beide Organisationen Versammlungen in Schattendorf an, die von den Behörden trotz ihrer Befürchtungen nicht verboten wurden. Beide erhielten starken Zuzug von außerhalb, und der Republikanische Schutzbund versuchte, das Eintreffen weiterer Frontkämpfereinheiten dadurch zu verhindern, daß sie den Eingang zum Bahnhof besetzten und die Straße, die von dort ins Dorf führte, abriegelten. Schließlich kam man überein, daß beide Seiten in entgegengesetzter Richtung abziehen sollten, und der Republikanische Schutzbund marschierte vom Bahnhof zum Dorf, wo sich eine sozialdemokratische Versammlung ihrem Ende näherte. Da wurden aus einem Wirtshaus Schüsse in die Reihen der Marschierenden abgefeuert: ein Mann am Ende des Zuges fiel tot zu Boden, und vier andere wurden verwundet. Auch ein kleines Kind wurde durch die Schüsse getötet und ein anderes schwer verwundet. Nach Augenzeugenberichten marschierte der Zug friedlich einher, als er von hinten her beschossen wurde; da die Schutzbündler keine Waffen hatten, konnten sie das Feuer nicht erwidern.[17] Erst danach verboten die Behörden bis auf weiteres alle politischen Versammlungen und verstärkten die örtliche Gendarmerie um fünf Mann.[18] Die Spannungen zwischen den politischen Gegnern setzten sich fort, aber während des Sommers ließen sie nach – wie der Bezirkshauptmann vermutete, weil die Leute zu sehr mit Feldarbeiten beschäftigt waren.[19]

Drei Männer, die aus dem Wirtshaus geschossen hatten, wurden verhaftet und standen im Juli 1927 in Wien vor Gericht. Aber sie wurden freigesprochen, weil die Schöffen Zweifel an ihrer Schuld hatten oder weil sie politisch voreingenommen waren. Am folgenden Tag, dem 15. Juli, kam es in Wien zu tumultuösen linken Protestdemonstrationen gegen den Freispruch, die rasch zu Gewalttätigkeiten führten. Als Protest gegen das Rechtssystem wurde der Justizpalast angezündet. Der populäre sozialdemokratische Bürgermeister Karl Seitz versuchte vergeblich, die Menge zu beruhigen, die die Feuerwehr an der Löschung des Brandes verhinderte. Polizisten wurden angegriffen, und die Polizei wurde mit Gewehren bewaffnet und schoß zurück. In den tagelangen Unruhen wurden sieben Polizisten und 77 Demonstranten getötet und sehr viel mehr verwundet.[20] Die sozialistischen Gewerkschaften riefen zum Generalstreik auf, durch den der Verkehr in vielen Landesteilen lahmgelegt wurde. Aber die Regierung Seipel trat nicht zurück und behielt die Lage in der Hand.

Das war mindestens zum Teil der Mobilisierung der Heimwehren zu verdanken. Ihre Stunde war gekommen; die ‚rote Revolution' konnte endlich mit energischen Gegenmaßnahmen bekämpft werden; der 15. Juli 1927 war ihr „großer Glücksfall",[21] und er schien alle düsteren Prophezeiungen der Vorjahre zu bestätigen. Das Resultat war eine Mobilisierung der Mittelschichten und der Bauernschaft gegen die Bedrohung durch den ‚Marxismus' und das ‚rote Wien', das sie nie geliebt hatten. Allerdings waren die Wehrverbände von Wien und Niederösterreich außerstande, im Juli etwas zu tun, weil sie durch den Streik immobilisiert waren.[22] Aber in den anderen Ländern konnten sie die Gewerkschaften zwingen, den Streik nach wenigen Tagen abzubrechen, und waren ihre Einheiten denen des Republikanischen Schutzbundes weit überlegen. Am 17. Juli unterbreiteten die Heimwehren von Oberösterreich dem Landeshauptmann Dr. Schlegel ihre Forderungen in Form eines Ultimatums: Wenn die Eisenbahnen bis zum folgenden Tage nicht liefen, würden sie sie selbst in Betrieb setzen, und die Gewerkschaften gaben nach.[23]

In Tirol und Vorarlberg wurde die Heimwehr als Hilfspolizei eingesetzt und der Generalstreik von ihr im Keim erstickt. In beiden Ländern waren die Heimwehren seit ihrer Gründung von der Landesregierung unterstützt worden, und ihre Einsetzung als Hilfspolizei war seit langem geplant. Der Tiroler Landeshauptmann befahl einfach Dr. Steidle, „die erforderlichen Kräfte bereitzustellen und in Pflicht zu nehmen"; und die gesamte Operation kostete nur 19 000 Schilling.[24] Nachher pries die Landesregierung „die Präzision, mit der die Aufbietung der Heimatwehr vor sich ging", und die Schnelligkeit, mit der bäuerliche Einheiten um Innsbruck herum konzentriert worden seien, um wenn nötig die Stadt zu besetzen. Nach ihrer Ansicht hatten die Sozialdemokraten eine schwere Enttäuschung erlebt, da sie mit der Gleichgültigkeit der Bauern gegenüber den

Heimwehren gerechnet hatten, wie es einer ihrer Führer offen dem Landeshauptmann während der kritischen Tage sagte.[25] In Oberösterreich andererseits waren die Heimwehren vor allem darüber aufgebracht, daß der Republikanische Schutzbund Straßensperren errichtete und die Passanten kontrollierte, so daß bei der Bevölkerung der Eindruck entstand, „daß die legale Landesregierung bereits machtlos ist und die Regierungsgeschäfte nur mehr unter dem roten Terror geführt werden"; die Heimwehren verlangten die sofortige Einstellung dieser Tätigkeit des Schutzbundes.[26] Sie waren auch darüber verärgert, daß die Landesregierung untätig blieb und offenbar keinerlei Absicht hatte, sie als Hilfspolizei zu verwenden oder ihnen irgendwelche offizielle Funktionen zu übertragen.

Wieder war es Dr. Pfrimer, der in der Obersteiermark am energischsten vorging. In einem Gebiet, das relativ viel Industrie und starken sozialistischen Einfluß hatte, wiederholte er in größerem Maßstab, was er 1922 in Judenburg vorexerziert hatte.[27] In der Steiermark wurde von den Gewerkschaften gleichfalls zum Generalstreik aufgerufen und der Republikanische Schutzbund mobilisiert, um die Arbeiter zu schützen. Pfrimer antwortete darauf, indem er seine Einheiten mobilisierte und ihnen befahl, dem Schutzbund die Lebensmittelzufuhr abzuschneiden. Er stellte den Sozialdemokraten ein Ultimatum, den Streik zu beenden und den Schutzbund zu demobilisieren, andernfalls würde er selbst die Ordnung wiederherstellen. Die Sozialdemokraten, die der schwächere Teil waren und unmöglich einen bewaffneten Zusammenstoß riskieren konnten, mußten nachgeben. Am 19. Juli wurde die Arbeit in allen Betrieben wieder aufgenommen und der öffentliche Verkehr wieder hergestellt. Während der vorhergehenden Tage verhandelten die Vertreter der Wehrverbände in Judenburg und erreichten schließlich durch Vermittlung der Landesregierung eine Übereinkunft. Pfrimer erklärte sich bereit, seine Einheiten zurückzuziehen, falls seine Bedingungen bis zum 19. Juli angenommen wurden, und keinen Befehl zum Vorrücken in das Industriegebiet zu erteilen, falls dort keine schweren Unruhen ausbrächen. Kein Mitglied der gegnerischen Verbände sollte durch seine Teilnahme an den Aktionen Schaden erleiden. Die Vereinbarung wurde von dem Judenburger Bezirkshauptmann und je sieben Vertretern von beiden Seiten unterschrieben.[28] Anscheinend wurde sie zwischen gleichberechtigten Partnern abgeschlossen, und sie eröffnete den Sozialdemokraten die Möglichkeit zu einem ehrenvollen Rückzug; aber es war ein Rückzug, und die Heimwehren konnten mit einigem

Recht den Anspruch erheben, daß „die Sozialdemokratische Partei zum ersten Male in der neuen Republik zur völligen Kapitulation gezwungen wurde."[29] In ganz Österreich waren ihre Kräfte sehr uneinheitlich verteilt; sie war stark vor allem in Wien und einigen Industriegebieten. Sie wurde völlig überrascht von den Massenunruhen in Wien, die sie nicht kontrollieren konnte. Ihre Stärke war gebrochen; ihre wichtigste Waffe, der Generalstreik, hatte versagt, genauso wie sie sieben Jahre später, im Februar 1934, wieder versagen sollte.

Bis zu diesem Zeitpunkt hatten viele konservative Politiker, die durch die ständigen persönlichen Rivalitäten innerhalb der Heimwehren irritiert waren, diese nicht für eine ernstzunehmende Kraft gehalten. Diese Zweifel wurden von dem Wiener Polizeipräsidenten Schober nur zwei Tage vor den Juliunruhen gegenüber einem ungarischen Besucher ausgedrückt. Schober erklärte, er sei bisher sehr skeptisch gegenüber den Plänen der Heimwehrführer gewesen, „doch habe er in den letzten Tagen Informationen erhalten . . ., daß die Sache doch eine festere Grundlage habe als bisher"; die organisatorische Zusammenfassung der Heimwehren sei weit fortgeschritten.[30] Nach den Juliereignissen ernteten die Heimwehren den Kredit für den Zusammenbruch des Streiks, und bald gab es einen Massenzustrom von neuen Mitgliedern aus sehr verschiedenen sozialen Gruppen, von den Sprossen altadliger Familien bis zu einfachen Bauern und Arbeitern. Die Frontkämpfer andererseits, die Steidle schon lange verachtet hatte, blieben während der entscheidenden Tage völlig passiv. Ihre Hauptstärke lag in Wien und seiner Umgebung, wo sie aufgrund der sozialdemokratischen Übermacht nichts tun konnten, und wo sie gänzlich isoliert waren.[31]

Nach Ansicht eines deutschen Experten vom gleichen Monat, Juli 1927, waren die Heimwehren nur in den Alpenländern gut organisiert und hatten dort eine starke Anhängerschaft, vor allem unter Studenten und Bauern; ihre Führung, vor allem die Unterführer, seien dem Schutzbund weit überlegen, da sie aus Offizieren bestünde, während der Schutzbund von Unteroffizieren geleitet würde; in Wien und den Industriegebieten habe die Heimwehr nie „die gleiche Bedeutung und Durchorganisation erreicht"; nur im Verein mit Polizei und Heer bildeten die Heimwehren „eine verwendbare Truppe", und wenn die Staatsgewalt bei der Linken läge, würden sie „nahezu ausgeschaltet" werden.[32] Doch nach Juli 1927 nahmen die Heimwehren auch in Gegenden rasch zu, wo sie bis dahin schwach gewesen waren; und es wurde ein gewisser Fortschritt in der Schaffung einer zentralen Führung für ganz Österreich gemacht, mit Steidle in Innsbruck als Führer und Hauptmann Waldemar Pabst als seinem immer aktiven Stabschef. Ihr alter Ehrgeiz erreichte nun fast sein Ziel. Ein Jahr nach den Juliereignissen wählten die versammelten Heimwehrführer Steidle zu ihrem österreichischen Leiter, mit Pfrimer als seinem Stellvertreter und Feldmarschalleutnant Kletus von Pichler als dem militärischen Führer.[33]

Das rasche Wachsen der Macht und des Einflusses der Heimwehren verstärkte auch Steidles politischen Ehrgeiz. Im Mai 1928 betonte er in einem für den ungarischen Ministerpräsidenten Graf István Bethlen bestimmten Memorandum, daß die Heimwehr kein reiner Wehrverband mehr sei, sondern im Begriff sei, eine politische Organisation zu werden, „die durch die Wucht der in ihr organisierten Leute antimarxistischer Einstellung die sogenannten bürgerlichen Parteien zwingen will und muß, die unter dem Druck der roten Wiener Straße zustande gekommene halbbolschewistische Verfassung zu ändern ... Die 150 000 heute in den Reihen der H. W. organisierten Männer, welche bereit sind, Kopf und Kragen für den Sieg ihrer Weltanschauung einzusetzen, können und wollen sich nicht mit der Rolle begnügen, als drohender Kettenhund auf der Wacht zu liegen, und zu kuschen bis der Hundebesitzer, d. h. in diesem Falle die bürgerlichen Parteien ihn, wie am 15. Juli 1927, einmal loslassen, um ihn dann sofort nach getaner Arbeit gegen den Dieb wieder an die Kette zu legen, sondern sie wollen mitreden bei der Gestaltung des Staates ...“ Steidle führte weiter aus, daß die Führung aus den Juliereignissen die Lehre gezogen habe, aus der großen Masse der Mitglieder die Aktivsten auszuwählen und aus ihnen Sturmformationen zu bilden. Die best ausgerüsteten und mobilsten Formationen bestünden in Steiermark, Tirol und Vorarlberg, danach kämen Kärnten, Salzburg und Oberösterreich, und am Schluß Niederösterreich und das Burgenland. Viele Länder hätten genug Leute – Oberösterreich 20 000, Niederösterreich 32 000 – aber es fehle an Geld und Ausrüstung. Und diese hoffte Steidle nun, von Ungarn zu erhalten.[34]

Der Plan, die Heimwehren dazu zu benutzen, um in Österreich eine Rechtsregierung an die Macht zu bringen, wurde von den Ungarn zum erstenmal erwähnt in Unterredungen zwischen Bethlen und Mussolini, die im April 1928 in Mailand stattfanden: Dann würde ein rechtsgerichtetes Österreich die Brücke zwischen dem faschistischen Italien und dem revisionistischen Ungarn bilden. Bethlen bemerkte, daß die Heimwehrorganisation stärker geworden sei und daß sie gute Beziehungen zu dem Wiener Polizeipräsidenten Schober und Führern der Armee hätten. Nach Bethlens Ansicht benötigten sie 300 000 Schilling und Waffen, die Italien liefern solle, wobei Ungarn als Vermittler fungieren würde. Mussolini erklärte sich dazu bereit, falls die Heimwehren sich dazu verpflichteten, in absehbarer Zeit die Macht zu ergreifen; danach würde er zu Verhandlungen über eine Verbesserung der Lage der deutschen Südtiroler bereit sein. Als Mussolini aus Budapest Steidles Memorandum für Bethlen erhielt, teilte sein Außenminister Grandi dem ungarischen Gesandten in Rom mit, die italienische Regierung sei mit den Heimwehrzielen einverstanden und bereit, das nötige Geld zu überweisen, aber sie müsse auf einer schriftlichen Erklärung der Heimwehrführer bestehen, daß sie nach der Machtergreifung die Südtirolfrage ruhen lassen würden. Anfang Juli sandte Steidle die gewünschte Erklärung nach Budapest. In ihr versprach er, daß die neue österreichische Regierung sich schriftlich verpflichten würde, „die Südtiroler Frage weder offiziell noch in der Öffentlichkeit aufzuwerfen noch eine diesbezügliche Propaganda zu dulden“; falls die Frage unabhängig davon diskutiert würde, würde die Regierung sie als eine intern italienische Angelegenheit erklären. Zwei Wochen darauf stellte die italienische Regierung der ungarischen die Summe von 1 620 000 Lire zur Weiterleitung an die Heimwehren zur Verfügung.[35]

Gleichzeitig erneuerte Steidle seine alten Kontakte zu deutschen Organisationen, vor allem zu Escherich in Bayern. Im Sommer 1928 besuchte letzterer Steidle, um ihn zu schnellerem Handeln zu ermuntern. Er hatte jetzt den grandiosen Plan, die nationale Erhebung gegen die Republik in Innsbruck zu beginnen, um sie von dort nach München und schließlich nach Berlin zu tragen. In Berlin war der Legationsrat Redlhammer im Auswärtigen Amt der Verbindungsmann zu Steidle und Pabst. Er wollte die alten Orgesch-Ideen von deutscher Kulturreform und Siedlung im Osten wieder aufleben lassen und sympathisierte ebenso mit dem Plan eines Ständestaates. In vielen Briefen gedachte man immer wieder der Zeit der Zusammenarbeit zwischen Orgesch und Heimwehr; und auch die Kärntner Heimwehrführer drückten ihre Freude darüber aus, „daß alte Kampfgenossen von den Zeiten der Orgesch her in Bayern und Österreich wieder unter dem gleichen Namen organisiert sind.“[36]

Doch war jetzt Berlin für die Heimwehrpläne wichtiger als München, wo Escherich und die Orgesch keine wirkliche Kraft mehr darstellten und die Pläne zum Marsch nach Norden begraben worden waren. In Berlin waren es vor allem die wichtige Deutschnationale Partei und der Mann, der 1928 ihr neuer Führer wurde, der Zeitungskönig Alfred Hugenberg, sowie der starke Wehrverband des Stahlhelm, der ähnliche Ziele wie die Heimwehr verfolgte, mit denen 1928 Beziehungen aufgenommen wurden.[37] Anfang 1929 fuhr Pabst auf Einladung Hugenbergs nach Berlin und hielt im Nationalkasino Vorträge über Entwicklung und Ziele der Heimwehren. Er verhandelte dort auch mit Hugenberg und den Stahlhelmführern Seldte und Düsterberg, die starkes Interesse an den ungarisch-italienischen Beziehungen der Heimwehr zeigten und Pabst baten, die Italiener zur Ausdehnung ihrer Zusammenarbeit nach Norden zu veranlassen und die deutschen Nationalisten in ihre Pläne einzubeziehen. Nach Pabsts Rückkehr schrieb Steidle an Graf Bethlen, die deutsche Rechte wünsche „neuerdings engeren Anschluß an die konservativen und wehrhaften Kreise derjenigen Länder, in denen die wehrhaften und antimarxistischen Elemente die Leitung des Staates in der Hand haben"; sie betrachte Ungarn und Italien „als die naturgegebenen Bundesgenossen" und sei der Auffassung, daß man wegen der Südtiroler Frage „die großen gemeinsamen Ziele" nicht vergessen dürfe. Da die Deutschen über die Beziehungen der Heimwehr nach Ungarn unterrichtet seien, hätten sie ihn gebeten, ihnen den Weg dorthin zu öffnen, um so auch „Fühlung mit Rom zu bekommen". Er gebe hiermit diesen Wunsch weiter, „das Ergebnis mehrerer eingehender Aussprachen in München und Berlin"; er sei überzeugt, „daß alles geschehen muß, der emsig arbeitenden roten Internationale eine gemeinsame Front aller uns weltanschaulich Verbundenen entgegenzustellen und trotz aller Schwierigkeiten zur weißen Internationale zu gelangen, aus welcher sich dann automatisch die wirklichen Lösungen ... aller Schwierigkeiten in Europa einschließlich der Minderheitenfrage ergeben werden".[38]

Als Ergebnis dieser Beziehungen sprach im September 1929 ein Vertreter des Stahlhelms, der Abgeordnete Dr. Hölscher aus Ulm, auf einem Heimwehraufmarsch in Wien. Er rief aus, der Stahlhelm werde es nicht dulden, daß das Reichsbanner Schwarz-Rot-Gold seinen österreichischen Gesinnungsgenossen gegen die Heimwehr zu Hilfe käme, wie das der Führer des Reichsbanners Otto Hörsing kürzlich gedroht habe.[39] Während seines Wiener Aufenthaltes informierte Hölscher auch einen deutschen Diplomaten, der Stahlhelmführer Seldte habe vor kurzem Steidle in Innsbruck besucht, „um ein gemeinsames Vorgehen der rechtsgerichteten Verbände in beiden

Ländern zu vereinbaren. Nach Ansicht der deutschen Rechtsparteien sei Österreich für eine ‚Aktion' reif", weil sich hier das Bürgertum im Gegensatz zu Deutschland auf sich selbst besonnen habe, „und man hoffe, daß man in Österreich im Kampf gegen die Sozialdemokratie gewissermaßen die Probe aufs Exempel machen könne ..." [40]. Beziehungen wurden auch auf örtlicher Ebene aufgenommen, und uniformierte Stahlhelmeinheiten nahmen jetzt an Heimwehraufmärschen in Österreich teil,[41] während Heimwehrdelegationen nach Deutschland fuhren, wo ihre unbekannten Uniformen einiges Erstaunen erregten.

Doch für die Heimwehrführer waren die Beziehungen mit Ungarn und Italien wichtiger. Dort konnten sie sich auf Parteien stützen, die die Regierung beherrschten, während 1929 die Aussichten von Hugenberg und Seldte, je an die Macht zu kommen, nicht sehr rosig waren; denn was die Heimwehr brauchte, waren die großen Summen, über die Regierungen verfügen konnten. Diese Prioritäten drückte Steidle in seinem Brief an Bethlen vom März 1929 deutlich aus. Doch die, die Geld und Waffen lieferten, wollten Taten und nicht Worte sehen; sie übten daher Druck auf die Heimwehrführer aus, die versprochene ‚Aktion' durchzuführen. Vor allem Mussolini zögerte, weitere Hilfe zu leisten, wenn er kein schriftliches Versprechen erhielte. Daher gaben Steidle und Pabst im August 1929 eine schriftliche Erklärung ab, in der sie sich verpflichteten, „die entscheidende Aktion zur Änderung der österreichischen Staatsverfassung spätestens in dem Zeitraum zwischen 15. II. und 15. III. 1930 durchzuführen" und wenn möglich, sie schon im Herbst 1929 zu unternehmen; je früher sie die versprochene Hilfe erhielten, um so rascher würden sie handeln können. Die Erklärung erfolgte auch im Namen des zweiten Bundesführers Dr. Pfrimer, der Wien aus wichtigen Gründen bereits verlassen hatte.[42] Diese merkwürdige Erklärung, in der die Heimwehrführer einer fremden Regierung die Beseitigung der Verfassung ihres eigenen Landes versprachen, genügte Bethlen anscheinend nicht. Im September bestand er außerdem auf einer Garantie, „daß die Stadt Wien völlig ausgeräuchert wird", denn die ganze Heimwehrbewegung tauge nichts, wenn die Sozialdemokraten wie Seitz und Breitner weiter im Rathaus säßen. Bethlen war auch besorgt, daß die Bewegung durch die Verhandlungen mit den Parteiführern ruiniert werden würde.[43] So übte die ungarische Regierung – vielleicht auf Veranlassung von Mussolini – einen Druck auf die Heimwehren aus, einen radikaleren Kurs einzuschlagen, und diese mußten dem Druck nachgeben.

Im gleichen Monat, September 1929, sah der ungarische Außenminister Lajos Walkó Steidle in Wien. Steidle setzte ihm auseinander, es wäre am besten, „wenn eine Provokation der Sozialisten Gelegenheit zu einem Ausbruch geben würde"; er glaube aber nicht, daß sie das tun würden, so daß die Heimwehren eine andere Chance benutzen würden, um eine Verstärkung der schwachen Polizei durch die Heimwehr zu erreichen, „wodurch die Heimwehr die tatsächliche Macht in Händen halten würde". Steidle versicherte seinem Besucher, „er werde jedem Kompromiß entschlossen entgegentreten und eine endgültige Abrechnung durchführen"; es müsse „vollkommene Arbeit" geleistet werden. Er bezweifelte auch, ob Pfrimer für eine größere Aufgabe geeignet sei, aber er verstehe es, „mit dem steierischen Volk ausgezeichnet umzugehen". Was die Subventionen betraf, so versicherte Walkó, die Hälfte der Summe würde in den nächsten Tagen durch den ungarischen Gesandtschaftsrat in Wien überbracht werden, die zweite Hälfte würde später folgen. Pabst nahm kurz an der Besprechung teil und teilte Walkó mit, die Heimwehren brauchten vor allem automatische Waffen und Munition.[44]

Pabst, unermüdlich für die gute Sache tätig, fuhr auch nach Rom, um direkte Beziehungen zwischen dem Stahlhelm, den Heimwehren und der fascistischen Partei Italiens herzustellen und über das schwierige Problem von Südtirol zu verhandeln. Im September 1929 nahm Hugenberg an einer Konferenz in Lugano teil, die sich mit der österreichischen Frage beschäftigte. Aber zu dieser Zeit galt sein Hauptinteresse der Organisierung des Volksbegehrens gegen die Annahme des Young-Plans, und erst danach fand er wieder Zeit und Geld für die Heimwehren. Pabst wollte das Beispiel Italiens in Deutschland und Österreich nachahmen und schloß angeblich zu diesem Zweck während seines römischen Aufenthalts ein Abkommen mit dem Generalsekretär der fascistischen Partei.[45] Was er bezweckte, ergibt sich aus einem „Aktionsprogramm", das er im November 1929 vortrug. Laut ihm war die angestrebte Verfassungsreform „nur ein Anfang, welcher der Heimwehr eine gesetzliche Basis zur weiteren Aktion schaffen soll"; eine Zwangsorganisation von Ständen sollte geschaffen und der Nationalrat durch ein Ständeparlament ersetzt werden: „Wir wollen den Ständestaat oder – auf gut deutsch gesagt – den fascistischen Staat!" Von einem Nachgeben der Heimwehr sei keine Rede, man würde dem italienischen Beispiel folgen. Aber Pabsts Pläne gingen sehr viel weiter: „Es handle sich letzten Endes darum, Deutschland wieder zu einem Machtstaat zu entwickeln, damit es gegen die Westmächte auftreten könne ... Wenn erst Wien auf diese oder jene Weise gefügig gemacht worden sei, sollte von Wien aus die gesamtdeutsche Frage aufgerollt werden, da der Stahlhelm dann das Heimwehrexperiment wiederhole." Wenn erst Deutschland faschistisch geworden sei, „werde Rom aus ideellen Gründen über Südtirol mit sich reden lassen und freiwillig Konzessionen gewähren." Bis dahin dürfe man in Österreich das Wort „Südtirol" überhaupt nicht erwähnen, und er habe die Tiroler Führer (vermutlich auch Steidle) bereits zu dieser Auffassung bekehrt. Aber in München leiste man Widerstand und übe einen Druck auf Innsbruck aus, so daß Pabst schlecht auf München zu sprechen war.[46]

Pabsts Ziele gingen weit über die österreichischen Grenzen hinaus, was bei seiner großdeutsch-völkischen Einstellung sehr verständlich war. Nicht klar ist, wie weit er es verstanden hatte, die Heimwehrführer, vor allem seinen Chef Steidle, für seine weiteren Ziele zu gewinnen. Aber ein gewisser Einfluß zeigt sich darin, daß im Mai 1930 Steidle und die anderen Führer offiziell ein faschistisches Programm annahmen. In dieser Hinsicht jedenfalls waren Pabsts Politik – und die italienischen Geldzahlungen – erfolgreich. Betrachtet von dem weiteren Gesichtspunkt einer allgemeinen faschistischen Ideologie verlor die Südtiroler Frage, die vor allem in Tirol starke Leidenschaften wachrief, sehr an Bedeutung und wurde ein störendes Hindernis bei der Schaffung einer Einheitsfront. Interssanterweise nahm Adolf Hitler um die gleiche Zeit genau die gleiche Haltung ein. Aber, angesichts der scharfen Maßnahmen Mussolinis gegen die Südtiroler, war sie nur schwer mit deutschem Nationalismus zu vereinbaren. Noch im Dezember 1932 veröffentlichte die steirische Heimwehrzeitung „Der Panther", die bereits stark mit dem Nationalsozialismus sympathisierte, ein Bild von einer uniformierten SS-Abteilung vor dem italienischen Siegesdenkmal in Bozen, das bei der Feier des zehnten Jahrestages des Marsches auf Rom aufgenommen worden war. Das Bild erschien unter der sarkastischen Überschrift „Deutschland erwache!" und mit dem Kommentar: „Auf derselben Stelle wurde im Jahre 1809 Peter Mayr, der Wirt an der Mahr, von den Franzosen erschossen."[47] Die SS-Abteilung wurde angeführt von Theodor Eicke, der wenige Monate später der berüchtigte Kommandant des Konzentrationslagers Dachau wurde. Selbst einer von Hitlers treuesten Gefolgsleuten in Österreich, der „Landesinspekteur" Theodor Habicht, protestierte gegen die „Tatsache, daß ein hoher SS-Führer mit einer geschlossenen Abteilung als offizieller Vertreter der Partei angerückt ist", um an der

Feier teilzunehmen und nach ihrem Ende vor den versammelten faschistischen Führern vorbeizumarschieren.[48]

In seinen öffentlichen Äußerungen war Steidle etwas vorsichtiger als in seinen Versprechungen gegenüber den Ungarn. In einer Rede auf der Generalversammlung der niederösterreichischen Heimwehren im Januar 1929 erklärte er: „Man sagt uns nach, wir seien gegen die Volksvertretungen. Die Bewegung stammt doch aus einem Lande, das stolz ist, seit 600 Jahren eine Volksvertretung zu besitzen, wo rings um uns noch alles unfrei war." Sie seien nur Gegner einer Volksvertretung, die „art- und volksfremd ist, wie man sie uns aufzwingen will. (Stürmischer Beifall.) Wir wollen eine Volksvertretung nach unserer deutschen Geschichte und deutschen Kultur. Wir wollen aber auch eine Volksvertretung, die gleichzeitig Autorität hat und unbeeinflußt ist von hemmungsloser Parteioligarchie . . ."[49] Bei einem Aufmarsch im Juli 1928 rief er aus: „Wenn der Kampf um die Macht im Staate ausgekämpft werden muß, muß der Staat uns gehören."[50] Dr. Pfrimer seinerseits hielt im Juli 1929 eine Rede vor Angestellten der Wiener Straßenbahnen, in der er als Ziel der Heimwehr betonte die „Befreiung der Arbeiter aus den Klauen der jüdisch-marxistischen Führer" und die „Abschaffung des Parteibonzentums sowie des parlamentarischen Systemes in Österreich in seiner gegenwärtigen Gestalt", womit er die politischen Parteien und demokratische Wahlen meinte.[51]

Laut einem ausführlichen und gut informierten Bericht der Wiener Polizeidirektion vom August 1929 waren die Hauptziele der Heimwehren: „Vollständige Niederwerfung des Marxismus und Beseitigung der durch ihn hervorgerufenen Mißstände, wie des Terrors in den Betrieben." Sie strebten ferner radikale Änderungen der Verfassung an, wie Änderung des Wahlrechts, um ihnen eine stärkere parlamentarische Vertretung zu sichern, Erweiterung der Rechte des Bundespräsidenten und der Bundesregierung gegenüber den Ländern. Die radikaleren Heimwehrkreise seien für ein Ständeparlament und für eine gewaltsame Lösung des Problems, während die gemäßigteren hofften, ihre Ziele durch Druck auf die Regierung zu erreichen; falls das unmöglich sei, würden die gemäßigteren Führer von den Radikalen verdrängt werden. Die Bewegung gebe eine Mitgliedszahl von 200 000 an, aber das dürfte übertrieben sein. Die meisten Mitglieder gehörten dem Arbeiterstand an, darunter viele Arbeitslose. Der Rest käme aus allen sozialen Gruppen, aus dem Gewerbe- und Beamtenstand und aus den Reihen der Angestellten; viele seien erst kürzlich beigetreten. Der überwiegende Teil sei zwischen 25 und 40 Jahre alt. Ein großer Teil der Mitglieder seien frühere Sozialdemokraten, aber die Mehrzahl seien Anhänger der bürgerlichen Parteien und der antisemitischen Rechtsradikalen.[52] Die soziale Gruppe, die in diesem Bericht überhaupt nicht erwähnt wurde, war die Bauernschaft, die außerhalb der Großstädte den Hauptteil der Heimwehrmitglieder stellte. Aber der Bericht kam von der Wiener Polizeidirektion und beruhte vermutlich auf örtlichen Informationen. Nach einer anderen Schätzung waren etwa 70% der Gesamtmitgliedschaft Bauern, etwa 10% Arbeiter und etwa 20% Angehörige der Mittel- und Oberschichten.[53] Genauere Zahlen gibt es nicht, aber die Heimwehren waren zweifellos vor allem eine ländliche Bewegung, eine Protestbewegung gegen Modernisierung und Verstädterung. Ihre Führer andererseits kamen oft aus den Oberschichten; viele hatten den Doktortitel, viele waren ehemalige Offiziere, und viele kamen aus aristokratischen Familien.

Die „Provokation der Sozialisten", die Steidle gegenüber dem ungarischen Außenminister im September 1929 erwähnte, versuchten die Heimwehren durch Massenaufmärsche in ‚roten' Hochburgen herbeizuführen, um dort ihre Stärke zu demonstrieren, Arbeiter für sich zu gewinnen und die Schwäche oder die Voreingenommenheit der Behörden zu zeigen. In dieser Beziehung war ihr Ziel vor allem Niederösterreich mit seinen Industriegebieten. Das begann 1928 mit einem Aufmarsch von 3500 Mann in Gloggnitz im Süden dicht an der steirischen Grenze. Aber er wurde in den Schatten gestellt durch die Riesendemonstration in Wiener Neustadt am 7. Oktober, bei der 19 000 Heimwehrmänner durch eine ‚rote' Hochburg marschierten. Die Sozialdemokraten reagierten, indem sie ihre Anhänger und die Einheiten des Republikanischen Schutzbundes mobilisierten, und den Behörden – die nicht willens waren, die beiderseitigen Demonstrationen zu verbieten – blieb nichts übrig als sie örtlich strikt voneinander zu trennen, um blutige Zusammenstöße zu verhindern.

Für diese waren die Heimwehren voll gerüstet. Vor dem Ereignis räumten sie die Depots der Grazer Gendarmerie aus und entnahmen ihnen 4200 Gewehre und Maschinengewehre mit Munition. Südlich von Wiener Neustadt wurden Einsatzgruppen mit 700 Gewehren und zehn Maschinengewehren konzentriert, die auf das Signal zum Angriff warteten, aber dies wurde nie gegeben. Doch auch so hielten die Heimwehren den Tag von Wiener Neustadt für einen großen Erfolg, und er gab der Bewegung neuen Auftrieb.[54] Abgesehen von der Gegendemonstration in Wiener Neustadt, an der 14 800 Schutzbündler teilnahmen, war fast die gleiche Zahl in Leoben in der Steiermark versammelt „für den Fall, als (sic) in Wiener Neustadt sich etwas ereignen sollte". Angeblich war in diesem Fall geplant, Bruck an der Mur zu besetzen „zum Schutze der Bevölkerung gegen Angriffe von Banden".[55] So war Österreich in zwei bewaffnete Lager geteilt. Wie der deutsche Gesandte aus Wien berichtete, war der Aufmarsch in Wiener Neustadt „im Benehmen mit der steiermärkischen Industrie vorbereitet worden, die auf diese Weise der Heimwehrbewegung weitere Ausbreitung in den metallurgischen und bergbaulichen Betrieben verschaffen möchte". Er fügte hinzu, man habe gerade Wiener Neustadt gewählt, „um Mut und Kraft zu beweisen".[56] Aber es war ein Glück, daß die Demonstrationen ohne ernsthaften Zwischenfall verliefen.

Nur fünf Wochen nach Wiener Neustadt versammelten sich die Heimwehren aus ganz Österreich in Innsbruck, um den zehnten Jahrestag der Österreichischen Republik zu ‚feiern' – der Tag war offizieller Feiertag. 10 000 Mann aus Kärnten, Niederösterreich, Salzburg, Steiermark und Wien rückten in Innsbruck ein; dazu kamen 8000 aus Tirol und Vorarlberg. Viele Einheiten waren voll bewaffnet, entsprechend dem Tiroler Anspruch auf das Recht des Waffentragens, und machten, wie der Landeshauptmann nach Wien berichtete, „den denkbar besten Eindruck" hinsichtlich ihrer Ausrüstung und Disziplin. Nach einem Feldgottesdienst zogen die Männer zweieinhalb Stunden lang an ihm vorüber, wie er meinte, „ein Friedensarmeekorps" und in „einer unvergleichlichen Stimmung". Von ihr war der Landeshauptmann so beeindruckt, daß er betonte, „daß in Innsbruck an den beiden Feiertagen eine Bewegung geherrscht hat, wie sie seit den Mobilisierungstagen des Jahres 1914 nicht zu verzeichnen war"; er war überzeugt, „daß die Veranstalter der Kundgebung dem Gesamtstaate einen ganz großen Dienst erwiesen haben." Aber es gab wiederholte Reibungen mit Sozialdemokraten, und die Kärntner Einheiten hätten das Gewerkschaftshaus gestürmt, wenn sie nicht von Dr. Steidle daran gehindert worden wären.[57]

Einige Monate darauf, im Februar 1929, fand ein ähnlicher Riesenaufmarsch in Wien statt, an dem sich außer 10 000 Heimwehrmännern auch die Frontkämpfer, die akademische Legion, die Wehrturner, Oberland u. a. beteiligten. Bei dieser Gelegenheit rief Steidle aus: „Heute haben wir ja noch die Bedränger Wiens, die Türken von heute, im Rathaus sitzen. Und es scheint mir fast eine Beleidigung für die braven Türken, wenn ich sie in Vergleich mit diesen Herrschaften bringe, die auch aus dem fernen Osten gekommen sind . . .".[58] Zwölf Monate nach Innsbruck sah Graz einen Aufmarsch von 17 000 uniformierten Heimwehrleuten, bei dem ihr Führer den Landeshauptmann Dr. Rintelen und die zahlreichen Vertreter der Behörden und der Stadt willkommen hieß. Dr. Pfrimer betonte noch einmal, „daß der Heimatschutz seine Waffen nicht niederlege, bevor der Marxismus vernichtet sei." Dr. Rintelen setzte sich den Heimwehrhut mit der Hahnenfeder auf den Kopf und versicherte, „daß die Heimwehren in den kommenden Tagen auf ihn bauen könnten". Der gleiche Berichterstatter bemerkte, daß die Demonstration „zwei Tage die Stadt in ein wahres Kriegslager verwandelte". Vielleicht herrschte aus diesem Grunde „größte Begeisterung bei der in großen Massen Spalier bildenden Bevölkerung", wie das von der Grazer Polizei erwähnt wurde.[59]

Der Aufstieg der Heimwehren übte eine Anziehungskraft auf die kleineren völkischen Gruppen aus, die den „Hahnenschwanz" als Symbol übernahmen und mit den Heimwehren zusammenarbeiteten. Eine Feier zu Ehren des militärischen Führers der österreichischen Sturmbataillone des Freikorps Oberland sah unter den Festgästen auch Steidle und Pabst und Heimwehrabordnungen, während sich Fürst Starhemberg, „der selbst als Oberländer an den oberschlesischen Befreiungskämpfen teilgenommen" hatte, für seine Abwesenheit entschuldigte. Der neue Oberlandführer, Hauptmann Enrich, erklärte, daß das Freikorps Oberland „als erste wehrhafte Organisation . . . in die Reihe der Volksbewegung eingetreten ist und der Heimatwehr die unverbrüchliche Treue halten werde, solange sie ihre Reinheit bewahren wird".[60]

Der frontale Angriff auf den ‚Marxismus' wurde begleitet von immer neuen Versuchen zur Gewinnung von Arbeitern, und diese waren wenigstens teilweise erfolgreich. Ebenso wie die österreichischen – aber nicht die deutschen – Nationalsozialisten gründeten die Heimwehren Gewerkschaften, um den Einfluß der freien Gewerkschaften auf die Industriearbeiter zu brechen. Offiziell hießen sie „unabhängige Gewerkschaften", aber in Wirklichkeit waren sie nicht nur von den Heimwehren abhängig, sondern auch von den Arbeitgebern, die sie in vieler Hinsicht förderten. Sie wurden in fast allen österreichischen Ländern gegründet, und wurden am stärksten in der Steiermark, wo sie behaupteten, 15 000 bis 20 000 Mitglieder zu haben.[61] Dort ging die Initiative vor allem von den Direktoren der

Alpinen Montangesellschaft aus, einem der größsten österreichischen Industrieunternehmen, in dem die Beziehungen zwischen Arbeitgebern und Arbeitnehmern einen betont hierarchischen Charakter hatten. Durch Einsetzung ihrer starken persönlichen Autorität erreichten es die Direktoren nach dem Juli 1927, daß keine freigewerkschaftlichen Arbeiter mehr eingestellt und vor allem nur in den Heimwehren organisierte Arbeiter beschäftigt wurden. Diesen wurden Lohnerhöhungen gewährt und Sonderprämien gezahlt. Die Lokale der anderen Gewerkschaften wurden geschlossen und den „unabhängigen Gewerkschaften" zur Verfügung gestellt, in denen die leitenden Stellen von Beamten und Ingenieuren besetzt wurden. So wurde „die absolute Vorherrschaft der sozialdemokratischen Gewerkschaften" gebrochen und die große Mehrheit der Arbeitnehmer veranlaßt, den Heimwehren oder zum mindestens den „unabhängigen Gewerkschaften" beizutreten. So wurde ein „Werkspatriotismus" geschaffen, eine „werkbejahende" Einstellung, und das Ziel wurde erreicht mindestens in dem Sinne, daß es bei der Alpinen Montan keine Streiks mehr gab.[62] Mit einer gewissen Berechtigung konnten die steirischen Heimwehren behaupten, daß sie einen immer wachsenden Anhang unter der Arbeiterschaft hätten. Aber das war auf starken Druck zu einer Zeit weitverbreiteter Arbeitslosigkeit zurückzuführen, und bewies, wie hilflos die freien Gewerkschaften in einer Gegend waren, wo die Heimwehren schon 1922 bewiesen hatten, daß die Streikwaffe nutzlos war.[63] In Wien gelang es den Heimwehren nur unter den Straßenbahnangestellten, die von der ‚roten' Stadtverwaltung beschäftigt wurden, einige Anhänger zu gewinnen.

Während die Heimwehren auf der Straße aufmarschierten und die Bevölkerung durch Riesendemonstrationen zu beeindrucken versuchten, verhandelten die Führer mit der Regierung und übten Druck auf sie aus, die Verfassung in einem autoritären und korporativen Sinn zu ändern. Diese Verhandlungen wurden dadurch erleichtert, daß die Kanzler der späteren zwanziger Jahre mit bestimmten Zielen der Heimwehrbewegung sympathisierten und sie für ein wertvolles Gegengewicht zu den Sozialdemokraten hielten, aber andererseits nicht willens waren, ihr die Macht zu übergeben. Das galt insbesondere von den zwei ‚starken' Kanzlern der Zeit, dem christlichsozialen Führer Dr. Ignaz Seipel und dem Wiener Polizeipräsidenten Dr. Johann Schober, die sich in dieser kritischen Zeit als Kanzler ablösten. Im September 1928 hatte Seipel eine Unterredung mit Steidle und drei anderen Heimwehrführern, die ihn fragten, ob die Regierung im

Fall von Zusammenstößen – wenige Wochen vor dem Tag von Wiener Neustadt – bereit sei, die Heimwehr mit der bewaffneten Macht zu unterstützen und sich eindeutig auf ihre Seite zu stellen. Seipel bejahte das, bat aber, die Heimwehr möge die Zusammenstöße nicht provozieren.[64] Aus dem gleichen Grunde – den Sicherheitsvorbereitungen für den Tag von Wiener Neustadt – wurde auch in Schobers Büro eine Sitzung abgehalten, an der ein General des Bundesheeres und Pabst teilnahmen. Laut dem Bericht des ungarischen Generals Jánky nach Budapest zeigte sich dabei „eindeutig, daß der Kanzler absolut für das aktive Auftreten ist. Die staatlichen Machtorgane dekken und sichern es!" Aber Jánky fügte hinzu, daß die von Ungarn gewünschte „radikale Lösung" eines Putsches „natürlich schneller und wirksamer" sei.[65] Für einen solchen waren die Heimwehren laut der Denkschrift eines ihrer steirischen Führer vollkommen vorbereitet. Der Republikanische Schutzbund müsse niedergeworfen, die öffentlichen Gebäude und die Gas- und Elektrizitätswerke müßten besetzt werden, und dann sollte ein Direktorium bestehend aus den Heimwehrführern und Schober die Macht übernehmen. Laut der Denkschrift war letzterer „mit der Bewegung voll einverstanden und in alle Details derselben eingeweiht".[66]

Für Seipel waren die Heimwehren ein willkommener Prellbock, der benutzt werden konnte, um den Einfluß der Sozialdemokratie zurückzudrängen; in diesem guten Kampf waren die Heimwehren mit ihrer Massenmitgliedschaft sehr nützliche Verbündete. Aber anscheinend wollte er nicht, daß sie zu einer eigenen Partei würden, und noch weniger wollte er sie an die politische Macht heranlassen.[67] Im Gegenteil war es sein Bestreben, den Einfluß seiner Christlichsozialen Partei innerhalb der Heimwehren zu verstärken, und zu diesem Zweck sandte er seinen Freund, den Abgeordneten Julius Raab, in die Heimwehr, um sie bei der Stange zu halten. Ende 1928 sprach Seipel selbst in Graz, um die Heimwehren in seinem Sinne zu beeinflussen – in einer Stadt, in der sie ganz andere politische Tendenzen hatten und ausgesprochen radikal und großdeutsch waren.[68] Im Juli 1929 hielt Seipel – nicht mehr als Kanzler – einen Vortrag an der Universität Tübingen über „Demokratie und Kritik der Demokratie", in dem er die Demokratie im Sinne der Herrschaft politischer Parteien ablehnte und ausführte: „Bei uns in Österreich gibt es eine starke Volksbewegung, welche die Demokratie von der Parteiherrschaft befreien will. Die Träger dieser Volksbewegung sind die Heimwehren." In Seipels Meinung bedrohten sie den inneren Frieden nicht, und ihr Ungestüm werde hervorgerufen durch ihre Ablehnung der „undemokratischen Parteiherrschaft".[69] Der deutsche Gesandte in Wien, Graf Lerchenfeld, glaubte, daß Seipel so die „konstruktiven" Elemente innerhalb der Heimwehren stärken und die zum Faschismus neigenden Kräfte hemmen wollte, aber er warnte gleichzeitig vor den Illusionen einer Politik, die danach trachtete, „persönlichen Einfluß" auf eine derartige Bewegung ausüben zu wollen – so wie Kahr und die bayerische Regierung 1923 versucht hätten, Hitler und seine Anhänger zu kontrollieren.[70]

Im Frühjahr 1929 trat Seipel als Kanzler zurück und wurde durch einen anderen christlichsozialen Politiker ersetzt, Ernst von Streeruwitz, der enge Beziehungen zum niederösterreichischen Bauernbund, und durch ihn zu den Heimwehren unterhielt. Die Bildung seiner Regierung stand stark unter dem Druck der Heimwehren, aber während seiner kurzen Regierungszeit enttäuschte er die Heimwehrführer durch seine gemäßigte Politik. In der Tat war es laut einer gut informierten österreichischen Quelle die Opposition der Heimwehren, an der während der Regierungskrise vom Frühjahr 1929 mehrere Kandidaten für den Kanzlerposten scheiterten. Die Kandidatur des Vorarlberger Landeshauptmanns Dr. Ender „wurde sozusagen zu tot gelobt, indem die Heimwehr die Tatsache veröffentlichte, daß Ender die Vorarlberger Heimwehr aus Landesmitteln erhalte". Der wirkliche Heimwehrkandidat war der steirische Landeshauptmann Dr. Rintelen, aber die Widerstände gegen ihn innerhalb der Christlichsozialen Partei waren zu stark, vielleicht weil er zu offen auf Seiten der Heimwehr stand. Da Streeruwitz ein Mitglied der Leitung des Industriellenverbandes war, erwarteten die Heimwehren von ihm keine Schwierigkeiten, weil durch ihn und den Bankenverband die Finanzierung der Heimwehren erfolgte.[71] Aber bald standen sie in Opposition zu Streeruwitz, weil er auf ihre Pläne nicht einging, und in Zusammenarbeit mit Seipel erreichten sie seinen Rücktritt.[72]

Der neue Kanzler war der ‚starke Mann' vom Juli 1927, Dr. Johann Schober, dessen Regierung von mehreren konservativen und rechten Parteien getragen wurde. Die Heimwehren erreichten ihr unmittelbares Ziel, den Sturz von Streeruwitz, und gewannen so erhebliches Prestige. Wie der damalige Minister des Innern später schrieb, hatten die Heimwehren so großes Vertrauen zu Schober, „daß sie in ihm den Mann erblickten, der den Aufbau Österreichs ändern und die Heimwehren zur Mitherrschaft oder sogar zur Vorherrschaft bringen werde".[73] Doch gegenüber dem ungarischen Außenminister äußerte der Tiroler Führer Steidle noch bevor Schober Kanzler wurde, daß dieser „ein Beamtentyp sei und sich nicht in die schwierige politische Situation fände".[74] Und die Heimwehrführer waren bald von Schober enttäuscht, als er keine scharfen Maßnahmen gegen die Sozialdemokraten ergriff und nicht eng genug mit den Heimwehren in der Frage der Verfassungsreform zusammenarbeitete, über die beide sehr verschiedene Ideen hatten. Die Reform, die schließlich vom österreichischen Parlament angenommen wurde, stärkte zu einem gewissen Grad die Rechte des Bundespräsidenten, der in Zukunft vom Volk gewählt werden sollte; ferner war die Umwandlung der zweiten Kammer in ein Haus der Länder und Stände geplant, aber das wurde nie durchgeführt. Die Heimwehrführer wollten sehr viel radikalere Verfassungsänderungen und arbeiteten einen Plan aus, der laut Schober „ausgesprochen faschistischen Charakter" hatte. Sie strebten größere Macht für die Bundesregierung an und sprachen sogar von der Abschaffung der Landesregierungen. Aber derartige Pläne riefen die Opposition nicht nur Schobers sondern auch der politischen Parteien, die ihn unterstützten, hervor.[75]

So gingen die Flitterwochen zwischen Schober und den Heimwehren bald zu Ende, und es „tat sich langsam eine immer weiter werdende Kluft auf".[76] Später führte ein führendes Mitglied der Heimwehren, Dr. Neustädter-Stürmer, aus, 1929 seien die Heimwehren so stark gewesen, daß sie jede Verfassungsreform hätten durchführen können; „der Heimatschutz habe nur den einen kleinen Fehler begangen, dem Bundeskanzler Schober das Vertrauen zu schenken, weil man der Meinung war, daß nur er die starke Hand besitze". Aber er habe sich mit den Sozialdemokraten verständigt und habe mit führenden Sozialdemokraten auf freundschaftlichem Fuß gestanden: er habe das Vertrauen der Heimwehren mißbraucht.[77]

Es gab einen noch wichtigeren Grund für den Bruch. Schober wurde aus verläßlicher Quelle informiert, daß die Heimwehrführer versucht hätten, die italienische Regierung zu veranlassen, ihre Zustimmung zu der österreichischen Anleihe hinauszuzögern, die Schober unter internationaler Garantie aufnehmen wollte. Es war allgemein bekannt, daß Steidles Stabschef Major Pabst enge persönliche Beziehungen zu dem Pressechef der italienischen Gesandtschaft in Wien, Eugenio Moreale, hatte, und daß Moreale über die Fascistische Partei großen Einfluß in Rom besaß. Schober hielt Pabst für den „Spiritus rector" dieser antiösterreichischen Intrigen, einen Mann, „der die Kaltblütigkeit besitze, den Gegner ‚um die Ecke' zu bringen".[78]

Doch für die italienische Regierung änderte sich die Lage mit der Ernennung Schobers zum Kanzler. Sie eröffnete die Möglichkeit, daß er die gewünschte Rechtswendung durchführen würde, wobei die Heimwehr die Regierung unterstützen sollte. Daher sollten ihre Putschpläne aufgeschoben werden, und der italienische Gesandte in Wien, Auriti, ermahnte Steidle, Geduld gegenüber der Regierung zu üben.[79] Im allgemeinen scheint es, als ob Mussolini um diese Zeit sein Vertrauen zu den Heimwehrführern verlor, da diese immer viel redeten aber wenig taten. Er war auch nicht mehr gewillt, die Entschuldigung zu akzeptieren, daß es ihnen an Waffen mangele, „weil zu einem Staatsstreich keine Waffen nötig wären, sondern Stöcke genügen": auch er habe „Rom ohne Waffen erobert" – was nicht den Tatsachen entsprach.[80]

Im September 1929 hieß Dr. Pfrimer bei einem Heimwehraufmarsch den neuen Kanzler willkommen: er sei mit ihrer Zustimmung ernannt worden „als Träger des Volkswillens"; wenn er auf Hindernisse stieße, „möge er sich an das Volk, vertreten durch den Heimatschutz, wenden". Aber Pfrimer warnte gleichzeitig, daß die Verfassungsreform und die Ordnung auf dem Gebiet der Verwaltung „voll und ganz und nicht verwässert durchgeführt werden muß".[81] Doch genau das trat dann ein. Keine der von der Heimwehr geforderten ‚entscheidenden' Verfassungsänderungen – starker Ausbau der Macht des Präsidenten, ein Ständeparlament, Beschränkung der Rechte der parlamentarischen Opposition, die Beseitigung der Rechte Wiens als eines eigenen Bundeslandes – wurde in die Schobersche Verfassungsreform einbezogen. Als das Parlament diese im Dezember 1929 einstimmig annahm, bedeutete das „eine Niederlage der Heimwehren".[82] Und vor allem das ‚rote' Wien bestand noch immer, und die Sozialdemokraten hatten nur einige kleinere Zugeständnisse gemacht, z. B. betreffend Erhöhung des Wahlalters. Doch die Heimwehren schritten nicht zur Tat.

Diese Passivität der Heimwehren hing auch mit einem Faktor zusammen, der die Bewegung seit ihrer Gründung gehindert hatte: ihrer Uneinigkeit. Vor allem die Beziehungen zwischen den wichtigsten Einheiten, denen von Tirol und Steiermark, oder genauer gesagt zwischen ihren Führern, Steidle und Pfrimer, verschlechterten sich so sehr, daß aller persönliche Verkehr zwischen ihnen abgebrochen wurde. Dann wurde im Oktober 1929 ein Treffen in Wien arrangiert, das fast zu einem Übereinkommen führte; aber im letzten Augenblick verließ Pfrimer, verärgert über die Tiroler Taktiken, das Zimmer. Er war auch darüber verstimmt, daß der Wiener Universitätsprofessor Othmar Spann, der eng mit den Heimwehren liiert war, gegen ihn Vorwürfe erhob, die Pfrimer erst von dritter Seite erfuhr. Steidle und Pabst waren vor allem daran interessiert, eine Verständigung der Schoberregierung mit den Sozialdemokraten zu verhindern und von Schober „gewisse Garantien für die Zukunft" zu erhalten, was Schober ablehnte.[83]

Laut einem gut informierten deutschen Bericht gab es Ende 1929 innerhalb der Heimwehren „drei sich gegenseitig bekämpfende Richtungen": eine gemäßigte, die mit dem bisher Erreichten zufrieden war, eine mittlere, die unter Steidles Führung die Unterstützung der „antimarxistischen" Einheitsfront fortsetzen wollte, und eine von Pfrimer geführte radikale Richtung, die einschneidende Veränderungen anstrebte. In Kärnten schloß eine Heimwehrortsgruppe den früheren Landeshauptmann und späteren Innenminister Schumy aus und verursachte so einen Konflikt mit dem Landbund, der die Heimwehren immer unterstützt hatte. Der völkische Flügel lehnte scharf die Haltung der Heimwehrführung in der Südtirolfrage und gegenüber Italien ab, wie sie vor allem von Steidle vertreten wurde.[84] Die Großdeutsche Partei ihrerseits kritisierte, daß die Heimwehr nicht mehr „ein Organ für Ruhe und Ordnung" sei, sondern sich zu „einem selbständigen Faktor" entwickele statt wie bisher „Stütze einer bürgerlichen Regierung zu sein" – mit Ausnahme von Vorarlberg, wo sie unter dem Befehl des Landeshauptmanns standen. Der Sprecher hielt es für nötig, „daß die Partei mit den Heimwehrführern ein offenes Wort spricht", aber sein Vorschlag wurde von einem anderen Abgeordneten abgelehnt.[85] In Niederösterreich stand der christlichsoziale Abgeordnete Raab in offenem Gegensatz zu den radikaleren Führern wie Pfrimer und Steidle, die mit der Heimwehr die Macht erobern wollten.[86]

Der Kanzler Schober war genau über diese internen Konflikte informiert. Während eines offiziellen Besuches in Rom im Februar 1930 unterrichtete er Mussolini über die Reibungen zwischen den verschiedenen Fraktionen und betonte, die Bewegung habe viele Köpfe aber keinen wirklichen Führer. Er selbst, fügte er hinzu, strebe danach, Einigkeit zwischen den verschiedenen Rechtsorganisationen herzustellen.[87] So wurde Mussolinis Verdacht bezüglich der Heimwehrführer verstärkt. Schobers Meinung war sicherlich gerechtfertigt, da die Heimwehren ihre Uneinigkeit trotz der stark gewachsenen Mitgliederzahl und dem großen ‚Glücksfall' des Juli 1927 nicht überwinden konnten.

Es gibt eine Reihe detaillierter Berichte über die Stärke der Heimwehren in den einzelnen Ländern. Ein anscheinend gut unterrichteter Polizeibericht aus Klagenfurt vom August 1929 gibt für Kärnten eine Gesamtstärke von 24 460 Mann. Aber die der mobilen Einheiten betrug nur 11 275 Mann, die aus zehn „Sturmbataillonen" und sechzehn „Auszugsbataillonen" bestanden; auch von dieser Ziffer müßte mindestens 10% abgezogen werden, weil „viele Heimatschutzmitglieder aus geschäftlichen und anderen Interessen im Falle einer militärischen Aktion sich daran nicht beteiligen werden".[88] Ein gleichzeitiger Bericht aus Graz gab für die Steiermark eine Gesamtstärke von 29 300 Mann an, von denen 10 350 zum ersten Aufgebot, 6500 zur Reserve und 12 450 zum Ortsschutz gehörten, wozu noch etwa 25 000 unterstützende Mitglieder kamen, zusammen 54 000.[89] In dem kleinen Land Salzburg wurden etwa 10 000 Mitglieder angegeben, meist Bauern.[90] In elf Gemeinden des Bezirks Linz (ohne die Stadt) zählte die Polizei 1927 nur 940 Mann; die örtlichen Führer waren meist Bauern.[91] Für Niederösterreich meldete der Abgeordnete Raab 1930 830 Ortsgruppen mit 52 000 kombatanten Mitgliedern.[92] Laut einem sehr eingehenden Polizeibericht gab es in Wien 1929 den Verein „Wiener Heimwehr" unter Major Fey mit etwa 2000 Aktiven und 6000 unterstützenden Mitgliedern. Daneben bestand der „Heimatschutzverband Wien", dem auch völkische Gruppen angehörten, wie Oberland, Deutsche Wehr und die Wehrzüge des Deutschen Turnerbundes; seine aktiven Mitglieder zählten etwa 3000, die Reserve zirka 5000 Mann und die unterstützenden Mitglieder etwa 15 000. Die Frontkämpfervereinigung andererseits hatte nur etwa 2000 Mitglieder: im ganzen zirka 33 000 plus einigen kleineren Gruppen. Unter diesen erschien auch der Vaterländische Schutzbund oder die SA der Nationalsozialisten mit drei- bis vierhundert Mitgliedern, der jedoch außerhalb der Heimwehrbewegung stand, aber beabsichtige, mit ihr zusammenzuarbeiten.[93] Obgleich diese Ziffern unvollständig sind, so deuten sie doch eine sehr erhebliche Stärke an.

Aus dem kleinen Burgenland an der ungarischen Grenze sind sehr detaillierte Berichte über die Tätigkeit der Heimwehren erhalten. Im Jahre 1928 gaben die Heimwehren bekannt, daß sie in allen 84 Gemeinden des Bezirks Oberwart Heimwehrortsgruppen gegründet hätten, wie sie das auch in anderen Bezirken taten, aber viele von diesen bestanden nur auf dem Papier. In mehreren Gemeinden erklärten daraufhin die Sozialdemokraten, daß sie dann Gruppen des Republikanischen Schutzbundes gründen würden, und wenigstens in

Pinkafeld erreichte der Bürgermeister, daß sich beide Seiten bereit erklärten, ihrerseits nicht den ersten Schritt zu unternehmen.[94] Ein anderer Bezirk meldete 1929, daß Heimwehrgruppen gegründet seien, aber aus Mangel an Interesse nicht aktiv wären[95]; und weitere Bezirke, daß die Heimwehrbewegung „im Wachsen begriffen" oder daß „Ortsgruppen in Bildung begriffen" seien.[96] In der Gemeinde Hornstein im Bezirk Eisenstadt war die Ortsgruppe „bereits gebildet, doch hat sie sich bis nun nicht konstituiert" (sic).[97] In Rechnitz wurde die Gründung in der Gemeindevertretung diskutiert und vom Bürgermeister und Vizebürgermeister verteidigt, während die Vertreter mehrerer politischer Parteien dagegen waren und die Christlichsozialen behaupteten, „daß der Schutzbund im Geheimen schon lange bestehe".[98] Nur aus Eisenstadt selbst berichtete die Polizei, die Bevölkerung verfolge „mit größter Spannung und ungeheucheltem Interesse die Heimwehrbewegung" und ein großer Teil stünde ihr „sehr sympatisch gegenüber"; überall gewänne sie neue Mitglieder, und in Bruckneudorf strömten ihr selbst Sozialdemokraten zu.[99] Aber die Bezirkshauptmannschaft meldete im gleichen Monat, daß das Interesse für beide Wehrverbände im Bezirk „nicht sehr lebhaft" sei, obgleich überall Ortsgruppen bestünden.[100] Nur ein Bericht erwähnte 1929, daß „die Anlehnung der Heimwehren an Ungarn" befremdend auf die Bevölkerung wirke und sonst nur geringes Interesse für sie bestünde.[101]

Mehrere Berichte aus dem Bezirk Eisenstadt zeigen, daß sich die Lage in den ersten Monaten von 1930 wenig veränderte, aber daß die Reibungen zwischen den Heimwehren und den Sozialdemokraten wieder zunahmen. Die Heimwehren versuchten in kroatischen Ortschaften Fuß zu fassen aber stießen auf örtlichen Widerstand, und das gleiche traf auf Gemeinden zu, die unter Einfluß des Landbundes standen. In Goberling andererseits begrüßten dreißig bisher sozialdemokratisch organisierte Bergarbeiter die einrückende Heimwehr mit der Erklärung, „genug vom bisherigen Terror und den ‚russischen' Verhältnissen zu haben", und traten geschlossen der Heimwehr bei. Als in Rechnitz ein Feuer ausbrach, wurden Sozialdemokraten, die beim Löschen helfen wollten, unter Drohungen zurückgewiesen. Nach der Maifeier in Mörbisch am See befahlen die örtlichen Heimwehrführer, den beteiligten Sozialdemokraten keine Milch mehr zu verkaufen und ihnen auch keine Arbeit mehr zu geben.[102] Aus dem Bezirk Neusiedl wurde gleichzeitig gemeldet, daß die Heimwehren „eine rege und erfolgreiche Propaganda" betrieben, während über ihre Gegner nichts berichtet wurde.[103] In den Jahren nach 1927 wurden im Burgenland über dreihundert Heimwehrgruppen gegründet, aber es ist unmöglich zu sagen, in welchem Umfang sie in den vielen kleinen Orten wirklich funktionierten und wie stark sie waren. Verschiedene Männer, die aufgefordert wurden, Ortsgruppen aufzustellen, lehnten das ab oder erwiderten, daß es keine geeigneten Rekruten gäbe oder daß dadurch zu viel Unruhe ins Dorf getragen würde.

Laut den Satzungen des Heimatschutzverbandes Burgenland vom August 1927 waren seine Ziele: „Schutz der Verfassung und Abwehr einer gewaltsamen Verfassungsänderung", „Schutz von Personen, Arbeit und Eigentum", „Unterstützung der bestehenden Staatsgewalt bei Aufrechterhaltung von Ruhe und Ordnung". Es wurde ausdrücklich gesagt, „die Vereinigung befaßt sich nicht mit militärischen Dingen", und daß die Führer aller Grade von den betreffenden Unterführern gewählt würden.[104] Doch die Satzungen des Heimatschutzgaues „Nordburgenland" von 1929 ersetzten den Schutz der Verfassung und Abwehr jeder gewaltsamen Verfassungsänderung durch die Worte „Eintreten für die Schaffung einer starken und unabhängigen Staatsgewalt" und „mutiges Eintreten für Pflicht und Volkswohl gegen Eigennutz, Zerstörung und volksfremde Verhetzung". Es fehlte auch der Satz, daß der Verein sich nicht mit militärischen Aufgaben befasse; aber nach wie vor wurden alle Führer gewählt und Beschlüsse mit Stimmenmehrheit gefaßt.[105] Im Gegensatz zu 1927 wurde 1929 ein völkisches Vokabular benutzt, mit Wörtern wie Gau, Gauleitung, volksfremd, Volksgemeinschaft; zusammen mit den anderen Änderungen zeigte das, wie stark sich die Ziele des Heimatschutzes innerhalb dieser Frist gewandelt hatten. Andererseits besaß er noch eine demokratische Struktur, während sich die Praxis der Nationalsozialisten in diesen Jahren änderte.

Über die anderen österreichischen Länder gibt es weniger detaillierte Informationen. Ein Polizeibericht über die oberösterreichischen Heimwehren von 1929 stellte fest, daß „in den hiesigen Kreisen besonnener Politiker" die Heimwehr als eine Kraft gelte, „die sich der legalen Regierung zur Verfügung stellt, wenn die staatliche Gewalt respektive die legale Exekutive nicht ausreicht"; die Heimwehr lehne einen Putsch ab, aber viele Mitglieder seien keineswegs gegen einen Staatsstreich „durch eine Regierung mit Hilfe der staatlichen Exekutivgewalt, die, wenn nötig, durch Heimwehrstreitkräfte vermehrt wird". Innerhalb der letzten Monate habe die Bewegung nicht nur in Linz, sondern in ganz Oberösterreich „einen großen Aufschwung erfahren", und nach Schätzung ihrer Führer habe sie jetzt etwa 30 000 Mitglieder; sogar die „zaghaften" bürgerlichen Kreise schlössen sich ihr nun an. Die Heimwehr beabsichtige, in allen Kreisen sogenannte Jäger-Bataillone aufzustellen, militärisch geschulte und disziplinierte Einheiten, die die Exekutive wirksam unterstützen könnten. Das erste Bataillon mit 550 Mann sei bereits aufgestellt, und zwölf weitere in Bildung begriffen; die Wehrabteilung der völkischen Turner würde in sie eintreten. Zwei Ereignisse markierten den Aufstieg der oberösterreichischen Heimwehren: der Marsch durch Linz im Oktober 1928, bei dem die Bevölkerung die Heimwehrleute mit „Heil-Rufen" empfing, und die Wahl des Fürsten Ernst Rüdiger von Starhemberg zum oberösterreichischen Führer im Juli 1929.[106]

Die beiden Ereignisse, die in dem Bericht als neue Erscheinungen in der Entwicklung der Heimwehren herausgestellt wurden, hingen eng miteinander zusammen, denn es war der junge Starhemberg, der die Jäger-Bataillone aufstellte, großenteils aus eigenen Mitteln. Wie er später schrieb, war es sein Ziel, „aus der sehr spießbürgerlich eingestellten, wenig aktivistischen Heimwehrbewegung ... eine aktivistische, politische Kampfbewegung" zu machen. „40 000 bis 50 000 Mann kampffähiger Sturmbataillone aus der großen Masse der über 200 000 Mann starken Heimwehr herauszunehmen, war die Aufgabe, die ich mir stellte. Würde es gelingen, dann war auch das Machtinstrument da, um politischen Ideologien Nachdruck zu verleihen. Und wo Stärke gezeigt wird, dort strömt auch die Jugend hin ..."[107] Als Innsbrucker Student hatte Starhemberg 1921 aktiv an den Kämpfen deutscher Freikorps gegen die Polen in Oberschlesien teilgenommen; nach seiner Rückkehr nach Innsbruck trat er dem bayerischen Freikorps Oberland bei und nahm in dieser Eigenschaft am Hitlerputsch in München teil, als dies „die große Hoffnung der Nationalpatrioten Österreichs und Deutschlands war", als dort „eine mitreißende nationale Stimmung, die zu den größten Erwartungen berechtigte, herrschte", wie er es selbst ausdrückte.[108] Dort in München, fuhr er fort, „begegnete ich i h m , der in mitreißenden, innerste Leidenschaften aufwühlenden Worten verkündete, was eine verbitterte Schützengrabengeneration und eine zu hemmungslosem nationalen Radikalismus entartete Kriegs- und Nachkriegsjugend wollte und fühlte, ... ich begegnete Adolf Hitler ... Wie Hunderttausende war auch ich hingerissen. Mitreißend war er als Redner und unwiderstehlich in seiner Selbstverständlichkeit und scheinbar zwingenden Logik war das, was er sagte und forderte ..."[108]

Nach dem Fehlschlag des Hitlerputsches diente Starhemberg eine Zeitlang als Zeitfreiwilliger in der Reichswehr; seine politische Vergangenheit war deutschnational und völkisch, und er bewunderte Hitler. Aber er war auch der junge Grandseigneur, der sich seines guten Aussehens und seiner adligen Abstammung sehr bewußt war, der sich in der Geschichte einen Namen machen wollte, wie sein berühmter Vorfahr, der Wien vor den Türken gerettet hatte. In ganz Österreich war der Name Starhemberg berühmt, und keiner war besser dazu geeignet, neue Rekruten für die Heimwehr zu werben, nicht nur aus der alten Oberschicht. Ein anderer altadliger Heimwehrführer, Peter Graf Revertera, gab die Zusammensetzung der neuen Jäger-Bataillone wie folgt an: vier Kompanien zu je 200 Gewehren, ein Maschinengewehrzug pro Kompanie, mit Kraftfahrerkorps und Sanitätsabteilung. Im Mühlviertel in Oberösterreich wurde sogar eine Jäger-Brigade von sechs Bataillonen mit eigener Artillerie-Abteilung und Stabskompanie aufgestellt.[109] Das waren voll militarisierte Einheiten, die kaum die Behauptung rechtfertigten, sie seien nur zur Unterstützung der Exekutive im Notfall bestimmt.

Die Wahl Starhembergs bedeutete eine Niederlage für die Christlichsoziale Partei, die bis dahin den maßgeblichen Einfluß auf die Heimwehren von Oberösterreich ausgeübt hatte. Der Initiator seiner Wahl war ein Bezirksführer, Major Friedrich Mayer, aber sie war angefochten, weil der bisherige Landesführer, der christlichsoziale Abgeordnete Gierlinger, erklärte, er allein sei berechtigt, die Bezirksführer zusammenzurufen, und Mayer habe kein Recht dazu gehabt. So mußte eine weitere Führerbesprechung einberufen werden, zu der auch Steidle, Pfrimer, Pabst und viele andere erschienen, und sie wählte dann Starhemberg endgültig zum Landesführer; aber die christlichsoziale Gruppe lehnte ihn weiter ab.[110]

Laut den Mitteilungen, die ein aktiver Nationalsozialist später machte, war Starhembergs Erfolg vor allem „seiner nationalen Vergangenheit . . . und seiner rednerischen Begabung" zuzuschreiben; sie ermöglichten es ihm, „sich innerhalb eines Jahres das unbedingte Vertrauen der Aktivisten . . . zu erwerben." Seit 1928 „stieg seine Popularität wie ein Meteor ins Phantastische . . . Einen Führer wie [ihn] sich eine begeisterte Jugend nur erträumen konnte, sahen sie in Starhemberg. Sonntag um Sonntag stiegen Versammlungen, ein Aufmarsch jagte den anderen. Es hatte den Anschein, daß der Zeitpunkt gekommen sei, in dem diese jugendliche Volksbewegung mit einem Schwung ohne gleichen das gesamte bisherige demokratische Regierungssystem aus den Angeln heben werde, um eine wahre Volksregierung mit dem besten Mann an der Spitze aufzurichten ..." Laut diesen Notizen war die bisherige Führung in Oberösterreich „demokratisch", während Starhemberg „Landesführer mit voller Befehlsgewalt" wurde.[111] Dies Zeugnis von nationalsozialistischer Seite zeigt die Erwartungen, die man auf Starhemberg setzte. Viele Beamte suchten jetzt, es auf keinen Fall mit der aufsteigenden Bewegung zu verderben. Wie ein Bezirkshauptmann seiner vorgesetzten Behörde 1929 erklärte, sein Name sei in einer Heimwehrversammlung als Gegner der Heimwehr genannt worden, und darum (!) habe er ein Begrüßungstelegramm an ein Heimwehrfest in Kremsmünster, zu dem er eingeladen worden war, geschickt, da er wegen Krankheit nicht daran teilnehmen konnte.[112]

Ein Polizeibericht aus Salzburg vom gleichen Jahr meldete, daß dort die Heimwehr „in erster Linie Front gegen die Mängel der Verfassung und des gegenwärtigen parlamentarischen Systems steht" und auf eine gewaltsame Änderung hinarbeite; ihre feindliche Haltung zum Austro-Marxismus sei auf dessen Ablehnung dieser Änderung zurückzuführen. Die Heimwehrführer unterstützten die Mitglieder bei der Stellensuche und hätten zu diesem Zweck eine Arbeitsvermittlung eingerichtet, die von vielen Unternehmern und Hotelbesitzern benützt würde, was dem bisherigen gewerkschaftlichen Monopol sehr schade. Geschäftsleute und Bürger unterstützten die Heimwehr finanziell, und sie habe einen umfangreichen Nachrichtendienst, der über viel Geld verfüge. Im Land Salzburg habe die Heimwehr etwa 10 000 Mitglieder, meist Bauern; Bauer sei auch der Landesführer, und sein Stellvertreter ein Salzburger Notar, Dr. Franz Hueber (Schwager Hermann Görings). Die militärischen Leiter waren ehemalige Obersten.[113]

In Graz verfügten die Heimwehren über eine Stabskompanie, eine Schützenabteilung und ein Studentenbataillon, während die völkischen und die christlichen Turner eigene Wehrabteilungen innerhalb der Heimwehr bildeten.[114] Ein ernster Zwischenfall ereignete sich 1929 in der kleinen Gemeinde Andritz bei Graz, als eine Heimwehrabteilung ihren Marsch vor einer Werkskantine unterbrach und „Heil" schrie, worauf einige Arbeiter mit „Freundschaft" antworteten. Die Heimwehrleute begannen nun, Steine durch die Fenster zu werfen und zum Sturm auf die Kantine anzusetzen, aber die Arbeiter setzten sich zur Wehr und schlugen die Angreifer in die Flucht. Doch diese erhielten bald Verstärkung, die auf die Arbeiter und Arbeiterfrauen einhieb und in der Kantine alles zerschlug. Als der Bürgermeister erschien, erklärte ihm der Heimwehrführer, er mache ihn für jeden Verwundeten verantwortlich; sie würden den Ort nicht räumen bis alle Verwundeten verbunden seien, und der Gemeinderat protestierte scharf gegen das „brutale Vorgehen der Heimwehr".[115] Trotzdem erlaubten die Behörden nur wenige Wochen darauf eine große Demonstration der Heimwehr in Andritz, bei der Dr. Pfrimer und sein Stabschef Rauter sprachen.[116] Anscheinend verlief sie ohne Zwischenfall.

Über die Tiroler Heimwehren liegen aus diesen Jahren nur wenig Berichte vor. Merkwürdigerweise beklagte sich Dr. Steidle bei der Landesregierung über „empfindlichen Mangel an Gewehren", so daß die Heimwehr „nicht nur zahlreiche Anforderungen nicht erfüllen kann, sondern sogar Schwierigkeit im Weiterausbau der ganzen Organisation zu verzeichnen hat." Er hoffte, daß die Regierung ihm Waffen „aus den Beständen der Finanzlandesdirektion oder den schwarzen Beständen der Brigade" liefern werde.[117] Offenbar gab es in Tirol ‚schwarze' Waffendepots, die Steidle gern übernommen haben würde; aber was war aus den großen Waffenmengen geworden, die in den vergangenen Jahren aus Bayern und Italien geliefert worden waren? Eine Antwort der Landesregierung auf Steidles merkwürdiges Gesuch liegt nicht bei, und vielleicht wurde überhaupt keine erteilt.

In den Augen der Österreicher bedeuteten die großen altadligen Namen, die um diese Zeit in der Heimwehrbewegung prominent wurden, eine Wiederbelebung adliger und dynastischer Ansprüche. Ein Bericht eines Österreichers, der von der deutschen Gesandtschaft nach Berlin geschickt wurde, meinte: „Nun wittern diese Kreise ... Morgenluft. Die Starhemberg und Czernin, die Hohenberg und Morseys wittern Morgenluft; sie stellen sogar Reitergruppen auf, deren Pferdebestand sie erhalten und verpflegen. Hier glaubt man sich in das Mittelalter zurückversetzt ..."[118] Aber das war ein sehr vereinfachtes Bild. Alle faschistischen Bewegungen enthalten auch einen Protest gegen Modernisierung und Industrialisierung; viele wünschten eine Rückkehr zu „Blut und Boden"; oder die Schaffung eines „gesunden" Bauernstandes; viele lehnten die modernen Züge in Kunst und Literatur ab. Aber sie waren auch moderne Massenbewegungen, die ganz moderne Propagandamethoden benutzten. Doch man kann argumentieren, daß die Heimwehren, wenn sie je in Österreich an die Macht gekommen wären, auf Grund ihrer betont ländlichen Zusammensetzung nicht die radikalen sozialen Veränderungen hätten durchführen können, die für Hitlers Deutschland charakteristisch waren. Die Heimwehren besaßen nur einen geringen sozialen Dynamismus und ähnelten in dieser Hinsicht mehr dem deutschen Stahlhelm oder der finnischen Lapuabewegung als den Nationalsozialisten. In allen drei Bewegungen – Stahlhelm, Lapua und Heimwehr – kam die Masse der Mitglieder vom Lande, und nicht aus den industriellen Bezirken, und keine entwickelte sich zu einer echten politischen Partei. Keine von ihnen hatte einen wirklich charismatischen Führer, aber letzteres traf auch auf die österreichischen Nationalsozialisten zu.

VII. HITLER BEANSPRUCHT DIE FÜHRUNG IN ÖSTERREICH

Die Jahre, die auf die große Krise von 1923 folgten, sahen in Österreich genau wie in Deutschland einen scharfen Rückgang der Stärke und des Einflusses der Nationalsozialisten. Der Brand des Wiener Justizpalastes und die gleichzeitigen Unruhen und Streiks nützten den Heimwehren, aber nicht den Nationalsozialisten, die dabei keine Rolle spielten. Die wirtschaftliche Lage besserte sich, und damit wurden die Nationalsozialisten zu einer kleinen Sekte auf der äußersten Rechten. Das hing auch zusammen mit ihren internen Konflikten und der Tatsache, daß sie nach dem Ausschluß von Dr. Riehl keinen anerkannten Führer besaßen, der imstande war, die treuen Anhänger zu sammeln. In der Tat traten wenigstens in Wien viele von ihnen Riehls „Deutschsozialem Verein" bei. In einer Versammlung im August 1924, in der dessen Gründung diskutiert wurde, griff Riehl „die derzeitigen Führer" der Nationalsozialisten und die Vorgänge innerhalb der Partei an. Der Vorsitzende der Ortsgruppe Leopoldstadt (mit einer stark jüdischen Bevölkerung) gab bekannt, daß sie beschlossen habe, sich aufzulösen und dem neuen Verein beizutreten. Die Leiter der Ortsgruppen „Brigittenau" und „Hernals" gaben die gleiche Versicherung. Aber in Wirklichkeit trat eine Spaltung ein: in Hernals, wo die Partei etwa 200 Mitglieder hatte, traten 120 Riehls Verein bei, während etwa 30 bis 40 den Nationalsozialisten treu blieben, wie die Polizei berichtete. Sie meldete auch, die Partei habe in den Wiener Bezirken Leopoldstadt, Brigittenau und Währing „eine nicht unbedeutende Zahl von Anhängern" verloren.[1] Aber der Deutschsoziale Verein blieb sehr klein, vor allem außerhalb Wiens; die große Mehrzahl der Mitglieder folgte Hitler und nicht Riehl, obgleich dessen Taktik der Wahlbeteiligung später von Hitler übernommen wurde und ihre vollkommene Rechtfertigung in den Ereignissen der dreißiger Jahre fand.

Noch vor Hitlers Entlassung aus der Festung Landsberg Ende 1924 versicherten ihm die österreichischen Nationalsozialisten ihre unverbrüchliche Treue. Nur drei Wochen nach dem Hitlerputsch schrieb der Führer der österreichischen SA an Hitler, sie hätten „von den Vorgängen in München mit tiefster Erschütterung Kenntnis genommen“ und wünschten ihm „die heilige Versicherung zu geben, daß auch wir in unverbrüchlicher, durch nichts zu erschütternder Treue Ihnen ergeben und nach wie vor davon überzeugt sind, daß Sie allein berechtigt sind, Deutschland und das gesamte deutsche Volk aus seiner furchtbaren Lage zu befreien und einer besseren Zukunft entgegenzuführen“. Die SA-Leute hätten erneut durch Eid bestätigt, daß sie ihm ihr Leben weihten.[2] Aus Anlaß von Hitlers Entlassung aus der Haft bereiteten die österreichischen Nationalsozialisten eine „Huldigungsadresse (Geschenkwerk)“ vor, das Hitler in München persönlich überreicht werden sollte; Geld für die Spende sei an den Zahlmeister bis zum 1. Mai 1924 mit dem Vermerk „Huldigung“ zu senden, und über die Form des Geschenks würde später beschlossen werden.[3]

Im August wählte eine Parteikonferenz den Werkmeister Karl Schulz zum neuen Parteiobmann. Aber die Entwicklung der Partei litt stark unter Geldmangel. Mitte 1924 erreichten ihre Schulden den Betrag von 400 Millionen Kronen (vor der Währungsreform), und Anfang 1925 betrugen sie immer noch über 100 Millionen, so daß eine wirkungsvolle Propaganda unmöglich wurde und der Mitgliederstand sank.[4] Als die vereinigten völkischen Organisationen Wiens im September 1924 gegen die Verträge von St. Germain und Versailles protestierten, betrug das Kontingent der „Hackenkreuzler“ nur 1496 Mann, weniger als ein Drittel des Kontingents der Turner und weniger als die Hälfte dessen der Frontkämpfervereinigung.[5]

Nach Hitlers Entlassung begann eine regere Versammlungstätigkeit und die engen Kontakte zu München wurden wiederhergestellt. Während frühere Versammlungen im allgemeinen schlecht besucht waren, wurden bei einer Versammlung im März 1925, auf der Streicher sprechen sollte, 1700 Teilnehmer gezählt, aber Streicher erschien nicht. Ein Streik der Eisenbahner im November 1924 wurde zum Teil durch nationalsozialistische Forderungen verursacht und bot ihnen Gelegenheit, neue Mitglieder zu rekrutieren. Eine starke nationalsozialistische Gruppe wurde an der Wiener Technischen Hochschule gebildet; bei den Wahlen zur Studentenkammer im Februar 1925 erhielt sie die bei weitem größte Stimmenzahl und 14 von insgesamt 30 Mandaten in der Kammer.[6]

Bei dem Parteikongreß, der im August 1925 in Wien stattfand, waren etwa 300 Personen anwesend, teilweise Delegierte und teilweise Gäste. Unter letzteren waren Gottfried Feder aus München und der Abgeordnete Hans Knirsch aus Böhmen. An Hitler wurde ein Huldigungstelegramm geschickt, und Karl Schulz wieder zum Parteiobmann gewählt, mit dem Ingenieur Rudolf Zwerina als seinem Stellvertreter. Der Schatzmeister berichtete, es sei gelungen, die Parteischulden von 260 Millionen Kronen auf nur 25 Millionen zu reduzieren; aber es ist unklar, ob das Zuschüssen aus Böhmen oder aus München zu verdanken war.[7] Im gleichen Monat organisierten die Nationalsozialisten im Bunde mit mehreren anderen völkischen Gruppen schwere Unruhen in Wien anläßlich der Eröffnung des internationalen Zionistenkongresses – Unruhen, die von der Großdeutschen Partei scharf kritisiert wurden, die die Nationalsozialisten für die Drahtzieher hielt.[8] In Wien war offensichtlich antisemitische Propaganda immer noch geeignet, radaulustige Massen zu mobilisieren. Die Beziehungen zwischen Nationalsozialisten und Großdeutschen litten auch darunter, daß erstere – im Gegensatz zu ihrem Beschluß von 1923, an Wahlen nicht teilzunehmen – bei Gemeindewahlen ihre eigenen Listen aufstellten und dadurch an vielen Orten die Wahl von großdeutschen Bürgermeistern verhinderten.[9]

Auch im Jahre 1925 war die Partei mit Streiks beschäftigt. Im September begann ein Streik von 4000 Arbeitern bei den Donawitzer Werken der Alpinen Montangesellschaft. Nur 600 der streikenden Arbeiter gehörten der freien Gewerkschaft an, und es gab nur sehr wenig Geld für Streikunterstützung. Daher richtete die Landesparteileitung für Steiermark einen dringenden Appell nach München: „Eine Entziehung der kärglichsten Unterstützung würde unsere Parteigenossen zur Arbeit treiben und der Streikbruch wäre geschehen. Die Wirkungen auf unsere Bewegung dürften Sie sich vorstellen können. Das Fürchterlichste ist kaum denkbar“ (sic); die Münchener Partei wurde gebeten, ohne Verzug unter den dortigen Parteigenossen „einen größeren Betrag“ zu sammeln. Aber die Antwort war schwer enttäuschend: in München sei „die finanzielle Lage gegenwärtig selbst so schwierig“, daß an eine Sammlung nicht gedacht werden könnte.[10] Da selbst diese Antwort erst nach mehr als drei Wochen geschickt wurde, kam sie auf jeden Fall zu spät. Was sie nicht sagte, war, ob die Münchener Führer der radikaleren österreichischen Taktik eines Streiks Seite an Seite mit den ‚roten‘ Gewerkschaften zustimmten oder nicht.

Im Oktober 1925 wurde die Partei selbst von einem Streik heimgesucht – ein Ereignis, für das es in ihrer Geschichte keine Parallele gibt.

Der Redakteur und die für die Verwaltung verantwortlichen Angestellten der Parteizeitung „Deutsche Arbeiterpresse“ begannen einen Streik für höhere Löhne, deren Zahlung von der Parteiführung abgelehnt wurde, obgleich der Parteisekretär und einige SA-Führer für die Bewilligung waren. Die Parteileitung spaltete sich in zwei Gruppen, für und gegen die Forderung, zwischen denen es zu heftigen Kämpfen kam, aber auf Grund der schlechten Finanzlage der Partei behielt die Gegengruppe die Oberhand. Die Streikenden beschwerten sich, „daß ihre bescheidensten Gehaltsansprüche nicht befriedigt würden“, während hohen Parteifunktionären große Summen als „Spesen“ glatt bezahlt würden, darunter dem zweiten Parteiobmann Zwerina und dem Schatzmeister Marihart. Anfang November wurden die Ortsgruppenleiter Wiens zu einer Konferenz zusammengerufen, die nach langer Debatte beschloß, die Streikenden zu entlassen, da diese in der Zwischenzeit ihre Beschwerden öffentlich erörtert hatten. Aber das war noch nicht das Ende. Unter den Parteimitgliedern begann eine heftige Agitation gegen Zwerina und Marihart, es gab Anklagen und Gegenklagen, und beide mußten ihre Parteiämter niederlegen. Eine weitere Konferenz der Ortsgruppenleiter entschied, einen Untersuchungsausschuß unter einem nicht der Partei angehörenden Vorsitzenden einzusetzen, der einem außerordentlichen Parteitag berichten sollte. Die Vorgänge lähmten die Aktivität der Partei und die Zahl ihrer Versammlungen ging zurück; selbst die „Deutsche Arbeiterpresse“ erschien unregelmäßig. Ein neuer Redakteur, Walter Gattermayer, wurde wegen seiner Beteiligung an einem angeblich ‚jüdischen‘ Bankunternehmen angegriffen (ebenso wie andere Parteiführer), so daß er Ende 1925 zurücktrat und sich von jeder Parteitätigkeit zurückzog.[11]

Der Konflikt beruhte zum Teil auf einem Zusammenstoß zwischen den Parteiführern und den Aktivisten der SA, die die ‚Korruption‘ in der Führung kritisierten; aber die SA war zu dieser Zeit noch sehr klein. Im Sommer 1924 meldete die Wiener Polizei einen Bestand von nur 516 Mann in der ganzen Stadt, von denen 36 zur Reserve und 75 als ältere Jahrgänge gerechnet wurden, und von wenigen hundert in Niederösterreich.[12] In Wien bestand die SA aus vier Kompanien und zwei getrennten Zügen. Der Konflikt kam auf der außerordentlichen Parteikonferenz in Linz im Februar 1926 zum offenen Ausbruch, auf der 110 Delegierte anwesend waren. Schon vor Beginn „kam es zu stürmischen Auseinandersetzungen“, als ein SA-Vertreter beantragte, man möchte ihnen gestatten, als Zuhörer auf der Galerie teilzunehmen. Aber das wurde abgelehnt, vermutlich weil man störende Zurufe und Unterbrechungen befürchtete. Dann berichtete Schulz im einzelnen über die internen Zwistigkeiten zwischen der Leitung und der Opposition, zu der er zahlreiche SA-Mitglieder rechnete. Danach referierte der Vorsitzende des Untersuchungsausschusses, Dr. Josef Ursin, über die „mehreren Parteifunktionären zur Last gelegten Unkorrektheiten" und das Ergebnis seiner Erhebungen. Ihm folgten viele Delegierte von beiden Seiten, aber ihre Reden wurden „durch lärmende Tumulte, die wiederholt in Tätlichkeiten auszuarten drohten, unterbrochen". Der Haupt‚schuldige', Zwerina, war inzwischen aus der Partei ausgetreten, und Marihart hatte seine Funktion aufgegeben. Nur Gattermayer war erschienen und suchte die Vorwürfe gegen ihn zu entkräften, wobei er auf seine Verdienste um die Bewegung hinwies, aber die Opposition war dadurch nicht beendet. Schließlich setzte sich die Parteileitung durch und Schulz wurde wieder zum Parteiobmann gewählt, mit dem Bundesbahnbeamten Leo Haubenberger als Stellvertreter. Nach dem Parteitag setzte die Opposition ihre Tätigkeit fort und gewann viele neue Anhänger, nicht nur in Wien, sondern auch in Ober- und Niederösterreich.[13]

So wurde denn im April 1926 Hitlers siebenunddreißigster Geburtstag in zwei getrennten Veranstaltungen gefeiert. An der von der Opposition veranstalteten Feier am Vorabend des großen Ereignisses nahmen etwa 500 Personen teil. Die Rede wurde von Professor Suchenwirth gehalten, der darauf hinweisen konnte, daß er am Karfreitag den Führer persönlich in München gesprochen habe. An der „Festversammlung" der Partei nahmen ungefähr 800 Leute teil. Ihnen schilderte Schulz den Lebenslauf Hitlers und die Geschichte der Partei in Österreich; er „gelobte, daß die Partei stets im Geiste Hitlers handeln werde, daß sie aber auch gewillt sei, im Parlamente mitzuarbeiten, wenn es zum Vorteile des deutschen Volkes sei", offensichtlich eine Revision des 1923 in Salzburg gefaßten Beschlusses. Schulz schloß die Ortsgruppen Josephstadt, Hernals und Währing sowie Suchenwirth, den früheren Parteisekretär Ernst Graber und verschiedene andere Funktionäre aus der Partei aus, weil sie es ablehnten, die in Linz gewählte Parteileitung anzuerkennen. Daraufhin rief Suchenwirth die Mitglieder der Opposition, etwa 150 Leute, zusammen und griff die Parteiführung scharf an, vor allem ihre finanzielle Mißwirtschaft, die schwere Schulden verursacht habe, und ihre Lauheit in der Propagierung der nationalsozialistischen Ideen. Sie beschlossen, aus der Partei auszutreten und eine neue Organisation mit dem Namen

„Nationalsozialistischer Deutscher Arbeiterverein (Hitlerbewegung)" zu gründen, mit Suchenwirth und dem Major a. D. Leopold Eder als den Führern.[14] Es gab nun in Österreich zwei Parteien, die beide Hitler als obersten Führer anerkannten und sich feindlich gegenüberstanden.

Anscheinend waren während der folgenden Monate Suchenwirth und Eder eifrig damit beschäftigt, Hitler für ihre Seite zu gewinnen, hatten sie doch dem Namen der Partei das Wort „Hitlerbewegung" hinzugefügt, das sie auch während der nächsten Jahre beibehalten sollte. Jedenfalls, als sich die feindlichen Brüder im August 1926 wieder versammelten, war es unter Hitlers Vorsitz in Passau jenseits der österreichischen Grenze. Hitler sprach zwei Stunden lang. Er betonte vor allem die Unterschiede zwischen der deutschen und der österreichischen Partei: seiner Ansicht nach war die österreichische Partei eine Partei wie andere auch; im alten Österreich sei sie von den Behörden nie verboten worden, während die deutsche Partei ständig von Verboten verfolgt würde. Die österreichische Leitung, behauptete Hitler, habe „den 8./9. November 1923 als das Ende der Bewegung in Deutschland angesehen", aber in Wirklichkeit seien deswegen „zwei Millionen Stimmen für die Bewegung abgegeben worden" (in der Reichstagswahl vom Mai 1924 erhielt die NSDAP 1 918 000 Stimmen); das hätte man „durch eine Resolution, wie sie in Österreich gern verfaßt würde", nicht erreichen können. In Deutschland sei die Bewegung „vom ersten Augenblick an unduldsam gewesen, habe sich nie zu Kompromissen oder Zusammenschlüssen herbeigelassen. Sie habe stets die Überzeugung von der Notwendigkeit des Durchringens des Stärkeren gehabt". Der italienische Faschismus, der einst nur wenige tausend Anhänger hatte, habe sich auch nicht mit den riesigen Organisationen der italienischen Kriegervereine zusammengeschlossen, sondern sich allein durchgerungen; auch in Österreich seien solche Methoden notwendig.

Die NSDAP habe am Anfang nur sechzig Mitglieder gehabt und heute würden zwei Millionen Stimmen für sie abgegeben (das stimmte nicht, denn in der Dezemberwahl von 1924 erhielt die Partei nur 907 000 Stimmen). Der Parteitag der Nationalsozialisten in Weimar habe sich für die Bildung einer einheitlichen Partei für Deutschland und Österreich ausgesprochen. Das hielten die österreichischen Nationalsozialisten unter Schulz „einer Erörterung wert" und wollten die Entscheidung einem österreichischen Parteitag vorbehalten. Aber das war laut Hitler „bedeutungslos; denn der Anschluß kommt auf alle Fälle". Und schließlich sei ein Parteitag für das ganze Deutsche Reich kompetenter als ein nur österreichischer Vertretertag. An die Spitze des Gaues Österreich der NSDAP müsse jemand kommen, der das Vertrauen aller besäße, die einander bisher bekämpften, „der fähig ist zu handeln ohne vorher lange Konferenzen einzuberufen und der das Führerprinzip auf die letzten Untergruppen überträgt". Er müsse es schärfstens ablehnen, Österreich ein größeres Gewicht zu geben als Köln, dem Rheinland, Thüringen oder Ostpreußen, denn der Unterschied zwischen diesen und Bayern sei nicht größer als der zwischen Bayern und Österreich. Entscheidend sei „die Einheitlichkeit der programmatischen Grundlage, an der nicht gerüttelt werden darf". Laut dem Polizeibericht lehnte Hitler ferner „die Anwendung parlamentarischer und gewerkschaftlicher Kampfmittel" ausdrücklich ab: sie müßten durch „fascistische Methoden", wie sie in Deutschland angewendet würden, ersetzt werden; die Österreicher müßten sich „der deutschen Führung bedingungslos unterstellen und in Hinkunft nur mehr einen ‚Gau Österreich' der gesamtdeutschen Partei bilden".[15]

Anscheinend gab es keine Diskussion, da Hitler darauf bestand, daß die Anwesenden einfach erklärten, ob sie ihn als Führer akzeptierten oder nicht. Schulz kehrte nicht in den Saal zurück, sondern sandte die Mitteilung, er müsse an dem früheren Beschluß seiner Partei festhalten, daß die Entscheidung nur von einem Parteitag getroffen werden könne, und erbat sich Bedenkzeit. Eder andererseits betonte noch einmal, seine Partei sei bereit „zur restlosen Unterstellung unter die Führung der NSDAP Groß-Deutschlands unter der Bereitschaft zur völligen Einordnung" (sic). Die gleiche Erklärung wurde auch abgegeben von den anwesenden Vertretern von Kärnten (Ferdinand Scherian), Steiermark (Heinrich Schmidt), Oberösterreich (Alfred Proksch) und dem Waldviertel. Der Vertreter Vorarlbergs fügte hinzu, sie hätten den Brief aus München nicht erhalten, hätten daher mit ihren Mitgliedern keine Fühlung nehmen können und würden sich später entscheiden. Ein Tiroler Vertreter war nicht anwesend, aber es wurde mitgeteilt, daß sie sich dem Schritt der anderen Landesverbände anschließen würden.

Der einzige Widerspruch kam von Salzburg. Dessen Vertreter, Nikolaus Schlamm, erklärte, auch sie seien bereit, Hitler als Führer anzuerkennen, aber sie könnten „einige Leute der bisherigen Opposition nicht als Führer gelten lassen". Entscheidend sei die Personenfrage; für Österreich habe die Gewerkschaftsbewegung eine viel größere Bedeutung als für Deutschland (Schlamm war Gewerkschaftsfunktionär); denn hier sei die Lage der Arbeiter noch schlechter, und „wer dem Arbeiter 10 Groschen mehr Lohn verschafft, werde als Heiliger angesehen. Mit Idealismus allein sei kein Arbeiter zu gewinnen". Die Gewerkschaftsfrage war einer der Punkte, in denen auch Schulz anderer Meinung als Hitler war: hierin zeigt sich die soziale Zusammensetzung der österreichischen Partei, die von der deutschen verschieden war. Am Schluß der Tagung kam man überein, nach zwei Wochen eine weitere Tagung in München abzuhalten, auf der die Einzelheiten der Eingliederung besprochen werden und die Ernennung des Gauführers erfolgen sollte. Das Ergebnis von Passau war „zweifellos ein großer Erfolg" für Hitler.[16] Er war vor allem der Tatsache zu verdanken, daß die österreichischen Nationalsozialisten keinen Führer hervorgebracht hatten, der imstande war, die Partei zu einigen und die immer neuen Rivalitäten und Spaltungen zu überwinden.

Doch Schulz und Gattermayer lehnten es ab, zu Kreuze zu kriechen und sich Hitler zu unterwerfen. Sie erklärten, sie hätten andere Auffassungen über die Taktik der Partei; beide waren alte Gewerkschaftler mit engen Beziehungen zu den völkischen Gewerkschaften, während die neuen, von Hitler eingesetzten Führer meist bürgerlicher Herkunft waren. Diese sozialen Unterschiede waren vermutlich ein wichtiges Element in der neuen Spaltung der Partei. Aber die zwei wurden bald von der Mehrzahl ihrer Anhänger verlassen. Hitlers Rednergabe und Willenskraft, das ungeheuere Selbstvertrauen, das aus ihm sprach, sein Prestige als anerkannter Führer einer viel größeren Partei (mag die Behauptung von den zwei Millionen Wählern noch so übertrieben gewesen sein) erwiesen sich als entscheidend. Die Tatsache, daß er selbst Österreicher war, mag auch einen gewissen Einfluß gehabt haben: die Österreicher hatten keinen eigenen Führer, und so riefen sie den Österreicher aus München zu ihrem Führer aus, den Mann, der für seine Tat von 1923 eingesperrt worden war, von dem sie hofften, daß er die streitenden Gruppen einigen würde. Er vollzog einen kleinen Anschluß – ein Vorgeschmack größerer Dinge. Sein Eintreten für den italienischen Fascismus und für faschistische Methoden zog die Aktivisten an, die den Kern der österreichischen Partei bildeten und die die Methoden von Riehl und Schulz für zu sanft hielten. Nur wenige Wochen nach der Passauer Tagung meldete die Wiener Polizei, viele Mitglieder der Partei hätten Schulz verlassen und seien zur Hitlerbewegung übergetreten; und das gleiche träfe „faktisch, wenn auch nicht offiziell" auf die SA zu. Die Führer der

Hitlerbewegung hätten der Schulz-Gruppe den schärfsten Kampf angesagt und bereits wiederholt versucht, deren Versammlungen zu stören; sie habe „bereits jeden maßgebenden Einfluß auf die nationalsozialistische Bewegung verloren".[17] In der Steiermark blieben nur vier von insgesamt einundvierzig Ortsgruppen Schulz treu.[18]

In den Augen der Großdeutschen Partei betrieben die verschiedenen Fraktionen „ein Buhlen um die Gunst des Parteipapstes Hitler, der schließlich feststellt, daß die richtigen Nationalsozialisten in Österreich die Suchenwirth-Leute sind; Schulz wird in Acht und Bann getan. Schulz vertritt nunmehr wieder ebenso wie vor dem Jahre 1923 das alte nationalsozialistische Programm. Er fußt auf dem Boden gegebener Realitäten. Die Hitler-Leute ... wollen Bewegung sein und predigen gegen Zinskapitalismus, gegen das Parlament und wollen ihre Forderungen durch die nationale Revolution durchsetzen. Sie lehnen den demokratischen Aufbau der Partei ab ..."[19] Als Schulz Ende Oktober 1926 seine Anhänger zu einer Parteikonferenz versammelte, erschienen nur etwa 25 Delegierte. Er teilte ihnen mit, die Partei sei bereits an die Großdeutschen, die Frontkämpfer und Dr. Riehl herangetreten in der Absicht, eine völkische Einheitsfront für die kommenden Wahlen zu bilden, und die Delegierten stimmten diesem Plan zu. Aber bezeichnenderweise forderten die Vertreter von Kärnten und Tirol, die Partei solle alles tun, um eine Wiedervereinigung mit der Hitlerbewegung zu erreichen, und sollte Hitler wieder als Führer anerkennen.[20] Sogar unter der Minorität, die Schulz folgte, übte Hitlers Name eine große Anziehungskraft aus. Vielleicht war er der „Parteipapst", aber anscheinend gab es keine Alternative.

In Passau wurde bekanntgegeben, daß innerhalb weniger Wochen ein Gauführer für Österreich ernannt werden würde. Aus unbekannten Gründen fiel Hitlers Wahl auf einen früheren Obersten, Friedrich Jankovic, der 55 Jahre alt war und bisher in der Partei keine prominente Rolle gespielt hatte. Alles was die Polizei über ihn berichten konnte, war, daß er einige Male in Versammlungen in der Oststeiermark gesprochen hatte. „Seine Reden trugen immer scharf antisemitischen Charakter ..."[21] Vielleicht glaubte Hitler, daß ein älterer Mann mit militärischen Qualifikationen, der nicht in die Fraktionskämpfe verwickelt gewesen war, größeren Respekt als sein neuer Gauleiter genießen würde; vielleicht wollte er die Parteiführung aus Wien entfernen, wo diese Kämpfe besonders bitter waren. Wenn das so war, so wurden Hitlers Hoffnungen rasch enttäuscht. Die persönlichen Konflikte setzten sich fort, und ebenso die finanziellen Schwierigkeiten der Partei. Laut dem oberösterreichischen Parteiführer Alfred Proksch war Jankovic „ein vollkommener Versager"; laut der Polizei hatte er starke Reibereien mit anderen Parteiführern. In Oberösterreich hatte die Partei schwere Schulden und die Parteizeitung nur 680 Abonnenten. Die Zahl der Aktivisten war nur ungefähr 200, und „die Partei hatte keinen Groschen Kredit. Es war trostlos". Jankovic wurde von Proksch vor allem deswegen kritisiert, weil er bei den Nationalratswahlen von 1927 ein solches Chaos angerichtet hatte, „daß kein Mensch wußte, was zu geschehen hat".[22]

Während Schulz für die Wahlen ein Bündnis nicht nur mit den Großdeutschen, sondern örtlich sogar mit den Christlichsozialen einging, lehnte die Hitlerbewegung jedes derartige Bündnis ab. Aber in einigen Ländern blieb sie ihrer alten Taktik des Wahlboykotts treu, und in anderen unterstützte sie den ‚nationalen' Block. In ganz Österreich erhielt die Partei nur 27 000 Stimmen – eine schwere Niederlage. Aber sie gewann wenigstens je einen Sitz in den Landtagswahlen in Kärnten und Steiermark.[23] In den Augen der Großdeutschen nützte die Uneinigkeit im ‚nationalen' Lager nur den Sozialdemokraten. Sie priesen den Turnerbund und den Verband deutschvölkischer Vereine, weil sie sich ganz auf die Seite der Großdeutschen gestellt hätten, während die Nationalsozialisten zu viele verschiedene Meinungen hätten. Sogar die Schulz-Gruppe war sich uneinig darüber, ob die ‚Einheitsfront' auch die Christlichsozialen umfassen solle; in Wien mit seiner starken Sozialdemokratie war Schulz dafür, aber fand, daß das in den anderen Ländern nur schwer durchzusetzen sein würde.[24] Doch wurden trotz der Einheitsfront weder Schulz noch Riehl in Wien gewählt.

Schon vor der Wahl trat Jankovic als Landesführer der Hitlerbewegung zurück, weil er „mit der allgemeinen Richtung, welche unsere Bewegung in Österreich infolge verschiedener Einwirkungen genommen hat, nicht mehr einverstanden" war[25] – eine Anspielung auf die Fraktionskämpfe und die Interventionen aus München. Einige Tage darauf nahm Hitler den Rücktritt bereitwillig an und verfügte, anscheinend ohne irgendeine Beratung mit den Österreichern: der Posten des Landesleiters würde vorläufig nicht wieder besetzt werden, sondern die österreichischen Gaue würden direkt der Reichsleitung in München unterstellt. Zwei österreichische Parteiführer wurden speziell erwähnt: der steirische Parteiführer Heinrich Schmidt wurde zum gesetzlichen Vertreter der Bewegung in Österreich bestellt, und Major Eder, der treue Gefolgsmann von Passau, wurde zum kommissarischen Gauleiter von Wien ernannt, da der Gau „wegen grober Disziplinlosigkeit aufgelöst wurde . . ., bis der Gau innerlich wieder gefestigt ist und als selbständiges Glied der Bewegung wieder zugelassen werden kann“. Eder sollte auch prüfen, ob die Parteizeitung, „Österreichischer Nationalsozialist“, lebensfähig sei.[26]

Wie schlimm es um die Partei nicht nur in Wien, sondern in ganz Österreich stand, ergab sich aus einem anderen Rundschreiben der Reichsleitung, das nur wenige Wochen später, im Mai 1927, erlassen wurde. Für das laufende Jahr wurden folgende Aufgaben gestellt: „innere Festigung der NSDAP“ durch „Erfassung aller Pg. zur unbedingten Unterordnung unter die bestellten Führer“, „Erziehung der Pg. zur pünktlichen Leistung der Beiträge“ und „pünktliche Abführung der Beitragsanteile an die Gaue und an die Landesgeschäftsstelle“; alle Schulden müßten bezahlt werden. Allen Führern wurde befohlen, auf ihrem Posten zu bleiben, bis sie von ihm enthoben würden, und den Parteigenossen „ernste Mitarbeit“ zur Pflicht gemacht, „ohne besonders dazu eingeladen worden zu sein“: offensichtlich hatten viele diese Pflichten nicht erfüllt. Eine mit der Hand geschriebene Notiz auf der von Hitler gezeichneten Kopie fügte der „Erfassung aller Pg.“ noch hinzu „durch Anlage und Führung von Karteien“.[27] Die Meinung in München über die österreichische Parteiorganisation muß außerordentlich niedrig gewesen sein, wenn selbst solche primitiven Aufgaben aufgezählt wurden. Die Österreicher mußten zunächst die einfachsten Regeln der Parteiverwaltung lernen – und niemand von ihnen scheint das kritisiert zu haben.

Unter diesen internen Schwierigkeiten litt die Aktivität der Partei stark. In Wien gab es im Gegensatz zu früheren Zeiten wenig öffentliche Versammlungen, und selbst diese waren schlecht besucht. Der Mitgliederstand ging ebenfalls zurück, vor allem der der SA, unter deren Führern „heftige Meinungsverschiedenheiten“ herrschten. Zu einem Appell, zu dem 600 eingeschriebene Mitglieder erscheinen sollten, fanden sich kaum 90 ein. Die Schwierigkeiten, mit denen der „Österreichische Nationalsozialist“ zu kämpfen hatte, wuchsen, und auch die „Deutschösterreichische Tageszeitung“ verlor viele Abonnenten.[28]

Was nicht zurückging, war die wilde antisemitische Propaganda nationalsozialistischer Redner. Auf einer Versammlung in Graz erklärte der Redner, Walther Rentmeister aus Klagenfurt: „Der Jude betrachtet den Arier als Sklaven und seine Kinder als Vicher“ (sic); jüdische Ausbeutung und Bereicherung auf Kosten der Arbeiter würde dadurch erleichtert, daß „sich trauriger Weise der Großteil des schaffenden Volkes ... international organisiert hat und sich die Oberleitung dieser Organisation ausschließlich in Judenhänden befindet. Das ganze Wesen des Judentums, welches dahin abzielt, das arische Proletariat vollkommen zu knechten, auszubeuten, auszuplündern und zu berauben, wird nicht nur von dieser Organisation, sondern auch von den Christlichsozialen und Deutschnationalen sowie von der ganzen heutigen Regierung unterstützt". Daher müsse darauf gedrängt werden, das nationalsozialistische Programm durchzuführen, vor allem „Abschaffung des gegenwärtigen Parlamentarismus, Beschlagnahme des durch Gaunerei erworbenen... Judengeldes, Sperrung der Börse, Abschaffung des so mächtigen Zinsen-, Leih- und Bankkapitals..." Der nächste Redner, der Grazer Obmann des Deutschnationalen Handlungsgehilfenverbandes, erörterte besonders den „jüdischen Einfluß auf unsere Behörden", der sich auch in Graz zeige.[29]

Nur elf Monate nach der denkwürdigen Tagung von Passau wurde eine neue Konferenz Hitlers mit den österreichischen Nationalsozialisten organisiert, diesmal in Freilassing in Bayern nahe der österreichischen Grenze, so daß etwa 190 Österreicher diese zu Fuß überschritten und weitere 50 mit dem Zug ankamen. Zunächst fand eine geschlossene Versammlung statt, um die mögliche Vereinigung der nationalsozialistischen Gruppen Österreichs zu erörtern. Dazu schlug die Schulz-Gruppe die Bildung einer „Nationalsozialistischen Partei Großdeutschlands" unter Hitler als Führer vor, die Deutschland, Österreich und das Sudetenland umfassen sollte. Die Vereinigung der österreichischen Gruppen sollte durch einen Führerausschuß erfolgen, in dem jede durch die gleiche Zahl von Vertretern repräsentiert werden sollte, und in dem Beschlüsse einstimmig gefaßt werden müßten. Nach vollzogener Vereinigung sei der Führer für Österreich auf einer Sondertagung aller österreichischen Nationalsozialisten zu wählen, „im Einvernehmen mit München". Der Vorschlag einer Rückkehr zu einer demokratischen Verfahrensweise mußte auf Hitlers Ablehnung stoßen: er war ein offener Angriff auf seine in Passau errungene Position.

Hitlers Reaktion war eindeutig. In der öffentlichen Versammlung, die auf die interne folgte, wies er noch einmal darauf hin, daß „sich eine starke Bewegung niemals auf dem Wege des Kompromisses oder durch Verschmelzung verschieden gearteter Richtungen durchsetzen könne. Er lehne daher jede Verhandlung über grundsätzliche Fragen mit der Begründung ab, daß sich nur jene Richtung durchsetzen werde, die den Kampf am intensivsten führe ..." In diesem Kampf könne er nur Leute brauchen, die strenge Disziplin hielten und das ausführten, was er befehle. Wieder kritisierte Hitler scharf die alte österreichische Partei: „Der frühere Nationalsozialismus, wie er vor der Gründung der NSDAP in unserem Nachbarstaate sich entwikkelte, war eine mehr oder weniger marxistische Erscheinung, die sich im Grundsätzlichen vom Marxismus nicht unterschied, nur etwas nationaler als dieser war. Er pflegte das Majoritätsprinzip in den eigenen Reihen" – in Hitlers Augen eine Todsünde. Auf die öffentliche Versammlung folgten weitere interne Besprechungen, in denen es Hitler energisch ablehnte, wieder eine Landesleitung für ganz Österreich einzusetzen, da keiner der österreichischen Führer für den Posten eines Landesleiters geeignet sei. Stattdessen sollten die Parteiorganisationen der einzelnen Länder direkt München unterstellt werden. Er fügte hinzu, „daß er auf Wien selbst keinerlei Hoffnung setze", aber in den anderen Ländern sei „eine intensive Propagandatätigkeit zur Wiederbelebung der nationalsozialistischen Bewegung ... aussichtsvoll". Anwesend in Freilassing war auch eine Abordnung der steirischen Heimwehren unter Dr. Pfrimer, die mit Hitler Vereinbarungen über eine Zusammenarbeit traf.[30]

Alles was die Österreicher erreichen konnten, war die Bestellung eines neuen Parteiobmanns in der Person von Wilhelm Gruchol aus Graz mit zwei Stellvertretern und einem „Schriftwart", Alfred Proksch aus Linz.[31] Aber das geschah vermutlich auf Grund der Bestimmungen des Vereinsgesetzes, und nicht weil Hitler dafür war, und es gibt keine Beweise für eine aktive Tätigkeit des neuen Obmanns. Ein weiteres Rundschreiben vom September 1927 verfügte, daß jeder österreichische Parteigenosse als „Presse-Opfer" einen außerordentlichen Beitrag von vier Schilling zu zahlen habe. Der „Österreichische Nationalsozialist", der zum großen Teil für die Parteischulden verantwortlich war, wurde nach Linz transferiert und sollte als Kopfblatt der Linzer „Volksstimme" erscheinen. Jede gemeinsame Aktion mit antisemitischen oder völkischen Organisationen wurde verboten, aber lokale Vereinbarungen mit Heimwehrverbänden gestattet, falls das getrennte Auftreten der Nationalsozialisten garantiert würde.[32] Trotz der freundschaftlichen Zusammenarbeit mit den steirischen Heimwehren blieben sie und die Nationalsozialisten getrennte Organisationen.

Es scheint sehr zweifelhaft, ob Hitlers persönliche Interventionen und die Rundschreiben aus München in Österreich viel erreichten, wo die Dinge im alten Stil weitergingen. Zwischen Sommer 1927 und Sommer 1928 wurde die Mehrzahl der österreichischen Gauleiter durch neue Leute ersetzt, ohne daß das eine Wendung zum Besseren gebracht hätte. Die Mitgliederzahlen blieben sehr niedrig. Im Juni 1928 hatte nur Niederösterreich mehr als tausend Mitglieder, gefolgt von Steiermark und Wien mit je über 900; Oberösterreich hatte 687 und Kärnten 475 Parteigenossen; Salzburg hatte 120 und Tirol nur 112. Für ganz Österreich war die Zahl 4466.[33] Während des folgenden Jahres gab es eine kleine Zunahme: 5002 Mitglieder im Mai 1929.[34] Aber das war ganz unbedeutend zu einer Zeit, in der die deutsche Partei sehr rasch wuchs: von 108 000 zahlenden Mitgliedern 1928 auf 178 000 im Jahre 1929.[35] In der Tat wurde 1928 beschlossen, die drei westlichen Gaue – Salzburg, Tirol und Vorarlberg – auf Grund ihrer kleinen Mitgliederzahl zu einem Westgau zu vereinigen, mit Heinrich Suske als dem Gauleiter.[36] Die Schulz-Gruppe andererseits hatte im November 1928 6274 zahlende Mitglieder und war daher etwas stärker als die Hitlerbewegung,[37] eine sehr überraschende Entwicklung, die vielleicht darauf zurückzuführen ist, daß sie neue Mitglieder aus anderen völkischen Organisationen warb. Aber die Mitgliedschaft beider Parteien war so klein, daß sie zu einer Zeit als die Heimwehren eine Massenorganisation wurden, in Österreich fast unbeachtet blieben.

Im Mai 1928 bemerkten die Großdeutschen, daß die Hitlerbewegung auf Grund der deutschen Wahlen wieder Mut fasse (bei der Reichstagswahl des gleichen Monats erhielt die NSDAP 810 000 Stimmen – keine sehr eindrucksvolle Zahl). Beim Turnfest in Krems erschienen die Nationalsozialisten demonstrativ in grünen Hemden und wandten den faschistischen Gruß mit erhobenem Arm an, obgleich man sich geeinigt hatte, alle parteipolitischen Noten zu vermeiden.[38] Die Großdeutschen wurden durch den „Faschistengruß" unliebsam an die Ereignisse in Südtirol erinnert, aber ihr Eindruck kam von außen. Wie es innerhalb der Hitlerbewegung aussah, zeigt ein Brief vom September 1928, den der österreichische SA-Führer, der Lehrer Hermann Reschny, früherer Offizier und Parteimitglied seit 1921, an alle österreichischen Gauleiter sandte.[39] Reschny versuchte, ein SA-Treffen in Bruck an der Mur zu organisieren, wozu er einen Sonderzug bestellt hatte. Aber zehn Tage vor dem Treffen hatten sich erst 126 Teilnehmer gemeldet, von denen nur 43 das Fahrgeld gezahlt hatten. Um für den Sonderzug zu zahlen, war aber eine Mindestzahl von 300 Teilnehmern nötig, und er wagte nicht, die Sache perfekt zu machen, „weil niemand die Verantwortung übernehmen will, wer die eventuell ausfallenden Fahrkarten zahlen soll". „Unter diesen traurigen Verhältnissen" hielt er es für das Beste, wenn das Treffen „verboten" würde, um eine Blamage zu vermeiden. Die Landesgeschäftsführung in Graz kommentierte: „Es ist unerhört und unerträglich, daß vom verantwortlichen Führer ... anstelle nüchterner, harter Tatsachen phantastische Mitteilungen gemacht werden, die dann derart zusammenbrechen." Jetzt müsse man ein Verbot des Treffens zu erreichen suchen, „um unser Ansehen wenigstens nach außen hin zu retten". Aber sie könnten den Landeshauptmann Dr. Rintelen nicht dazu zwingen, weil sie keine Zeit und kein Geld für die nötige Propaganda hätten und weil sie bisher Druck auf ihn ausgeübt hätten, das Treffen *nicht* zu verbieten: „Eine feine Situation!"[40]

Doch die Wiener SA war immer bereit, an antisemitischen Krawallen teilzunehmen, vor allem an der Universität mit ihren vielen jüdischen Studenten. An ihr wurde 1926 eine nationalsozialistische Studentengruppe gegründet, aber sie hatte nur zwölf Mitglieder, so daß sie republikanische oder sozialistische Versammlungen nicht stören konnten. Aber das wurde 1927 anläßlich der Republikfeier der sozialistischen Studenten anders, als die Nationalsozialisten dreißig SA-Leute durch eine Hintertür in die Universität brachten und die Versammlung sprengten. Wie sie behaupteten, war die Universität nach zehn Minuten geräumt, und acht Juden mußten sich in ärztliche Behandlung begeben. Dieser Erfolg begeisterte sie zu weiteren Taten, „bei denen wir sämtliche jüdische Anschlagkästen zertrümmerten, ... Vorlesungen sprengten, Pedelle stundenlang gefangen hielten, ultimative Forderungen stellten und schließlich Rektor Innitzer in seiner Kanzlei belagerten". An diesen Aktionen nahmen allmählich tausende von Studenten teil, obgleich der nationalsozialistische Studentenbund nur 120 bis 130 Mitglieder hatte, von denen 30 der SA angehörten: „Nach zweijährigem Kampfe waren wir die Herren der Universität. Die deutsche Studentenschaft kroch vor uns." Und die akademischen Behörden machten die Nationalsozialisten zur offiziellen „Ordnungs"truppe. Für ihren Kampf waren folgende Motive maßgebend: „Ein hoher Prozentsatz der Hörerschaft hat nicht die rassischen, biologischen Voraussetzungen, die zur Aufnahme der Hitleridee nötig sind; ein ebenso hoher Prozentsatz steht unter dem wirtschaftlichen Druck der bürgerlichen Parteien (Korporationen!). Eine Eroberung der Hochschule mit Hilfe der Massen der Hörerschaft kam daher für uns nicht in Frage. Es gab daher für uns nur einen Weg, eine Minderheit zu einer Kampfgemeinschaft zusammenzuschweißen und mit dieser die Hochschulen unter Hakenkreuzterror zu stellen, bis zu dem Tage zu stellen, an welchem der Führer an der Spitze der Nation steht. Das haben wir getan, Gott und die Judenpresse sind unsere Zeugen.“[41]

Der nationalsozialistische Studentenbund wuchs, und wie seine Führer behaupteten, waren unter den neuen Mitgliedern viele, die „weniger radikal und revolutionär [waren], die bei jeder Aktion bremsend wirkten“. Mit anderen Worten, sie waren für Argumente und weniger für Gewalt und Terror. Aus diesen unzufriedenen Mitgliedern bildeten die zwei Söhne von Professor Spann, der unter den Wiener Studenten mit seinen Elitetheorien riesigen Einfluß ausübte,[42] eine „Geheimorganisation“ (ähnlich dem Kameradschaftsbund, der in Böhmen auf der äußersten Rechten aktiv war). Sie ließen durchblikken, daß diese im ganzen deutschen Sprachgebiet verbreitet und von Hitler ausdrücklich genehmigt worden sei. Die Organisation nannte sich „Orden vom dritten Reich“ und bestand aus „Ringen“ und „Zellen“. Anscheinend war eines ihrer Ziele, die Beziehungen zwischen den nationalsozialistischen und den Heimwehr-Studenten zu verbessern. Die Brüder Spann waren Heimwehrmitglieder gewesen und machten angeblich Propaganda für sie unter den Nationalsozialisten. Einer von ihnen behauptete, daß „Hitler über den Kopf der österreichischen Parteileitung hinweg nur mehr mit Pfrimer arbeite“, mit dem er seit Freilassing enge Beziehungen hatte. Aber die Heimwehr-Studenten wollten den Hauptangriff auf den „Marxismus“ richten und weniger gegen die Juden agitieren, während für die Nationalsozialisten der Antisemitismus die entscheidende Frage war. So entstanden innerhalb des nationalsozialistischen Studentenbundes zwei Gruppen. Die älteren Mitglieder, die auch der SA angehörten, wurden in die Opposition gedrängt, und die neuen Führer fielen nicht mehr über die Heimwehr und die Juden her, waren für akademische Diskussionen und kritisierten die Taktik der Partei. 1929 brach ein offener Konflikt aus, die Mitglieder griffen einander offen an, und es kam zu Tätlichkeiten und Gehorsamsverweigerungen. Schließlich wurden die Angehörigen der „Geheimorganisation“ ausgeschlossen, nachdem sie zunächst versucht hatten, ihre Gegner auszuschließen. Vom Studentenbund dehnte sich der Kampf auf die Hitlerjugend aus, weil angeblich einige ihrer Führer zur „Geheimorganisation“ gehörten. Die Intervention des „Reichsstudentenführers“ Baldur von Schirach trug nur dazu bei, den Konflikt zu verschärfen, und beide Seiten reichten Beschwerden und Appelle beim Untersuchungs- und Schlichtungsausschuß der NSDAP in München ein,[43] anscheinend ohne eine Entscheidung zu erreichen.

Die Beziehungen zwischen der nationalsozialistischen Partei, der SA, der Hitlerjugend und dem Studentenbund verschlechterten sich und gleichfalls die zwischen den Gauleitern. München suchte eine Lösung für die nie endenden österreichischen Streitereien dadurch zu finden, daß ein Außenstehender, der sudetendeutsche Nationalsozialist Hans Krebs 1929 zum Landesleiter ernannt wurde. Aber er war Abgeordneter im Prager Parlament und ein Führer seiner Partei in der Tschechoslowakei und hatte wenig Zeit für die verworrene Lage in Österreich. Bald gab es Klagen, Krebs könne nie im Lande gefunden werden. Dort plante er, eine Versöhnung zwischen der Schulz-Gruppe und der Hitlerbewegung zustandezubringen, vermutlich in der Hoffnung, so das Stagnieren und die Streitigkeiten der Partei zu überwinden. Aber das rief eine scharfe Opposition der Gauleiter hervor, die um ihre Stellungen fürchteten. In einigen Gauen gab es fast einen Aufruhr der Mitglieder und unteren Funktionäre gegen jeden derartigen Kompromiß.

So sprach die Ortsgruppe Salzburg ihre entschiedene Ablehnung aller Konzessionen an die Schulzleute aus; diese erklärten in Salzburg, für eine selbständige, auf demokratischer Grundlage aufgebaute „Bruderpartei" der NSDAP mit ihrem Sitz in Wien zu sein; oberste Instanz solle eine Parteiführung werden, in der beide Gruppen vertreten wären, also nicht Hitler als höchster Führer. Wenn man in Wien eine solche „Einigung um jeden Preis" beschlossen habe, dann müßten die Salzburger fragen: „Aus welchem Grunde haben wir uns dann überhaupt vor drei Jahren von den Demokraten und Parlamentariern um Schulz herum getrennt? . . . Sind wir politische Kinder oder Dummköpfe, die sich von jedem Renegaten übers Ohr hauen lassen? . . . Wo ist der ‚Hitlergeist im Herzen', der nicht untergehen darf? Wo sind alle Treuegelöbnisse für diesen einzigen (sic) dastehenden deutschen Führer von gewaltiger Größe? All das soll mit einem Male vergessen sein? N e i n !"[44] Der Salzburger Gauleiter Koller schlug in die gleiche Kerbe und griff Krebs' Politik an, die nur zu einer neuen Spaltung führen werde; Krebs solle in Böhmen bleiben, „auf dem traditionellen Boden der Kompromißpolitik"; jetzt sollten Schulzleute zu Gauleitern von Niederösterreich, Salzburg, Vorarlberg und Wien ernannt werden, und Haubenberger, ein früherer Schulzanhänger, zum Landesleiter; aber in Wirklichkeit habe die Schulz-Gruppe „keinen brauchbaren Menschen mehr hinter sich".[45]

Der Kreisleiter von Vorarlberg (der auch seinen Posten verlieren sollte) berichtete über Verhandlungen, die er mit dem dortigen Landesleiter von Schulz geführt habe, einem Mann namens Rüscher. Als dieser davon hörte, daß der Tiroler Gauleiter Suske an den Verhandlungen teilnehmen wollte, erklärte er, er kenne keinen Gauleiter und die Tiroler sollten sich um Tiroler Dinge kümmern. Als der Kreisleiter „von dem herrlichen Aufschwung der Bewegung im Reiche" sprach, lachte Rüscher und erwähnte einen Artikel Otto Strassers, der zugab, daß die NSDAP nicht imstande sei, Arbeiter für sich zu gewinnen. Der Kreisleiter meinte dazu: „Herr Rüscher ist vollständig demokratisch eingestellt. Auf welcher Basis sollen wir denn hier mit ihm zusammenarbeiten? Als politischer Führer soll er uns vorstehen, *führen*! Uns Hitleranhänger!!! Wie sollen wir dies vor unseren Leuten vertreten, wie vor unserer Bewegung verantworten . . ."[46]

Der ehemalige Gauleiter von Kärnten wandte sich direkt an Hitler, um gegen „die plötzlich vollzogene ‚Einigung'" zu protestieren: er könne nicht glauben, daß sie mit Hitlers Einverständnis zustandegekommen sei, „daß wir die letzten vier Jahre der österreichischen Parteigeschichte einfach auslöschen und in dem demokratisch parlamentarischen Fahrwasser uns befehlsgemäß wohl zu befinden haben, dem wir damals Gottseidank! den Rücken gedreht haben". Jetzt seien alle die obenauf, die ewig zwischen der Gewerkschaft und der Heimwehr schwankend, „schon nach ihrer rassischen Veranlagung dazu bestimmt erscheinen, sich von jeden revolutionären Erschütterungen fernzuhalten". SA-Männer seien weinend zu ihm gekommen, sie verstünden all das nicht, und niemand verstehe es. „Obwohl selbst ein Österreicher, hasse ich nachgerade diese Mischung von Feigheit und Bequemlichkeit, die ja eigentlich dieses Österreichertum ausmacht, und gestehe, daß der letzte S.A.Mann, . . ., mir mehr Hochachtung einflößt als die derzeitige Leitung der Partei in Österreich . . ."[47]

Aus Innsbruck protestierte der Tiroler Gauleiter Suske seinerseits gegen den Plan, Salzburg und Vorarlberg wieder von Tirol zu trennen und dort zwei Schulzleute als Gauleiter zu bestimmen: beide „sind zwei haßerfüllte Feinde Hitlers, unbelehrbare Demokraten und Menschen, die nur einen Ehrgeiz kennen, ein Mandat zu erhalten". Suske, dessen Partei in ganz Tirol nur 180 Mitglieder hatte, konnte „es nicht fassen, daß Krebs sich bei den Einigungsverhandlungen von den Schulzleuten so hineinlegen ließ". Es müsse unter allen Umständen verhindert werden, daß solche Leute Gauleiter würden.[48] Anscheinend konnte Krebs die Opposition der Gauleiter zu seinem Einigungsversuch nicht überwinden; oder er stieß auf Hitlers Widerspruch, der nach seinen früheren Äußerungen jeder derartigen Lösung feindlich gegenüberstand und der nicht gut seine treuesten österreichischen Gefolgsleute vor den Kopf stoßen konnte. Jedenfalls trat Krebs Anfang 1930 als österreichischer Landesleiter zurück und verließ Österreich.

In Österreich hatte er sich hauptsächlich auf den oberösterreichischen Gauleiter Proksch gestützt, aber auch gegen ihn gab es starke Opposition. Proksch erhielt von Krebs weitgehende Vollmachten, die er dazu benutzte, seine eigene Position zu verstärken und Kritiker auszuschließen. In weiten Kreisen der Hitlerjugend und SA galt er als „Totengräber der Bewegung", und mindestens ein leitender Hitlerjugendfunktionär trat aus Protest von seinem Posten zurück.[49] Im Januar 1930 fand in München eine Sitzung statt, an der Hitler, Heß, der SA-Führer Pfeffer von Salomon und Buch, der Vorsitzende des Untersuchungs- und Schlichtungsausschusses, teilnahmen. Dort brachte der österreichische Vertreter schärfste Angriffe gegen „das System Proksch" und den Wiener Gauleiter Sacher vor, den er als Verräter und Feigling bezeichnete. Dazu bemerkte Pfeffer: „Herr Proksch ist uns ja als der Mann bekannt, der in Österreich alle aktiven Kräfte bisher abgewürgt hat." Der österreichische Vertreter erwähnte die kritische Stimmung unter der SA, Hitlerjugend und Studenten; eine „weitere Duldung der gegenwärtigen Zustände" müßte zum baldigen Zusammenbruch führen: die Führung müsse „in die Hände der jungen aktiven Kräfte" übergehen.[50]

Doch in München traf man keine Entscheidung, wer Krebs' Nachfolger werden sollte, und nicht einmal ein kommissarischer Landesleiter wurde bestimmt. Als sich die österreichischen Parteiführer im März 1930 in Linz versammelten und Krebs seinen Abschied von ihnen nahm, erschien Gregor Strasser, der erwartet wurde, einfach nicht. Er hatte den Vorsitzenden des Deutschen Gewerkschaftsbundes, den alten Nationalsozialisten Leo Haubenberger, gebeten, ihn in Linz zu treffen, aber der wartete umsonst auf Strasser. Krebs war sehr verärgert, „weil jetzt wieder keine Entscheidung getroffen wurde und man das arme Deutschösterreich wieder weiterwickeln läßt, ohne daß irgendwelche feste Führerverhältnisse geschaffen werden ..."[51] Haubenberger seinerseits kritisierte das Fehlen „einer zentralen, autoritativen politischen Führung der Partei für ganz Österreich":

„Jeder Gauleiter benimmt sich wie ein reichsdeutscher Kleinmonarch aus der Vorkriegszeit (‚Ich bin der nat.soz. Kaiser der Steiermark!'), jeder macht seine eigene Politik. Die Politik des [Kanzlers] Schober wird in dem einen Gau abgelehnt, im anderen aber gutgeheißen u. a. m. Jeder macht auf eigene Faust Kirchturmpolitik ... Das Verhältnis zwischen Partei, Jugendorganisation, Studentenbund und SA. ist heute ein unleidliches ... Die Linzer Führung [Proksch] wird vielfach abgelehnt, was darauf schließen läßt, daß man sich dort nicht entsprechend bewährt hat ..." Eine sehr wesentliche Ursache der allgemeinen Misere sah er „auch in dem Umstand, daß in der Partei sehr viel denunziert wird, daß jeder X-beliebige, der nach München schreibt ... oder aber in München persönlich erscheint, dort oft Gehör und Glauben findet ..." Führer würden wahllos abgesetzt: „Keine andere Partei in Österreich hat einen so großen Führerverbrauch wie die unsere."[52] Im gleichen Monat meldete Proksch nach München, daß die Einigungsverhandlungen mit der Schulz-Gruppe endgültig gescheitert seien.[53]

Im Februar 1930 berichtete Alfred Frauenfeld, ein Bankbeamter, der der Partei erst im November 1929 beigetreten war,[54] daß er den Gau Wien anstelle von Gauleiter Sacher, der Urlaub genommen habe, übernommen habe, da Sacher kaum zurückkehren würde. Der Gau hatte damals weniger als tausend zahlende Mitglieder, und im Dezember 1929 war die Zahl der wegen Nichtzahlung gestrichenen Mitglieder fast ebenso groß wie die Zahl der Neuwerbungen; doch im Januar hätte man dank einer Reihe erfolgreicher Massenversammlungen achtzig neue Mitglieder bei über dreißig Streichungen geworben.[55] Frauenfeld war sichtlich auf seinen Erfolg stolz, aber er war noch nicht zum Gauleiter ernannt. Bald darauf wandten sich 37 namentlich genannte NSDAP-Funktionäre an die Reichsleitung in München, sie hätten von dort gehört, daß der aus persönlichen Gründen ausgetretene frühere Hitlerjugend-Führer Rolf West sich um den Posten des Wiener Gauleiters bewerbe. Es wäre zwar in der Bewegung nicht üblich, „daß ganze Organisationsteile in einer Sache gemeinschaftlich an die oberste Leitung der Bewegung herantreten". Aber die „in Österreich eingerissenen trostlosen Verhältnisse" und die vielen Besuche einzelner Parteigenossen in München, die sich dort als „Retter" aufspielten, veranlaßten sie zu der Bitte, den ihrer Ansicht nach ganz ungeeigneten West nicht zu ernennen, sondern „aus dem Provisorium der Gauführung des Pg. Frauenfeld recht bald ein Definitivum zu machen, damit die verheißungsvolle Aufwärtsentwicklung, die der Gau seit einigen Wochen tatsächlich nimmt, nicht gehemmt wird ...“[56]

Merkwürdigerweise wurde diese ‚demokratische‘ Initiative von der Reichsleitung nicht zurückgewiesen, sondern Frauenfeld wurde zum Gauleiter ernannt und blieb das auch während der folgenden Jahre. Aber das bedeutete nicht das Ende der Reibereien in der Wiener NSDAP. Seine autoritären Methoden wurden von vielen Mitgliedern abgelehnt, und zwischen ihm und den Führern der Hitlerjugend entstanden bald Konflikte. Noch ehe er zum Gauleiter ernannt wurde, enthob er den Ortsgruppenführer von Ottakring, Sopper, seines Postens, weil er es ablehnte, die Zusammenarbeit mit der Hitlerjugend und dem Studentenbund aufzugeben, wie das Frauenfeld wünschte. Daraufhin erließ Sopper ein Rundschreiben an alle Wiener Sektionsführer der Partei, in dem er erklärte: „Es ist selbstverständlich, daß ich dieser Narrheit nicht zustimmte, denn wenn wir unsere Jugend verlieren, dann wäre unsere Bewegung verloren ...“ Aber er wurde von Gregor Strasser scharf zur Ordnung gewiesen, für den ein solches „Rundschreiben an alle Sektionen ... nach unseren reichsdeutschen Organisationsauffassungen etwas geradezu Unfaßbares“ war. Aus dem Rundschreiben sei ihm klar geworden, „warum unsere Bewegung in Österreich seit Jahren nicht in die Höhe kommen kann“, und er habe den Eindruck, „daß ein Teil der in der Hitlerjugend und im Studentenbund tätigen Herren das Wort ‚Aktivismus‘ als Verschleierung ausgesprochener Soldatenratswirtschaft verwenden“.[57] Diese Verurteilung von so hoher Stelle in München zeigte, wie man dort über die österreichische Partei und ihre Unterorganisationen dachte; sie deutete auch an, daß man dort entschlossen war, den neuen Wiener Gauleiter zu decken.

Im Frühjahr 1930 beklagte sich Frauenfeld mehrfach in München über den geheimen „Orden zum dritten Reich“, den er bezeichnenderweise eine „Loge“ nannte, der gegen die Gauleitung konspiriere und von Nichtparteimitgliedern geführt werde; ihm gehörten auch der frühere Hitlerjugendführer West und Mitglieder des Studentenbundes an. Die Wiener Hitlerjugend melde ihm nicht ihre Versammlungen und Demonstrationen und beteilige sich trotz Aufforderung nicht an der Propaganda; es gäbe andauernde Verdächtigungen und Verleumdungen über die Linzer Landesleitung, besonders über Proksch: „Wenn die Reichsleitung sich nicht entschließt, mich bei der Ausräucherung dieses Wespennestes zu unterstützen, dann wird binnen kurzem der jetzt so schön aufstrebende Nationalsozialismus in

Österreich wieder das alte Bild eines in sich zerkämpften Haufens von Bolschewiken bieten ..." Und noch einmal: „Wie lange sollen wir uns von einigen ehrgeizigen, jungen Leuten ohne Anhang in unserer Arbeit stören lassen? Jedes Einschreiten ist müßig, wenn die Reichsleitung immer wieder ihr Schild vor diese Friedensstörer hält ..."[58] Was wir nicht wissen, ist, ob die Reichsleitung auf diese immer neuen Klagen antwortete, und was sie tat, um Frauenfeld zu helfen.

Neue Schwierigkeiten entstanden, als Proksch versuchte, den ausgeschlossenen früheren Parteiführer Riehl zum Wiedereintritt in die Partei zu bewegen. Riehl beanspruchte keinen Titel und war bereit, das Führerprinzip anzuerkennen, aber er schlug vor, nach dem Vorbild Italiens einen „großen Rat" zu bilden, in dem wichtige Fragen besprochen werden und der aus den Gauleitern und natürlich ihm selbst bestehen sollte.[59] Aber diese Vorschläge erregten den Zorn des Tiroler Gauleiters Suske, der die Frage stellte: „Wer ist Dr. Riehl? Ist er mehr als die Prinzen und Fürsten und die hunderttausende gewöhnlicher Menschen, die, wenn sie unserer Partei beitreten wollen, nur eine Beitrittserklärung zu unterschreiben haben? ... Ich habe Dr. Riehl erklärt, wenn er zu uns kommen will, haben wir nichts dagegen, weil wir keinen Überfluß an gescheiten Leuten haben. Wir machen aber mit niemanden (sic) eine Ausnahme. Jeder muß von unten anfangen ..."[60]

Noch schärfer war die Reaktion der Leitung der NSDAP-Ortsgruppe Klosterneuburg bei Wien. Sie begrüßten die Anzeige, daß Riehl im September 1930 in einer Wiener Massenversammlung sprechen würde, mit offener Auflehnung. Jeder sei ihnen als Parteimitglied willkommen, „wenn er sich restlos und bedingungslos unserer Organisation einfügt, und wenn er sich restlos und vorbehaltlos unserem Führer Adolf Hitler unterstellt. Anders nicht! ... Für uns gibt es keine ‚besonderen österreichischen Verhältnisse', für uns gibt es kein Österreich, auch kein Deutschösterreich. Für uns ist unsere österreichische Heimat ein Bestandteil des großen deutschen Reiches, wie jeder andere deutsche Bundesstaat auch ... Wir wollen uns daher Ratschläge, wenn wir solche brauchen, in *München* holen ..." Sie gaben bekannt, daß sie in voller Stärke mit SA und Hitlerjugend in der Versammlung erscheinen würden: „sollten bei dieser Gelegenheit obige Grundsätze auch nur um Haaresbreite verlassen werden, dann werden wir unsere Entscheidungen an Ort und Stelle treffen." Doch Frauenfeld wies den Brief als „eine unerhörte Anmaßung und Disziplinlosigkeit" zurück und erklärte die Drohung am Schluß für „Meuterei“: Sie hätten es nur seiner „richtigen Einschätzung der lächerlichen Großsprecherei“ zu danken, daß er sie nicht durch die SS habe aus dem Saal weisen lassen; aber ein zweitesmal würde er nicht solchen Langmut zeigen.[61]

Im Herbst 1930 gab Frauenfeld – anscheinend ohne vorherige Beratung mit anderen Gauleitern oder mit Proksch, der das Büro der Landesleitung verwaltete – bekannt, daß Nationalsozialisten aus der Heimwehr austreten müßten, widrigenfalls sie aus der Partei ausgeschlossen würden. Sofort protestierten die Gauleiter von Oberösterreich und Steiermark, daß sie erst aus der Presse von dieser Anordnung gehört hätten. Proksch drohte, er werde der Reichsleitung „über die vom Gau Wien nun schon wiederholt vorgekommenen Eigenmächtigkeiten“ berichten, und verlangte, „daß hier im Interesse der Organisation Wandel geschaffen wird. Wenn wir so arbeiten wollen, dann werden wir bald vor aller Öffentlichkeit lächerlich gemacht werden und die Organisation wird als größerer Sauhaufen verschrien werden, als wir ihn derzeit bei anderen politischen Parteien erschrekkend wahrnehmen . . .“.[62] Proksch wurde ebenso scharf von Gauleiter Suske angegriffen, weil er Dr. Riehl bei seiner Wiederaufnahme erlaubt habe Bedingungen zu stellen; das bestätige für Suske „endgiltig die Ungeeignetheit des Parteigenossen Proksch als Landesführer“.[63]

Der Gauleiter von Oberösterreich beschwerte sich über Schwierigkeiten mit der SA, besonders ihrem Leiter, Standartenführer Zellner. Gauleiter Bolek beschuldigte letzteren, daß er „es sich scheinbar zur Hauptaufgabe gemacht hat, Gegensätze zwischen S.A. und Partei zu konstruieren“, während seine eigenen Leute gegen Zellner meuterten. Diese Zustände, fügte er hinzu, „verekeln einem die ganze Lust an der Arbeit“; er sei nicht imstande, mit „dem krankhaften Ehrgeiz und der zu Tage liegenden Führerunfähigkeit“ Zellners fertig zu werden, da dieser von der obersten SA-Führung gestützt werde. Bolek ersuchte diese, Zellner bis zur Aufklärung der Dinge von seinem Posten zu suspendieren; aber er wurde enttäuscht, denn der SA-Führer Pfeffer von Salomon lehnte das ab, und Bolek ersuchte daher seinerseits München, ihn von seinem Posten als Gauleiter zu entheben, da er alle Verantwortung für eine Weiterentwicklung des Gaues ablehnen müsse. Aber Gregor Strasser nahm den Rücktritt nicht an,[64] und anscheinend änderte sich nichts. In seinem Brief nach München erwähnte Bolek die wirkliche Ursache seiner Schwierigkeiten: „die falsche Auslegung blinden Gehorsams und des Führerprinzips“, die „unsagbaren Schaden“ verursachen würden.[65]

Diese Form von blindem Gehorsam und dieses Führerprinzip suchten die Münchener Führer in der österreichischen Partei durchzusetzen. Es war vor allem dieser Umstand, der eine Wiedervereinigung mit der Schulz-Gruppe, den „unbelehrbaren Demokraten", die eine rein hierarchische Parteistruktur ablehnten, verhinderte. Die Schulz-Gruppe war auch eher zur Zusammenarbeit mit anderen völkischen Organisationen bereit als die Hitlerbewegung. So gehörten in dem Wiener Bezirk Brigittenau sowohl die Schulz-Gruppe wie Riehls Deutschsozialer Verein dem Ausschuß des Verbandes deutschvölkischer Vereine an, zusammen mit dem Deutschen Turnverein, den völkischen Gewerkschaften, dem Großdeutschen Volksbund und ähnlichen Vereinen, aber nicht die Hitlerbewegung.[66]

In den Jahren 1924 bis 1930 erfolgte eine ungeheuere Zunahme der Stärke und des Einflusses der deutschen nationalsozialistischen Partei, die in den Wahlen vom September 1930 über sechs Millionen Stimmen, 18,3 Prozent aller abgegebenen Stimmen, erhielt. In Österreich wurde zwei Monate später, im November, gewählt, aber die Hitlerbewegung erhielt nur 108 000 Stimmen, weniger als drei Prozent der Gesamtzahl.[67] Und das geschah im ersten Jahr der großen Krise, die ganz Europa und die Welt traf. In Wirklichkeit bedeutete das eine weitere schwere Niederlage, das Ergebnis der faktischen Isolierung der Partei und ihrer ständigen inneren Streitigkeiten. Es ist sehr unwahrscheinlich, daß eine Partei, die so zerspalten war und deren Führer so unfähig waren, je durch ihre eigenen Anstrengungen an die Macht gekommen wäre, ohne Hilfe von außen, selbst während der größten Wirtschaftskrise, die Europa je gesehen hatte. Die Partei wurde jetzt von München dirigiert, aber das hatte die Lage in Österreich nicht zu ihren Gunsten beeinflußt und dazu beigetragen, die internen Reibungen zu vergrößern. Aus der erhaltenen Korrespondenz erhält man den Eindruck, daß Hitler – mit der deutschen Politik beschäftigt – nach dem erfolgreichen Coup von Passau das Interesse an Österreich wieder verlor. München vermied es oft, Entscheidungen in österreichischen Fragen zu treffen, oder fand eine Lösung, die offensichtlich provisorisch war – wie die Ernennung von Oberst Jankovic oder von Hans Krebs zum österreichischen Landesleiter, die beide nicht imstande waren, sich dort durchzusetzen.

Bei einer österreichischen Führertagung erklärte Gregor Strasser, der Reichsorganisationsleiter der NSDAP, einmal sogar, wenn in einem Führerstaat der Führer fehle, dann bleibe nichts anderes übrig, als ihn durch einen Führerrat zu ersetzen.[68] Das war eine Lösung, wie sie auch Dr. Riehl vorschlug, die aber den Hitlerschen Prinzipien widersprach. Und wie sollte ein solcher Führerrat Entscheidungen treffen? Wenn mit Mehrheit, so war das ein Rückfall in die gehaßten demokratischen Methoden und eine klare Abweichung von Hitlers Vorstellungen. Im Jahre 1930 sah die Zukunft nicht rosig für die österreichischen Nationalsozialisten aus. Aber es sollte sich bald herausstellen, daß ihre Zukunft in den Händen des Mannes lag, den sie so bereitwillig als ihren ‚glorreichen Führer' akzeptiert hatten. Das Schicksal des österreichischen Nationalsozialismus wurde nicht in Wien, sondern in Berlin und Rom entschieden.

VIII. DIE HEIMWEHREN WÄHLEN DEN FASCHISMUS

Seit ihrer Gründung in der ersten Nachkriegszeit war die Ideologie der Heimwehren scharf antimarxistisch, kritisch gegenüber der modernen Demokratie und der Rolle, die die politischen Parteien spielten. Sie wollten einen starken Staat, Zentralisierung und bestimmte Verfassungsreformen. Aber sie besaßen keine positive Ideologie, keine klare Vorstellung, was sie an die Stelle der demokratischen Institutionen setzen wollten. Sie hatten nicht einmal ein Programm, das mit dem Programm der alten Deutschen Arbeiterpartei oder mit Hitlers Fünfundzwanig Punkten vergleichbar wäre. Da sie sowohl von den Großdeutschen wie den Christlichsozialen, die sehr verschiedene Ideologien vertraten, unterstützt wurden, gab es keinen gemeinsamen Faktor, der sie verbunden hätte. Diese Schwäche war den Heimwehrführern bewußt, die ab Mitte der zwanziger Jahre auch vom italienischen Faschismus beeinflußt wurden, vor allem in Kärnten und Tirol. Einige Heimwehrführer lernten sogar Italienisch und fuhren nach Italien, um den Faschismus an Orte und Stelle zu studieren.[1]

Doch gab es auch eine auf eigenem Grund und Boden gewachsene Ideologie, die in vieler Beziehung dem Faschismus ähnelte, aber auch deutsche nationale Charakterzüge betonte: Es war somit nicht nötig, Anleihen in Italien zu machen und sich den Vorwürfen aller guten Nationalisten auszusetzen. Das war die Lehre des Wiener Professors Othmar Spann, die er seit 1920 den begeisterten Studenten vortrug. Seine Vorlesungen über „Den wahren Staat“ wurden 1921 veröffentlicht; seine Lehre „zog fast die gesamte nichtmarxistische, politisch interessierte Jugend in ihren Bann“, gleichgültig, ob sie deutschnational oder katholisch-konservativ eingestellt war; Anfang der dreißiger Jahre war ihr Einfluß unter der ‚nationalen‘ Studentenschaft vorherrschend, wie das ein bekanntes Mitglied dieser Studentengeneration beschrieben hat.[2] Im Winter 1928–29 wurde im Deutschen Klub in Wien eine Reihe von Vorträgen organisiert, um ein einheitliches Programm für die Heimwehrbewegung auszuarbeiten, bei denen sowohl

Steidle wie Spann sprachen. Seine Schüler Walter Heinrich und Hans Riehl hielten oft Vorträge bei den Heimwehren und propagierten Spanns Ideen in Österreich wie im Sudetengebiet.[3]

Wenn man heute Spanns einst berühmtes Buch, „Der wahre Staat", liest, so fällt es schwer, den Einfluß zu verstehen, den es vor fünfzig Jahren ausübte. Es betont vor allem die Rolle von Eliten und zeigt deutlich den Einfluß von Platos „Staat". „Die beste Staatsform ist diejenige, welche die Besten zur Herrschaft bringt ... Das Beste soll herrschen über das Gute; das Gute soll ... herrschen über das weniger Gute; das weniger Gute soll ... herrschen über das Beste unter dem Schlechten; das Beste unter dem Schlechten soll herrschen über das Schlechte usf. ... Es folgt: Die Herrschaft kann ihrer Natur nach nur stufenweise von oben nach abwärts gehen, und zwar unmittelbar hinab stets nur bis zum jeweils noch verwandten Kreis, niemals aber unmittelbar vom obersten zum untersten Kreise; vielmehr nur durch Vermittlung der Zwischenstufen."[4] Doch die wirkliche Botschaft des Buches lag in seinem Eintreten für eine Gesellschaft, die in Ständen oder Korporationen oder Zünften organisiert sein und die Institutionen des modernen Staates ersetzen sollte. Der unterste Stand war der der Handarbeiter, der „Hervorbringer der Mittel". Eine Stufe höher standen die „höheren Arbeiter", die „Erzeuger geistiger Mittel" und geistigen Arbeiter. Noch höher waren die Unternehmer und Wirtschaftsführer; über ihnen standen die Staatsführer, Heerführer und Kirchenführer. Doch an der Spitze dieser sozialen Pyramide war der erste Stand, der der „Bildner und Erzieher, der geistigen Helden".[5] Vielleicht war es dieser letzte Punkt, der den Studenten so stark einleuchtete, die sich als „geistige Helden" und künftige Führer der Nation ansehen konnten, die sich so vor der abstoßenden Realität der Zeit flüchten konnten in eine Zukunftsgesellschaft, in der sie die Führer sein würden.

In der Ständegesellschaft würden politische Parteien „im heutigen Sinne" überflüssig sein und durch „Sachparteien" ersetzt werden, die nur die „großen körperschaftlichen Interessen" sowie Kulturfragen und die Interessen der verschiedenen Korporationen erörtern würden.[6] Arbeitnehmer und Arbeitgeber sollten „eigene, verhältnismäßig selbständige Unterabteilungen oder Unterverbände" der Zünfte bilden; Gewerkschaften und Unternehmer sollten durch einen Gesamtarbeitsvertrag miteinander verbunden werden; und so würde der Gegensatz von Kapital und Arbeit seine Schärfe verlieren, „weil der Arbeiter nun nicht mehr getrennt und sich selbst überlassen dasteht, sondern in ein Ganzes eingegliedert ist. Dieses Eingegliedertsein in ein Ganzes ist die grundlegende soziale Änderung, die der ständische Staat bringt".[7] Die Verwandtschaft dieser Gedanken mit denen des italienischen Fascismus ist offensichtlich, vor allem in der Ersetzung der politischen Parteien und Gewerkschaften durch Korporationen als Zwangsorganisationen von Unternehmern und Arbeitern, um den Klassenkampf zu überwinden. Was weniger klar ist, ist, wie es möglich war, dies Kind eines deutschen Professorengehirns den Heimwehren zu unterschieben, deren Mitglieder kaum imstande waren, Spanns komplizierte Universalismustheorie zu verstehen, und von denen kaum erwartet werden konnte, daß sie Spanns umständliches Deutsch lesen würden. So schrieb er z. B.: Der Universalismus „erklärt den Einzelnen in seiner Selbständigkeit ebenso wie in seiner Verhaftung an die anderen. Er betrachtet als Grundtatsache die Anknüpfung des eigenen Geistes an den anderen Geist, des Einzelnen an die Ganzheit. Er erklärt die Gesamtheit als ein selbständiges Reales, er kennt, ja fordert damit von Anbeginn ein selbständiges Überindividuelles!"[8] Aber man muß im Auge behalten, daß der Gedanke der Stände als einer uralten deutschen Institution, grundverschieden von der ‚westlichen' Demokratie, damals in der Luft lag und durch die verhaßten Arbeiter- und Soldatenräte der ‚roten' Revolution einen starken Antrieb erhalten hatte.

So wird aus Tirol berichtet, daß schon 1919 die Abgeordneten der Tiroler Volkspartei „den Gedanken einer berufsständischen Gliederung und Organisierung der Tiroler Bevölkerungsschichten ernstlich erwogen" und deshalb mit der deutschfreiheitlichen Partei Fühlung nahmen, die ihre „energische Mithilfe" zusagte. An einer von beiden Parteien organisierten Aussprache nahmen auch „Vertreter wirtschaftlicher Körperschaften" teil, und man beschloß, „daß angesichts des trügerischen Gebildes des Arbeiter-, Bauern- und Soldatenrates eine echte berufsständische Gliederung unseres Volkes ins Leben zu rufen sei", unter Ausschluß aller Parteipolitik.[9] Aus diesen Diskussionen scheint eine Flugschrift „Die Stände" hervorgegangen zu sein; wie sie betonte, „ist es notwendig, daß der Plutokratie der Geldreichen die Demokratie der Bauern und Handwerker entgegengestellt werde. Nicht eine Demokratie in dem vulgären Sinne, wie [sie] durch die in ihrem Kerne plutokratisch – ideologische – französische Republik geschaffen wurde, sondern eine echt germanische Demokratie, das heißt eine durch und durch von aristokratischem Standesbewußtsein durchdrungene. Denn wahrlich – unser echter Bauer und Handwerksmann ist ein stolzerer Aristokrat als mancher Fürst oder Graf, der es nicht verschmäht, mit seinem Wappenschilde die fragwürdigen Manipulationen irgendeiner verjudeten Plusmacher-Gesellschaft zu decken ..." Die Flugschrift trat für die Schaffung von drei Ständen ein, für Landwirtschaft, gewerbliche Produktion und Handel, von denen jeder in Groß- und Kleinbetriebe untergeteilt sein sollte, um die Gewaltenteilung des Liberalismus zu überwinden, der getrennt habe, was zusammengehört, „die Kirche vom Staate, die Justiz von der Verwaltung, die Urteilfindung von der (sic) Schuldbekenntnis": „Wir halten nur voneinander geschieden, was seiner Natur nach nicht zusammengehört." [10]

Ende der zwanziger Jahre begann der Gedanke in radikaleren Heimwehrkreisen an Boden zu gewinnen, das demokratisch gewählte Parlament durch ein auf Ständen fußendes Parlament zu ersetzen,[11] und so das System der ‚westlichen' Demokratie abzuschaffen, das angeblich korrupt und undeutsch war. Damit würden auch der Marxismus und der Liberalismus, die Streitereien und der Kuhhandel der politischen Parteien, der Klassenkampf, die Ausbeutung und alle negativen Erscheinungen der modernen Gesellschaft verschwinden; auf der „Grundlage der alten deutschen Demokratie" würde der Ständegedanke verwirklicht und die soziale und politische Harmonie wiederhergestellt werden.[12] Doch ein Mann, der politisch ziemlich weit rechts stand, der damalige Innenminister Dr. Schürff, erkannte klar die Mängel, die dieser Idee anhafteten: „Würde es wirklich gelingen, die Stände durchzubilden, so würde dies eine Verschärfung des Klassenkampfes bedeuten, keineswegs aber eine Annäherung an den von unserem Programm gepredigten Grundsatz der Volksgemeinschaft. In einem Ständestaat würde die Atomisierung fortschreiten. Der Kampf der Stände gegeneinander würde ein Staatsgefühl, einen Patriotismus nicht aufkommen lassen ..." [13] Er hätte dem ein historisches Argument hinzufügen können. Wo immer es Ständeversammlungen gegeben hatte – und das war in fast allen deutschen Staaten der Fall gewesen – hatten die Stände nicht in biblischer Harmonie miteinander getagt, sondern hatte es zwischen ihnen häufige und bittere Konflikte gegeben. Aber Geschichte war nicht die starke Seite der Heimwehrideologen.

Spann seinerseits suchte die Heimwehren einem größeren Publikum bekanntzumachen. 1929 schrieb er einen Artikel für eine große deutsche Tageszeitung, in dem er erklärte, „die Heimwehren hätten sich unmöglich in zwei Jahren zu solcher Größe entwickeln können, wenn sie nicht die volle Unterstützung aller ruhig Denkenden Österreichs erhalten hätten". Die sozialdemokratischen Zeitungen nennten sie ständig „Faschisten", und leider sei ein Teil der Weltpresse auf dieses Märchen hereingefallen: In Wirklichkeit seien sie „der letzte Hoffnungsanker, nicht nur einiger Politiker, sondern die maßgebenden Wirtschaftsführer erblickten in ihnen die letzte Möglichkeit, Österreich vom schleichenden Bolschewismus zu befreien". Erst dann könnten sich Österreichs große wirtschaftliche Reserven entfalten.[14] Leider sagte Spann nicht, was er unter „schleichendem Bolschewismus" verstand, aber vermutlich war es wieder einmal das ‚rote Wien', das seinen Zorn erregte.

Die Nationalsozialisten lehnten Spanns Theorien und die elitären Gruppen, die seine Anhänger innerhalb der Rechtsorganisationen zu bilden versuchten, scharf ab. Noch schärfer kritisierten sie, daß Spann die Bedeutung der Rasse und den Antisemitismus nicht genügend hervorhob. In der Tat erwähnte „Der wahre Staat" diese Fragen kaum, und sie waren für die Nationalsozialisten entscheidend. Für Spann war das Volk eine ‚geistige' Gemeinschaft unabhängig von Rasse und Blut. Er erkannte den deutschen Minderheiten außerhalb Deutschlands eine „organische Eigenständigkeit" zu, die durch die geschichtlichen und politischen Entwicklungen und die stammliche und religiöse Eigenart bedingt war; das bedeutete, daß er dem deutschen Staat das Führungsprimat absprach und die Pflicht der deutschen Volksgruppen zur Unterordnung unter diesen nicht anerkannte.[15] 1931 wurde Spanns Name von der Mitgliederliste des „Kampfbundes für deutsche Kultur", einer von den Nationalsozialisten kontrollierten Organisation, gestrichen, weil er eine ihm von dessen Reichsleitung zugeschickte Nachnahmesendung nicht einlöste. Aber schon früher waren „von mehreren Seiten" Einwände gegen seine Mitgliedschaft erhoben worden, so daß die Ortsgruppe Wien froh war, daß die Sache „damit endlich einmal geklärt" war.[16] Spann spielte keine prominente politische Rolle, aber er versah ehrgeizige Politiker mit einem für sie nützlichen Werkzeug, und er übte einen starken Einfluß auf die akademische Jugend aus.

Vermutlich war es vor allem die Anziehungskraft des italienischen Faschismus (und seiner Subsidien), und nicht die Spannsche Lehre, die den Heimwehrführer Dr. Steidle zu dem bekannten Eid von Korneuburg am 18. Mai 1930 veranlaßte. Vor allem aber wollte er die Bewegung vereinheitlichen und allen Einfluß von Parteiführern, speziell solcher der Christlichsozialen wie den von Raab in Niederösterreich, ausschalten. So erklärte Steidle in Korneuburg vor den versammelten Heimwehrführern:

„Weil wir gesehen haben, daß keine einzige der Parteien wirklich den ernsten Willen hat, eine neue Staatsgrundlage zu suchen, müssen wir unsere staatspolitischen Ziele selbst in die Hand nehmen und nicht mehr bloße Einpeitscher der Parteien sein, sondern selbst aktive Staatspolitik treiben. Das wird die Schicksalsfrage für die Heimwehren: Wollen Sie wie bisher auf dem Standpunkte stehen, daß die Heimwehrbewegung nichts ist, als der Eintreiber für die Parteien, oder wollen Sie sich, um ein Schlagwort zu gebrauchen, für das faschistische System erklären? Das ist die klare und einfache Formel. Wenn Landesführer Raab heute aufsteht und sagt: Ich bin bereit dazu, dann gehen wir auch weiterhin zusammen. Steht er aber auf dem Standpunkt, daß wir nur die Diener der Parteien zu sein haben, dann trennen sich unsere Wege ... Wir haben bisher nur ein Ziel gehabt: dem Marxismus die Stirne zu bieten, ihm die Arbeiterschaft zu entreißen ... Wir sind aber weiter gegangen und haben gesagt, es genügt uns nicht, daß wir bloß diese Aufgabe zu erfüllen haben und die Parteien im Parlamente regieren zu lassen. Diese Rolle ist uns zu wenig ...“ [17]

Auf Steidles Rede folgte die Verlesung des Eides, den die anwesenden Führer schwören sollten. Seine wichtigsten Stellen lauteten:

„Wir wollen nach der Macht im Staate greifen und zum Wohle des gesamten Volkes Staat und Wirtschaft neu ordnen ... Wir verwerfen den westlichen demokratischen Parlamentarismus und Parteienstaat! Wir wollen an seine Stelle die Selbstverwaltung der Stände setzen und eine starke Staatsführung, die nicht nur aus Parteienvertretern, sondern aus den führenden Personen der großen Stände gebildet wird ... Wir kämpfen gegen die Zersetzung unseres Volkes durch den marxistischen Klassenkampf und liberalkapitalistische Wirtschaftsgestaltung ...“ [18]

Wie die Polizei aus Steidles Umgebung unterrichtet wurde, war dies „Bekenntnis zum fascistischen System ... wohlüberlegt und beabsichtigt“.[19]

Nach der Verlesung des Eides erklärte Raab, er habe der Bundesführung der Heimwehren schon früher Treue gelobt und würde das auch in Zukunft halten. Als ihn Steidle ausdrücklich fragte „Also ja?“, leistete Raab durch Handschlag das Gelöbnis. Seine Stellvertreter taten das Gleiche, und sämtliche Delegierte erhoben sich von den Sitzen und bekundeten durch stürmische Beifallsrufe ihr Einverständnis. Der Abgeordnete Zippe rief aus: „Der parlamentarische Weg, der westliche Weg wird uns nicht herausführen. Das kann nur der Weg, der nicht Rücksicht nimmt auf die Parteien. Ich bin Faschist.“ Von begeistertem Beifall unterbrochen erklärte Dr. Pfrimer, nur der Faschismus könne Österreich retten; die Macht müsse erobert werden, und dann würden die Führer der Bewegung regieren können; der Eid sei „das größte Ereignis ..., das die Geschichte der österreichischen Heimwehrbewegung bisher aufzuweisen hat".[20] Es schien auf einmal volle Einigkeit unter den Führern zu herrschen, aber sie dauerte nicht lange. Die Ereignisse von Korneuburg enthüllten in Wirklichkeit die tiefen Gegensätze innerhalb der Heimwehren.

Eine Woche nach Korneuburg, am 25. Mai, sprach Steidle bei einer Heimwehrfeier in Feldkirch in Vorarlberg über „Faschismus"; offensichtlich als Antwort auf Kritik erklärte er nunmehr, dieser sei spezifisch italienisch und „kein Exportartikel".[21] Einige Tage zuvor rief er in Innsbruck aus: „Wir wollen das Ende der französischen Revolution auf deutschem Boden, wenn es sein muß durch eine deutsche Revolution, durch eine Diktatur des Aufbaues" (sic); darum hätten die Heimwehren alle ihre Bindungen an das bisherige System gelöst und sich von den Parteien getrennt, um ihr „großes Endziel" zu erreichen, „den wahren deutschen Volksstaat der schaffenden Stände" auf einer „altbewährten Kultur- und Wirtschaftsgrundlage".[22] Doch Steidles Kritiker auf der Rechten wurden durch diese Betonung deutscher nationaler Ziele und das Ableugnen des italienischen Einflusses nicht irregeführt. Die Großdeutschen unter den Heimwehrführern kritisierten Steidles „Liebäugeln mit dem Faschismus, seine Erfindung von der ‚nationalen Internationale', seinen Kampf gegen alle Parteien und den Parlamentarismus, die Idee des Ständestaates und von der Ergreifung der Macht im Staate und als Krone des Ganzen das ‚Korneuburger Gelöbnis' ..."[23] Die Führer des Landbundes gingen noch weiter; ihnen war klar, daß das Gelöbnis sich gegen die Verfassung richtete und unvereinbar war mit der Funktion eines Abgeordneten in einer gewählten Versammlung. Die Haltung der Christlichsozialen Partei war zweideutiger: Sie überließ es ihren Mandataren, den Eid zu leisten oder zu verweigern, weil nach ihrer Ansicht kein Konflikt zwischen den verschiedenen Pflichten entstehen würde.[24]

Doch die deutlichste Widerlegung von Steidles Ansichten kam von Dr. Ender, dem Landeshauptmann von Vorarlberg, der nach ihm auf dem Heimwehrfest in Feldkirch sprach. Ender betonte, der Vorarlberger Heimatdienst stünde auf dem Boden der Verfassung; wenn er ihn je verließe, müsse er sofort von der Leitung zurücktreten: „Ich kann nicht als Landeshauptmann Beobachtung der Verfassung geloben und im Heimatdienst sie brechen." Die Verfassung sei demokratisch und entspräche daher dem alemannischen Volkscharakter und der Vorarlberger Geschichte. „Es wäre ein schwarzer Tag für unser Volk, wenn ihm die Freiheit der demokratischen Selbstverwaltung genommen würde, die wir hoch halten in der Gemeinde und im Lande." Es würde oft gesagt, die Demokratie sei aus dem Westen importiert worden: Bestimmt käme sie nicht aus dem Osten, aber sie habe starke Wurzeln in der deutschen Vergangenheit.[25] Anscheinend kannte Dr. Ender die deutsche Geschichte besser als die Heimwehrführer, und während seiner langen Rede gab er die Beweise für seine Behauptungen. Er stellte auch fest, daß der Landesführer der Vorarlberger Heimwehren das Korneuburger Gelöbnis nicht im Einvernehmen mit ihm geleistet habe. Ein anderer Führer, der sein Nichteinverständnis mit ihm ausdrückte, war Fürst Starhemberg, der den Großdeutschen privat mitteilen ließ, er sei von Steidle deswegen nicht konsultiert worden.[26]

Während der folgenden Wochen besprachen die großdeutschen Abgeordneten mehrfach die Heimwehrfrage. Ende Mai berichtete der Abgeordnete Grailer, sie seien zu einer Konferenz mit den Heimwehrführern eingeladen worden, die wünschten, sie sollten keine Rücksicht auf Parteidisziplin nehmen und sich der Heimwehr unterstellen; in Lebensfragen sollten „sich deren Mitglieder in erster Linie als Heimatschützler fühlen"; aber er habe ihnen erklärt, er sei in erster Linie seinem Gewissen und seinen Wählern verantwortlich. Dr. Waber unterstützte ihn: Zwischen ihnen und der Heimwehr bestünden Gegensätze; die Heimwehren wollten die Schoberregierung stürzen, während sie sie halten wollten und sie müßten das den Heimwehrführern klarmachen, gegenüber denen sie „durchaus freundlich" eingestellt seien. Dr. Straffner meinte, die Heimwehren sollten sich aus der Tagespolitik heraushalten und ihrem Gründungsgedanken treu bleiben: Sie könnten dem Korneuburger Gelöbnis nicht beitreten.[27] Bei ihrer nächsten Sitzung beschlossen die großdeutschen Abgeordneten einstimmig, das Gelöbnis nicht zu leisten. Klimann erklärte, er sei Mitglied der Kärntner Heimwehr (er war ihr „Ehrenlandesleiter") und ihre Satzungen seien noch immer gültig, und demnach sei er nicht verpflichtet, der Bundesführung einen Eid zu leisten. Aber ein anderer Abgeordneter bemerkte, ihre Anhänger seien „sehr für die Heimwehr eingestellt", daher dürften sie sich nicht gegen die Heimwehr festlegen.[28]

Bei der Aussprache zwischen den Heimwehrführern und denen der zwei bürgerlichen Parteien versuchte Steidle die Anwesenden zur

Annahme des Gelöbnisses zu bestimmen. Aber dem widersprach der christlichsoziale Abgeordnete Dr. Salzmann, der es merkwürdig fand, daß man sie zu einer Aussprache eingeladen habe, und nun solle eine Vereidigung vorgenommen werden; er sei für die alten Grundsätze der Heimwehr, aber nicht für die neuen; er habe einen Eid auf die Verfassung geleistet, und könne ihn nicht durch dies Gelöbnis brechen. Aber Steidle beharrte darauf: Entweder würde das Gelöbnis geleistet oder es käme zum Bruch. Der christlichsoziale Abgeordnete Jerzabek unterstützte Salzmann, da sie den Eid auf die Verfassung nicht brechen könnten; über den Ständestaat müsse noch geredet werden, die Sache sei noch nicht erledigt. Der steirische Heimwehrführer Rauter betonte, es könne zu einer Kollision zwischen Heimwehr und Partei kommen; wer mit den Sozialdemokraten verhandle, breche ein Grundprinzip. Schließlich leistete keiner der acht anwesenden Abgeordneten das Gelöbnis: eine Niederlage für Steidle, der jetzt meinte, er werde legal zur Macht kommen. Nach Ansicht von Dr. Straffner beabsichtigte er das durch Zersetzung der Parteien zu erreichen; wenn sie das Gelöbnis leisteten, müßten sie Steidles Befehle ausführen. Für den Augenblick war das Ziel der Heimwehren der Sturz Schobers; als ein Abgeordneter fragte, was danach käme, war die Antwort: „Das ist gleichgültig, Schober muß weg." Manche Christlichsoziale waren der Ansicht, nicht Steidle zerstöre ihre Partei, sondern Schober.[29] Bei einer weiteren Besprechung zwischen den Großdeutschen und Heimwehrführern wiederholten erstere ihren Beschluß, das Gelöbnis nicht zu leisten, und ein anwesender Wiener Gemeinderat setzte ihnen auseinander, er müsse zurücktreten, wenn er den Eid ablege – womit wiederum die Heimwehrführer nicht einverstanden waren.[30]

Auf einer Führertagung der Kärntner Heimwehr sollte das Gelöbnis geleistet werden, aber mehrere traten dafür ein, erst die Mitglieder zu befragen, und das wurde akzeptiert. Doch dann meinte einer der Leiter, das hindere sie nicht, den Eid zu leisten, und viele der Anwesenden taten das, aber nur in einer Form, in der von Putsch, Diktatur und Faschismus keine Rede war.[31] Aber der Landbundabgeordnete Tauschitz lehnte auch das ab, und seine Anhänger im Lande folgten seinem Beispiel in Versammlungen in einzelnen Kärntner Bezirken. In Oberösterreich waren die Heimwehrführer, mit denen die Großdeutschen Kontakt hatten, für die Schoberregierung und nur dazu bereit, ein Gelöbnis in die Hand Starhembergs abzulegen, nicht in die Steidles. Die Abgeordneten, die den Eid nicht geleistet hatten, wurden dann brieflich davon verständigt, daß sie nicht mehr Heimwehrmitglieder seien.[32] Wenn es Steidles Ziel war, die Zersetzung des parlamentarischen Systems von innen dadurch herbeizuführen, daß er die Abgeordneten an seine Befehle band,[33] so war dieser Taktik kein Erfolg beschieden.

Ebensowenig war die Heimwehr erfolgreich in ihrer Politik, Schober unter Druck zu setzen, er möge ihre Forderungen erfüllen und die Verfassung beseitigen. Das wurde ihm von dem steirischen Landeshauptmann Dr. Rintelen und dem Grazer Erzbischof Ferdinand Pawlikowski vorgeschlagen, der ihm anbot, ihn seines Eides zu entbinden, aber Schober lehnte ab.[34] Er ging nun zum Gegenangriff über und beschloß, den Mann aus Österreich zu entfernen, den er für den „bösen Geist" der Heimwehr hielt: den deutschen Major Pabst, der eine wichtige Rolle in Korneuburg und bei den Verhandlungen mit den Abgeordneten der Parteien gespielt hatte. Wie Schober dem deutschen Gesandten Graf Lerchenfeld mitteilte, war sich die Bundesregierung in dieser Frage völlig einig, daß sie „die Nebenregierung der Heimwehrführung nicht mehr dulden könne" und daß Pabst „der wichtigste und tatkräftigste Exponent dieser Nebenregierung" sei. Da Pabst sich in innerösterreichische Angelegenheiten eingemischt hatte, wurde er „wegen unzulässiger politischer Tätigkeit" ausgewiesen,[35] wie Schober das schon seit längerem beabsichtigt hatte.[36] Was in seinen Augen besonders gegen Pabst sprach, waren Informationen, die die Polizei aus verläßlicher Quelle erhielt, daß er durch seine engen Beziehungen zu italienischen Parteistellen versuchte, die Bemühungen der Regierung um Erlangung einer internationalen Anleihe von der Erfüllung der Heimwehrforderungen abhängig zu machen.[37]

Die schärfste Reaktion gegen das Korneuburger Gelöbnis kam von dem Landbund, der bisher wie die anderen bürgerlichen Parteien die Heimwehren unterstützt hatte, vor allem in Kärnten und Steiermark, wo seine Hauptstärke lag. Aber er lehnte den Plan eines Ständeparlaments ab, da er gegen jede Diktatur war und befürchtete, unter das Diktat anderer wirtschaftlicher Gruppen zu kommen, die stärker und besser organisiert waren. Da der Landbund einen Heimwehrputsch erwartete, begann er Bauernwehren zum Schutz des Bauerntums zu organisieren, vor allem in Kärnten, Oberösterreich und Steiermark, die bald ihre Kraft in großen Demonstrationen unter Beweis stellten.[38] Aber die Bauernwehren riefen die Wut der Heimwehr hervor, die das mit Recht als „eine eindeutige Kampfansage" ansah, als Verrat nicht nur an der Bauernschaft, sondern auch „an der Volksgemeinschaft, die durch eine Politik der Zersetzung gefährdet wird".[39] Aber trotz dieser Attacken verließen viele Bauern die Heimwehr und traten zur Bauernwehr über.[40]

Pabst verließ Österreich und ging nach Italien, aber seine Verbannung dauerte nicht lange, da Schober bald zurücktrat und die neue Regierung Pabst erlaubte, nach Österreich zurückzukehren, mit Jubel von der Heimwehr empfangen. Als Pabst in Heimwehruniform auf dem Brenner ankam, wurde er dort von dem faschistischen Milizkommandanten empfangen. Er drückte seine Hoffnung aus, daß Pabst sich in Italien wohlgefühlt habe und schloß mit den Worten: „Evviva fascisti austriaci!" – eine offensichtliche Demonstration faschistischer Solidarität. Am Abend gab es in Innsbruck einen großen Empfang im Stadtsaal in Gegenwart der zivilen und militärischen Behörden: der Bürgermeister, der Kommandant des Tiroler Alpenjägerregiments und ein Feldmarschalleutnant als Vertreter der alten Armee. In seiner Dankrede betonte Pabst, „daß mit Stimmzetteln und Wahlen kein Volk in die Höhe gebracht werden könne"; damit müsse Schluß gemacht werden, die Heimwehr müsse die Macht im Staat ergreifen, und das „schon in der allernächsten Zeit".[41]

Die Regierung Schober versuchte auch, die Haltung des Papstes zur Heimwehr festzustellen. Der österreichische Gesandte beim Heiligen Stuhl versuchte zweimal, bei Kardinal Pacelli in dieser Frage vorzufühlen. Aber Pacelli ging darauf nicht ein; er zeigte an dem Thema kein sichtbares Interesse, und war nicht dazu zu bewegen, etwas Negatives zu sagen, aus „prinzipieller Vorsicht", wie der Gesandte meinte. Beide Male verglich Pacelli aus seiner Münchener Erfahrung heraus die Heimwehren mit der Orgesch, die auf Verlangen der Entente aufgelöst worden sei, um dann rhetorisch zu fragen, ob das nicht auch in Österreich der Fall gewesen sei. Der arme Gesandte war gezwungen zu bemerken, daß Pacelli vielleicht beabsichtigt habe, man solle aus seinen Äußerungen das Gegenteil von dem herauslesen, was ihn bewege.[42] Es ist schwer zu sagen, wie er eine andere Haltung hätte beziehen können. Schließlich hätten ja die Heimwehren auch an die Macht kommen können. Aber trotz aller Anstrengungen Pabsts kamen sie diesem Ziel nicht näher.

Nach dem Fehlschlag des Korneuburger Coups brachen die Differenzen zwischen den Heimwehrführern aufs Neue offen aus. Im Juni 1930 berichtete der ungarische General Jánky, Starhemberg, bisher einer der radikalsten Kämpfer, habe Beziehungen zu Schober angeknüpft: „Der junge Fürst hat größere Ambitionen, da er ernsthaft von der Regierung Österreichs träumt.“[43] Bei einer Besprechung der Heimwehrführer Anfang September griff er die bisherige Führung scharf an; Steidle und Pfrimer betrachteten ihre Aufgabe als Sport, aber die Lage erfordere, daß die Führung in die Hand eines „Fanatikers der Tat“ käme. Das Ergebnis seiner leidenschaftlichen Rede war, daß Starhemberg mit Unterstützung der Christlichsozialen zum Bundesführer der Heimwehr gewählt wurde. Doch der eigentliche spiritus rector des Führungswechsels war Schober, der den Industriellenverband dazu bewogen hatte, seine Unterstützungen an die Starhemberggruppe zu zahlen, und nicht mehr an Steidle.[44]

Aber es ist zweifelhaft, ob Starhemberg im politischen Spiel erfolgreicher war als die abgesetzten Führer. Bestimmt hielt er sich alle Wege offen, und so hatte er auch des öfteren Aussprachen mit nationalsozialistischen Führern, vor allem mit Proksch in Linz, der diese Beziehungen als „für die kommenden Wahlen von größter Bedeutung“ ansah.[45] Er hatte auch Besprechungen mit deutschen Nationalsozialisten und wenigstens eine mit Hitler. Aber das geplante Wahlbündnis kam nicht zustande, weil Hitler Parität mit der Heimwehr verlangte, und beide Seiten stellten getrennte Listen auf. Zum erstenmal nahmen die Heimwehren direkt an einer Wahl teil, und anscheinend hatten sie starke Hoffnung auf einen großen Erfolg. Doch das Ergebnis enttäuschte sie schwer. Zwar erhielt der Heimatblock im November 1930 zweimal so viel Stimmen wie die Nationalsozialisten, aber das waren nur 6 % der Gesamtzahl oder 228 000 Stimmen, während die Sozialdemokraten mehr als 1 500 000 Stimmen oder 41 % erhielten. Die Stimmenzahl genügte, um dem Heimatblock acht Abgeordnetensitze zu verschaffen, und die Nationalsozialisten gingen leer aus.[46] In Wien trat der Heimwehrführer Major Fey an Dr. Riehl heran und schlug eine Listenverbindung vor, aber Riehl erklärte ihm einfach, eine solche käme nicht in Frage.[47]

Starhemberg beschrieb später die Wirkung des sehr begrenzten Wahlerfolges auf die Heimwehren. Die, die sich übertrieben optimistische Hoffnungen über den Wahlausgang gemacht hatten, waren enttäuscht und wurden unruhig. Andere standen dem parlamentarischen System so feindlich gegenüber, daß sie es als kompromittierend für die Bewegung empfanden, im Parlament zu sitzen. Die meisten „gerieten in einen übertriebenen Radikalismus“, und all das trug dazu bei, einen zersetzenden Einfluß auszuüben.[48] Starhemberg selbst war auch öffentlich bereit, nationalsozialistischen Vorstellungen entgegenzukommen, und erklärte in Wien im März 1930: „Unter Volksgenossen meine ich nur jene, die die Rasseninstinkte des Deutschen tragen, in deren Adern deutsches Blut rollt; ich meine nicht mit dem Volke jene fremden, plattfüßigen Parasiten aus dem Osten, die uns ausbeuten durch ein ungesundes Wirtschaftssystem ..."[49] Ende 1930 war sein Prestige in nationalistischen Kreisen so groß, daß er zum ersten Bundesführer des Freikorps Oberland gewählt wurde, das Gruppen in Deutschland und Österreich hatte und aktiv am Hitlerputsch von 1923 beteiligt gewesen war (unter den Teilnehmern war auch Starhemberg selbst gewesen). Aber die Wahl war umstritten: Er erhielt nur 36 österreichische und eine deutsche Stimme, während 36 deutsche Stimmen gegen ihn waren. Die deutschen Oberlandgruppen nahmen nun engeren Kontakt mit der SA auf, und einige von ihnen schlossen sich dem aufsteigenden Stern Hitlers an.[50]

Der auf Schober folgende österreichische Kanzler war der bisherige Heeresminister Carl Vaugoin, der der Christlichsozialen Partei angehörte, aber auch enge Beziehungen zur Heimwehr hatte. Starhemberg wurde Innenminister, und ein anderer Heimwehrführer Justizminister. Bei einem Heimwehraufmarsch im November ließen Vaugoin und der frühere Bundeskanzler Seipel die Einheiten an sich vorbeidefilieren und hielten dann kurze Ansprachen an sie.[51] Nach der Wahl vom gleichen Monat mußte Vaugoin zurücktreten; aber Starhemberg forderte, daß er Innenminister bleiben müsse, „aus Prestigegründen" wie er sagte.[52] Aber sein Ehrgeiz wurde nicht erfüllt. Doch allein die Tatsache, daß er nunmehr Leiter einer kleinen parlamentarischen Fraktion war, beraubte seine Bewegung ihrer Stoßkraft und machte neue Konflikte unvermeidlich, vor allem mit den Nationalsozialisten, die den Wahlkampf verloren hatten. Sie begannen, Heimwehrversammlungen zu stören, und es kam zu scharfen Zusammenstößen zwischen beiden Bewegungen. Unter stürmischen Unterbrechungen erklärte Starhemberg, mit Straßendemonstrationen und Hitlerparolen lasse sich kein neuer Staat aufbauen: Er müsse vor aller Öffentlichkeit feststellen, die Heimwehr habe mit dem Nationalsozialismus nichts zu tun (vor der Wahl hatte man es anders gehört). In einer anderen Rede betonte er, man könne nichts mit Waffengewalt gegen die Regierung erreichen; es würde nur zu einem gewaltsamen Zusammenstoß kommen, durch den die Wirtschaft zertrümmert und das Volk in noch größeres Elend gestürzt werden würde; man müsse den Gedanken an Gewalt aufgeben. Aber solche Äußerungen bewiesen den alten Oberländern nur, daß sich Starhemberg „dem österreichischen Besitzbürgertum und seinen parlamentarischen Vertretern verkauft" hatte; er habe „sich doch längst dem christlich-sozialen Faschismus verschrieben", und sie hätten keine Ursache, sich von ihm „die römische Zwangsjacke überziehen zu lassen".[53]

Bald gab es auch neue Konflikte mit den christlichsozialen Vertretern in der Heimwehr, besonders mit dem Abgeordneten Raab, der für seine Partei, aber nicht für den Heimatblock wiedergewählt worden war. Das führte in Niederösterreich zu einer neuen Spaltung. Starhemberg erklärte, Raab sei unzuverlässig und stünde nur hinter der Heimwehr, solange diese die Christlichsoziale Partei unterstütze, und daher müsse er sich von Raab trennen.[54] Neue Streitigkeiten entstanden auch mit Steidle und Pabst. Noch vor dem Ende des Jahres 1930 bezeichnete es der ungarische Ministerpräsident Bethlen als dringendste Aufgabe, eine Aussöhnung Starhembergs mit Schober, Seipel und Vaugoin herbeizuführen und die Einheit der Bewegung wiederherzustellen.[55] In Tirol versuchte die christlichsoziale Landesregierung, den ursprünglichen Charakter der Heimwehr als einer Notpolizei unter dem Befehl der Regierung neu zu beleben und damit die Ideen, die die Heimwehren bei ihrer Gründung beseelten, da der neue Kurs Schiffbruch erlitten hatte. Aber in den Augen der Großdeutschen war das nur ein Manöver, um die Heimwehr „langsam aber sicher in das christlichsoziale Lager hinüberzuführen"; trotzdem gab es für sie keine andere Alternative als mitzumachen.[56] In Vorarlberg war der gleiche Kurs durch die Person des Landeshauptmanns Ender garantiert, der der neue österreichische Kanzler war.

Viele Tiroler Heimwehrführer hatten ihr Vertrauen zu Steidle verloren, weil er keine Ideale hätte und keine Opfer brächte. Es müßten neue Führer gewählt werden, die das Vertrauen der Bauern und der Einheiten besäßen; dann würde die Heimwehr „wieder die alte werden", aber es würde lange dauern, bis „das alte Vertrauen und die alte Begeisterung" wiederkämen.[57] In einem Brief an Starhemberg bekundete der gleiche Schreiber seinen tiefen Pessimismus über die zukünftige Entwicklung. In weiten Kreisen, die bisher die Heimwehr unterstützt hätten, herrsche „teilweise Interesselosigkeit, teilweise eine Abneigung gegen die Heimatwehr; ihre eigenen Mitglieder wüßten nicht, was den Führerstreit verursache und führten ihn auf persönlichen Ehrgeiz zurück. „Es herrscht daher eine Vertrauenskrise sowohl gegenüber Steidle als auch gegenüber der Bundesführung." Die Sache des Heimatblocks in Tirol sei „aussichtlos", und an die Überparteilichkeit der Heimwehr glaube niemand mehr, „wenn diese eine Parteigarde des Heimatblocks wird"; die Oberlandleute und die deutschen Turner wendeten sich dem Nationalsozialismus zu. Die Tiroler wollten einen starken, autoritären Staat, aber keine Diktatur, auch nicht die der Heimwehren. Wichtige Fragen müßten unter den Führern beraten werden, während Steidle und Pabst jeder Debatte auswichen und die Führer vor vollendete Tatsachen stellten. Vor allem „muß die Heimwehr wirklich vaterländisch arbeiten. Es ist daher ausgeschlossen, daß Heimatwehrführer mit Faschisten auch dem Scheine nach in guter Verbindung stehen, solange die Verhältnisse in Südtirol sich nicht wesentlich ändern. Das verlangt der Selbsterhaltungstrieb".[58] Das war das Bild, das die Heimwehrbewegung nur neun Monate nach dem Gelöbnis von Korneuburg in Tirol, einer ihrer traditionellen Hochburgen, bot.

Ebenso kritisch waren die Äußerungen von Major Pabst gegenüber einem ungarischen Besucher, dem stellvertretenden Außenminister Apor, der Pabst bat, alles zu tun, um die Einheit der Bewegung zu fördern. Aber Pabst glaubte nicht, daß es möglich sein werde, ihr neues Leben einzuflößen, weil ihr geeignete Führer fehlten. General Hülgerth sei ein ausgezeichneter Soldat, aber zu weich und daher als Führer ungeeignet. Vielleicht könnte Steidle wieder der Führer werden; er sei gescheit und begabt, „aber unheimlich faul" und ihm fehle die wahre Begeisterung. Starhemberg besäße diese, und er „sei auch sonst ein sehr liebenswerter Mann, ihm fehle aber der Kopf, und daher spreche er alles durcheinander und könne keine Linie einhalten". Der Besucher fragte dann, was Pabst von den Nationalsozialisten halte, und dieser antwortete, die Bewegung wachse; ihr Führer sei „ein sehr agiler Mann namens Frauenfeld, der gleich beim ersten Ansturm bei den Wahlen halb so viel Stimmen erhalten habe wie die Heimwehr". Er sei finanziell unabhängig, denn er tue, was Pabst den Heimwehren immer vergeblich predigte, nämlich Sammlung von Mitgliedsbeiträgen, während die Heimwehr von den Subventionen der Großindustrie lebe. Aber Starhemberg habe sich in einem Konflikt der Alpinen Montangesellschaft mit ihren Arbeitern auf deren Seite gestellt, mit dem Ergebnis, daß ab 1. Januar die Industrie ihre Zahlungen eingestellt und die Heimwehr kein Geld habe. Pabst bedauerte auch, daß sich so viele „unfähige Aristokraten nachträglich in die Heimwehr eingedrängt haben und dort mehr Schaden anrichten" als ihr Name wert sei; das verschärfe den Gegensatz zwischen Schwarz-Gelb und Großdeutsch und gefährde den völkischen Charakter der Heimwehren.[59] Laut einem anderen ungarischen Bericht stellte der Industriellenverband in der Tat seine Zahlungen ein, aber nicht wegen des

Arbeitskonflikts bei der Alpinen Montan, sondern wegen der Uneinigkeit und den Intrigen unter den Führern. Der Leiter des Industriellenverbandes, Baron Erhardt, habe versucht, die Gegensätze zwischen Starhemberg und seinen Gegnern auszugleichen, aber ohne Erfolg.[60]

Die ungarischen und italienischen Regierungen verloren gleichfalls ihr Vertrauen zu einer Bewegung, die so viel versprach und so wenig erreichte. Daher verursachte der Geldmangel ernste Schwierigkeiten, und die Beiträge österreichischer Aristokraten, die auf halbfeudaler Basis ihre eigenen Heimwehreinheiten aufstellten, konnte den Mangel nicht wettmachen. Im Sommer 1931 wandten sich Heimwehrvertreter an den Sekretär der ungarischen Gesandtschaft in Wien mit der Bitte, die alten Beziehungen zur ungarischen Regierung und ‚nationalen Kreisen' in Budapest wiederherzustellen, mit der Behauptung, sie erhielten noch immer Waffen von dort. Die Gesandtschaft fragte dann in Budapest an, wie sie sich verhalten solle, und man beauftragte sie, nichts zu tun, weil die ungarische Regierung gute Beziehungen zu Wien habe und die Aussicht, daß die Heimwehren ihre alte Stärke zurückgewinnen würden, sehr klein sei. Die Heimwehren traten ebenfalls an den italienischen Gesandten heran, aber die Antwort war ebenso negativ: Sie könnten auf keine italienische Unterstützung mehr rechnen, „da sie infolge ihrer mangelhaften Organisation und Ungeschicklichkeit bereits zweimal den psychologischen Moment für eine Entfaltung ihrer Ideen versäumt hätten".[61]

Zu diesem Zeitpunkt herrschte im Heimwehrlager bereits völlige Verwirrung. Starhemberg zog sich auf seine Güter zurück, deren Verwaltung zerrüttet war, aber blieb offiziell Führer der Heimwehr. Pabst verließ Österreich; Major Fey in Wien stand in offener Opposition zu Starhemberg; Pfrimer in Steiermark näherte sich mehr und mehr den Nationalsozialisten, mit denen er seit 1927 gute Beziehungen unterhielt.[62] Im März 1931 erklärte er, nicht das Volk regiere, wie es die Verfassung behaupte, „sondern patentierte Parteienvertreter, die sich unter allen Umständen ihren Sessel warm halten wollen, mögen auch Volk und Wirtschaft dabei zugrunde gehen. Genau genommen wäre es also schon hoch an der Zeit, durch einen befreienden Staatsstreich diese ungesetzliche Staatsform hinwegzufegen ..."[63] Im August befahl er allen Führern und Rednern des Heimatschutzes, auf keinen Fall die NSDAP anzugreifen; wenn es Anfragen gäbe, wie sich die Heimwehr zu ihr verhalte, wäre zu antworten, „daß Heimatschutz und NSDAP Kampfgruppen sind, die gegen den

Marxismus und gegen den Parteienstaat kämpfen und dadurch viele Berührungspunkte haben. Daher sehe der Heimatschutz in der NSDAP einen befreundeten Bund, den er nicht bekämpft", solange diese das gleiche täte.[64]

Im September 1931 unternahm Pfrimer, der genug vom langen Warten und der Passivität der anderen Führer hatte, den langerwarteten Putsch, der zunächst örtlich erfolgreich war. Viele kleine steirische Städte wurden von schwer bewaffneten Heimwehreinheiten besetzt und Graz von ihnen eingekreist. Die Rathäuser und Ämter wurden besetzt und die Polizei, wo sie nicht zur Mitarbeit bereit war, entwaffnet. Die sozialdemokratischen Funktionäre wurden verhaftet, Fahrzeuge kontrolliert und Sperren errichtet. Der Polizei wurde mitgeteilt, daß Pfrimer die Regierung übernommen habe und sie von ihrem Eid entbinde. Es war alles sehr einfach. In Kapfenberg gab es eine Schießerei, bei der zwei Leute getötet und vier schwer verwundet wurden. Anscheinend gab es nirgendwo Widerstand, obgleich die Behörden genug Warnungen erhalten hatten.[65] Aber der Putsch blieb isoliert, weil kein anderer Landesführer Pfrimer unterstützte. Nur in Oberösterreich wurden die Heimwehren mobilisiert, aber auch dort traten sie nicht in Aktion. In Tirol versicherte Dr. Steidle sofort der Regierung seine Loyalität und lehnte es ab, irgendetwas mit dem Unternehmen zu tun zu haben. General Hülgerth gab eine ähnliche Erklärung ab. Der niederösterreichische Führer Raab verwarf den Putsch völlig.[66]

Obgleich die Regierung wußte, daß Starhemberg in den Putsch verwickelt war, passierte ihm kaum etwas; wie der Bundeskanzler dem deutschen Außenminister Curtius sagte, ginge es in Österreich nicht so schnell, einen Fürsten zu verhaften.[67] Auch im allgemeinen reagierte die Regierung recht sanft. Den steirischen Einheiten wurde gestattet, sich ruhig aufzulösen und ihre Waffen zu behalten – bis zur nächsten Gelegenheit. Pfrimer und einige seiner Unterführer wurden angeklagt, aber von den Schöffen freigesprochen, die dann mit den Angeklagten den Arm zum Faschistengruß erhoben. Der Fehlschlag des Putsches verursachte weitere stürmische Auseinandersetzungen im Heimwehrlager und einen weiteren Niedergang der Bewegung, die so offensichtlich ihre Versprechungen nicht einlösen konnte. Aber seitens der steirischen Führer führte er auch zu einer momentanen Abkühlung der Beziehungen zu den Nationalsozialisten, weil diese die erwartete Hilfe nicht geleistet hatten.[68]

Aber zum mindesten in der Steiermark dauerte die Abkühlung

nicht lange. Schon im Oktober schlug einer der steirischen Führer auf einer Besprechung in Klagenfurt ein Kampfbündnis der Heimwehren und der Nationalsozialisten vor, und wenige Tage später fand in Graz eine Massenversammlung ihrer uniformierten Anhänger statt. Der erste Redner war der deutsche Reichstagsabgeordnete Theo Habicht, der im Namen Hitlers sprach. Er erklärte, das erste Erfordernis einer Zusammenarbeit sei „das Bekenntnis zu Adolf Hitler", das zweite „die Bekämpfung aller Mächte, die die Bildung des großdeutschen Staates verhindern wollen", d. h. auch die der Habsburger „als Exponenten von Paris und Rom"; jeder Versuch, für Österreich eine andere als die großdeutsche Lösung herbeizuführen, müsse bekämpft werden. Nach Habicht sprach der steirische Stabschef Hanns Rauter, der die Anwesenden an seine Teilnahme an den oberschlesischen Freikorpskämpfen und seine Verdienste um die deutsche Sache erinnerte; auch Steidle und Pfrimer seien unbedingt für den Anschluß, und das sei seit jeher das „Hauptkampfziel" der steirischen Heimwehren gewesen. In diesem Geist wären sie wiederholt mit Hitler und Gregor Strasser zusammengekommen und hätten einen „engen Zusammenschluß gesucht". Die Frage der Monarchie würde erst nach dem Anschluß akut werden: „Wir alle streben eine deutsche Diktatur an, unser Blick und unsere Hoffnung sind ins Deutsche Reich gerichtet." Aber, fuhr Rauter fort, ihr Führer sei Fürst Starhemberg, der der Harzburger Front der vereinten deutschen Nationalisten, von Hugenberg, Hitler und dem Stahlhelm beitreten müsse. Der nächste Redner, der Heimwehrführer und Gendarmerieoffizier Meyszner, war etwas vorsichtiger und betonte „die besonderen Verhältnisse in den österreichischen Alpenländern"; das bedeute, daß die Österreicher zunächst ihr „eigenes Haus zu bestellen" hätten; bringe Deutschland die Lösung, „dann wird der Führer des großen Bruderreiches auch unser Führer sein". In seinem Schlußwort erklärte Habicht, die Heimwehrführer hätten in allen Punkten die von den Nationalsozialisten erwartete Antwort gegeben. Unter Beifallsstürmen rief er aus: „NSDAP und Heimatschutz werden Schulter an Schulter gegen dieses System kämpfen um das Dritte große deutsche Reich." [69]

Unmittelbar nach der Versammlung verbrüderten sich Nationalsozialisten und Heimwehrleute in den Wirtschaften und Kaffeehäusern von Graz. Am nächsten Tage trafen Habicht und der nationalsozialistische Gauleiter Walter Oberhaidacher die Heimwehrführer im besten Hotel der Stadt und kamen überein, „daß beide Organisationen im Kampf gegen Bolschewismus, Marxismus und parlamentarische Demokratie Schulter an Schulter marschieren. Sie . . . sehen im organisierten Leihkapital den gemeinsamen Feind und treten für den organischen Staats- und Wirtschaftsgedanken ein". Sie würden ferner jeden Versuch zur Wiedereinführung der Monarchie in Österreich mit allen Mitteln bekämpfen; alle deutschen Stämme müßten in einem Reich vereint werden.[70] Doch die Nationalsozialisten bestanden darauf, daß ihre Organisation absolut selbständig blieb, und lehnten jeden neuen Putschversuch ab, „der gerade jetzt die Möglichkeit eines späteren Anschlusses an das Deutsche Reich verhindern würde". Heimwehrleute könnten in die NSDAP aufgenommen werden, aber nur wenn sie die führende Rolle der Partei anerkennten und sich verpflichteten, bei einem Zwiespalt zwischen den politischen Linien der beiden Organisationen aus der Heimwehr auszuscheiden.[71] Laut einem Polizeibericht aus Kärnten erstreckte sich die Zusammenarbeit zwischen Heimwehren und Nationalsozialisten auch auf Kärnten und große Teile von Salzburg und Ober- und Niederösterreich. Die Arbeitsgemeinschaft verfolge den Zweck, „die großen Massen der Unzufriedenen in Stadt und Land zu radikalisieren und gegen die Regierung und das Parlament aufzuhetzen". Auch Führer der Kärntner Heimwehr verhandelten mit Hitler und arbeiteten dahin, „seine Front zu verstärken", wie die Polizei von führenden Nationalsozialisten erfuhr.[72]

So war das Resultat von Steidles Manövern in Korneuburg und des fehlgeschlagenen Putsches in der Steiermark ein scharfer Rückgang des Heimwehreinflusses und neue schwere Kämpfe innerhalb der Bewegung. Sie drohte in ihre Bestandteile zu zerfallen, und den Gewinn hatten die Nationalsozialisten, die die verschiedenen Führer und Richtungen gegeneinander ausspielen konnten. Wenn die Heimwehren handeln und dem Land ihren Willen aufzwingen wollten, so hatten sie ihre Chance verpaßt, und die Initiative ging nun auf die Nationalsozialisten über, die sich auf die mächtig aufstrebende Bewegung in Deutschland stützen konnten.

IX. DAS WACHSEN DES NATIONALSOZIALISMUS

Die frühen dreißiger Jahre waren die Jahre der Weltwirtschaftskrise und, was Deutschland betraf, die Jahre des unaufhaltsamen Aufstiegs der Nationalsozialistischen Partei von recht bescheidenen Anfängen zur weitaus stärksten politischen Partei, die im September 1930 18 % und im Juli 1932 37 % der Stimmenzahl erhielt. Millionen begeisterter Anhänger Hitlers erwarteten, daß dieses rasche Anschwellen der nationalsozialistischen Flut sie an die Macht bringen würde: Anstelle des verhaßten ‚Systems' von Weimar würde ein Drittes Reich der Macht und des Ruhmes treten. Dann würde alles wirtschaftliche Elend vorbeisein, die Feinde würden besiegt und Deutschland frei, stark und geeint werden unter einem von allen verehrten Führer. Österreich war wirtschaftlich, kulturell und politisch so eng mit Deutschland verbunden, daß die Entwicklung in dem Nachbarstaat einen magnetischen Einfluß auf das kleine Land haben mußte. Seit 1918 waren alle österreichischen Parteien wenigstens theoretisch für den Anschluß. Die Österreicher fühlten, daß sie Deutsche waren und daß sich ihre kritische wirtschaftliche Lage mindestens bessern würde, wenn sie sich dem stärkeren Nachbarn anschlossen. Das Österreich von 1918 wurde für wirtschaftlich nicht lebensfähig gehalten, und die Westmächte – zur Zeit ihrer eigenen Wirtschaftskrise – waren nicht bereit, Österreich immer neue Kredite und Anleihen zu gewähren. Allerdings stieg die Zahl der Arbeitslosen nicht so ungeheuer wie in Deutschland, doch 1933 betrug sie immerhin 480 000, und dazu kamen mehrere hunderttausend Ausgesteuerte, die keine Arbeitslosenunterstützung mehr erhielten und auf kärgliche Wohlfahrtszuwendungen angewiesen waren.[1] Abgesehen von den Industriearbeitern waren auch die Angestellten schwer von der Krise betroffen – eine soziale Gruppe, die für nationalistische Propaganda sehr anfällig war. Das traf noch stärker auf die Studenten Wiens und anderer Universitäten zu, die keine Aussicht auf eine Stellung hatten und vielfach Not litten. Sie unterlagen mehr und mehr dem Radikalismus, der Sehnsucht nach einer glorreichen Zukunft im großen Deutschen Reich.

Schon vor den deutschen Wahlen vom September 1930, deren Ergebnis anfeuernd auf die österreichischen Nationalsozialisten wirkte, meldete die Wiener Polizei eine regere Tätigkeit der Hitlerbewegung, „offenbar durch die Erfolge dieser Bewegung in Deutschland angeregt". Außer den üblichen Versammlungen veranstalteten sie oft Werbeumzüge und Propagandafahrten mit Lastautos durch die Stadtbezirke, an denen auch Musikkapellen teilnähmen. In den Betrieben organisierten sie nach deutschem Muster Zellen, um die Arbeiter zu gewinnen, und gäben eine Monatsschrift „für die Arbeiter der Stirn und Faust in den Betrieben" heraus.[2] Im Mai 1931 zog eine Festversammlung anläßlich eines Gautages der Wiener Nationalsozialisten etwa 3200 Menschen an, die zwei Rednern aus dem Reich zuhörten. Der SA-Führer Hauptmann Röhm „schilderte die heroischen Kämpfe des deutschen Soldaten während des Weltkrieges, den schnöden Verrat des Hinterlandes und die ‚Verschacherung Deutschlands an das internationale Judentum' durch die Friedensverträge". Der Rechtsanwalt Hans Frank beschrieb vor allem „die Drangsalierungen, denen die Kameraden im Reiche seitens der dortigen Behörden ausgesetzt seien"; die Polizei verhafte jeden, der eine braune Hose oder ein Braunhemd anhabe; die Führer würden ihrer Immunität beraubt und daran gehindert, öffentlich zu sprechen. Nach dieser schauerlichen Beschreibung der deutschen Zustände war der Angriff des Prager Nationalsozialisten Krebs auf die Friedensverträge, „die das ganze österreichische und deutsche Volk in ein namenloses Elend gestürzt hätten", mehr traditionell und fast milde.[3]

Gegen Ende 1931 war die österreichische Regierung offensichtlich besorgt über das „bedeutsame Umsichgreifen der Partei in den Ländern", vor allem im Burgenland, in Vorarlberg und Oberösterreich, wo in der letzten Zeit vierzehn neue Ortsgruppen gegründet worden waren, und über den starken Mitgliederzuwachs in Wien. Es gab auch mehrere Meldungen über nationalsozialistische Propaganda im Bundesheer. 200 Soldaten hätten an einer Versammlung in Linz teilgenommen und 50 in Klagenfurt; in den Kasernen und der Heeresschule in Enns gewänne die Partei immer neue Anhänger. Drei aktive Offiziere seien besonders tätig als Parteiredner oder Funktionäre, unter ihnen der Hauptmann Josef Leopold, der spätere österreichische Landesleiter, der der Partei schon 1926 beigetreten war.[4] Im September 1931 schätzte die Polizei, daß die Partei etwa 15 000 Mitglieder hatte, von denen ein Drittel der SA angehörte; dazu kamen etwa 3000 Mitglieder der Hitlerjugend.[5] Sehr viel genauere Zahlen gibt es für den

Gau Wien. Im Januar 1930 hatte er nur 1045 Mitglieder, und die Zahl wuchs dann langsam bis zum Herbst und erreichte 1409 Ende September. Die deutsche Wahl von diesem Monat brachte eine viel raschere Zunahme, um über 50 % in einem Monat: 2282 bis Ende Oktober und 2997 zum Jahresende. Die ersten Monate des Jahres 1931 sahen ein weiteres rasches Wachstum, von 3302 Ende Januar auf 3950 Ende März und 4198 Ende April.[6] So hatte sich innerhalb von fünfzehn Monaten die Mitgliedschaft des Gaues Wien vervierfacht. Bei den Wahlen zur Studentenkammer der Universität Wien im März 1931 erhielt die nationalsozialistische Liste über 35 % der Stimmen und fünfzehn von vierzig Sitzen, während sie bis dahin nur zwei innegehabt hatte. Bisher hatte die Deutsche Studentenschaft, die selbst betont völkisch orientiert war, die führende Rolle gespielt, aber jetzt ging sie an die Nationalsozialisten über. Der Führer der Deutschen Studentenschaft für Österreich war gleichfalls Nationalsozialist.[7]

In Gemeindewahlen konnten die Nationalsozialisten zum ersten Mal erheblich mehr Stimmen als in früheren Jahren gewinnen. Im Frühjahr 1931 erhielten sie in Klagenfurt acht Mandate (früher drei) und in Eisenstadt zwei (früher eins). Bei den Landtagswahlen in Oberösterreich stieg ihre Stimmenzahl von 11 482 im November 1930 auf 15 770 im April 1931; und bei Gemeindewahlen im Land Salzburg konnten sie in der gleichen Frist ihre Stimmenzahl mehr als verdoppeln, von 2650 auf 5630.[8] Zum ersten Mal schien sich die nationalsozialistische Taktik des Alleingangs und der Ablehnung von Wahlbündnissen bezahlt zu machen. Vielleicht war es genauso wichtig, daß in Oberösterreich, einer Hochburg der Heimwehren, diese nur dreitausend Stimmen mehr als die Nationalsozialisten erhalten hatten; da sie kein Grundmandat gewannen, gingen sie bei der Mandatszuteilung leer aus, ebenso wie die Nationalsozialisten. Doch ein prominenter Großdeutscher glaubte, die Zunahme der nationalsozialistischen Stimmen um 4000 sei „angesichts der ungeheuren Agitation auch als Niederlage zu werten“[9] – eine ziemlich optimistische Auffassung angesichts des rasch wachsenden Einflusses der Partei.

Viele Lokalberichte bestätigen die große Zunahme der nationalsozialistischen Propaganda, die bald die der anderen Parteien in den Schatten stellte. So organisierte ein energischer örtlicher Führer in dem steirischen Bezirk Voitsberg von Anfang 1931 bis Sommer 1932 Versammlungen selbst in den kleinsten Gemeinden, im ganzen 265 in dieser Zeit.[10] Auch in Tirol hatten die Nationalsozialisten 1931 starken Zulauf, gründeten neue Ortsgruppen in kleinen Orten und auf dem Lande; „den meisten Zulauf hatten sie jedoch, als man im Deutschen Reiche den Sturz der Regierung Brüning und die Übernahme der Macht im Reiche nach der Harzburger Tagung [der Rechtsorganisationen im Oktober] als bevorstehend annahm". Aber Ende 1931 war die Mitgliederzahl in Tirol noch immer klein: etwa 450 in Innsbruck und 800 im ganzen Land. Die Innsbrucker SA hatte 96 Mann, meist deutsche Studenten, und die SS 30 Mann; und in Hall gab es nur 14 SA-Leute.[11] Im benachbarten Vorarlberg wurden nationalsozialistische Versammlungen in Bregenz in der zweiten Hälfte 1931 von nur 80, 140 und 190 Personen besucht, und eine von ihnen begann verspätet, weil zur angesagten Zeit erst 15 Leute erschienen waren. In einer anderen Versammlung griff der Wiener Gauleiter Frauenfeld den früheren Kanzler Schober scharf an, den er „Johannes der Täuscher oder Schweinskopf garniert mit Petersilie" nannte; so lange er das rote Band der Ehrenlegion trage, sei er „kein deutscher Minister", und sein Nationaler Wirtschaftsblock in Wirklichkeit ein „Internationaler Sauwirtschaftsblock". Frauenfeld attackierte auch die Großdeutsche Volkspartei, die weder groß noch deutsch sei und nicht als Partei angesehen werden könne.[12]

Auch aus dem kleinen agrarischen Burgenland meldete die Polizei stärkere nationalsozialistische Aktivität vor der Wahl von 1930 und größeren Zulauf zu ihren Versammlungen. Auch hier wurde Schober scharf angegriffen: Die jüngste Anleihe von 630 Millionen Schilling würde Österreich innerhalb von 27 Jahren mehr als dreifach zurückzahlen müssen.[13] Im Bezirk Neusiedl waren nationalsozialistische Versammlungen gut besucht und bemerkenswert durch betonte antisemitische Propaganda. Die Bezirkshauptmannschaft berichtete auch über die „Notlage der Bevölkerung", als deren Ursache die Bauern „die große Anzahl der Volksvertreter und hohen Beamten bei Landes- und Bundesbehörden in Wien" ansähen.[14] Im Sommer 1931 meldete ein Gendarmerieposten, die örtlichen „Intelligenzkreise" zeigten größeres Interesse für die Hitlerbewegung und hätten eine NSDAP-Ortsgruppe gegründet. Vom gleichen Ort hieß es etwas später, die Nationalsozialisten rechneten mit einem Zerfall der Heimwehr nach dem fehlgeschlagenen Pfrimer-Putsch und mit neuem Zuzug von dieser Seite.[15] Im Oktober berichtete ein anderer Gendarmerieposten, daß in der Gemeinde Gols bereits „der Großteil des Volkes im Hitlerlager stehen" dürfte, daß besonders die Jugend aufgewühlt sei und Tätlichkeiten und Ruhestörungen verursache.[16]

In Kärnten – ebenso wie in der Steiermark – organisierten die

Nationalsozialisten 1931 gemeinsame Massenversammlungen mit der Heimwehr, um eine Einheitsfront zu bilden, und diese zogen vor allem die Bauernschaft an, die bisher zur Heimwehr gestanden hatte. Im November erschienen zu einer Volksversammlung in der kleinen Stadt Möllbrücken fast tausend Menschen, darunter die Bürgermeister der Gemeinden und viele Bauern. Die Redner der Nationalsozialisten und der Heimwehren griffen „unter stürmischem Beifall das jetzige System der politischen Parteien schärfstens“ an und forderten den „sofortigen Abtritt der politischen Parteien und ihrer Mandatare“, während Vertreter der Christlichsozialen und des Landbundes für ihre Parteien eintraten.[17] Im Dezember fand eine ähnliche Versammlung in Villach statt, in der der nationalsozialistische Sprecher die Harzburger Front in Deutschland pries, die auch in Österreich den Gedanken einer ähnlichen gemeinsamen Front hervorgerufen habe, ein Gedanke, der in Massenversammlungen in Graz und Klagenfurt „wahre Freudenstürme ausgelöst“ habe; die Nationalsozialisten böten dem Heimatschutz ihre Hand an. Bei dieser Gelegenheit kam in der Aussprache der Abgeordnete Emmerich Angerer zu Wort, der betonte, der Heimatschutz könne nicht warten, bis die deutschen Nationalsozialisten die Macht an sich rissen, vielleicht in zehn, vielleicht in zwölf Monaten; denn Österreich stünde vor dem völligen Zusammenbruch, und daher müßten die Heimwehren die Macht übernehmen und halten, „bis die Zeit des Anschlusses an ein von Hitler geführtes Deutschland gekommen sein wird“.[18]

Zweifellos betrachteten die Nationalsozialisten Anfang der dreißiger Jahre die Heimwehren als eine Organisation, mit der sie bei Gelegenheit zusammenarbeiten, aber von der sie auch viele neue Mitglieder gewinnen könnten: eine Taktik, die mehr als erfolgreich war, da die Heimwehren aus vielen ganz verschiedenen Gruppen bestanden und keine einheitliche Führung oder politische Richtung hatten. Als die örtlichen Heimwehrführer von Windischgarsten in Oberösterreich, die in den Pfrimer-Putsch verwickelt waren, im Oktober 1931 aus dem Gefängnis entlassen wurden, nahmen die völkischen Turner sowie die Nationalsozialisten an dem Fackelzug zu ihren Ehren teil.[19] Im gleichen Monat beschloß eine Massenversammlung in Krems in Niederösterreich eine gemeinsame „Kampffront“ der beiden Organisationen zu bilden. In Amstetten traten zweihundert Heimwehrleute zu den Nationalsozialisten über und bildeten einen SA-Sturm.[20] Als die Tiroler Heimatwehr den zehnten Jahrestag ihres Bestehens feierte, verteilten die Nationalsozialisten ein Flugblatt, das die

„Heimwehrkameraden“ zum Übertritt aufforderte: sie hätten „den Terror der Marxisten in den Betrieben, auf der Straße und in den Versammlungen gebrochen“; sie hätten der Regierung geholfen, „die Verfassungsreform und das Antiterrorgesetz zu schaffen“; aber „wie dankt Euch die bürgerliche Regierung für Eure Hilfe in höchster Not?“ Wie lange wollten sie sich von den bürgerlichen Parteien an der Nase herumführen lassen? Mit deren Hilfe könne der Marxismus nicht vernichtet werden: „Die Nationalsozialistische Deutsche Arbeiterpartei ist die Partei der Antimarxisten und Aktivisten. Kommt zu uns!“[21]

Daß diese Bemühungen beträchtlichen Erfolg hatten, wurde von der österreichischen Polizei zugegeben. Im April 1932 berichtete sie, daß während der vergangenen Monate die Nationalsozialisten mit ihrer lebhaften Propaganda in Stadt und Land den Heimwehren viele Mitglieder abgewonnen hätten. Die relative Stärke der beiden Organisationen sei in den einzelnen Gegenden sehr verschieden, doch zweifellos wären die Nationalsozialisten an manchen Orten schon die stärkeren.[22] Aber die Einstellung der Nationalsozialisten zu den Heimwehren war sehr uneinheitlich. Daher erließ im August 1931 der neuernannte Generalinspekteur der österreichischen Nationalsozialisten, der deutsche Abgeordnete Theo Habicht, den merkwürdigen Befehl, grundsätzlich gegenüber den Heimwehren eine „Totschweigetaktik“ anzuwenden, sie weder in der Presse noch in Reden irgendwie zu erwähnen; falls eine Antwort auf einen Heimwehrangriff nötig sei, so sei immer die verfehlte Politik der Führung anzugreifen, „niemals aber mit den einzelnen Führern als Person abzurechnen“.[23] Anscheinend hoffte man, einige von diesen zum Übertritt zu bestimmen. In seiner Antwort an Habicht meinte der Wiener Gauleiter, man solle gegenüber den Heimwehren „eine freundliche Haltung einnehmen“, und das sei auch Hitlers Meinung, mit dem er in München kurz darüber gesprochen hatte. Frauenfeld glaubte, die Heimwehr würde bald „als legitimistisch-christlichsoziale Auffangvorrichtung für völkische Stimmen“ entlarvt werden, und die weitere Entwicklung würde die Nationalsozialisten zwingen, einen klaren Trennungsstrich zwischen sich und den Heimwehren zu ziehen, da diese „durch reaktionär-legitimistische Kreise mißbraucht“ würden.[24] Offensichtlich bestanden in dieser Frage noch immer Meinungsverschiedenheiten. Im November, in einer Rede im Deutschen Klub in Wien, trat Frauenfeld für ein Bündnis von Heimwehren und Nationalsozialisten ein.[25]

Ende 1931 erklärten die Nationalsozialisten offiziell, daß die Führung der Heimwehren „nach wie vor als unser Gegner zu betrachten, aber nur streng sachlich und würdig zu kritisieren" sei. Alle Parteimitglieder wurden daran erinnert, daß die Teilnahme an einem Putsch (der Heimwehr) unbedingt verboten und jeder Staatsstreich illegal sei. Alle völkischen Verbände, wie Heimwehren, Alldeutsche und Turnvereine, seien aufzufordern, entschlossen Front zu machen gegen offene oder versteckte Versuche zur Errichtung einer Donauföderation oder habsburgischen Monarchie; ebenso müsse jeder Versuch, in der Form einer „Brüningdiktatur" gegen die Verfassung zu regieren, schärfstens bekämpft werden, da „jeder, der sich bei einer solchen Sache beteiligt, mit allen Sünden und mit aller Verantwortung für das heutige System belastet wird". Hinter diesen Plänen stünde Seipel: „Wer sich mit ihm verbündet, ... ist unser Feind!"[26] Diese Sätze, unter der Überschrift „Voraussichtliche politische Entwicklung", sagten ziemlich genau voraus, was in Österreich zwei Jahre später geschehen würde, die Errichtung eines autoritären Regimes unter Dollfuß. Sogar der Vergleich mit der „Brüningdiktatur" traf mehr oder minder zu, denn beide Regime beraubten das Parlament seiner Macht – und beide bereiteten den Weg zur Errichtung der totalitären Diktatur vor. Nur daß in Deutschland unter Brüning die Propaganda und Tätigkeit der politischen Parteien ziemlich ungehindert weiterging, während Dollfuß die Parteien auflöste.

Abgesehen von den Heimwehren, die jahrelang die aktivistischste Organisation auf der Rechten gewesen waren, gab es auch andere völkische Organisationen, die ein ideales Rekrutierungsfeld für die Nationalsozialisten abgaben. Das waren vor allem die völkischen Turn- und Sportvereine und auch die alldeutschen und großdeutschen Organisationen, von denen Österreich seit dem späten 19. Jahrhundert eine Vielzahl besaß. Für ihre Mitglieder bedeutete der Übertritt von der einen zur anderen völkischen Gruppe nur einen kleinen Schritt; spielten die Nationalsozialisten erst einmal die führende Rolle, war es nur eine Zeitfrage, bis der gefräßigste Fisch die anderen im gleichen Teich befindlichen auffressen würde. In Deutschland ereignete sich in den zwanziger Jahren das gleiche, und Anfang der dreißiger Jahre war im völkischen Lager kaum mehr etwas übrig wie einige germanische Sekten. Bereits im März 1930 wurde erwähnt, daß 80% der oberösterreichischen Turner Hitleranhänger seien.[27] Ein Polizeibericht von 1931 meldete, daß die Kräfte der Selbstschutzverbände sich so stark zersetzten, daß überall Gruppen von Jugendlichen ihren eigenen Führern untreu wurden und ihre eigenen „wilden" Versammlungen organisierten. Als Beispiel wurde eine „Übung" des Turnvereins von Völkermarkt erwähnt, an der auch sechzig Braunhemden aus Klagenfurt teilnahmen – was die engen Verbindungen zwischen den Turnern und der SA demonstrierte.[28]

Anfang des gleichen Jahres schloß der Turngau des Marchfeldes östlich Wien ein Abkommen mit den Nationalsozialisten, laut dem diese einem Turnverein, und die Turner der Nationalsozialistischen Partei beitreten sollten. Über diesen Pakt waren die Großdeutschen so beunruhigt, daß sie an den Deutschen Turnerbund herantraten, um diesen zu einer festeren Haltung zu veranlassen. Der Vorsitzende des Turnerbundes, Kupka, versicherte, er würde es den Turnvereinen klipp und klar machen, daß sie eine „überparteiliche Organisation" seien, „in der sich Großdeutsche und Nationalsozialisten nicht gegenseitig den Schädel einhauen dürfen". Die Großdeutschen verhandelten auch mit den Nationalsozialisten, um sie zu warnen, nicht die Hand an einen Bau zu legen, „der, einmal zerstört, nicht wieder aufgerichtet werden könnte", „daß das letzte nationale Bollwerk, das wir in Deutschösterreich besitzen, durch diese Maulwurfsarbeit untergraben und vernichtet werden könnte". Aber sie mußten selbst zugeben, daß in verschiedenen niederösterreichischen Orten ihre Parteimitglieder „zu den Nationalsozialisten abgeschwommen sind"; sie sollten schriftlich angefragt werden, ob sie weiter als Parteimitglieder geführt werden wollten.[29]

Im März 1932 hielten es die Großdeutschen für nötig, öffentlich ihre Einstellung zu den Nationalsozialisten und ihrer Unterminierungstaktik zu bekunden:

> „Die Nationalsozialisten haben bisher den internationalen Parteien in keiner Weise geschadet. Sozialdemokratie und Christlichsoziale Partei sind von der nationalsozialistischen Agitation vollkommen unberührt geblieben. Dagegen haben jene Organisationen und Verbände, die *nationale* Ziele verfolgen, unter der nationalsozialistischen Agitation schwer zu leiden. Einige Beispiele:
> . . . Durch ihre *Betriebszellenorganisation* gefährden die Nationalsozialisten in Österreich die in jahrzehntelanger mühevoller Arbeit aufgebauten und in erfreulichem Aufschwung befindlichen *nationalen Gewerkschaften.* In deutschen Gewerkschaftskreisen sieht man dem Eindringen der nationalsozialistischen Propaganda in die einzelnen Gewerkschaften mit allergrößter Besorgnis entgegen. Es ist kein Zweifel, daß, wenn nicht bald ein Riegel vorgeschoben wird, die nationalen Gewerkschaften in Österreich *höchste Gefahr* laufen, gespalten und damit wohl vernichtet zu werden.

Die Zerstörungsarbeit erfaßt alle anderen nationalen Institutionen. Selbst die Kerntruppe der nationalen Bewegung, der Deutsche Turnerbund, wird auf das Schwerste gefährdet. Auch hier versuchen die Nationalsozialisten einzudringen und den bisher überparteilichen Bund in eine *parteipolitische* Organisation umzuwandeln . . . Es ist klar, daß ein Fortschreiten der Agitation im Deutschen Turnerbund diesen schließlich zugrunde richten muß . . . Es ist auch charakteristisch, daß die Nationalsozialisten einer ihrem Wesen naheverwandten politischen Gruppe, dem *Heimatschutz*, bei der Werbetätigkeit Hindernisse in den Weg legen. Schlägereien zwischen Heimatschützlern und Nationalsozialisten, Saalschlachten, bei denen die Nationalsozialisten regelmäßig die Urheber sind, sind an der Tagesordnung . . .
Die nationalsozialistische Politik . . . ist ein Hindernis der Einigung aller Nationalen . . . Die nationalsozialistische Politik in Österreich erschöpft sich im Negativen, im Vernichten und Zertrümmern.“ [30]

Doch was konnten die Großdeutschen tun, um ihre Organisation und die ihnen nahestehenden Vereine zu schützen? Ihre jüngeren aktivistischen Mitglieder verließen sie und schlossen sich den ‚revolutionären‘ Nationalsozialisten an. Und warum sollten diese ihre Zersetzungstaktik innerhalb der ‚nationalen‘ Organisationen aufgeben zugunsten von Politikern, die sie für ‚bürgerlich‘ und ‚systemtreu‘ hielten? Wie es ein nationalsozialistischer Redner formulierte, die „Großdeutschen haben bei weiß gedeckten Tischen die großen Reden vom Deutschtum gehalten, im übrigen aber kein Verständnis für den Arbeiter, der durch das Fenster vielleicht zuschauen durfte, gehabt“.[31]

In der ersten Hälfte 1932 betonten die Führer der Wiener SA immer wieder ihre enge Zusammenarbeit mit dem Deutschen Turnerbund, „das stärkste Aktivum in der Entwicklung der SA“, oder „die Zusammenarbeit mit dem Deutschen Turnerbund ist in allen Bezirken eine sehr gute“. Bei einem Schauturnen des Turnerbundes „versah die SA den Ordnungsdienst“.[32] Die andere völkische Organisation, mit der die SA gut zusammenarbeitete, war der Deutsche Schulverein Südmark, der deutsche Schulen in nicht rein deutschen Gegenden unterhielt.[33] Im allgemeinen wurde gemeldet, daß die ‚nationalen‘ Organisationen Mitglieder an die SA verlören. Das betraf vor allem die Frontkämpfervereinigung, von der in einigen Bezirken „nur mehr ein unbedeutendes Häuflein schwarz-gelber Legitimisten“ übrig sei.[34] Was die Heimwehr betraf, berichtete ein SA-Führer, daß in seinem Bereich „bei der Heimwehr sämtlicher Gruppen großes Durcheinander“ herrsche und laufend Übertritte erfolgten. Und ein anderer: „Heimwehr ist gänzlich aufgerieben und sind die meisten Leute zur

S.A. oder zum Deutschen Heimatschutzverband (Pfrimer) übergetreten." In Hietzing war „die Gruppe der Starhemberg-Jäger zerschlagen, teilweise kamen die Leute zu uns ..."; nur 18 Mann seien dort übriggeblieben.[35] Diese Berichte waren sicher z. T. übertrieben, aber sie geben ein Bild vom Wachstum der SA in Wien und von ihrem Eindringen in befreundete und konkurrierende Verbände. Abgesehen vom Deutschen Turnerbund wurden sie alle als Konkurrenten oder Feinde angesehen, die man „zerstören", „zerschlagen", „vernichten" müsse: Die Sprache dieser Monatsberichte erinnert an die der Saalschlachten, auf denen die Mythologie der SA beruhte. Da die SA-Männer für diese Schlachten vorbereitet werden mußten, war eine freundschaftliche Zusammenarbeit mit dem Turnerbund erwünscht, und dessen Mitglieder konnten für die SA geworben werden.

Leider wissen wir nicht, wie stark die Wiener SA zu dieser Zeit war. Im Mai 1933 – nach der Machtergreifung in Deutschland – schätzte die Polizei eine Stärke von etwa 3000 Mann in Wien und von über 30 000 in ganz Österreich.[36] Im gleichen Bericht gab sie die Zahl von 69 000 Parteimitgliedern für Januar 1933 an: Das war mehr als 50% höher als die wirkliche Zahl, die am 30. Januar 1933 (dem Tag von Hitlers Ernennung zum Reichskanzler) 43 129 betrug. Von diesen wohnten 28 718 oder zwei Drittel in Wien und Niederösterreich. Von den anderen Ländern hatten nur Kärnten und Steiermark verhältnismäßig hohe Mitgliederzahlen, 6592 bzw. 5453. Die Zahlen für die restlichen Länder waren noch immer klein: 1188 in Tirol und Vorarlberg, 690 in Oberösterreich und 488 in Salzburg.[37] Daher scheint die von der Polizei für die Wiener SA angegebene Zahl viel zu hoch zu sein, und etwa die Hälfte kam vermutlich der Wahrheit näher. Auffallend ist die kleine Mitgliedschaft in den westlichen Ländern – Oberösterreich, Salzburg, Tirol und Vorarlberg – die alle nahe der deutschen Grenze liegen und stark unter deutschem Einfluß standen. Aber 1928 hatte es in Tirol nur 112 Parteimitglieder gegeben, und so bedeutete die Zahl ein zehnfaches Wachstum in nur fünf Jahren. Beinahe das Gleiche galt für ganz Österreich, da die Mitgliedschaft 1928 nur 4466 betragen hatte.[38]

Es ist sehr viel schwieriger, etwas über die soziale Zusammensetzung der Partei zu dieser Zeit zu sagen, weil die Statistiken, die es für Deutschland gibt, für Österreich nicht existieren. In bestimmten Städten wie Wien und Innsbruck hatte die SA viele Studenten als Mitglieder; doch im allgemeinen war ihre Mitgliedschaft anscheinend wesentlich proletarischer als die der Partei, und waren vor allem viele

Hilfsarbeiter unter den SA-Leuten; ihre Führer waren oft frühere Offiziere oder Halbintellektuelle. Kreise der Intelligenz erwähnten auch mehrere Polizeiberichte als führend unter der Parteimitgliedschaft, z. B. ein Lokalbericht aus dem Burgenland vom Juli 1931.[39] Ein späterer Bericht aus Gmunden in Oberösterreich erklärte einfach, wenn die Regierung die Judenfrage löse, „dürften die Ärzte, Rechtsanwälte und Hochschulprofessoren an der N.S.D.A.P. kaum mehr ein Hauptinteresse haben und wäre somit der geistige Kopf des Nationalsozialismus zum Großteil abgesägt ...“[40]

Als die Vorarlberger Behörden 1933 eine Liste der führenden Nationalsozialisten zusammenstellten, enthielt sie unter 159 Namen nur fünf, die als Intellektuelle bezeichnet werden können: zwei Rechtsanwälte, einen Architekten, einen Journalisten und einen Pastor. Dazu kamen zwei führende Fabrikanten aus Dornbirn und zwei Fabrikantensöhne. In einer so kleinen Stadt müssen ihr Einfluß und die von ihnen an die Partei gezahlten Gelder stark dazu beigetragen haben, den Nationalsozialismus akzeptabel und angesehen zu machen. Interessanterweise hatten die gleichen Männer früher die Subventionen für die Heimwehren gezahlt, und auch die führenden Heimwehroffiziere waren inzwischen Nationalsozialisten geworden. Unter den 159 Namen waren auch proletarische Elemente, aber nur etwa 10 bis 12% der Gesamtzahl. Die große Mehrzahl waren kleine Leute, wie Handwerker oder Handwerksmeister, Angestellte und kleine Beamte, Gastwirte und Bauern, anscheinend ein Querschnitt durch alle sozialen Gruppen; aber unter ihnen war nur eine Frau.[41] 1933 war Vorarlberg noch ein Land mit wenig Industrie – ihr Großteil war in Dornbirn – und vorherrschender Landwirtschaft, ein Land von Kleinstädten und Dörfern, weit von Wien und seinen politischen Leidenschaften. Aber in der Hauptstadt, Bregenz, waren die nationalsozialistischen Führer meist Intellektuelle oder ehemalige Offiziere.[42] Solche Leute waren der Partei früh beigetreten und bekleideten in ihr wichtige Stellen; ohne sie wäre das spätere Wachstum der Partei kaum möglich gewesen.

Nach dem Erfolg der Partei in den Wahlen vom April 1932 schrieb Dr. Riehl an Proksch und gab ihm aus seiner genauen Kenntnis der Wiener Verhältnisse eine Analyse der nationalsozialistischen Stimmen, die z. T. obige Punkte bestätigt. Er stellte fest, „daß nicht nur die gesamte arische Intelligenz und gerade ein Großteil der akademischen und höheren Beamten uns gewählt hat, sondern merkwürdigerweise vom Gewerbe- und Kaufmannsstand besonders Architekten,

Baumeister usw., sehr sehr viel besser gestellte Leute und keineswegs gerade die kleinsten Leute und die christlichen Arbeiter, die merkwürdigerweise den Christlichsozialen treu geblieben sind ...“ Fabrikarbeiter hätten in Österreich, zum mindesten in Wien, fast gar nicht nationalsozialistisch gewählt: „Was wir an proletarischen und halbproletarischen Wählern besitzen, sind kleine Angestellte, Chauffeure, Eisenbahner und Straßenbahner ...“ Riehl meinte auch, daß viele bürgerliche Stimmen sozusagen irrtümlich für die Partei abgegeben worden seien, „weil die Leute die wahre Natur unserer Bewegung nicht kennen und nur die antisemitische und vor allem antimarxistische Einstellung schätzen“. Sie seien von den Christlichsozialen enttäuscht, weil diese den Antisemitismus aufgegeben hätten, und sie seien beeinflußt von den Ereignissen in Deutschland und dem Zusammenbruch einer der größten Banken, der Kreditanstalt in Wien.[43] Die Analyse betonte die Rolle der ‚arischen‘ Intelligenz, die sich von jüdischer Konkurrenz bedroht fühlte, und die Bedeutung des Antisemitismus im allgemeinen, der durch die Wirtschaftskrise neue Nahrung erhielt. Der Trend war dem in Deutschland völlig parallel, nur daß dort die Intellektuellen etwas weniger prominent waren und das Kleinbürgertum eindeutiger in der Bewegung vorherrschte. Aber mindestens in Wien hatten die Nationalsozialisten auch einen gewissen Einfluß unter der Arbeiterschaft, z. B. in Betriebsratswahlen im Oktober 1931, so bei Siemens und Halske und in den Böhlerwerken; laut der Polizei schlossen sich damals vor allem viele öffentliche Angestellte wegen der Sparmaßnahmen der Regierung den Nationalsozialisten an.[44]

Bei den Wahlen vom April 1932 brachten die Nationalsozialisten den Christlichsozialen in Wien eine schwere Niederlage bei, indem sie dreizehn der Sitze, die diese bisher im Rathaus besetzt hatten, gewannen, insgesamt fünfzehn von hundert Sitzen. Sie erhielten nunmehr 201 000 Stimmen, verglichen mit nur 27 000 achtzehn Monate früher, ein beachtlicher Erfolg.[45] Vor den Wahlen boten die Großdeutschen wieder einmal den Nationalsozialisten eine Listenverbindung an, damit keine „völkischen Stimmen nutzlos verloren gingen, während im anderen Falle ein erfreulicher Sieg der völkischen Sache sicher sei“. Aber der Vorschlag wurde von dem Generalinspekteur der Nationalsozialisten, Habicht, verworfen. Nach den Wahlen wies er stolz auf seinen „gewaltigen Erfolg“ hin, während die Großdeutschen kein einziges Mandat mehr erhielten.[46]

Bei gleichzeitigen Wahlen in vier weiteren Ländern – Kärnten,

Niederösterreich, Salzburg und Steiermark – erhielten die Nationalsozialisten etwa 20% der Stimmen, zum großen Teil auf Kosten der Großdeutschen, des Landbundes und des Heimatblocks – Rechtsparteien, die ihnen relativ nahestanden. Das sogenannte ‚nationale' Lager wurde zum Hakenkreuzlager. Die zwei großen Parteien andererseits, die Sozialdemokraten und Christlichsozialen, erlitten nur geringe Verluste (ähnlich wie die SPD und das Zentrum in Deutschland), die durch den Abfall von Randgruppen wie Antimarxisten und Antisemiten verursacht waren, die durch die lautstarke nationalsozialistische Propaganda angezogen wurden.[47] Aber die große Mehrheit der Industriearbeiter wählte nach wie vor sozialdemokratisch, und die große Mehrheit der Landbevölkerung christlichsozial. Die wirkliche Frage war, ob die beiden großen Parteien dem Ansturm widerstehen konnten oder von ihm hinweggefegt werden würden, wie das in Deutschland 1933 geschah. In den Städten wählten viele Arbeitslose, und in Kärnten und Steiermark viele Bauern nationalsozialistisch.

Im Mai 1932 diskutierten die Großdeutschen, die die Hauptverlierer waren, das Wahlergebnis. Alle Sprecher waren dafür, die eigene Partei am Leben zu erhalten, obgleich die Anhänger „uns trotz der Parteibeschlüsse davonlaufen". Eine Mitarbeit bei den Nationalsozialisten käme „überhaupt nicht in Frage", weil die Großdeutschen „als sachliche Arbeiter nicht fähig" seien, mit den Nationalsozialisten zusammenzuarbeiten. Ein anderer Abgeordneter erklärte, sie dürften „nicht wie Hunde den Nationalsozialisten nachlaufen", und ein weiterer verwies auf das Beispiel Hugenbergs, der sich in Deutschland neben Hitler behauptet habe (ein Jahr darauf wurde das durch die Ereignisse widerlegt). Die Parteileitung beschloß dann, die Organisation aufrechtzuerhalten.[48] Doch im Mai 1934 beschlossen die Großdeutschen, eine „Kampfgemeinschaft" mit den Nationalsozialisten und dem steirischen Heimatschutz zu bilden, eine „Kampffront" gegen die hinter der Regierung Dollfuß stehenden Kräfte.[49] Praktisch bedeutete das, daß die Großdeutschen als eine unabhängige Gruppe verschwanden und sich dem stärkeren ‚Bruder' anschlossen, wie die Deutschnationalen und der Stahlhelm im Dritten Reich um die gleiche Zeit.

Zu dieser Zeit waren bereits die meisten der auf großdeutschen Listen gewählten Gemeinderäte und sonstigen Mandatare Nationalsozialisten geworden, ohne ihre Sitze aufzugeben, trotz aller Versuche der Parteiführung, das zu erreichen. Umsonst erklärten einige Parteiführer, daß sie zwar bereit seien, mit den Nationalsozialisten in einer

„Harzburger Front“ zusammenzuarbeiten, aber nicht dazu, Sozialisten zu werden oder unter der roten Fahne zu kämpfen, selbst wenn diese das Hakenkreuz trug. Auch ihr Appell an militärische Tugenden erweckte kein Echo: „Der Soldat zeigt seinen Weg erst auf dem Rückzug. Nur wer auch in der Niederlage fest bleibt, erringt schließlich den Sieg.“ Das großdeutsche Panier war noch immer schwarz-weißrot,[50] aber das war ein Symbol der Vergangenheit. In Vorarlberg empfahlen die dortigen Großdeutschen ihren Mitgliedern, der NSDAP beizutreten, „da diese Bewegung die hauptsächlichsten Forderungen der Großdeutschen Volkspartei, besonders den Anschlußwillen und den Antisemitismus, gleichfalls vertritt“.[51]

Auch andere völkische Organisationen erkannten die führende Rolle der Nationalsozialisten bald an. Als der Wiener Gauleiter gegen einen Artikel in den „Alpenländischen Monatsheften“, der die Nationalsozialisten kritisierte, protestierte, drückte der für die Zeitschrift verantwortliche Deutsche Schulverein Südmark nicht nur seine entschiedene Mißbilligung aus, sondern erhob auch Einspruch bei der Schriftleitung der Zeitschrift und versprach, in Zukunft „die Überparteilichkeit unbedingt zu wahren“.[52] Im Mai 1932 verbreitete der Deutsche Schulverein Südmark ein Flugblatt, das den Plan einer Donauföderation scharf angriff: Sie würde „die Vernichtung der politischen und nationalen Freiheit unseres Staates bedeuten und uns Deutschösterreicher zu einem Sklavenvolk machen, das von den Deutschfeinden beherrscht und gepeinigt werden könnte“.[53] Auch in diesem Punkte vertrat er die nationalsozialistische Linie.

Man hätte vielleicht annehmen können, daß die nationalsozialistischen Erfolge der Jahre 1931–32 die persönlichen Rivalitäten unter den Führern vermindert und daß die inneren Kämpfe in der Partei nachgelassen hätten. Doch die scharfen persönlichen Konflikte zwischen den Gauleitern und der Landesleitung in Linz setzten sich fort. Das traf vor allem zu auf die Beziehungen zwischen dem erfolgreichen Wiener Gauleiter Frauenfeld und Proksch in Linz, der zunächst nur „administrativer Landesleiter der NSDAP“ war, aber von Hitler im Juli 1931 zum „politischen Landesleiter“ ernannt wurde.[54] Im April 1931 schrieb Proksch an Frauenfeld: „Ihnen spreche ich das Recht ab, sich, gewissermaßen als Verkörperung nationalsozialistischer Auffassungen, zum Richter über meine Anordnungen zu machen . . . Gegen Frechheiten habe ich mich noch immer zu wahren gewußt, und ich werde mich auch in diesem Falle ihrer zu erwehren wissen. Dies vorläufig zur Kenntnis. Mit Heil Hitler!“[55] Noch im gleichen Monat folgte ein weiterer Brief, Frauenfeld habe ihn in München beschuldigt, daß er aus dem nationalsozialistischen Verlag ein bedeutendes Einkommen bezöge, persönliche Vorteile habe und jüdische Geschäftsmethoden anwende: Da diese Behauptungen unwahr seien,

> „haben Sie in sorglosester Weise eine Verleumdung weiterverbreitet und damit in der Organisation meinen Ruf schwer geschädigt, die Autorität eines bestellten Führers erschüttert und geradezu einen Anreiz zur Disziplinlosigkeit gegeben, obwohl Sie wissen, daß Führerautorität und Disziplin die Grundfesten unserer Organisation bedeuten ... Ich bin nicht gewillt, mich von Ihnen beleidigen und vor den Pg. verächtlich machen zu lassen ... Ich erwarte Erledigung!“ [56]

Aber obwohl der Brief per Einschreiben geschickt wurde, kam anscheinend keine Antwort.

Frauenfeld seinerseits schrieb an den steirischen Gauleiter Oberhaidacher, er sei bereit, ihm feierlich zu bestätigen, daß er der „Kaiser der Steiermark“ sei, und er wolle seine „Macht“ in keiner Weise beeinträchtigen: „Ich muß aber feststellen, daß es für die Bewegung nicht von Vorteil ist, wenn jeder Gauleiter statt die Interessen der Partei zu vertreten, als erstes immer krampfhaft nach Möglichkeiten sucht, ein gedeihliches Zusammenarbeiten zu unterbinden ...“ Er nehme Oberhaidachers „Temperamentsausbrüche“ nicht tragisch und würde sie „auf das richtige Maß zurückführen“.[57] Frauenfelds Ehrgeiz war offensichtlich darauf gerichtet, Proksch beiseitezuschieben und selbst österreichischer Landesleiter zu werden. Daher ließ Proksch im Juli 1931 alle Gauleiter mit Ausnahme Frauenfelds nach Linz kommen und teilte ihnen mit, daß die Landesleitung möglicherweise nach Wien verlegt werden würde. Die Gauleiter waren sich einig, daß hierin eine Gefahr liege, daß aber auch Proksch nicht Landesleiter werden solle: in beiden Fällen würde ihre eigene Macht eingeschränkt werden. Proksch wurde von ihnen ersucht, München gegenüber diesen Standpunkt energisch zu vertreten; er erreichte trotzdem seine Ernennung zum Landesleiter mit einem Aufsichtsrecht über die Parteifinanzen, auch über die Zuschüsse an die einzelnen Gaue. Aber anscheinend hatte Hitler nicht viel Vertrauen zu seinem neuen Landesleiter, denn gleichzeitig ernannte er den deutschen Nationalsozialisten Habicht zum Generalinspekteur für Österreich. Wie die Kritiker es ausdrückten, er stellte Proksch „unter die Obhut einer politischen Hebamme“; bald zeigte sich, daß Habicht der eigentliche Landesleiter war, der „Herrn Proksch gute Ideen beibringen“ mußte.[58]

Wenige Wochen nach seiner Ernennung zum Landesleiter erreichte Proksch durch „zielbewußte Anwendung eines Feldwebeltones in seinen Dienstbefehlen" den Rücktritt eines seiner Rivalen, des Tiroler Gauleiters Suske, nachdem ein Parteiverfahren gegen ihn eingeleitet worden war.[59] Sein Nachfolger in Tirol, Riedl, hielt sich für den einzigen germanisch aussehenden unter den österreichischen Parteiführern, während er Frauenfeld wegen seiner Gewohnheiten für einen „Judenstämmling" und Proksch als „Rassenschande der Partei" bezeichnete.[60] Im April 1932 übersandte Gregor Strasser Habicht Urkunden, die sich auf die Zustände in Innsbruck bezogen: „Innsbruck war immer schon ein ganz übles Stänkernest, aber ich habe den Eindruck, daß Pg. Riedl gleich seinem Vorgänger den dortigen Verhältnissen wirklich nicht Herr wird." Strasser erwartete, daß Habicht dort „nach dem Rechten sehen und wenn es sein muß nach reichsdeutscher Gepflogenheit Ordnung schaffen" würde.[61] Habicht tat das, indem er Suske und mehrere seiner Anhänger aus der Partei ausschloß; wie er schrieb, war die Parteiorganisation in Tirol unter ihrer Führung „ein Sauhaufen" gewesen.[62]

1932 versuchte Proksch auch, seinen alten Feind Frauenfeld von seinem Posten als Wiener Gauleiter zu entfernen, aber dieser wurde von München gedeckt, so daß Proksch den Rückzug antreten mußte. Seine Kritiker innerhalb der Partei hielten ihn für „rachsüchtig, brutal und eitel".[63] Aber in der Parteihierarchie war die Meinung über ihn nicht viel besser. Nach dem Anschluß wurde vorgeschlagen, „Proksch könnte Preiskommissar oder etwas ähnliches für gesamt Österreich werden", da seine Fähigkeiten auf wirtschaftlichem Gebiet lägen. Falls ein Österreicher Gauleiter für Wien werden sollte, dann wohl Frauenfeld; aber ein Reichsdeutscher wäre besser, da auch Frauenfeld sich nie in Wien durchsetzen würde; und ein Deutscher wurde ernannt.[64] 1932 gab es einen weiteren Konflikt zwischen Frauenfeld und dem niederösterreichischen Gauleiter Hauptmann Leopold, weil ersterer in Wien eine eigene Tageszeitung herausgeben wollte, wodurch die „Deutschösterreichische Tageszeitung", deren Mitinhaber Leopold war, geschädigt werden würde. Darüber entbrannte „ein Kampf zwischen den beiden Führern", dessen finanzielle Einzelheiten von den Großdeutschen verfolgt wurden.[65] Opposition zu Proksch als Landesleiter kam auch von der SS in Oberösterreich, die es ablehnte, seine Befehle auszuführen, da sie direkt der SS-Führung in München unterstünden.[66]

SS-Einheiten entstanden in Österreich verhältnismäßig spät; kleine

Gruppen wurden 1931 in den Hauptstädten der verschiedenen Länder gegründet, und im Juni 1932 zählten sie zusammen etwa 600 Mann. Ihr Führer in Österreich, Turza, konnte laut Urteil seiner Vorgesetzten „infolge vollkommenen Mangels an Organisationstalent und mangels Fähigkeit überhaupt einen größeren Verband zu führen, seine Mission nicht erfüllen". Er arbeitete mit seinem Adjutanten Hofmann nicht zusammen, weil er „fürchtete, durch Hofmann entthront zu werden". Er stritt auch mit dem oberösterreichischen SS-Führer Hollitscher, dessen Truppe „nur auf dem Papier" stand und innerlich gespalten war. Der Salzburger SS-Führer Dumböck hatte Zwistigkeiten mit der Partei- und der SA-Führung, „oft aus kleinlichen Motiven". Der Tiroler SS-Führer Klimesch „nahm an, SS sei eine Art Sittenpolizei, beschattete in führenden Stellungen stehende Pgs. auf allen ihren Wegen" und wurde deswegen aus Partei und SS ausgeschlossen, obgleich er als „einer der fähigsten Unterführer" galt. Der steirische SS-Führer Schön überließ die Führung in Graz einem Truppführer, der den dortigen Sturm, der zum großen Teil aus Studenten bestand, „zu einer reinen Terrorgarde" machte. Der Kärntner SS-Führer Schatzmayr gab seine Stelle auf, als ein anderer Mann, der die Münchener Führerschule absolviert hatte, zum Sturmführer befördert wurde.

Im Frühjahr 1932 erhielt die SS – ebenso wie die Partei und SA – starken Zuwachs, aber das machte es nur noch klarer, wie unfähig Turza als Führer war. Um Hofmann loszuwerden, machte er ihn zum Führer in Oberösterreich. Nur in Wien gab es eine „gut disziplinierte SS", und die anderen Einheiten hatten keinen oder nur losen Kontakt mit der Abschnittsführung. Auch die anderen Parteiorganisationen lehnten es ab, mit Turza zusammenzuarbeiten. Er wurde schließlich von München abgesetzt; „er wurde nirgends entbehrt". Seinem Nachfolger Greschke gelang es in kurzer Zeit, „den ziffernmäßigen Stand" der SS zu verdreifachen, aber er hatte mit der Opposition seines Stabsführers zu rechnen, der ihn verdrängen wollte.[67] Diese Beschreibung, die aus einer internen SS-Quelle stammt, mag für die Zustände in der nationalsozialistischen Eliteformation während der Jahre 1931–32 genügen.

In den Jahren 1932–33 war das Wachstum der Nationalsozialisten in den verschiedenen Ländern unterschiedlich, aber überall gab ihnen die Ernennung Hitlers zum Reichskanzler starken Auftrieb. So hatten nationalsozialistische Versammlungen in Bregenz im Frühjahr 1932 nur eine Zuhörerzahl von 120 oder 170 Leuten, aber 1933 wuchs die

Zahl rasch auf 400 und mehr.[68] Im März 1933 verglich ein Studienrat Hitler mit Rudolf von Habsburg, der nach dem Interregnum Ordnung in Deutschland schuf. „Auch jetzt gebe es solche Raubritter und Bönzchen, die haben ihren Wohnsitz nicht mehr in den Burgen, sondern in schönen Häusern in der Stadt. Auch jetzt sei wieder ein König erkürt worden, der mit fester Hand unter den verschiedenen Raubrittern aufräumen wird, und dies sei Adolf Hitler." Die marxistischen Führer seien Verbrecher, „mit denen man aufräumen muß".[69]

Aus Tirol wurde Anfang 1932 gemeldet, daß die Nationalsozialisten einigen Erfolg unter den Bauern hätten; aber ihre Propaganda stieß auf die Opposition heimattreuer Kreise, die Hitler den Verzicht auf Südtirol vorwarfen.[70] Doch im April 1933 hieß es in einem Bericht aus Innsbruck, die Ereignisse im Reich hätten „dem Nationalsozialismus in Tirol einen außerordentlichen Auftrieb gebracht". Große Heimwehrgruppen hätten praktisch aufgehört zu bestehen, und im Oberinntal seien starke nationalsozialistische Ortsgruppen gegründet worden; fast überall, sogar in ganz entlegenen Tälern, gäbe es Gruppen oder Vertrauensmänner.[71] Daß dieser Bericht aus einer deutschen Quelle nicht zu übertrieben war, zeigt ein Polizeibericht aus Landeck am Inn. Die Nationalsozialisten, hieß es, machten im ganzen Bezirk Fortschritte; in Landeck bestünde eine SA mit etwa sechzig Mann, die gut organisiert sei und sogar ein Maschinengewehr besitze; dieses hätten die Mitglieder des Turnvereins „Jahn" bei ihrem Übertritt von der Heimwehr „mitgenommen". Es könne jederzeit zu einem Zusammenstoß zwischen SA und Heimwehr kommen, „denn der Haß der gegnerischen Parteien ist ziemlich groß".[72]

Auch in der Steiermark wuchsen die Nationalsozialisten auf Kosten der Heimwehren. Laut der Polizei verursachte der fehlgeschlagene Pfrimer-Putsch und der Wahlerfolg der Nationalsozialisten „große Verwirrung" in den Heimwehrreihen, und viele traten zu den Nationalsozialisten über. Im November 1932 faßte die ganze Heimwehrgruppe in Liezen formell den Beschluß zum Übertritt. Im Bezirk Leoben wurde die Lage beherrscht von der Krise im Industriegebiet und dem Aufstieg der Nationalsozialisten, und es bestand Opposition zu den Heimwehren innerhalb ihrer eigenen Organisation. Bei einer Heimwehrversammlung in Rottenmann forderte der Redner die Anwesenden auf, nationalsozialistisch zu wählen, da ihr Programm mit dem der Heimwehren identisch sei.[73] Dieser Umschwung wirkte sich vor allem auch in den Betrieben der Alpinen Montangesellschaft in Leoben und Umgegend aus, die nach 1927 Hochburgen der Heimwehr geworden waren. Jetzt wurden viele leitende Ingenieure und Betriebsbeamte wie auch solche der Wiener Generaldirektion Nationalsozialisten und warben offen für die Partei im Werk. Ein Direktor machte sogar in Parteiuniform Inspektionsreisen. Bei Anstellungen wurde Nationalsozialisten der Vorzug gegeben. Im Stahlwerk war der leitende Ingenieur gleichzeitig Führer der Parteigruppe. Die Werkszeitung zeigte offen nationalsozialistische Tendenz. Den Arbeitern wurde klar gemacht, es solle ihr Schade nicht sein, wenn sie sich der Bewegung anschlössen.[74] Diese Maßnahmen waren großenteils erfolgreich, und die Werke wurden nationalsozialistische Hochburgen.

Aus Klagenfurt berichtete der deutsche Konsul im Juni 1933, die Fortschritte der Nationalsozialisten in Kärnten seien „erstaunlich"; sie hätten in den entlegensten Tälern Oberkärntens und in dem als ‚schwarz' geltenden Lavanttal Fuß gefaßt und gewönnen sogar Anhänger unter den Sozialdemokraten und in den gemischtsprachigen Gebieten im Süden.[75] In Feistritz trat die Mehrzahl der Heimwehrleute über, an der Spitze der örtliche Fabrikbesitzer und sein Sohn, die die von der Heimwehr im Betrieb versteckten Waffen mitbrachten.[76] Hier ebenso wie in Dornbirn, und noch viel mehr bei der Alpinen Montan, zeigte sich, wie ausschlaggebend der Einfluß der Betriebsleiter und Unternehmer war, die ihre Angestellten beeinflußten.

Im allgemeinen scheint es, daß die Nationalsozialisten in diesen Jahren raschen Fortschritt machten, vor allem in Kärnten und Steiermark auch unter den Bauern, die einst unter Einfluß des Landbundes gestanden hatten. Aus den erhaltenen Berichten läßt sich schließen, daß die österreichischen Nationalsozialisten eine etwas breitere soziale Grundlage hatten als die deutsche Partei in den zwanziger Jahren, was die Bauernschaft und die Arbeiterschaft betraf, obgleich viele Arbeiter sicher nur unter Druck der Bewegung folgten. Aber in beiden Ländern bestand die Masse der Anhänger aus Angestellten, unteren Staats- und Gemeindebeamten, Studenten, dem städtischen Mittelstand und Intellektuellen – letzteres stärker in Österreich als in Deutschland: den Gruppen, die die Hauptopfer der Wirtschaftskrise waren. Ein bekannter österreichischer Historiker hat den „Rausch" beschrieben, der nicht nur die Jugend, sondern auch „die ältere Generation" erfaßte, die so zu den Idealen ihrer Jugend zurückkehren konnte: zu Idealen, die sie für unrealisierbar gehalten hatten, aber die nun „durch die Erfolge des Nationalsozialismus im Deutschen Reich eine glänzende Bestätigung zu erfahren" schienen. Das Gleiche traf auf die ‚nationalen' Studentenverbindungen zu, bei denen der Radikalismus der Jungen die ‚Alten Herren' in seinen Bann zog, die sich jetzt in wichtigen Stellungen befanden.[77] So war der Aufstieg des österreichischen Nationalsozialismus zu einem großen Teil Hitlers Erfolg in Deutschland zu verdanken; und vor allem versah er die Nationalsozialisten mit einem Führer, den ihre eigene Bewegung nicht hervorgebracht hatte. Wie selbst die ausgeschlossenen Tiroler Nationalsozialisten schrieben: „Draußen im Reich steht Adolf Hitler an der Spitze, edel im Denken, gerecht im Handeln, großzügig in seinen Zielen, ein Feldherr, der seine erprobten Soldaten auch gegen Offiziere schützt." [78] Was konnte man mehr von einem Führer verlangen?

X. DER ZERFALL DER HEIMWEHREN UND DES VÖLKISCHEN LAGERS

Die frühen dreißiger Jahre brachten – wie wir gesehen haben – einen scharfen Rückgang der Stärke der Heimwehren, der teilweise ihren alten Schwächen – Fehlen einer einheitlichen Führung, Konflikte zwischen den Führern, Abhängigkeit von Subsidien – zuzuschreiben war, und teilweise dem Wachstum des Nationalsozialismus, der ihren früheren Platz als die ‚aktivistische' Bewegung auf der Rechten übernahm. Eine weitere Ursache war der Zusammenbruch des Pfrimer-Putsches, der schließlich die Mehrheit der steirischen Heimwehren dazu brachte, Hitler als Führer zu akzeptieren. Die Nichtunterstützung des Putsches durch die Heimwehren in den anderen Ländern war ein Grund für weitere Zersetzung. Zehn Jahre später schrieb Starhemberg, es sei umgekehrt gewesen, die nationalsozialistische Ablehnung aller Putschversuche habe „zahllose junge Leute" veranlaßt, die Partei zu verlassen und sich der Heimwehr einzugliedern, „daß sich vor allem in ländlichen Gegenden, weniger in den Städten, Naziortsgruppen auflösten" und zur Heimwehr übertraten. Er behauptete auch, mit „dem Tag, an dem der Heimatschutz seinen Aktivismus aufzeigte, übte er auf einen Großteil dieser sogenannten Nationalsozialisten eine große Anziehung aus".[1] Das wäre vielleicht der Fall gewesen, *wenn* er „seinen Aktivismus" in einem Putsch bewiesen hätte. Aber ein solcher wurde nur in der Steiermark versucht, und dort hatte sein völliger Fehlschlag die entgegengesetzte Wirkung, wie noch zu zeigen sein wird. Wie die Nichtunterstützung des Putsches durch die anderen Führer – darunter auch Starhemberg – aktivistische junge Nationalsozialisten anziehen konnte, ist ein Rätsel, das auch er nicht lösen konnte.

Innerhalb der Heimwehrbewegung versuchte Starhemberg, die Einheit wiederherzustellen. Im Februar 1932 sprach er in Innsbruck vor den Tiroler Heimwehren. Die Tatsache, daß er „hier Schulter an Schulter mit dem Kameraden Steidle stehe", sollte „die vollzogene Einigung in der Heimatwehrbewegung" beweisen, und er versicherte seinen Zuhörern, „daß uns nichts mehr trennen kann". Es gab stürmischen Beifall, als „sich Starhemberg und Steidle die Hände reichten und so die Gemeinsamkeit ihres Willens bekundeten".[2] Aber die Einigkeit dauerte nicht lange. Schon Anfang April meldete die Wiener Polizei, vor allem die steirischen Vertreter in der Bundesführung beabsichtigten, Starhemberg zum Rücktritt zu veranlassen; wenn keine Einigung erreicht würde, fürchte man in Heimwehrkreisen, daß die völkisch eingestellten Einheiten der Steiermark, Kärntens und Salzburgs eine Kampfgemeinschaft bilden und mit den Nationalsozialisten Fühlung nehmen würden. Die Heimwehren litten unter solchem Geldmangel, daß sie den meisten der von ihnen beschäftigten Angestellten kündigen mußten.[3] Doch als sich die Führer wenige Tage darauf in Wien trafen, sprachen sie Starhemberg das Vertrauen aus. Die Heimwehren, beschlossen sie, sollten sich möglichst von Parteipolitik fernhalten, „um die breiten Massen wieder für sich zu gewinnen", und sie protestierten im voraus gegen die Möglichkeit einer sozialdemokratisch-christlichsozialen Regierung. Der Mangel an Einigkeit unter ihnen zeigte sich in ihrer Haltung zu den Wahlen: Das sei für die Bewegung keine prinzipielle Frage, sondern die einzelnen Landesleitungen sollten sich aus taktischen Gründen für die eine oder andere Linie entscheiden. „Eine gewaltsame Aktion" wurde von der Polizei für die nächste Zeit nicht erwartet, weil die Formationen „vielfach nicht aktionsfähig" seien.[4]

Der Erfolg der Nationalsozialisten in den Wahlen vom April 1932 und der Mangel an Erfolg für die Listen des Heimatblocks verstärkte bei den Führern die Tendenz, sich von der Parteipolitik abzuwenden und sich auf die Organisierung militanter Formationen zu beschränken. Doch die Führer von Salzburg und Steiermark suchten, „einem streng nationalen antisemitischen Kurs zum Durchbruche zu verhelfen" und scharf gegen monarchistische Tendenzen Front zu machen,[5] mit anderen Worten, sie waren für eine Politik ähnlich der der Nationalsozialisten. Im Sommer 1932 brachen diese Meinungsverschiedenheiten öffentlich aus. Im August verurteilten die militärischen und politischen Führer der steirischen Heimwehren die Politik Starhembergs, „da diese gegen unsere Grundsätze verstößt, in ihrer Auswirkung die Mißwirtschaft der Parteien stützt und gegen die Wohlfahrt des Staates gerichtet ist ..." Sie verlangten Starhembergs Rücktritt als Bundesführer, und im September verkündeten sie stolz, daß die gleiche Forderung auch in Oberösterreich erhoben würde und daß 172 Heimwehrführer sich ihr angeschlossen hätten.[6] In der Zwischenzeit löste Starhemberg wenigstens eines seiner Probleme. Er verlangte Geld und Waffen von Mussolini, der anscheinend noch immer hoffte, daß die Heimwehren die Macht in Österreich übernehmen würden, und beides wurde ihm versprochen.[7] Große Bestände von Gewehren und Hunderte von automatischen Gewehren, die die Italiener der österreichischen Armee 1918 abgenommen hatten, wurden zur Reparatur und Modernisierung nach Österreich geschickt. Ein Teil von ihnen sollte dann den Heimwehren zugeschoben und der Rest nach Ungarn weitergeleitet werden. Der Leiter der Hirtenberger Fabrik, wo die Arbeiten ausgeführt werden sollten, war ein enger Freund Starhembergs und beteiligt an der Finanzierung der Heimwehren.[8] Die steirischen Einheiten andererseits, die großdeutsch und völkisch eingestellt waren, erhielten finanzielle Hilfe aus Berlin: nicht von den Nationalsozialisten, die selbst unter großen finanziellen Schwierigkeiten litten, sondern vom Reichswehrministerium, das immer bereit war, im Trüben zu fischen, aber trotzdem dem Auswärtigen Amt mitteilte, daß es keine solche Unterstützung geleistet habe.

Laut einer Mitteilung von Major Pabst war es gerade diese Unterstützung, die eine Aussöhnung zwischen Starhemberg und den steirischen Führern besonders erschwerte.[9] Aber die politischen und ideologischen Differenzen gingen viel tiefer. 1932 stand die Mehrheit der Heimwehren mehr oder minder auf ihrer alten Linie der Opposition zu dem System des Parlamentarismus „in seiner jetzigen Form“ und dem der politischen Parteien und trat ein für die Schaffung eines Ständesenats und einer Ständekammer, eine starke Staatsautorität, die Vereinfachung „des aufgeschwollenen Verwaltungsapparates“, Verwaltungsreform und ein Rechtssystem, das „dem Rechtsempfinden des bodenständigen Volkes“ anzupassen sei. Ein weiteres Ziel war die „Schaffung des großen deutschen Volksstaates“, aber nicht gesagt wurde, wie das erreicht werden sollte.[10] „Die zwölf Grundsätze des steirischen Heimatschutzes“ andererseits, die einige Monate später verfaßt wurden, waren viel ausgesprochener in der Betonung völkischer und rassischer Ideologie: „Der Heimatschutz sieht im Bolschewismus, Marxismus und ihrem Wegbereiter, dem demokratisch-parlamentarischen Parteiensystem, die Ursachen der herrschenden Korruption, die Hauptfeinde völkischer Eigenart, christlicher Überzeugung und deutscher Weltanschauung ... Die Pflege und das Hochachten germanischen Rassebewußtseins ist für den Heimatschutz eine selbstverständliche Voraussetzung völkischer Politik ...“ Um jeden Zweifel auszuschalten, wurde hinzugefügt, daß „nur arische Volksgenossen“ Mitglieder des Heimatschutzes werden konnten, die sich auf diese Grundsätze verpflichten mußten.[11]

Noch bevor diese Grundsätze angenommen wurden, sprach Dr. Pfrimer in München bei dem SA-Führer Röhm vor und bot ihm die „bedingungslose Unterstellung“ seiner 30 000 Mann unter Hitler an. Das wurde von Hitler zur Kenntnis genommen, eine Entscheidung aber „von dem Ergebnis einer eingehenden Prüfung“ abhängig gemacht, die General von Hörauf im Auftrage Röhms vornehmen sollte – im engsten Einvernehmen mit den österreichischen Nationalsozialisten.[12] Erst nach Hitlers Machtergreifung in Deutschland wurde ein formelles Abkommen zwischen den Nationalsozialisten, die von Proksch und dem SA-Führer Reschny vertreten waren, und den steirischen Heimwehren getroffen, „eine enge Kampfgemeinschaft auf allen Gebieten und für jeden Fall einzugehen“; in ihm bekannten sich die Steirer „zu Adolf Hitler als dem Führer der deutschen Nation“. Sie erklärten der Regierung Dollfuß den Kampf, dessen Ziel „die Schaffung einer starken Regierung der nationalen Konzentration“ war, nach Auflösung des Parlaments und der Ausschreibung von Neuwahlen. Aber die beiden Organisationen blieben formal getrennt. Zehn Tage darauf, am 1. Mai 1933, empfing Hitler die steirischen Führer in der Reichskanzlei, wo sie ihm bedingungslose Treue gelobten. In Graz veröffentlichte die Heimwehrzeitung das Abkommen unter der Überschrift: „Gemeinsame völkische Kampffront!“ [13]

Bei einer weiteren Besprechung, in Venedig im November 1933, wurde beschlossen, die getrennten Organisationen aufrechtzuerhalten, weil inzwischen beide von der Dollfußregierung aufgelöst worden waren und daher eine Vereinigung undurchführbar war. Aber für die verschiedenen Orte und Bezirke wurden gemeinsame Führer ernannt, die steirischen Heimwehrbataillone traten unter das Kommando der zuständigen SA-Standarte, und die Heimwehrführer in Ober- und Untersteiermark übernahmen die Führung der dortigen SA-Brigaden – offensichtlich, weil ihre Einheiten stärker als die der SA waren.[14] Laut Ansicht der österreichischen Nationalsozialisten führten diese Abkommen zur Entstehung „einer großen nationalen Opposition, die Großdeutsche Volkspartei und der Landbund wurden dadurch gezwungen, sich bedingungslos in die NSDAP einzugliedern“.[15] Was für die steirischen Heimwehren letzten Endes den Ausschlag gab, war die Machtergreifung Hitlers; aber da sie seit jeher betont völkisch eingestellt waren, wäre ihr Kurs vermutlich in jedem Fall ein ähnlicher gewesen.

In den anderen österreichischen Ländern waren die Beziehungen der Heimwehr zu den Nationalsozialisten wesentlich komplizierter. Bereits Anfang 1932 war die Kampfgemeinschaft, die an vielen Orten gebildet worden war, wieder aufgelöst.[16] Aber auch dann gab Starhemberg die Hoffnung auf ein Übereinkommen mit Hitler nicht auf, den er im April in Berlin aufsuchte. Angeblich war er bereit, der NSDAP beizutreten, aber nur unter der Bedingung, daß bestimmte österreichische Führer der Partei entfernt würden: Sah er sich als den neuen österreichischen Führer? Hitlers österreichischer Generalinspekteur warnte seinen Chef bezüglich Starhembergs Plänen – die natürlich Habichts Position betroffen hätten – und fügte hinzu: „Der Heimatschutz als politische Bewegung hat vollständig ausgespielt." Er könne es in den meisten Ländern garnicht mehr wagen, eigene Kandidaten für die Wahlen aufzustellen, und wo er es zusammen mit anderen Parteien noch versuche, „da erleidet er geradezu katastrophale Niederlagen".[17] Starhembergs Besuch in Berlin war umsonst, vermutlich weil Hitler keinen Personalwechsel in Österreich vornehmen wollte und den Plänen des jungen Aristokraten mißtraute; schließlich war Habicht für ihn ein viel zuverlässigeres Werkzeug. Auch würden die österreichischen Nationalsozialisten kaum den ‚Verräter' Starhemberg als Führer willkommen geheißen haben.

Im März 1933 imitierte Starhemberg die ‚rassische' Propaganda der Nationalsozialisten und behauptete: „Die NSDAP im Deutschen Reiche ist ... eine von deutschblütigen Männern geführte nationale Erneuerungs- und Freiheitsbewegung. Die Nationalsozialistische Partei in Österreich aber ist eine von einer Handvoll Tschechenstämmlingen geführte politische Partei, die nicht nur nicht das Recht hat, sich eine nationale Erneuerungsbewegung zu nennen, sondern die vielmehr durch die verantwortungslose Art und Weise, wie sie Politik macht, eine schwere Gefährdung des Deutschtums in Österreich bedeutet." Es könne unmöglich stimmen, daß Hitler diese volksfeindliche Politik billige, denn es sei nicht „anzunehmen, daß ein nationaler Kämpfer wie Adolf Hitler eine Politik gutheißt, die nichts anderes als eine ständige Unterstützung des Austrobolschewismus bedeutet".[18] Doch am gleichen Tag erklärte Starhemberg vor den versammelten Heimwehrführern, es sei eine Einigung mit den Nationalsozialisten nötig; sollte „seine Person ein Hindernis" sein, „daß die Nationalsozialisten Frontkameraden werden, trete er gern zurück".[19] Noch im gleichen Monat hörte die deutsche Gesandtschaft in Wien aus verläßlicher Quelle, daß Starhemberg einen befreundeten Industriellen gebeten hatte, die Möglichkeit einer Annäherung zwischen ihm und den Nationalsozialisten zu überprüfen.[20] Die Vorbedingung dafür sei, daß Starhemberg die Rolle Papens oder wenigstens die der Stahlhelmführer in Deutschland spielen wollte; er müsse aber seine Unterstützung der Dollfußregierung aufgeben und Neuwahlen erzwingen, die sonst kaum bald stattfinden würden. Der fragliche Industrielle traf den Gauleiter Frauenfeld, aber wir wissen nicht, was bei ihrer Besprechung herauskam.

Im Verlauf des Jahres 1933 wurde Starhembergs Ton wesentlich schärfer. In einer Rede in Bruck a. d. Mur im November rief er aus, nur die hätten das Recht, in Österreich zu leben, die dort geboren seien; „die anderen gehören hinausgeworfen". Er sei gegen den Anschluß, „weil wir uns nicht von Berlin und Umgebung regieren lassen. Österreich war schon längst deutsch, als in Berlin noch slavisch gesprochen wurde ... Wir wollen schon den Zusammenschluß aller deutschen Stämme, aber unter der Führung Wiens". Die Quelle des Nationalsozialismus sei in der Studentenschaft zu finden; hier und unter den Beamten „muß gründlich aufgeräumt werden. Es geht nicht an, daß diese nur am 1. und 15. des Monats beim Geldholen Österreicher sind". Die Heimwehren seien heute eine Macht im Staate, ohne die nicht regiert werden könne; wenn man ihren Willen nicht ausführe, würden sie „zur Selbsthilfe greifen", denn ihre Geduld sei zu Ende.[21]

Der Gedanke von der deutschen Mission Österreichs im Gegensatz zu Preußen und dem verpreußten Deutschland, der in Österreich immer mit einem Echo rechnen konnte, wurde auch im offiziellen Jahrbuch der Heimwehren aufgenommen:

> „Das ungeheuerliche Schauspiel der Verpreußung Deutschlands ist mit dem Ende des Reichsgedankens gleichbedeutend. Das deutsche Volk kann seine geschichtliche Mission der Durchdringung und Kolonisation des europäischen Ostens und Südostens nicht von Berlin und über Berlin erfüllen. Der Zwang der geschichtlichen Entwicklung muß das Deutschtum zurück nach Wien, zurück zum alten Reichsgedanken führen ..."[22]

Österreich stark zu machen, sei wahrer Dienst am deutschen Volk, so daß es seine historische Mission erfüllen könne, „wenn einmal die große Stunde schlägt". Aber wie konnte das kleine und zerrissene Österreich von 1933 dort wieder ansetzen, wo die Habsburger und Prinz Eugen im 18. Jahrhundert das Werk unvollendet gelassen hatten? Der 250. Jahrestag der Befreiung Wiens von den Türken wurde durch einen Riesenaufmarsch der Heimwehren aus ganz Österreich gefeiert. Starhemberg behauptete eine Teilnahme von 40 000 Mann – aber das Geld dafür kam von Mussolini.[23] Ein Führer des steirischen Heimatschutzes erklärte, unter den Heimatschützern hätten sich „Kroaten, Ungarn, Sozialdemokraten und sogar Kommunisten befunden", was „eine Schande für das österr. deutsche Volk bedeute".[24] In mehreren Orten Kärntens gab es Zusammenstöße zwischen Nationalsozialisten und Heimwehrleuten, als letztere die Extrazüge bestiegen; Massen belagerten die Bahnhöfe, Bierflaschen und Steine wurden als Wurfgeschosse verwandt, aber es gab nur einige leichte Verwundungen.[25]

In Kärnten spalteten sich die Heimwehren in zwei einander feindliche Organisationen, als General Hülgerth eine kritische Haltung zum Pfrimer-Putsch in der Steiermark einnahm. Ganze Gruppen traten aus und gründeten den deutschösterreichischen Heimatschutz, der sich den Nationalsozialisten näherte und sich schließlich ihnen unterstellte. Ganze Ortsgruppen mußten aufgelöst werden. Aber es gab auch starke Kritik an den leitenden österreichischen Nationalsozialisten, die unfähig seien, „die nationale Revolution durchzuführen".[26] Im Burgenland spalteten sich die Heimwehren gleichfalls in zwei Lager, den österreichischen Heimatschutz, der Starhemberg als Führer anerkannte, und die burgenländischen Landesschützen, die sich der Christlichsozialen Partei näherten. Aber die lokalen Polizeiberichte betonten immer wieder, daß das Interesse mangele und es nur geringe Aktivität gebe; einige Ortsgruppen beschlossen sich aufzulösen.[27]

Als der Steirische Heimatschutz 1933 zu den Nationalsozialisten überging, meldete die Polizei, daß er 186 Ortsgruppen und 15 207 Mitglieder hatte, aber daß mehr als dreitausend von ihnen wegen dieses politischen Kurses austraten. Von diesen traten dann 2898 Mann dem österreichischen Heimatschutz bei, dessen Führer Starhemberg war. Laut einem anderen Polizeibericht wurden im Sommer 1933 neue Mitglieder geworben und neue Ortsgruppen gegründet; viele Mitglieder des Steirischen Heimatschutzes, die ihm nur beigetreten waren, um ihre Stellen nicht zu verlieren, hätten ihn gern verlassen und wären zum österreichischen Heimatschutz übergetreten, „wenn sie nicht unter dem Drucke der nationalen Ingenieure und Beamten ihrer Arbeitgeber stehen würden, die als Führer im Steirischen Heimatschutz tätig sind. Gegen diesen Terror der Führer wagen sie jedoch nichts zu unternehmen".[28] Daher war der österreichische Heimatschutz außerstande, Anhänger in den Werken der Alpinen Montangesellschaft in Donawitz und anderen Orten zu werben.[29]

Aus dem Bezirk Linz berichtete die Polizei, daß die Mitgliedschaft der Heimwehren zurückginge, und daß die meisten der Ausgetretenen zu den Nationalsozialisten gingen. Ende Februar 1933 gab es im Bezirk nur noch 1285 Mitglieder, von denen etwa die Hälfte Starhembergjäger waren, während die SA erst 368 Mitglieder hatte.[30] Im Bezirk Ried hatten die Heimwehren 1934 728 Mitglieder, die sich auf sechzehn Ortsgruppen verteilten.[31] Dies sind die einzigen oberösterreichischen Bezirke, für die genaue Ziffern vorliegen.

Aus Tirol schrieb der Landeshauptmann Dr. Stumpf an den Heeresminister Vaugoin 1932, die Heimwehrleute wollten „von Politik nichts mehr wissen und sind vollständig von der Aufgabe, die legale Regierung zu unterstützen, erfüllt“. Nach seiner Ansicht sollte man sie als Freiwillige zur Verstärkung des schwachen Heeres verwenden, wie das auch in Deutschland geschehe; in diesem Sinne solle das Heer Kontakt zur Heimatwehr aufnehmen; da sie ihm als Landeshauptmann unterstünde, könnten daraus keine Schwierigkeiten entstehen.[32] Sechs Monate später zeichnete ein deutscher Beobachter ein sehr negatives Bild von der Tiroler Heimwehr. Er berichtete, daß große Ortsgruppen faktisch nicht mehr bestünden und daß viele Bauern ihren Austritt erklärten; was übrig bleibe, seien vor allem Anhänger der Christlichsozialen; in Innsbruck sei die Haltung vieler Formationen geteilt, und viele stünden in Opposition zu Steidle als Landesführer; es gäbe schwere Reibungen zwischen der Polizei und den als Notpolizei eingesetzten Heimwehrleuten; im allgemeinen sei die Disziplin bestimmter Einheiten, die hauptsächlich aus Arbeitslosen bestünden, schlecht, und das schade dem Ansehen der Bewegung.[33] Ein Heimwehrplakat aus Landeck vom gleichen Jahr erklärte, die Tiroler wollten „keine gleichgeschaltete, preußische Kolonie, keine braune Parteidiktatur, keine braune Tscheka“: „im Zeichen der grün-weißen Fahnen“ kämpften die Heimwehren „für ein freies deutsches Österreich“.[34]

Ein deutscher diplomatischer Bericht gab die Stärke der Heimwehren im Herbst 1933 mit etwa 15 000 in Oberösterreich und 12 000 in Niederösterreich an; dazu kämen etwa 3200 in Wien und 3000 in Tirol (vermutlich eine Unterschätzung). „Das Burgenland, Kärnten, Steiermark und Salzburg sind fast durchwegs in der Majorität nationalsozialistisch, und der Stand der verläßlichen Heimatschützler ist in diesen Ländern auf ein Minimum herabgesunken.“[35] Doch selbst die

Zahl von 33 200 für vier Länder war noch immer beachtlich, und die Meldung übertrieb bestimmt, was Kärnten und Steiermark anging. Ende 1933 urteilten die österreichischen SA-Führer ebenso negativ über die Entwicklung der Heimwehren: „Die Zersetzungserscheinungen im Heimatschutz" nähmen von Monat zu Monat zu; sie fanden, „daß die Zersetzung eigentlich o h n e besondere Propaganda der NSDAP vor sich geht und man über den Mangel einer richtigen Propaganda von seiten der Heimatschutzführung oft selbst erstaunt ist".[36] Solche Berichte müssen mit Vorsicht aufgenommen werden, aber Zersetzung gab es, und sie wurde zum großen Teil verursacht durch das Fehlen einer wirklichen Führung und durch Intrigen der Nationalsozialisten mit einzelnen Heimwehrführern.

Während der zweiten Hälfte des Jahres 1933 war das Zentrum dieser Intrigen Major Emil Fey, der ehrgeizige Wiener Heimwehrführer und Vizekanzler in der Regierung Dollfuß; durch seinen Adjutanten Major Lahr trat Fey an den Wiener Gauleiter Frauenfeld heran, um eine Verständigung der Heimwehr mit den Nationalsozialisten herbeizuführen: er habe die christlichsozialen Intrigen satt und wolle zusammen mit der NSDAP „gründlich Ordnung" machen. Major Pabst zusammen mit einem anderen Heimwehrführer übermittelten Habicht eine ähnliche Botschaft. Graf Alberti, der Heimwehrführer in Niederösterreich, war der gleichen Meinung: in Österreich müßten Heimwehr und Nationalsozialisten gemeinsam regieren.[37] Man kam überein, daß Alberti am 5. Oktober Vertreter von Habicht in Ödenburg in Ungarn treffen solle; dort wies Alberti eine schriftliche Vollmacht von Fey vor, in der er seine Bereitschaft erklärte, „ein Kabinett Heimwehr-Nationalsozialisten zu bilden, an dessen Spitze eine neutrale Persönlichkeit treten solle". Er schlug ferner vor, Habicht solle Österreicher werden, und dieser informierte Hitler, der mit der Fortführung der Verhandlungen einverstanden war.[38] Im Dezember teilte Habicht dem Auswärtigen Amt mit, daß nicht nur Fey und Alberti, sondern auch Starhemberg und Steidle durch Mittelsmänner an ihn heranträten: „jeder versucht, den anderen auszustechen und als unmöglich hinzustellen . . . Insgesamt ein Bild vollkommener Kopflosigkeit und Verwirrung! Einig sind alle nur in der Wut auf Dollfuß, der sie immer mehr kaltstellt."[39]

In Wien unterhielt Alberti weiter Kontakt mit Frauenfeld. Als die Polizei im Januar 1934 Frauenfelds Wohnung durchsuchte, fand sie dort einen anderen leitenden Nationalsozialisten und einen deutschen ‚Diplomaten', den Erbprinzen zu Waldeck-Pyrmont, in Verhandlungen mit Alberti und seinem politischen Referenten Dr. Flor und verhaftete sie. Starhemberg erklärte öffentlich, daß die zwei Heimwehrführer ohne sein Wissen und gegen seinen Befehl gehandelt hätten: Wer sich in Unterhandlungen mit Nationalsozialisten einlasse, „ist ein gemeiner Verräter am Heimatschutz", und nur er allein sei berechtigt, mit anderen politischen Gruppen Fühlung zu nehmen.[40] Doch ließ er die Nationalsozialisten wissen, daß auch er zu Verhandlungen bereit sei und daß Habicht Bundeskanzler werden könne, während er für sich selbst den Posten des Bundespräsidenten beanspruchte und auch Dollfuß ein Ministerposten gegeben werden solle.[41]

Im Juli 1934 teilte Fey noch einmal den Nationalsozialisten mit, er „sei bereit, eine Versöhnung und Zusammenarbeit mit dem Nationalsozialismus einzuleiten", weil er den wirklichen Gegner nur im Marxismus sehe. Ihm schwebte die Bildung „eines nationalen Übergangskabinetts" vor, aber er bestand auf einer Garantie, daß er auch dann einen gewissen Einfluß behalten würde, „wenn das Übergangskabinett allzu rasch in eine Gleichschaltung münde"! Feys Mittelsmann, Major Lahr, wollte diese Vorschläge Hitler unterbreiten, aber brach die Verhandlungen ab, als er stattdessen an Habicht verwiesen wurde, da er sich letzterem „für eine so verantwortungsvolle Arbeit nicht zur Verfügung stellen" könne.[42] Es war ein trauriges Bild persönlicher Rivalitäten und Intrigen, von ständigen Versuchen einzelner Führer, für ihre eigene Zukunft zu sorgen im Fall die Nationalsozialisten an die Macht kämen; und inzwischen wurden viele Heimwehrleute passiv, oder sie gingen zu den ‚aktivistischen' Nationalsozialisten über. Die Dollfußregierung erreichte die Ausschaltung des Parlaments und der politischen Parteien, um den Weg zu einem Ständestaat vorzubereiten, aber die Heimwehren trugen nichts zu diesen ‚Erfolgen' bei. Die Zeit, in der sie über die Ergreifung der Macht und die Unterwerfung des Landes unter ihren Willen reden konnten, war vorbei. Ihr Einfluß innerhalb der Regierung war nur dadurch garantiert, daß diese selbst keine sichere Massenbasis hatte.

Das Schicksal der Großdeutschen, die einst einen verhältnismäßig starken Einfluß in Parlament und Regierung ausgeübt hatten, war noch trauriger, da der Partei ihre Anhänger fortliefen. Schon 1932 fürchtete sie eine „Katastrophe", als sie versuchte, bei industriellen und anderen Stellen Gelder für den Wahlkampf zu erhalten. Ihre Fühlungnahme ergab nur, „daß wir nicht einen Knopf bekommen werden", was sie dem christlichsozialen Einfluß zuschrieben. Sie wandten sich daher mit der Bitte um 200 000 Schilling an einen persönlichen Freund des Reichskanzlers Brüning, den Minister Treviranus.[43] Anfang 1933 fuhr der Parteivorsitzende, Professor Hermann Foppa, nach Berlin und verhandelte dort mit den Leitern des Stahlhelms und dem Minister Hugenberg. Der deutsche Gesandte in Wien trat für weitere finanzielle Unterstützung der Partei ein: „Die Vertretung der deutschen Interessen im Parlament und im Lande ist heute fast die einzige Existenzberechtigung dieser Partei"; da die Nationalsozialisten nicht im Parlament vertreten seien, müsse man die Großdeutschen „nach wie vor als einen für uns sehr wichtigen Faktor ansehen". So erhielt Foppa mehrfach kleinere Summen – im ganzen etwa 42 000 Schilling – ausgezahlt, auch noch im Jahre 1934, als Hugenberg und die Deutschnationalen längst aus der Reichsregierung verschwunden waren.[44]

Als diese Subsidien schließlich eingestellt wurden, hatten die Großdeutschen faktisch aufgehört, als Partei zu bestehen. Aus Gmunden in Oberösterreich berichtete die Polizei 1934, daß die jüngeren Mitglieder der Partei zu den Nationalsozialisten übergegangen seien oder mit ihnen sympathisierten; im Bezirk hätten sie noch etwa fünfzig Mitglieder, während die Christlichsozialen auf 3550, die Nationalsozialisten auf 400 bis 450 und die Sozialdemokraten auf 570 Mitglieder geschätzt wurden.[45] Über eine kleine oberösterreichische Gemeinde wurde berichtet, daß alle auf der großdeutschen Liste gewählten Gemeindefunktionäre Nationalsozialisten geworden seien und „ihre Österreich- und Regierungsfeindschaft offen zur Schau tragen".[46] 1936 erklärten die Sicherheitsbehörden offiziell, daß „die ehemalige Großdeutsche Partei, die ihre Anhänger fast gänzlich an die nationalsozialistische Bewegung verloren hat, zur vollkommenen Inaktivität verurteilt" sei; ihre wenigen noch übrigen Anhänger wagten nicht, gegen die Nationalsozialisten aufzutreten.[47] Die ‚Kampfgemeinschaft', die die Partei 1933 mit den Nationalsozialisten bildete, besiegelte ihr Ende. Es war das gleiche Schicksal wie das der Deutschnationalen Partei in Deutschland, nur daß es dort erst nach Hitlers Machtergreifung eintrat.

Sehr ähnlich war das Schicksal des Landbundes und der von ihm gegründeten Bauernwehren. Ihre Haltung, wie einer der früheren Landbundführer schrieb, „neigte schließlich doch nach der nationalsozialistischen Seite hin". Er meinte auch, man könne ihnen daraus keinen Vorwurf machen: Der Landbund „hat sich stets zur nationalen Idee bekannt und ist diesem Gedanken auch bis zum Schluß treu geblieben".[48] Aus einer kleinen oberösterreichischen Gemeinde wurde 1933 gemeldet, der dortige Landbund habe sich mit den Nationalsozialisten verbunden, diese seien tonangebend und schüchterten die restliche Bevölkerung ein.[49] Aus Braunau am Inn hieß es, ein großer Teil des Junglandbundes sympathisiere mit dem Nationalsozialismus, und aus einer kleineren Gemeinde im gleichen Bezirk, der Landbund bestünde nicht mehr, weil er teilweise zur NSDAP übergetreten und teilweise passiv sei.[50] Aus Kärnten berichtete der Sicherheitsdirektor, daß Mitglieder der Bauernwehren und des Landbundes ausgetreten und zu den Nationalsozialisten gegangen seien, daß in anderen Gegenden die Züge der Bauernwehr „stark braun durchseucht" und viele jüngere Mitglieder heimlich Mitglieder der SA seien; viele junge Bauern hätten landwirtschaftliche Schulen in Bayern besucht und wären als Nationalsozialisten zurückgekehrt.[51] Auch in anderen österreichischen Ländern bestanden die örtlichen Bauernwehren zum großen Teil aus Nationalsozialisten; nach Ansicht der Behörden sandten diese ihre Anhänger in die Wehren, um dort nach Auflösung ihrer eigenen Partei ‚legal' weiter zu existieren.[52]

Abgesehen von den bekannten Organisationen auf der äußersten Rechten machte Anfang der dreißiger Jahre eine neue ihr Debut und erklärte offiziell, sie sei ‚faschistisch'. 1930 gründete der Privatbeamte Leo Rösler eine „Partei der österreichischen Faszisten" mit sich selbst als Obmann. Doch die Polizei stellte fest, daß die Organisation keine Tätigkeit entfaltete und nicht imstande war, die Miete für ihr Büro zu zahlen. Im folgenden Jahr gründete ein Karl Hekl eine „österreichische Faschistenlegion", die für die „Sicherung der gesetzlichen Ordnung" eintrat und den „volkszersetzenden Klassenkampf" ausschalten wollte. Die Legionäre trugen schwarze Hemden und Kappen mit der österreichischen Kokarde, aber die Versammlungen waren sehr schlecht besucht. Ebenfalls 1931 kündigte ein Viktor Grienseihs die Bildung einer „Faschistischen Partei Österreichs" an, die dem Faschismus durch eine Diktatur zum Sieg verhelfen wollte. Aber ihre Gründung wurde vom Bundeskanzleramt auf Grund des Vereinsgesetzes von 1867, das die Bildung von Ortsgruppen untersagte, verhindert. 1936 fand die Polizei heraus, daß sich die „Österreichische Fascistische Partei" bereits 1933 aufgelöst hatte und keine Tätigkeit mehr ausübte.[53] Ein nationalsozialistischer Agent, der 1933 über sie berichtete, fand, daß ihre Sprechabende nur von ein bis zwei Personen besucht waren, und daß daher die Referate ausfielen; bei zwei Gelegenheiten war er der einzige Anwesende.[54]

Aus einer ähnlichen Quelle kommt auch ein Bericht über die Schulz-Gruppe, die sich 1927 von der Hitlerbewegung trennte, und deren Wiedervereinigung mit ihr 1930 an der Opposition der NSDAP scheiterte. Im März 1933 hielt Schulz im Wiener sechsten Bezirk eine Versammlung, die nur von 25 Männern und 10 Frauen besucht war. Aus Schulz' Rede ergibt sich, daß er dem Charakter der Partei als einer Arbeiterpartei treu geblieben war. Hitlers „erste Tat" als Kanzler war, „Zylinder und Frack anzulegen, um zu repräsentieren" (eine Woche zuvor beim Tag von Potsdam hatte Hitler einen Gehrock getragen). „Seine bisherigen Leistungen", fuhr Schulz fort, „sind nicht für den Arbeiter gewesen. Arbeiterführer sitzen in Gefangenenlagern ... Die bisher erzielten Erfolge sind nicht Leistungen des genialen Führers, sondern Leistungen des brutalen und ergebenen Gendarmen Göring." Die Behandlung der Gewerkschaften sei direkt arbeiterfeindlich; nach italienischem Muster sei geplant, die Arbeiter ganz rechtlos zu machen und ihnen nicht einmal zu erlauben, ihren Arbeitsplatz zu wechseln (eine sehr genaue Vorhersage). Nach Schulz' Ansicht hatte Hitler kein Programm, denn seine 25 Punkte hätten nichts mit dem ursprünglichen nationalsozialistischen Programm gemein; er rede viel und leiste wenig. Laut dem nationalsozialistischen Beobachter gab es bei der Versammlung keine Begeisterung und keinen Schwung; ein Teil der Zuhörer verließ sie schon vor Ende des Referats; er bezeichnete sie als „Nörgler, Verärgerte und Allesbesserwisser".[55] Der nationalsozialistische Nachrichtendienst sammelte Material über alle gegnerischen Gruppen, mochten sie auch noch so klein sein.

Der allgemeine Niedergang wirkte sich auch auf die völkische Dachorganisation, den Verband deutschvölkischer Vereine in Wien, aus. Im April 1930 informierte der Vorsitzende des Verbandes, Dr. Max Kilhof, die angeschlossenen Vereine, daß sowohl die letzte Hauptversammlung wie die erweiterte Vorstandssitzung so schlecht besucht waren, daß keine Beschlüsse gefaßt werden konnten; sogar die Bismarckfeier war nicht gut besucht infolge zu „geringer Werbetätigkeit". Sollte „die Teilnahmslosigkeit" anhalten, müßte der Verband eventuell seine Tätigkeit ganz einstellen.[56] Eine Herbstkundgebung im gleichen Jahr verursachte so große finanzielle Schwierigkeiten, daß der Weiterbestand des Verbandes fraglich wurde. Bei einer Geldsammlung kamen nur ein Drittel der angeschlossenen Vereine der Leitung zu Hilfe. Auch die Mitgliedsbeiträge für 1931 gingen so langsam ein, daß der Verband faktisch zur Passivität verurteilt war.[57]

Ein Rundschreiben vom April 1932 stellte fest, daß die Tätigkeit der Bezirksverbände in Wien „derzeit lahmgelegt ist". Damals waren dreiundzwanzig Vereine in dem Verbandsausschuß vertreten, unter ihnen der Arierbund, die Turner, die Deutsche Studentenschaft und eine Reihe akademischer Vereinigungen und Korporationen, die Frontkämpfervereinigung und der Deutsche Klub.[58] In Innsbruck bildeten fünfzig derartige Vereine eine Deutschvölkische Arbeitsgemeinschaft, aber viele von ihnen bestanden nur „auf dem Papier". Interessanterweise lag dort die Organisation der Arbeitsgemeinschaft in den Händen des Deutschen Schulvereins Südmark, der wenigstens offiziell eine neutrale Organisation war, die von den Behörden unterstützt wurde.[59] Nur die Nationalsozialisten gehörten diesen Verbänden nicht an, aber das hinderte sie nicht, die aktiven Elemente dieser Organisationen aufzusaugen, so daß die meisten zurückgingen.

Die einzige große völkische Organisation, die nicht unter diesem Rückgang litt, war der Deutsche Turnerbund, der eng mit der SA zusammenarbeitete und ihre Mitglieder sportlich ausbildete. An vielen Orten konnten die Wehrzüge des Turnerbundes kaum von SA-Einheiten unterschieden werden. Im Februar 1932 berichtete die Wiener Polizei, die Beziehungen zwischen Turnerbund und Heimwehren hätten sich gelockert und er habe sich den Nationalsozialisten genähert. Die Bundesleitung der Turner habe mit der SA-Führung in München vereinbart, daß kein korporativer Beitritt von SA-Gruppen zum Turnerbund erfolgen solle, daß die NSDAP keine eigenen Sportabteilungen gründen und die ihr angehörenden Turner in den Turnerbund schicken würde.[60] So gelang es den Nationalsozialisten, „die einheitlichste, schlagkräftigste nationale Gruppe" in Österreich, wie sie es selbst feststellten,[61] für sich zu gewinnen, und gleichzeitig einen Keil zwischen die Turner und die Heimwehren zu treiben.

Bei seinem Bundesturntag in Wien betonte der Deutsche Turnerbund 1932 wiederum seine ‚Überparteilichkeit': „In seinen Reihen sind alle Volksgenossen deutschen Stammes willkommen und gleichgeachtet, die den Leitworten Rassenreinheit, Volkeseinheit und Geistesfreiheit folgen und für die durch sie gekennzeichneten streng völkischen Grundsätze zu leben, zu arbeiten und zu kämpfen bereit sind." Doch der Ordnerdienst auf dem Bundesturntag wurde von der SA versehen.[62] Diese Resolution wurde in einer Flugschrift nachgedruckt, die die Angriffe auf den Deutschen Turnerbund als eine politische und parteiliche Organisation abwehren sollte. Ihnen hielt die Flugschrift entgegen, daß unter den Mitgliedern des Turnerbundes seit jeher „Anhänger aller völkisch-arischen Parteien“ gewesen seien, und daß die ihm angeschlossenen Vereine „deutschvölkische Menschen ohne Rücksicht auf ihre Parteizugehörigkeit“ aufnähmen.[63] Natürlich wurde nicht zugegeben, daß diese Auswahlprinzipien selbst hochpolitischer Natur waren.

Wie fragwürdig diese ‚unpolitische‘ Haltung war, zeigte auch eine Resolution, die der Deutsche Turnverein Rudolfsheim im März 1933 einstimmig annahm. Sie verurteilte die Annahme von Geldern „aus nicht arischen Quellen“ durch die Heimwehren, die angeblich völkisch wären, und ebenso das frühere „enge Bündnis zwischen Turnerbund und Heimatschutz“. Sie bekannte sich „restlos zum *Führergedanken*, solange die Führung des Bundes *radikale rassenantisemitische Volkspolitik* betreibt“ und von den Mitgliedern keine Unterstützung der Heimwehr erwarte, „da über dem *Führer des Bundes* der *Führer des Volkes* Adolf Hitler steht, dem die Mitglieder des Vereines seit vielen Jahren stets die Treue hielten und halten werden“. Schließlich betonte die Resolution, jeder Turner müsse den „rassenantisemitischen Hochzielen in Lehre und Wirklichkeit, in Politik und Schrifttum“ folgen.[64] Sie bedeutete eine klare Warnung an die Führung des Turnerbundes, daß die Treue zu Hitler und dem Rassenantisemitismus vor der Treue zur eigenen Führung kam.

Was die Nationalsozialisten selbst betraf, so bestand für sie nicht mehr die Notwendigkeit, Vereinbarungen oder Bündnisse mit anderen völkischen Organisationen zu schließen. Sie waren davon überzeugt, daß die Zeit und die Krise für sie arbeiteten, daß die Machtergreifung im Reich eine magnetische Wirkung auf Österreich ausüben müsse, daß der Anschluß so oder so kommen würde. Aber sie waren bereit, bekannte Namen und hohe Titel zu benutzen, um ihre Sache zu fördern, und Frontorganisationen mit neutralen Namen zu gründen, die von Nichtparteimitgliedern geleitet wurden. Eine von diesen war der Deutsche Volksrat für Österreich unter Feldmarschalleutnant Carl Bardolff, der 1932 auch Vorsitzender des Deutschen Klubs in Wien wurde. Dieser diente als Forum für nationalsozialistische und sonstige ‚nationale‘ Sprecher, darunter auch den Wiener Gauleiter Frauenfeld.[65] Bardolffs Name stand auch unter einem Manifest des Kampfbunds für deutsche Kultur, das von bekannten Schriftstellern und anderen Intellektuellen unterschrieben war und verkündete: Die „inneren Feindmächte sind daran, die Wurzeln unseres Stammes zu zerfressen, das Mark zu vergiften, den Wipfel zu überwuchern. Stamm, Volk, Rasse sind die gottgegebenen Urformen des Menschseins, aus welchen allein Seele und Geist blutecht erwachsen können. An uns selbst wird es liegen, diese Gottgabe echt zu erhalten, recht zu verwalten ...“[66] Es war dieser rassische Appell, der in Österreich auf fruchtbaren Boden fiel und von vielen, die an die natürliche Überlegenheit einer angeblich germanischen Rasse glaubten, bereitwillig akzeptiert wurde. Er ermöglichte es ihnen, sich über die Niederlage und die Revolution von 1918 hinwegzusetzen, einen Ausgleich zu finden für den Friedensvertrag von St. Germain und die Schwäche Österreichs. Sie konnten sich so Juden und Slawen überlegen fühlen und überzeugt sein, daß ihnen die Zukunft gehöre.

XI. DOLLFUSS' AUTORITÄRES REGIME

Der österreichische Kanzler seit Mai 1932 war Engelbert Dollfuß, ein führender christlichsozialer Politiker, der vorher Landwirtschaftsminister gewesen war. Das Kabinett bestand aus einer Koalition seiner Partei mit den kleinen Gruppen des Heimatblocks (Heimwehr) und des Landbundes, aber im Parlament verfügte die Regierung nur über eine Mehrheit von einer Stimme, während die Sozialdemokraten und die Großdeutschen in Opposition standen (es gab keine nationalsozialistischen Abgeordneten). Dollfuß' scharf antisozialistische Einstellung machte ihm ein Kompromiß mit den Sozialdemokraten unmöglich, und sein ebenso starker Katholizismus verhinderte jede Zusammenarbeit mit den Nationalsozialisten, vor allem nachdem Hitler in Deutschland an die Macht gekommen war. Die Unterstützung für Dollfuß in seinem Kampf gegen links und rechts kam vor allem von seiner Christlichsozialen Partei, aber er benötigte auch die der Heimwehren, die zwei Sitze im Kabinett erhielten. Aber seine parlamentarische Basis war so schmal und unsicher, daß der Kanzler – wie schon Seipel vor ihm – mehr und mehr zu autoritären Lösungen neigte, ähnlich der Politik des Reichskanzlers Brüning, zur Regierung mittels Notverordnungen und der Entmachtung des Parlaments. Dabei wurde Dollfuß unterstützt von der Kirche und der hohen Bürokratie – zwei in Österreich traditionell sehr starken Kräften – wie auch von Mussolini, der schon jahrelang autoritäre Bewegungen in Österreich finanziert hatte und sowohl die Sozialdemokraten wie die Nationalsozialisten ausschalten wollte, da er keine deutschen Truppen auf dem Brenner zu sehen wünschte. Seiner Veranlagung nach war Dollfuß ungeeignet für schwierige und unsichere parlamentarische Kombinationen. Wie er es einmal dem österreichischen Bundespräsidenten Miklas anvertraute, „Ich kann nur mit einer Partei regieren".[1]

In der Rückschau mag es scheinen, daß die Errichtung eines autoritären österreichischen Regimes mit der Ernennung Hitlers zum Reichskanzler ein hoffnungsloses Unternehmen wurde, daß es nur eine Zeitfrage war, bis das kleine Österreich von dem viel stärkeren

Nachbarn verschluckt wurde. Aber man muß sich daran erinnern, daß 1933 niemand genau wußte, wie stark Hitler werden würde, daß Mussolini im Süden viel fester im Sattel saß als Hitler im Norden, und daß in den dreißiger Jahren diktatorische oder autoritäre Regierungen in vielen europäischen Ländern an die Macht kamen, ob sie nun groß oder klein waren. Auf jeden Fall waren Dollfuß' Erfahrungen mit dem Parlament sehr unglücklich. Es gab bittere Auseinandersetzungen über die neue Völkerbundsanleihe und über das Schmuggeln von großen Waffenmengen aus Italien für die Heimwehren und für Ungarn: Debatten, in denen es die Regierung schwer fand sich zu behaupten. Dann, im März 1933, spielte der Zufall in Dollfuß' Hände. Es gab eine neue scharfe Auseinandersetzung, diesmal über die Stimmzettel von zwei Abgeordneten, die vertauscht worden waren, und zwar in einer Abstimmung, in der die Regierung in der Minderheit blieb. Im Lauf der Debatte trat der Präsident des Nationalrats, der Sozialdemokrat Dr. Renner, zurück, und der zweite und dritte Präsident, die anderen Parteien angehörten, folgten seinem Beispiel. In den Augen des Kanzlers hatte das Parlament aufgehört zu funktionieren, es hatte sich durch seine eigenen Handlungen aktionsunfähig gemacht, und er war entschlossen, die Situation voll auszunutzen, obgleich er sie nicht geplant hatte. Da alle Präsidenten zurückgetreten waren, konnten sie den Nationalrat nicht mehr zusammenberufen, und Präsident Miklas wurde veranlaßt, das auch nicht mittels einer Verordnung zu tun und das Parlament nicht aufzulösen, um eine Neuwahl zu vermeiden.[2]

Am Tage nach dem Rücktritt der Präsidenten trafen sich die Führer der Christlichsozialen Partei und einigten sich, „daß nunmehr für einige Zeit autoritär regiert werden müßte", bis durch Verhandlungen mit den Oppositionsparteien das Funktionieren der Verwaltung und der Gesetzgebung garantiert würde, was nur durch Änderungen der Verfassung und der parlamentarischen Geschäftsordnung geschehen könne.[3] Anscheinend war das nicht als eine Dauerlösung gedacht; man dachte nicht an eine permanente Ausschaltung des Parlaments, sondern an seine Suspendierung für eine gewisse Zeit. Doch einige Tage darauf veröffentlichte die Regierung einen Aufruf an das österreichische Volk, der gewisse Bestimmungen der Verfassung außer Kraft setzte und andeutete, daß die parlamentarische Demokratie zu bestehen aufgehört hatte, jedenfalls vorübergehend. Von da an regierte Dollfuß durch den Erlaß von Notverordnungen, auf Grund des kriegswirtschaftlichen Ermächtigungsgesetzes von 1917, das nie widerrufen worden war, aber in Wirklichkeit nur für soziale und wirtschaftliche Maßnahmen galt. Als die sozialdemokratische Wiener Regierung Klage dagegen beim Verfassungsgerichtshof einreichte, veranlaßte Dollfuß seine christlichsozialen Mitglieder zurückzutreten und erklärte dann, der Gerichtshof habe seine legale Zusammensetzung verloren und sei daher außerstande, die Maßnahmen der Regierung zu kontrollieren.[4] In einer ähnlichen Lage, nach Papens Staatsstreich in Preußen im Juli 1932, reichten die deutschen Sozialdemokraten Klage beim Staatsgerichtshof ein, aber sein Urteil half der abgesetzten preußischen Regierung nichts. Offensichtlich hatten solche juristischen Verfahren in einer Zeit, in der Verfassungsfragen durch Gewaltanwendung entschieden wurden, wenig Sinn.

Daß Dollfuß entschlossen war, eine Rückkehr zu parlamentarischen Regierungsformen zu verhindern, zeigte er deutlich in seiner Rede bei der Türkenbefreiungsfeier der Heimwehren im Mai 1933: „Diese Form von Parlament und Parlamentarismus wird nicht wiederkommen. Wir wollen in neuen Formen und auf neuen, dem christlich-deutschen Volke eigentlich doch wieder sehr alten Grundlagen, Grundsätzen und Ideen unsere Heimat und das Zusammenleben unseres braven deutschen Volkes in Österreich neu gestalten." Und einige Monate später: „Die Zeit liberal-kapitalistischer Gesellschafts- und Wirtschaftsordnung – sie ist vorüber. Die Zeit marxistischer Volksführung und Volksverführung ist vorüber! Die Zeit der Parteienherrschaft ist vorüber, wir lehnen Gleichschalterei und Terror ab. Wir wollen den sozialen, christlichen, deutschen Staat Österreich auf ständischer Grundlage unter starker, autoritärer Führung dieses Staates."[5] Der frühere Kanzler und Landeshauptmann von Vorarlberg, Dr. Ender, wurde damit betraut, eine neue Verfassung auf ständischer Grundlage auszuarbeiten.[6] Die Gedanken, die von den Heimwehren schon so lange propagiert wurden, sollten endlich in die Praxis übertragen werden.

Vor der zweiten eben zitierten Rede fuhr Dollfuß nach Italien, um Mussolini zu treffen, der von seinem Besucher einen harten Kurs gegen den ‚Marxismus' und energisches Handeln in der Verfassungsfrage verlangte: mit anderen Worten einen stärker faschistischen Kurs. Dollfuß versprach, sein Programm einer neuen Verfassung auf ständischer Grundlage energisch zu verfolgen, was auch seiner eigenen Überzeugung entsprach. Kurz darauf orientierte Starhemberg den Führerrat der Heimwehr über bevorstehende wichtige innenpolitische Veränderungen, die bezweckten, „die faschistische Totalität zu verwirklichen und ... das Schicksal sämtlicher noch in Österreich existierender Parteien einschneidend berühren". Es wurde deutlich, daß Mussolini die Heimwehren als ein innenpolitisches Druckmittel benutzte, um die von ihm gewünschten Verfassungsänderungen durchzusetzen, denn die Sozialdemokraten waren noch eine legale Partei, und alle Pläne zur Errichtung einer Diktatur mußten noch immer mit Widerstand in Wien und anderen Städten rechnen. Daß auch die Regierung selbst keineswegs geeint war, wurde deutlich, als der Vizekanzler Franz Winkler, Führer des Landbundes, dessen entschlossene Opposition gegen alle Heimwehrpläne ankündigte, „daß der Austrofaschismus jene Staatsform zu sein habe, die Österreich anzunehmen hat, das heißt auf deutsch, daß die Heimwehren den Staat und die Staatsführung für sich beanspruchen".[7]

Nur wenige Tage später bildete Dollfuß die Regierung radikal um. Er entließ die Führer politischer Parteien wie Winkler; der Wiener Heimwehrführer Major Fey wurde Vizekanzler, und der Einfluß der Heimwehrführer verstärkte sich. Damit wuchs auch ihr Appetit, denn für sie waren das kleine Schritte in Richtung auf einen österreichischen Faschismus, den sie mit Hilfe Mussolinis oder durch ein Arrangement mit den Nationalsozialisten zu erreichen hofften, jedenfalls mit Hilfe der Methoden, die man so erfolgreich in Italien und Deutschland angewandt hatte.[8] Anscheinend dachte Mussolini damals an eine Kombination Dollfuß - Starhemberg - Fey, die die von ihm gewünschten Veränderungen durchführen würde. Wie ein deutscher Diplomat aus Rom berichtete, hielt man dort nicht viel von Dollfuß oder Starhemberg, „dem man seine Eitelkeit und politische Wandlungsfähigkeit vorwirft", aber man glaube,

> „daß der zäh an seiner Idee festhaltende Bundeskanzler trotz seiner geringen Popularität sich schließlich durchsetzen werde, wobei ihm die Massengeltung, über die Starhemberg zweifellos verfüge, zugute komme. So rechnet Mussolini denn auch im Endergebnis bestimmt mit einem Erfolg der neuen energischen Staatsleitung auf korporativer Grundlage, da er der Ansicht ist, daß man durch die Schaffung einer dem Fascismus und dem Nationalsozialismus verwandten Regierungsform nicht nur die nationalsozialistische Bewegung in Österreich zum Einlenken bringen, sondern damit auch den Boden für eine Verständigung mit Deutschland vorbereiten könne, die ihm nach wie vor besonders am Herzen liegt ..."[9]

Aber wenn keines dieser beiden Ziele durch das Dollfußregime erreicht werden konnte, würde Mussolini auch dann seinen österreichischen Schützling unterstützen? Diese Frage wurde von dem Diplomaten nicht beantwortet.

Auf jeden Fall waren sich Dollfuß und die Heimwehrführer in ihrer politischen Zielsetzung nicht einig, und beide Seiten einem Arrangement mit den Nationalsozialisten auf Kosten ihres Partners nicht abgeneigt. Daß die Heimwehrführer hinter Dollfuß' Rücken mit den Nationalsozialisten intrigierten, haben wir bereits gesehen. Aber im Mai 1933 verhandelte auch Dollfuß mit Hitlers Generalinspekteur in Österreich, Theo Habicht, und bot den Nationalsozialisten zwei Sitze im Kabinett an, falls sie ihre Forderung auf Neuwahlen zunächst aufgäben. Aber diese forderten fünf Ministersitze, den Ausschluß des Landbundes und der Heimwehren aus der Regierung und Neuwahlen, und daran scheiterten die Verhandlungen. Aber sie wurden im Herbst wiederaufgenommen, als Habicht zwei führende Großdeutsche in Böhmen traf und sie autorisierte, die Verhandlungen wieder zu eröffnen. Er verlangte jetzt die Hälfte der Ministersitze für seine Partei und für sich selbst den Vizekanzlerposten unter Dollfuß. Innenpolitisch forderte er „schärfsten Kampf gegen den Marxismus und die Korruption" und außenpolitisch „Herstellung eines engen freundschaftlichen Verhältnisses zum Deutschen Reich unter Anerkennung der staatlichen Unabhängigkeit Österreichs". Laut den deutschen Quellen war Dollfuß dazu bereit, diese Forderungen „im wesentlichen" anzunehmen, und sogar Habicht zu empfangen, aber die Verhandlungen scheiterten am Widerstand der Heimwehrführer.[10] Mit dem Beispiel der raschen Umwandlung der deutschen Regierung von einer Koalition der Deutschnationalen und Nationalsozialisten zur Einparteiregierung vor seinen Augen hätte auch Dollfuß klar sein müssen, was die Forderung auf fünfzig Prozent der Ministersitze in der Praxis bedeutete.

Im Januar 1934 wuchs der Druck auf Dollfuß, Veränderungen in Richtung auf den Faschismus einzuführen. Ende des Monats besuchte der Unterstaatssekretär im italienischen Außenministerium, Fulvio Suvich, Wien, um die Beseitigung der Parteien und Verfassungsreformen nach dem italienischen Muster zu fordern, vor allem aber die Vernichtung der Sozialdemokratie und ihrer Position in Wien.[11] Gleichzeitig marschierten die Tiroler Heimwehren in Innsbruck ein, wo sie der Landesregierung ihre Forderungen unterbreiteten. Diese betrafen „den raschesten Umbau unseres ganzen Staatswesens in der . . . Richtung des ständischen Gedankens, insbesondere der Ausschaltung der bisherigen Parteien- und Klassenvertretung und der unverzüglichen Aufrichtung einer unabhängigen autoritären Staatsführung". Die öffentlichen Körperschaften sollten „dem Willen der vaterländischen Bevölkerung entsprechend gestaltet werden", alle Ämter „von allen nicht vaterländisch eingestellten Elementen" gesäubert werden; die Bezirkshauptleute sollten durch Heimwehrführer assistiert werden; besondere Kommissare sollten für die Verwaltung bestimmter Städte ernannt werden. Die Zeitungen gaben außerdem bekannt, daß die Heimwehren die Auflösung der politischen Parteien und den Rücktritt ihrer Mandatare von allen öffentlichen Stellungen forderten, sowie die Bildung eines ständigen Landesausschusses aus Vertretern der Heimwehr und des Bauernbundes, der dem Landeshauptmann zur Seite treten sollte. Der Landeshauptmann Dr. Stumpf war bereit, diesen Landesausschuß einzuberufen, aber machte den Heimwehrführern klar, daß die Umbildung der Landesregierung und die Bestimmung der Aufgaben des Ausschusses Fragen seien, über die nur der Landtag beschließen könne. Nach seiner Ansicht waren sich die Heimwehrführer keineswegs klar, wie ihre Forderungen durchgesetzt werden sollten, und sie waren gegen die Einberufung des Landtags, da in ihm „die Nutznießer des heutigen Systems säßen, von denen man nicht erwarten könne, daß sie selbst ihre Mandate aufgeben" oder der Entfernung mißliebiger Abgeordneter zustimmen würden. Der Landeshauptmann betonte auch, daß er zu keinem außerkonstitutionellen Schritt zu haben sei noch der Bildung einer Nebenregierung mit autoritärem Charakter zustimmen würde.[12]

Wenige Tage darauf überreichten die oberösterreichischen Heimwehrführer dem Landeshauptmann Dr. Schlegel sehr ähnliche Forderungen und verlangten „mit berechtigter Ungeduld", daß „endlich die Hindernisse, die im Lande Oberösterreich der Durchführung der Richtlinien des Bundeskanzlers entgegenstehen, beseitigt werden". Regierungskommissare sollten für die Städte Linz und Steyr mit Zustimmung der Heimwehrführer ernannt werden; das gleiche sollte in Gemeinden geschehen, „deren Verwaltung politisch oder wirtschaftlich gefährdet ist"; die Ämter und Schulen sollten von „Staatsfeinden" gesäubert werden; dem Sicherheitsdirektor und den Bezirkshauptleuten sollten Heimwehrfunktionäre zugeteilt werden; die Grundsteuer, insbesondere für Wald, sollte herabgesetzt werden (letzteres vermutlich eine Forderung im Interesse der aristokratischen Heimwehrführer). In der Diskussion mit Dr. Schlegel betonten die Heimwehrführer „die Entmutigung und Erbitterung" darüber, „daß das Reformprogramm des Kanzlers Dollfuß nicht weiter geht"; sie wollten nicht drohen, aber sonst würde die Bevölkerung zu den Nationalsozialisten übergehen. Der Landeshauptmann antwortete, er sei vom Landtag gewählt und habe einen Eid auf die Verfassung geleistet; sie könnten nicht von ihm erwarten, daß er sein Gelöbnis brechen solle. Als ein Heimwehrführer darauf hinwies, daß man sich in Notzeiten über solche Bedenken hinwegsetzen könne, erwiderte Schlegel: „Ein deutscher Mann bricht sein Wort nicht, um so weniger, wenn er Gott zum Zeugen anruft." Er orientierte dann die Landesregierung über die Ereignisse. Die Großdeutschen und der Landbund traten hinter ihn, indem sie alle Versuche einzelner Gruppen, die Macht an sich zu reißen, scharf verurteilten. Sie wiesen auch darauf hin, daß die Heimwehr „nur einen ganz unbedeutenden kleinen Teil der Bevölkerung vertritt", und daß sie die Begriffe Staatsfeindlichkeit und Opposition identifiziere, wogegen sie mit Nachdruck protestieren müßten. In Braunau betonte der Landbund, daß seine jüngeren Mitglieder zum großen Teil mit den Nationalsozialisten sympathisierten; sie könnten dieses Abschwenken kaum mehr verhindern, wenn sich in Österreich ein faschistischer Kurs durchsetzen sollte.[13] Doch kurz darauf trat Dr. Schlegel als Landeshauptmann zurück. Er war immer für einen Kompromiß mit den Sozialdemokraten gewesen und stand der Heimwehr und besonders Starhemberg kritisch gegenüber.[14]

Daß dieser Vorstoß keineswegs eine spontane Aktion lokaler Heimwehrführer war, wird dadurch bewiesen, daß zwei Tage später genau die gleichen Forderungen dem Salzburger Landeshauptmann Dr. Rehrl vorgelegt wurden. Nach einer Verzögerung, die durch Rehrls Abwesenheit entstand, wurde die Salzburger Regierung durch zwei Heimwehrführer erweitert, aber Rehrl blieb Landeshauptmann. Es war völlig irreführend, wenn die Heimwehren behaupteten, sie hätten ihr „Ziel – Umbildung des Staates auf ständischer Grundlage – erreicht":[15] denn was immer sie sein mochten, sie waren bestimmt kein Stand. Was sich ereignete, war ein Versuch der Heimwehren, verlorenen Boden zurückzugewinnen und ihren Druck auf die Regierung zu verstärken. Wenn es „beinahe ein neuer Putsch" war,[16] dann schlug er fehl genau wie der frühere in der Steiermark; und vor allem fehlte jeder ähnliche Versuch im Zentrum, in Wien.

Nur wenige Tage nach diesen „Aktionen" der Heimwehr in mehreren Ländern wurde eines ihrer ältesten Ziele endlich erreicht: die Vernichtung der Sozialdemokratie. Im März 1933 wurde der Republikanische Schutzbund von der Regierung aufgelöst, aber er setzte seine

Tätigkeit illegal fort. Am 12. Februar 1934 durchsuchte die Polizei das sozialdemokratische Parteihaus in Linz nach Waffen, und Mitglieder des Schutzbundes widersetzten sich der Haussuchung. Sein Linzer Führer gab das Signal zur Aufnahme des Kampfes gegen die Regierung, der in der ganzen Stadt ausbrach und sich rasch auf Wien und einige andere Städte ausdehnte. Aber in den mehr agrarischen Ländern, im Burgenland, Kärnten, Salzburg, Tirol und Vorarlberg, kam es zu keinen Kämpfen und selbst dort, wo gekämpft wurde, gab es keinen Generalstreik zur Unterstützung des Schutzbundes. Innerhalb weniger Tage konnten die weit überlegenen Kräfte des Heeres, der Gendarmerie, der Polizei und der Heimwehren allen Widerstand durch den rücksichtslosen Einsatz von militärischer Gewalt, vor allem gegen die Wiener Gemeindewohnungen, brechen, die durch Artilleriebeschuß zur Übergabe gezwungen wurden.[17] Wie der deutsche Militärattaché meldete, der Februaraufstand „gab dem herrschenden System die Möglichkeit zur vollen Entfaltung seines Machtapparates und zur Vernichtung des einen seiner beiden Gegner. Auf den ersten Blick schien die Heimwehr, wenigstens zunächst, als der Endsieger dazustehen. Bald erwies sich aber, daß dieser rein militanten Organisation die konstruktiven politischen Köpfe fehlten. Der Kanzler und die . . . christlichsozialen Kräfte bekamen wieder die Oberhand".[18]

Die Vernichtung der Sozialdemokratischen Partei gewann dem Regime keine neuen Anhänger, denn die Partei schuf bald eine gut funktionierende illegale Organisation, während viele ihrer enttäuschten Mitglieder Kommunisten oder Nationalsozialisten wurden.[19] Ein leitender Nationalsozialist behauptete allerdings, daß „der Austromarxismus unwiderruflich zerbrochen ist", aber das war etwas voreilig. Ebenso unberechtigt war seine Beurteilung, daß der Kampf jetzt nur noch ein Kampf zwischen den Nationalsozialisten und dem „reaktionären Regierungskreis" sei.[20]

Am 1. Mai 1934, nur zehn Wochen nach dem Sieg über die Sozialdemokraten, verkündete die Regierung die neue österreichische Verfassung. Sie schaffte alle gewählten Institutionen ab und konzentrierte die Macht in den Händen der Exekutive. Ein Bundesrat aus 59 Mitgliedern, die von verschiedenen anderen Räten delegiert werden sollten, hatte nur das Recht der Annahme oder Ablehnung von Regierungsvorlagen, aber nicht das der Debatte. Außer ihm sollte es einen Kulturrat, einen Wirtschaftsrat, einen Länderrat und einen Staatsrat geben, deren Mitglieder ernannt werden und nur beratende Funktionen ausüben sollten. Der Bundespräsident sollte nicht mehr vom

Volk, sondern von den Bürgermeistern gewählt werden. Die Stände sollten die Grundlage des Gesamtaufbaus bilden, aber sie bestanden noch gar nicht, und die geplante „Ständedemokratie“ entstand nie. Sieben Berufsstände waren vorgesehen: für Industrie, Gewerbe, Handel und Verkehr, Geld- und Versicherungswesen, Freie Berufe, Land- und Forstwirtschaft und Öffentlichen Dienst, aber nur die zwei letzteren wurden organisiert, vermutlich weil die Regierung mit ihrer Unterstützung rechnete. Das Ziel war der korporative Staat wie er in Italien bestand, aber es wurde nicht erreicht. Im November erfolgte die Ernennung der Mitglieder der vorberatenden Körperschaften; doch da die Stände noch nicht existierten, konnten sie niemand zu diesem Zweck delegieren.[21]

Es war ferner geplant, die Stände vertikal zu gliedern, so daß jede Untergruppe Unternehmer und Arbeiter und Angestellte umfassen sollte. Der Zweck war, den Gegensatz zwischen Arbeitnehmern und Arbeitgebern zu überwinden und „diese Ansätze zu einem Ganzen, zu wohlgeordnetem System zusammenzufassen“.[22] Diese Pläne zeigten deutlich den Einfluß Othmar Spanns und anderer, die vom Ständestaat schrieben, aber die Pläne wurden nicht durchgeführt. Der Staat – hieß es offiziell – sei „kein Staat, wo der eine viel, der andere wenig genießt, sondern ein Staat, wo die Berufsstände in voller Gleichberechtigung berufen werden an der Gesetzgebung, zum Teil an der Verwaltung mitzuarbeiten und der Staat nur dann eingreifen wird, wenn es gilt, den Ausgleich zwischen den Berufsständen zu schaffen. Und bei diesen Berufsständen wird keine Trennung mehr zwischen Arbeitgeber und Arbeitnehmer sein; sie sitzen an einem Tisch gemeinsam, sorgend für das Gemeinwohl, nicht als Gegner mehr, sondern ... kämpfend für ein gemeinsames Ziel“.[23] Doch die Wirklichkeit war sehr verschieden von diesem idealisierten Bild sozialer Harmonie, einer Gesellschaft mit gleichen Rechten und gleichen Anteilen, in der Wolf und Lamm friedlich nebeneinander leben würden. Ein Versuch, diese Utopie zu verwirklichen, wurde nicht gemacht.

Man hat behauptet, daß die Ideologie vom Ständestaat „alle Elemente einer faschistischen Ideologie“ enthielt, und daß das österreichische Regime das italienische und deutsche Beispiel in seiner Propaganda und seinen Unterdrückungsmethoden nachahmte.[24] Offensichtlich gab es deutliche Parallelen, besonders mit dem italienischen Fascismus, aber es gab auch ebenso deutliche Unterschiede. In Österreich gab es keine breite faschistische Bewegung und keine Machtübernahme durch eine faschistische Partei. Dollfuß war der rechtmäßige Kanzler und benutzte diese Position, um einen Staatsstreich von oben durchzuführen.[24] Seine Diktatur wurde von der Christlichsozialen Partei (ihre Abgeordneten stimmten sogar für die Verfassung vom 1. Mai 1934), von der Katholischen Kirche und der Bürokratie unterstützt ebenso wie von Teilen des Bürgertums und des Adels, mit anderen Worten von den alten herrschenden Gruppen, die ihre Vorrechte gegen die Drohung von links und rechts verteidigten. Die Heimwehren und die Christlichsoziale Partei stützten das Regime, aber spielten bei seiner Geburt keine wesentliche Rolle. Der Versuch, mittels der Vaterländischen Front eine einheitliche Massenbasis nach Art einer faschistischen Partei zu schaffen, mißlang. Dem Regime gelang es nicht, die Uneinigkeit und den unterschiedlichen Charakter seiner tragenden Elemente zu überwinden. Trotz seiner ideologischen Aufmachung ähnelte es vielmehr einer traditionellen Rechtsdiktatur als einem faschistischen System. Auch gab es keine irgendwie bedeutenden sozialen Veränderungen im Sinn einer Ersetzung der alten herrschenden Elite durch eine neue – wie es wenigstens teilweise in Deutschland und Italien geschah. All das macht es mehr als fraglich, ob man das Dollfußregime als ‚faschistisch' bezeichnen kann.

Die „Vaterländische Front" wurde 1933 gegründet, um das autoritäre Regime politisch zu untermauern. Ihr Führer war Dr. Dollfuß, und in ihr herrschte „das uneingeschränkte Führerprinzip". Ihre Struktur war – wie die der faschistischen Parteien – hierarchisch und militärisch: „Der Führer hat die volle Befehlsgewalt in der Vaterländischen Front und sind ihm daher alle Organisationsstellen und Mitglieder zu unbedingtem Gehorsam verpflichtet. Den Organisationsstellen obliegt lediglich der Vollzug der Weisungen des Führers." Der Führer ernannte seinen Stellvertreter und den Führerrat, der nur beratende Funktionen hatte.[25] Aber was der Vaterländischen Front fehlte, war ein Programm. Der Frontführer für Kärnten beschrieb später, wie er zu Dollfuß in das beste Hotel Klagenfurts gerufen wurde, der ihn mit den Worten empfing: „Sie sind der richtige Mann für die VF!" Er wurde sofort zum Landesleiter ernannt, reiste nun mit einem Organisationsbüchlein der NSDAP(!) durchs Land und bestellte überall lokale Leitungen nach dem ständischen Prinzip (nur daß die Stände noch nicht bestanden): je einen Vertreter des Gewerbes, der Bauern und der Arbeiter.[26] Es war Improvisation in großem Stil. Im Herbst 1933 schrieb der geistige Vater der neuen österreichischen Verfassung, Dr. Robert Hecht, in einem Memorandum für die

Regierung, man solle die politische Bedeutung der Vaterländischen Front nicht überschätzen: sie sei keine „primäre, revolutionäre Volksbewegung“ und werde nie „ihren österreichischen Vereinscharakter mit ihrer spezifisch wienerischen Kaffeehausfärbung verlieren“; der Ständestaat entspreche „keiner realen Vorstellung der Bevölkerung“ und sei „in Wahrheit nichts ... als ein leeres Wort“.[27]

Daß die Vaterländische Front keine politische Partei und Österreich kein Einparteistaat sei, wurde 1934 offiziell erklärt, und damit noch einmal der Unterschied, der sie von den in Italien und Deutschland herrschenden Parteien trennte, betont. Die Vaterländische Front, fuhr die Erklärung fort, verlange nur „das Bekenntnis für ein unabhängiges, christliches, deutsches, ständisch gegliedertes Österreich“; dieses Bekenntnis sei die Vorbedingung des Eintritts, abgesehen davon herrsche in ihr „volle Gesinnungsfreiheit“. Die Aufgaben der Front seien andere als die des Staates, der Länder und Gemeinden. Die Zusammenarbeit zwischen Front und Staat sei garantiert durch die Person ihrer Führer, die zugleich Staatsführer seien; aber die Funktionäre der Front seien nicht befugt, durch irgendwelche Anweisungen in den Wirkungskreis der Behörden einzugreifen. Sie könnten nur durch Hinweise auf Übelstände oder Unterstützung von Beschwerden oder Anliegen die Aufmerksamkeit der Behörden wachrufen, während im Dritten Reich die nationalsozialistischen Amtswalter angeblich mehr Rechte als die Verwaltungsbehörden hätten, wodurch sich immer wieder Mißbräuche ereigneten.[28]

Die Christlichsoziale Partei, die sich schließlich selbst auflöste, ging zum großen Teil in der Vaterländischen Front auf, aber ihre Beziehungen zu den Heimwehren waren keineswegs klar. Auf seiten der letzteren bestand starker Verdacht gegenüber einer Organisation, die sie mit Recht als einen Rivalen im Kampf um die Macht ansahen. Im September 1933 erörterten die Heimwehrführer die Frage auf einer Sitzung in Wien und beschlossen, da die Parteiführer aus der Regierung entfernt seien und ihr Kurs geklärt worden sei, der Vaterländischen Front kollektiv beizutreten, um sie mit ihrem Geist zu erfüllen, und ihre eigene parlamentarische Vertretung, den Heimatblock aufzulösen. Im Oktober wurde Starhemberg von Dollfuß zum stellvertretenden Frontführer ernannt als Zeichen der neugefundenen Einigkeit. Bei einer Festkundgebung der Heimwehren erklärte er, daß durch die Bildung der Vaterländischen Front jede Parteiorganisation überflüssig werde. Er und die anderen Redner, Vizekanzler Fey und Dr. Steidle, machten deutlich, daß sie ihr Ziel, die Errichtung eines faschistischen Systems, nicht aufgegeben hätten. Auf jeden Fall hatten die Heimwehrführer jetzt Positionen von entscheidender Bedeutung in der Regierung wie in der Vaterländischen Front. Aber die Führer der Christlichsozialen Partei antworteten sofort mit einer Erklärung, daß ihre Partei auch weiterhin zu einer führenden Rolle berechtigt sei.[29] Auf die Frage eines Journalisten, ob, da er nun Frontführer-Stellvertreter sei, Dollfuß nun auch oberster Führer der Heimwehren sei, antwortete Starhemberg sehr eindeutig, er sei und bleibe deren oberster Führer und als solcher „vollkommen selbständig und unabhängig", aber seine Ernennung bedeute einen weiteren Schritt „auf dem Wege zur Durchsetzung ... einer besonderen faschistischen Staatsauffassung in Österreich".[30]

Mehrere Berichte aus dem Jahre 1935 bestätigten, daß es der Vaterländischen Front nicht gelungen war, loyale Anhänger für das Regime zu werben, sondern nur viele Opportunisten und passive Mitglieder anzusammeln. Im April berichtete ein zuverlässiger Agent der Regierung, daß sich leider alle seine Befürchtungen über die Front als richtig herausgestellt hätten:

> „Wie man in katholisch-militanten Kreisen den Fehler begeht, mit Taufscheinkatholiken Machtpolitik betreiben zu wollen, so macht die VF den Fehler, sich an der Erfassung möglichst vieler Mitglieder zu ergötzen. Statt wenige, aber hundertprozentig österreichische Kräfte zu sammeln und in den Kampf um Österreich zu führen ... schafft man sich viele Mitglieder, die nicht einmal Anhänger sind und eine unverläßliche Bande darstellen. Mit diesen Leuten kann man nicht einmal eine Gemeindewahl reibungslos durchführen, geschweige denn einen politischen Willen herausbilden ..."[31]

Diese Ansicht wurde von dem Sicherheitsdirektor für Salzburg bestätigt, der schrieb, die an die Vaterländische Front geknüpften Erwartungen hätten sich bisher nicht bestätigt; sie organisiere gelegentlich Versammlungen und Kundgebungen und sei „ansonsten lediglich eine Sammelstelle von Mitgliedern ... die das vaterländische Abzeichen tragen und die Beiträge entrichten", die ihr aus opportunistischen Gründen beigetreten seien, ohne „am Wesen und an den Aufgaben der Vaterländischen Front interessiert zu sein".[32]

Im Oktober kritisierte der Leiter des Werbedienstes der Vaterländischen Front scharf den „Organisationswirrwar", in dem sich die Bevölkerung nicht mehr auskenne. Die Front, die Wehrverbände und die Berufsorganisationen sprächen alle von der „Erneuerung Österreichs", konkurrierten aber miteinander „im Mitgliederfang", und von einheitlicher Willensbildung sei keine Rede; ein Einbruch in die entweder rot oder braun infizierte Jugend sei nicht gelungen. Nach seiner Ansicht seien die verschiedenen beruflichen und gewerkschaftlichen Organisationen auf dem besten Wege, sich zu Wirtschaftsparteien zu entwickeln: Wenn die Front nicht rechtzeitig eingriffe, würde das Resultat ein Nebeneinander von sieben oder acht Parteien anstelle der vier alten sein. Die Werbeabteilungen der Front hätten die undankbare Aufgabe, „den Einzelbestrebungen der Verbände, besser gesagt der kleinen Unterführer aller Verbände entgegenzutreten und sich in ständigen Versöhnungs- und Einigungsaktionen aufzureiben . . .".[33] In einer Organisation, die angeblich auf dem Führerprinzip beruhte, herrschte stattdessen Uneinigkeit und Verzettelung, Konkurrenz und Rivalität. Die Vaterländische Front versuchte, unter einem Dach viele verschiedene Organisationen und Tendenzen zu vereinen, aber sie besaß keine festen Fundamente und keinen gemeinsamen Willen.

Da die Heimwehren in der Front eine Fortsetzung der Christlichsozialen Partei sahen und sie für ein Hindernis bei der Errichtung des ‚österreichischen Faschismus' hielten, war ihre Einstellung zu der Front eine ablehnende. Im September 1933 – nur wenige Wochen vor seiner Ernennung zu ihrem stellvertretenden Führer – ging Starhemberg so weit, seinen Leuten das Tragen von Abzeichen der Vaterländischen Front, die Teilnahme an ihren Kundgebungen und jede Propaganda für sie zu verbieten.[34] Nach Dollfuß' Tod wurde Starhemberg zum Frontführer ernannt, aber selbst dann lehnte er die Eingliederung der Heimwehren in die Front ab, und der gleiche Widerstand zeigte sich in den Reihen der Heimwehr. Auf einer Führertagung der Heimwehr erklärte Starhemberg angeblich: „Wenn Sie aber der VF mißtrauisch gegenüberstehen, so teile ich Ihr Mißtrauen!" Die Heimwehren würden sich nicht zu Gunsten eines allgemeinen Wehrverbandes auflösen lassen, sondern sie beanspruchten die Führung.[35] Laut einem gutorientierten Beobachter hatte die Politik der Heimwehrführer innerhalb der Front keinen Erfolg, weil sie ständig nach der Hegemonie strebten und nicht bereit waren, sich ihr einzuordnen; zwischen ihnen und der Regierung fehlte es „an der notwendigen Einigkeit und vor allem am erforderlichen Vertrauen".[36]

Auch örtlich gab es vielfache Reibereien zwischen den Heimwehren und den Mitgliedern der anderen ‚vaterländischen' Organisationen. Aus Traun in Oberösterreich wurde 1935 gemeldet, daß dort die Heimwehrleute nicht nur keine Annäherung an die Organisationen der Vaterländischen Front suchten, sondern sich „Schmähungen gegen dieselben zuschulden kommen lassen".[37] Eine feindselige Stimmung wurde auch aus anderen oberösterreichischen Orten berichtet, zum Teil dadurch hervorgerufen, daß dort die Heimwehrgruppen großenteils aus früheren Nationalsozialisten bestanden.[38] Im gleichen Jahr meldete ein Agent der Regierung, daß in Kärnten, Oberösterreich und Salzburg ehemals christlichsoziale Politiker Vorstöße gegen die Heimwehren unternahmen, und daß diese in der Abwehr dieser Angriffe „einen merklichen Abrutsch nach der nationalen Seite vorgenommen" hätten und für eine Aussöhnung mit den Nationalsozialisten einträten, um den klerikalen Regierungskurs zu überwinden.[39] Aus Salzburg wurde gleichzeitig berichtet, daß die Heimwehren aus Rivalität zu den christlichen Wehrverbänden versuchten, neue Mitglieder aus nationalen und nationalsozialistischen Kreisen zu gewinnen.[40]

Im März 1935 erließen die oberösterreichischen Heimwehren eine Kampfansage „gegen Klerikalismus und Parteienwirtschaft im Ständestaat und der Vaterländischen Front". Der Sicherheitsdirektor für Oberösterreich, Peter Graf Revertera, erklärte, die Heimwehren hätten erfolgreich gegen Liberalismus und Sozialismus gekämpft und würden Eingriffe des Klerikalismus in die Politik nicht dulden. Ein anderer Heimwehrführer rief aus, so könne es nicht weitergehen, man versuche überall, den Heimwehreinfluß auszuschalten, aber ihre Feinde sollten sich hüten! Dieser Angriff fand sofort ein Echo in Salzburg. Dort erklärte der Gauführer der Heimwehr, die unglaublichsten Dinge spielten sich unter dem Deckmantel der verschiedenen Organisationen ab, und der Parteiengeist lebe wieder auf: „Wir haben lange geschwiegen, aber einmal ist es genug. Man muß eine Eiterbeule herausschneiden und ausbrennen bis aufs Fleisch ... Auch aus dem Staatskörper müssen die Eiterbeulen wenn nötig mit Brutalität entfernt werden. (Stürmischer Beifall.)" Dieser wiederholte sich, als er ausrief, für sie sei nur der Wille ihrers Führers Fürst Starhemberg maßgebend. Die Kundgebung schloß mit einem Treuegelöbnis an den Salzburger Landesführer, dem zugerufen wurde, er solle mit der Faust eingreifen und hart bleiben: je härter er zupacke, um so fester stünden sie hinter ihm.[41]

Auch in Tirol richtete sich die Aktivität der Heimwehren gegen christlichsoziale Einflüsse in der Regierung, vor allem gegen den Landesrat Dr. Gamper, den sie durch einen Heimwehrführer ersetzen wollten. Im März 1934 beschlossen sie, keine Vertreter in den Beirat der Landesregierung zu schicken und keine Regierungsposten anzunehmen, ehe nicht Gamper zurückgetreten sei.[42] Im Dezember schrieb Steidle an einen anderen Heimwehrführer aus Triest, wohin er als österreichischer Konsul gesandt worden war, nirgendwo sei das Verhältnis zwischen den Heimwehren und den anderen Wehrverbänden so gespannt wie in Tirol; „Landeshauptmann Stumpf scheint auf dem Wege der Verkalkung zu sein und ist vollständig in die Hände des übel berüchtigten Dr. Gamper geraten, der mit ihm spielt wie er will" und ein geschworener Feind der Heimwehr sei.[43] Die Entfernung Steidles aus Tirol führte nicht zu besseren Beziehungen zwischen der Heimwehr und den anderen Verbänden. 1936 gab es in Innsbruck starke Opposition gegen seinen Nachfolger, den Ingenieur Andreas Gerber, der angegriffen wurde, weil er auf Grund seiner Position in der Regierung die Bewegung vernachlässigte.[44]

Im September kritisierten die versammelten Tiroler Heimwehrführer die Vaterländische Front, weil sich in ihr Gegner des Faschismus breitmachten und sie nicht Träger des Staatsgedankens sei; wenn Starhemberg so hart arbeitete wie bestimmte Führer in Deutschland und Italien, würden die Heimwehren „die staatstragende Partei" sein, aber so verlören sie Posten um Posten: „Wir stecken heute zwischen zwei großen faschistischen Staaten und wir wollen eben die Linie von Norden nach Süden schließen, damit das Bollwerk gegen den drohenden Bolschewismus fest ist." Wie die Polizei erfuhr, beabsichtigten die Heimwehrführer ihre Agitation gegen die Vaterländische Front fortzusetzen; sie verfügten über Anhang in den größeren Orten, vor allem in Innsbruck.[45] Laut einem anderen Polizeibericht war die Bewegung gespalten, ein Teil stände hinter Starhemberg, ein anderer hinter Steidle und Fey; letztere wollten Gerber absetzen und Steidle zurückholen und ihn auch anstelle von Starhemberg zum Bundesführer machen; es gebe auch Gegensätze zwischen Republikanern und Monarchisten, und vor allem herrsche in der Heimwehr „eine immer größer werdende Interesselosigkeit".[46] In Innsbruck waren viele Heimwehrleute, die Starhemberg unterstützten, antiklerikal eingestellt und benutzten einen Appell der regierungstreuen Verbände im November 1934 um zu schreien: „Nieder mit der schwarzen Regierung!" und „Nieder mit der schwarzen Partei!"[47]

Besonders feindlich standen die Heimwehren einem anderen Wehrverband gegenüber, den Ostmärkischen Sturmscharen, die Anfang der dreißiger Jahre von dem christlichsozialen Parteiführer Dr. Schuschnigg gegründet worden waren, um den Einfluß der Heimwehren zu beschränken, und die innerhalb der Vaterländischen Front weiterbestanden. Nicht nur bestand scharfe Konkurrenz zwischen beiden Verbänden, sondern die Heimwehren hielten die Sturmscharen für eine Parteigarde der früheren Christlichsozialen Partei. In manchen Orten versuchten die Heimwehren, mit Gewalt die Gründung von Sturmscharortsgruppen zu verhindern, in anderen griffen die Behörden im gleichen Sinne ein.[48] Aus einem oberösterreichischen Ort meldete die Polizei 1934, daß die Anhänger der Sturmscharen den Heimwehren ebenso feindlich gesinnt seien wie den Nationalsozialisten.[49] Und aus einem anderen Ort, daß zwischen den verschiedenen ‚vaterländischen' Verbänden scharfe Gegensätze bestünden: „Wenn diese Rivalität so fortdauert, wird über kurz oder lang ein Kampf zwischen den einzelnen vaterländisch eingestellten Verbänden entstehen, der... unermeßliches Unglück brächte."[50] Aus Kufstein wiederum berichtete der Bezirkshauptmann, daß in mehreren Gemeinden die Gründung von Sturmscharen verboten werden mußte, weil die Gründer und ihre Hintermänner Nationalsozialisten waren.[51]

Die Regierung versuchte, der Rivalität zwischen den Verbänden ein Ende zu setzen, indem sie Anfang 1935 befahl, daß in Orten, wo bereits Gruppen von Wehrverbänden bestanden, keine neuen Ortsgruppen gegründet werden durften. Aber laut den Heimwehren nahmen die niederösterreichischen Sturmscharen keine Notiz von diesem Befehl. Daher nahmen die Heimwehren das Gesetz in die eigene Hand und verboten in Niederösterreich alle Propaganda und Werbung für die Sturmscharen. In Gloggnitz entfernten und zerstörten sie Sturmscharplakate mit dem Bild des Kanzlers und erklärten die örtlichen Sturmscharen für aufgelöst. Die Regierung versuchte zwischen den feindlichen Führern zu vermitteln, aber der Stabschef der Heimwehren, Seeger, erklärte, ein Schiedsspruch des Staatssekretärs sei für ihn nicht verbindlich, während der „Generalinspektor der Wehrfront", Generalmajor Hanno Königsbrun, darauf hinweis, daß er schon lange „Trutzgründungen der Wehrverbände verboten habe, aber kein Verband habe sich daran gehalten".[52] Auf Grund der gleichen Verordnung weigerte sich die örtliche Heimwehrgruppe, eine Versammlung der Sturmscharen in Ferlach in Kärnten zu erlauben, und kündigte stattdessen eine eigene Versammlung an, woraufhin die Polizei beide Versammlungen verbot.[53] In Wien kam es im April 1935 zu einer Saalschlacht zwischen den rivalisierenden Verbänden, als der frühere christlichsoziale Abgeordnete Kunschak in einer Versammlung christlicher Arbeiter sprach. Er wurde von Heimwehrmännern mit den Rufen „Heil Fey!" und „Hoch der Faschismus!" unterbrochen, und schließlich gingen die beiden Parteien mit Stühlen, Biergläsern und Gummiknüppeln aufeinander los.[54] Ende 1933 gab das Heeresministerium die Stärke der Sturmscharen mit etwa 15 000 Mann an, verglichen mit einer Heimwehrstärke von 40 bis 50 000, während im April 1934 der gut informierte deutsche Militärattaché sie auf 22 000 Mann verglichen mit 60 bis 65 000 Heimwehrleuten schätzte.[55]

Innerhalb der Vaterländischen Front gab es noch einen weiteren Wehrverband, den Freiheitsbund, der die militante Formation der offiziellen Gewerkschaften war und vom Gewerkschaftsflügel der früheren Christlichsozialen Partei unterstützt wurde. Angesichts der schlechten Wirtschaftslage, der niedrigen sozialen Position der Arbeiter und der hohen Arbeitslosigkeit bezog der Freiheitsbund 1935–36 eine mehr oppositionelle Haltung zur Regierung. Er betrachtete die Heimwehren als eine Schutzgarde der Unternehmer, und er war stark antisemitisch eingestellt. Seine Wiener Führer, dem Beispiel Dr. Luegers folgend, glaubten, die soziale Frage könne nicht ohne die Judenfrage gelöst werden. Dieser Kurs wurde auch auf deutsche Veranlassung und mit deutscher finanzieller Beihilfe eingeschlagen. Im März 1936 ließ der Freiheitsbund in Wien 300 000 Flugblätter mit der Überschrift „Juden! Kauft nur bei Euern Glaubensgenossen" verteilen: eine Aktion, die der deutsche Botschafter von Papen für einen großen Erfolg hielt.[56] Im Mai schlug Papen Hitler vor, den Freiheitsbund auch weiter zu unterstützen, so daß er den Kampf gegen das Judentum fortsetzen könne, und betonte, daß er zu seinen Führern enge Beziehungen unterhalte. Die Maidemonstration von 1936 führte zu Zusammenstößen mit der Heimwehr, deren Anhänger „Nazibanditen" und „Schwarze Marxisten" außer ihrem üblichen „Heil Starhemberg!" riefen.[57] Daß diese Angriffe berechtigt waren, geht daraus hervor, daß der Führer des Freiheitsbundes bei Papen anfragte, welche Mitglieder der sogenannten ‚nationalen Opposition' die deutsche Regierung als Minister nach einer Regierungsumbildung im Auge habe, da der Freiheitsbund eine Umbildung der Regierung in dieser Richtung für den Sommer 1936 erwartete.[58]

Nach diesen Bemerkungen wird deutlich, daß die Vaterländische Front keine faschistische Partei war, sondern eine merkwürdige Ansammlung beruflicher und halbmilitärischer Organisationen, die in prinzipiellen Fragen verschiedener Ansicht waren – wie die Heimwehren mit den Nachfolgeorganisationen der Christlichsozialen –

und einen guten Teil ihrer Aktivität darauf verwandten, einander zu bekämpfen und um Positionen zu ringen. Die Dollfußregierung konnte sich halten, indem sie die Kräfte der Linken gegen die der Rechten ausspielte; aber – wie der deutsche Militärattaché im April 1934 berichtete – „die Lage der Regierung blieb nach wie vor schwach und gefährdet. Zwischen Nationalsozialismus und Marxismus eingeklemmt, besaß sie keine Stütze in den breiten Volksmassen. Im eigenen Lager rangen die faszistischen Kräfte der Heimwehren mit den demokratischen der Christlichsozialen . . .".[59] Doch diese zwei Richtungen waren auch unter sich uneinig, und die Bezeichnungen ‚faschistisch' und ‚demokratisch' verbargen eine Vielfalt sehr verschiedener Tendenzen. Das Regime war zu schwach, um die Opposition von links und rechts zu vernichten; beide Parteien setzten ihre Tätigkeit illegal fort, erhielten sich die Loyalität der Mehrzahl ihrer Anhänger und betrieben umfangreiche Propaganda. Aber weder die eine noch die andere war stark genug, um das Regime zu stürzen, und der nationalsozialistische Versuch vom Juli 1934 schlug fehl.

Das Regime hielt sich, weil es von außen Hilfe erhielt, vor allem von Italien, und weil es von den Kräften der Kirche, der Exekutive, des Heeres, der Polizei und der Bürokratie unterstützt wurde. Diese Kräfte hatten es der österreichischen Monarchie ermöglicht, schwere Krisen zu überwinden: in bestimmter Beziehung brachte das autoritäre Regime in der Tat ein Wiederaufleben viel älterer Tendenzen, nur daß der Kaiser fehlte, dem die Massen loyal anhingen. Nach Dollfuß' Tod schrieb Steidle an Starhemberg von seinem Beobachterposten in Triest: „Sofort nach dem Tode des Kanzlers konnte ich bemerken, daß die Hochbürokratie aller Schattierungen auf dem Marsche war, um jeden Schwung zu brechen und die ganze Sache in das übliche bürokratische Fahrwasser zu leiten, wo bekanntlich alles stagniert . . ."[60] Er könnte das Gleiche schon über das vorangehende Jahr bemerkt haben.

Es war kein Zufall, daß die autoritäre Regierung die legale Basis für ihre Herrschaft in einem Kriegsgesetz aus dem Jahre 1917 fand, das nicht widerrufen worden war. Ohne eine herrschende Partei und ohne einen Rückhalt an begeisterten Massen war das Regime lediglich autoritär und bürokratisch. Vielen Zeitgenossen und einigen späteren Beobachtern fielen die Ähnlichkeiten mit den faschistischen Diktaturen im Norden und Süden Österreichs auf. Dem Historiker scheint es, als sei das Dollfußregime ein merkwürdiger Rückfall auf den Neoabsolutismus der Mitte des 19. Jahrhunderts gewesen, als die Unterdrükkungsmaßnahmen der Bürokratie und Exekutive alle Gegner der absoluten Monarchie und die besiegten Revolutionäre von 1848 niederhielten. Die Bürokratie überlebte die Niederlage von 1918 und die Auflösung des Habsburgerreiches; fünfzehn Jahre später war sie, befreit von allen parlamentarischen Fesseln, wieder obenauf.

XII. REVOLTE GEGEN DOLLFUSS

Im Juni 1933 wurden die Nationalsozialistische Partei und ihre Unterorganisationen aufgelöst, und jede Tätigkeit für sie wurde strafbar. Schon vor diesem Zeitpunkt entbrannte ein offener Krieg zwischen der Hitler- und der Dollfuß-Regierung, und erstere führte eine besondere Steuer von 1000 RM für alle Deutschen, die nach Österreich fahren wollten, ein: eine Maßnahme, die das österreichische Touristengewerbe ruinierte und die Wirtschaftskrise erheblich verschärfte. Tausende von österreichischen Nationalsozialisten, vor allem SA-Leute, flohen über die Grenze nach Bayern, wo sie als „Österreichische Legion" zusammengefaßt und dicht an der Grenze in besonderen Lagern militärisch ausgebildet wurden. Die Leitung der österreichischen Partei unter Habicht wurde in München in der Nähe des Braunen Hauses der deutschen Partei etabliert. In Österreich verbreiteten die Nationalsozialisten nicht nur illegale Flugblätter und Zeitungen, hißten Hakenkreuzfahnen und malten Hakenkreuze und Losungen an mehr oder minder unzugänglichen Stellen, sondern sie verwandten auch überall Böller und Sprengstoffe und betrieben in großem Stil Sabotage. Die völlig unzureichenden Polizei- und Gendarmeriekräfte wurden durch Mitglieder der Wehrverbände verstärkt, aber standen dieser Massenpropaganda ziemlich hilflos gegenüber, besonders wenn sie sich in entlegenen Dörfern und Gebirgsgegenden abspielte.

Die von den Behörden verhängten Strafen waren nicht sonderlich schwer, und im Gefängnis wurden nationalsozialistische Aktivisten keineswegs hart behandelt. Die Führer der verbotenen Partei wurden in „Anhaltelager" überführt, aber diese hatten mit den deutschen Konzentrationslagern nichts gemein. Aus Kufstein berichtete der örtliche Heimwehrführer im Juni 1933, der Bezirksrichter erlaube vierzig oder mehr Nationalsozialisten, ihre verhafteten Kameraden in ihren Zellen aufzusuchen und sich dort länger mit ihnen zu besprechen, weil die Beamten der NSDAP angehörten oder ihr nahestünden.[1] Laut Steidles Beschwerde wurde einem verurteilten Nationalsozialisten sogar erlaubt, sich außerhalb des Arrestlokals aufzuhalten und von seinen Parteifreunden Liebesgaben zu erhalten: Bedingungen, die von Steidle als „fideles Gefängnis“ bezeichnet wurden.[2] Im August fügte er hinzu, daß die politischen Häftlinge nicht nur mit Paketen überschüttet und aufs reichlichste verpflegt würden, sondern auch große Mengen von Rauchwaren und Alkohol erhielten, so daß einige meinten, es sei ihnen noch nie so gut gegangen, und die Haft „zu einer Farce“ würde.[3]

Illegale nationalsozialistische Flugblätter wurden in Bayern gedruckt und in Massen über die Grenze gebracht. Eines von ihnen, das von Habicht, Proksch und dem SA-Führer Reschny unterschrieben war, gab bekannt, daß die illegale Organisation bereit sei, den Kampf aufzunehmen und „ihn mit rücksichtsloser Härte durchführen“ würde, denn die Regierung Dollfuß habe „Recht und Gesetz“ gebrochen und den Nationalsozialisten den Kampf „aufgezwungen“: sein Ziel sei „die Befreiung Österreichs und die Gestaltung der deutschen Nation“.[4] Ein anderes Flugblatt von 1933 verbreitete die Äußerungen des Freiburger Erzbischofs Gröber und anderer katholischer Würdenträger zu Gunsten der Hitlerregierung, die das Konkordat mit dem Heiligen Stuhl abgeschlossen, „den Bolschewismus geschlagen, die marxistische Gottlosenbewegung vernichtet und das deutsche Volk von der Pest des Schundes und des Schmutzes befreit“ habe. „Restlos“, wurde dann behauptet, „haben sich die deutschen Katholiken unter die Führung Adolf Hitlers gestellt. Katholiken Österreichs, tut desgleichen!“[5]

Daneben stand die antisemitische Propaganda. Ein Flugblatt aus der gleichen Quelle behauptete einfach: „Kein ehrlicher Mensch ist heute im Dollfuß-Österreich seiner Freiheit mehr sicher, weil die Juden im Lande regieren! Früher sperrte das bodenständige Volk die landfremden Hebräer in die Ghettos ein. Heute sperren die in Österreich allmächtigen Juden das bodenständige Volk in Konzentrationslager.“ Angeblich forderte ein rumänischer Jude in einem Zeitungsartikel die Überführung staatsfeindlicher Elemente in Konzentrationslager, und so hatte die von dem Juden Hecht beherrschte „autoritäre“ Regierung Dollfuß „natürlich nichts Eiligeres zu tun“ als zu verordnen, daß Personen, die die öffentliche Sicherheit gefährdeten, der Aufenthalt an einem bestimmten Ort anbefohlen werden könnte; demnach stünde es „jedem polnischen Dreckjuden“ frei, „jeden ihm mißliebigen Volksgenossen zu denunzieren und in ein Konzentrationslager zu bringen“.[6] In unzähligen Klebezetteln wurde die Regierung des „Verfassungsbruchs und Volksverrats" beschuldigt. Ein anderes Flugblatt fragte die Arbeiter und Angestellten, ob die Dollfußregierung ihren Interessen diene „oder den jüdischen Finanzkapitalisten und Großgrundbesitzern"; würde das Ständeparlament die Arbeiterinteressen vertreten oder die ihrer Ausbeuter? In jeder Wahl würden die „ausgefressenen ‚vaterländischen' Bonzen, Kapitalisten und Juden" zehnmal so viel Stimmen haben wie die Arbeiter; daher kämpften die Nationalsozialisten gegen „den autoritären Judenstaat" und forderten sofortige Neuwahlen nach dem allgemeinen und gleichen Wahlrecht.[7] Für den „Notwinter 1933/34" verordnete der Gauleiter von Oberösterreich, es dürfe „keinen hungernden und frierenden Nationalsozialisten geben"; „dieses Werk christlicher Nächstenliebe" sei mit allen Kräften zu fördern; „wer uns in dieser edelsten Arbeit stört, der sei mit millionenfachem Fluch beladen".[8]

Eine illegale Zeitung betonte mit einiger Berechtigung, daß die Regierung einen Ständestaat proklamiert habe, „aber die Stände fehlen". Man könne sie auch nicht dadurch aus dem Boden stampfen, daß man alte christlichsoziale Funktionäre zu Führern von Ständen berufe; der neue österreichische Staat sei „nicht organisch gewachsen" und werde vom Volk in seiner großen Mehrheit abgelehnt. Er beruhe auf dem Korneuburger Programm der Heimwehren, aber seine Väter hätten keine konkrete Vorstellung vom Ständestaat, und es sei in vielem „ein mehr oder minder schlechtes Plagiat des Programmes der NSDAP"; aber es sei ein „gewaltiger Irrtum" zu behaupten, daß zwischen den beiden Programmen kein Unterschied bestehe.[9] Eine andere Zeitung spielte auf die Differenzen zwischen den Heimwehrführern an und erklärte: „Die Herren Heimwehrführer versuchen sich an die Nationalsozialisten anzubiedern, damit sie von diesen nicht bei der Machtübernahme zur Verantwortung gezogen werden."[10] Aber eines der prinzipiellen nationalsozialistischen Argumente war und blieb der Antisemitismus. Wie ein leitender Sozialdemokrat, der zusammen mit Nationalsozialisten im Gefängnis saß, seiner Frau schrieb: „Die eigentliche Plage sind aber die Nazis ... Die meisten sind wüste Radauantisemiten, deren einziges Argument ‚Dar Jud' ist ..."[11] Nicht daß Juden unter Dollfuß allzu prominente Stellen innegehabt hätten, aber das Gegenteil ließ sich immer zu propagandistischen Zwecken behaupten.

Daß der Antisemitismus und deutsche Nationalismus von entscheidender Bedeutung für den Erfolg nationalsozialistischer Propaganda waren, wird von verschiedenen Seiten bestätigt. Fürst Starhemberg schrieb später: „Das gefährlichste Einbruchstor aber in die österreichische Abwehrfront lieferte der Antisemitismus ... Überall schon witterte man jüdische Einflüsse und, obwohl in der ganzen Vaterländischen Front nicht ein einziger Jude einen führenden Posten innehatte, erzählten sich in den Wiener Kaffeehäusern die Wiener Bürger mit gesträubten Haaren von der Verjudung dieser Organisation und daß die Nazis doch recht hätten und daß man in Österreich auch mit den Juden Ordnung machen müsse ...“ [12] Ein oberösterreichischer Revierinspektor gab als seine Ansicht kund: „Als eine Pest im Lande müssen die verschiedenen jüdischen Kreditanstalten angesehen werden“, denn sie seien großenteils schuld daran, daß so viele Bauernhöfe unter den Hammer kämen, und jüdische Advokaten trieben die Zinsen für die bäuerlichen Schulden ein.[13]

1936 stellte die Generaldirektion für die öffentliche Sicherheit fest, „daß 80 % der nat.soz. Parteianhänger Nationalsozialismus mit dem in allen Bevölkerungsschichten zunehmenden Antisemitismus oder mit nationaler Einstellung und nationalem Denken gleichsetzen“; so würde es einer geschickten Propaganda „leicht gemacht, unter Betonung des Nationalen für den Nationalsozialismus zu arbeiten“. Der Antisemitismus sei besonders zugkräftig bei den Gewerbetreibenden und anderen Gruppen, während der nationalsozialistische Militarismus von „den Kriegsteilnehmern, verabschiedeten Offizieren und der kleinen Beamtenschaft“ begeistert aufgenommen würde. Weniger erfolgreich sei die nationalsozialistische Propaganda bei „der Arbeiterschaft, die durch Jahre systematisch in der marxistischen Ideologie erzogen wurde“, und bei der Bauernschaft „mit Ausnahme der nationalen Grenzländer“.[14] Einige dieser Beobachtungen wurden durch einen deutschen Bericht vom Dezember 1933 bestätigt. „Die nationale Bewegung“, hieß es, „hat nicht nur die Jugend ganz, sondern auch weit überwiegend die Akademiker, auch die Ministerialbeamten ergriffen ... Auch im Gewerbe und in der Landwirtschaft ist die Bewegung sehr stark“. Das deutsche Radio „wirkt mächtig“, und dagegen kämen die Meldungen über Verhaftungen, Absetzungen und Eingriffe im Reich nicht auf; denn das Gleiche geschehe in Österreich, und in Deutschland würden solche Maßnahmen „wenigstens von einer entschlossen nationalen Regierung im Zeichen des Nationalismus getroffen, in Österreich von einer Regierung mit französisch-tschechisch-italienischer Stützung gegen die nationale Bewegung“. Der Bericht behauptete ferner, daß 75 % der Gendarmerie nationalsozialistisch sei, und daß alle Verdächtigen aus dem Heer entlassen würden, in Salzburg allein neun Offiziere, aber trotzdem seien viele jüngere Offiziere nationalsozialistisch eingestellt.[15]

Es ist ziemlich sicher, daß die Stärke der NSDAP durch ihre Auflösung und die ‚Verfolgung' nicht litt. Nach ihren eigenen internen Angaben hatte die Partei zur Zeit der Auflösung 68 500 Mitglieder und konnte während der folgenden vierzehn Monate 21 000 weitere werben, über die Hälfte von diesen in Wien und Niederösterreich. Von den anderen Ländern hatten nur Kärnten und Steiermark einen größeren Zuwachs, von 3758 bzw. 4281 Mitgliedern. In Oberösterreich, Salzburg, Tirol und Vorarlberg blieb dieser relativ klein, in jedem Fall weniger als tausend.[16] Vermutlich wurde das Wachstum der Partei durch die Maßnahmen der Behörden verlangsamt, aber es ging weiter, und es bot der Jugend den zusätzlichen Anreiz der illegalen Tätigkeit. Sonst gibt es kaum verläßliche Zahlen. Für Tirol gab der Sicherheitsdirektor Steidle 1933 die Stärke der SA mit 1370 Mann an, plus 500 in der Reserve und weitere 100 in der SS, und ihren Waffenbesitz als 850 Gewehre und 22 Maschinengewehre.[17] Im allgemeinen waren die Behörden schlecht über die nationalsozialistische Stärke orientiert und neigten dazu, sie sehr zu überschätzen. Anfang 1935 schätzte der Sicherheitsdirektor für Oberösterreich den Stand der NSDAP „laut Zählung vom Mai 1934" auf 20 000 Mitglieder, während die wirkliche Zahl – laut der internen Parteizählung – kaum über 2000 lag![18] Nur für die Stadt Steyr schätzte die Polizei im Sommer 1934 3000 Parteimitglieder,[19] wesentlich mehr als die Mitgliedschaft in ganz Oberösterreich.

Innerhalb der Partei und ihrer Unterorganisationen entstanden Meinungsverschiedenheiten über die zu verfolgende Taktik, und diese wurden verschärft durch widersprüchliche Anordnungen der Parteiführer, die nach Deutschland geflohen waren. Ende 1933 meldete das Heeresministerium, es gäbe wachsende Reibungen zwischen der SA und den Propagandaabteilungen der Partei, weil die SA ausschließlich Sabotage und Terroraktionen betriebe und daher keine Zeit für Propaganda und nicht einmal für militärische Schulung übrig habe.[20] Differenzen zeigten sich auch in den Verhandlungen mit verschiedenen Mitgliedern der österreichischen Regierung, mit denen die SA-Führer getrennt von denen der Partei verhandelten. So wurde einem hohen Parteifunktionär entgegengehalten, „die SA-Führung wäre bedeutend entgegenkommender"; wenn er in Habichts Namen mit einem Regierungsmitglied verhandelte, mußte er feststellen, daß der SA-Führer Reschny Kontakte zu einem anderen hatte: „Der

Erfolg war damit natürlich für beide Teile negativ" *(sic)*, und das „Schaukelspiel zwischen politischer Leitung und SA-Führung" führte zu einer „Schwächung des Ansehens und der Stoßkraft der Bewegung".[21]

Im Juli 1934 schrieb ein Wiener SA-Führer an seinen vorgesetzten Brigadeführer in München, die Partei, die SA und die SS hätten wiederholt entgegengesetzte Befehle aus Deutschland erhalten; das habe „nicht nur immer wieder eine heillose Verwirrung angerichtet, sondern auch das gefährlichste aller Übel heraufbeschworen: Zweifel an der Zielsicherheit der Führung ..." Die Geschlossenheit der Bewegung wäre nur dann gesichert, wenn sich die drei Organisationen „endlich einmal vertragen"; er wies dann auf „die Kluft" hin, die in den Wochen vor dem 30. Juni (dem ‚Röhm-Putsch' in Deutschland) die SA von der Partei und SS getrennt habe: „Eines aber steht fest: Der jammervolle Zustand, daß diese drei Gruppen getrennt marschieren statt vereint, bedeutet letzten Endes, zum namenlosen Entzücken unserer Feinde, für jede der drei Organisationen eine empfindliche Schwächung und für die Bewegung als solche geradezu ein Unglück ..." Gefährlich fand er auch die „alkoholisierten Tischrunden" der SA-Führer; ein „SA-Führer hat sich nicht zu besaufen. Wenn er aber schon einen Trunk über den Durst fallweise nicht lassen kann, dann soll er wenigstens den Mund halten!" Der interne Nachrichtendienst der Partei dürfe sich nicht zu einer Tscheka entwickeln: „Der ND kann nur dann mit einer tätigen Mithilfe der SA rechnen, ... wenn die SA im ND nicht mehr eine Spitzelorganisation gegen sich selbst erblickt, die nur Verdächtiges sieht, Schlechtes annimmt und sich dadurch verhaßt macht."[22] Die „Kluft", die die SA von der SS trennte, wurde nur wenige Tage später sichtbar, an dem Tage, an dem Dollfuß von einer SS-Einheit ermordet wurde.

Daß auch die Parteiorganisation alles andere als geeint und gut funktionierend war, zeigt ein Brief, den die Kärntner Polizei im Sommer 1933 bei einem Parteifunktionär fand. Der unbekannte Schreiber beklagte sich in beweglichen Worten über das elende Versagen der Partei nach ihrer Auflösung: „Der Österreicher ist auf organisatorischem Gebiet im Durchschnitt untauglich. Er braucht auf organisatorischem Gebiet preußische Hilfe! ... Ohne preußische Organisationskraft wird's in entscheidenden Momenten immer wieder einen wüsten Haufen geben." Das flache Land stehe fest da, aber in den Städten Villach, Klagenfurt und St. Veit herrsche „eine Zerfallenheit, die ihresgleichen suchen kann ... Kamarilla A. kämpft gegen Kamarilla

B., Klagenfurt kämpft gegen Villach usw." Es müsse unbedingt der Kontakt zu dem ausgewiesenen Gauleiter Hans vom Kothen hergestellt werden, der sich jenseits der Grenze in Jugoslawien etabliert hatte, aber das geschehe nicht und würde „sogar sabotiert", so daß er nur Verbindung zu einigen Aktivisten auf dem Lande habe, aber nicht zu den für den Gau Verantwortlichen; diese sabotierten auch seine Kontakte zum Landbund und dem Steirischen Heimatschutz. „Jeder will führen und befehlen . . . Schandvoll!"[23]

Opposition zu den von der Partei befohlenen Terrormethoden kam von Dr. Riehl, der an Hitler und andere deutsche Stellen schrieb und eine Versöhnung mit Dollfuß und Zusammenarbeit mit der österreichischen Regierung vorschlug. Da sich Riehls Kritik vor allem gegen die Politik des ‚Generalinspekteurs' Habicht richtete, war dessen Wut nur zu verständlich. Im August 1933 wurde Riehl aufs neue aus der NSDAP ausgeschlossen, „weil er verräterische Unterhandlungen mit Regierungsstellen führte, bei denen er vor allem sich selbst einen Posten als Justizminister sichern wollte!": Er sei ein Verräter, der vor „Blutvergießen und Gewalt" zurückschrecke.[24] Im April 1934 sprach Riehl in seinem Büro vor einer kleinen Zahl von Nationalsozialisten und alten Völkischen. Um den Ruin der völkischen Elemente in Österreich zu vermeiden, war es nach seiner Ansicht nötig, sich von Habicht und seinem Anhang loszusagen und zu handeln; um politischen Einfluß zu gewinnen müsse man die Vaterländische Front mit völkischen und nationalsozialistischen Gruppen auffüllen, aber auf jeden Fall müsse Hitler „als der oberste Führer aller Deutschen anerkannt werden". Mehrere der anwesenden Nationalsozialisten betonten, daß eine Zusammenarbeit mit der Dollfußregierung nur möglich sei, wenn Hitler dem zustimme.[25] Im Juli 1934 schrieb Riehl an Dollfuß, seine Anhänger hätten sich mit der Schulz-Gruppe vereinigt; die jüngsten Terroraktionen und die Ereignisse des 30. Juni in Deutschland verpflichteten ihn, „zur Aufbauarbeit zu schreiten". Er verurteile die Terrorakte und wünsche „ein Zusammengehen im vaterländischen Geist"; er hoffe, die Regierung werde ihm die Abhaltung einer öffentlichen Versammlung erlauben.[26]

Riehl war nicht das einzige prominente Parteimitglied, das von Habicht als ‚Verräter' ausgeschlossen wurde. Im März 1934 schloß er den Ingenieur und Bauernführer Anton Reinthaller, der der Partei 1928 beigetreten war, aus, weil er mit der Dollfußregierung verhandelte (wie so viele andere Nationalsozialisten) und innerhalb der österreichischen Partei „eine separatistische Bewegung organisierte mit dem Ziel der Loslösung von der Reichsorganisation", mit anderen Worten, weil er in Opposition zu Habichts Münchener Leitung stand.[27] Ein anderer ausgeschlossener Nationalsozialist schrieb im Juni 1934 aus Salzburg, sie hätten „im letzten Jahr eine Kostprobe davon erhalten, wie man die Behandlung und Eroberung Österreichs draußen auffaßt und wie es uns ergehen würde, wenn Habicht und Genossen in Österreich die Machthaber geworden wären . . ." Es gäbe nur den Weg, in der Vaterländischen Front mitzuarbeiten; viele Leute seien schon zu ihr oder zur Heimwehr hinübergewechselt, „weil sie nicht passiv sein, aber auch nicht die macedonischen Tschekamethoden mitmachen" wollten; ihm sei dieser Entschluß sehr schwer gefallen, da er „zu den ältesten Mitarbeitern im Reiche gehöre" und in zahlreichen Versammlungen für den Anschluß gesprochen habe.[28]

Die Nationalsozialisten hatten einen besonders starken Rückhalt in Kärnten und Steiermark, wo es infolge ihrer nationalen Grenzlage eine betont deutschnationale Tradition gab. Als die führenden Kärntner Nationalsozialisten im Juni 1933 verhaftet wurden, gab es scharfe Proteste der Kärntner Landwirtschaftskammer, der Ärzte und freien Berufe, des Handels und Gewerbes usw. Man behauptete, die Verhaftungen seien „grundlos und ohne alle Ursache" erfolgt, und daß derartige Maßnahmen geeignet seien, „das Vertrauen der Bevölkerung in die Objektivität der Sicherheitsorgane . . . in hohem Maße zu erschüttern"; Bürgermeister und Gemeinderäte seien unter den Verhafteten, „die die führendsten und maßgebendsten Stützen der Gemeinde darstellen", und Lehrer seien vor den Augen ihrer Schüler verhaftet worden: „Durch diese willkürlichen Maßnahmen sind in der Bevölkerung politische Unruhen und schwere wirtschaftliche Schäden der Betroffenen entstanden."[29] Ungefähr um die gleiche Zeit verhandelten die Nationalsozialisten mit Vertretern der slowenischen Minderheit und versprachen ihnen territoriale Zugeständnisse gegenüber Jugoslawien, falls ihre Abgeordneten im Kärntner Landtag gegen die Annullierung der nationalsozialistischen Mandate stimmen würden. Ihre neue Losung war: „Keine Assimilation der Minderheiten!" Sie waren auch damit beschäftigt, den „Kärntner Heimatdienst" und die ihm angeschlossenen Vereine, die sich im Kärntner Freiheitskampf der frühen zwanziger Jahre große Verdienste erworben hatten, gleichzuschalten.[30] Im Januar 1934 meldete ein Kärntner Parteifunktionär seinem Gauleiter aus München, die Stimmung sei „hervorragend", und es habe in Kärnten noch nie so viele Nationalsozialisten gegeben wie zur Zeit; mit Geld könne „die ganze Mischpocke *(sic)* gewonnen werden"; das wichtigste seien die „Terrorgruppen", die er organisiere; „nur werden wir müssen wirklich hetzen anfangen, so richtig aufputschen" *(sic)*.[31] Anscheinend klappte es mit den „Terrorgruppen" besser als mit dem Deutsch des Schreibers.

Wie der deutsche Konsul aus Klagenfurt berichtete, sangen im April 1934 die Zuhörer bei einem Konzert ‚national' eingestellter Junglehrer spontan das Horst-Wessel-Lied und wurden Nationalsozialisten, die wegen Sprengstoffdelikten oder Flugzettelverteilung angeklagt waren, von den Geschworenen regelmäßig freigesprochen.[32] Im Juni brachte ein Sängertreffen in St. Veit große nationalsozialistische Demonstrationen, denen die Polizei hilflos gegenüberstand. „Seither überwuchert ein Geist von Sabotage, Ironie und Schadenfreude ganz Kärnten", berichtete ein Vertrauensmann der Regierung, „und die Unzufriedenheit hat bereits die neutralen Schichten ergriffen". Nationalsozialistisches Propagandamaterial komme massenhaft aus Holland, und auf der Post fiele das niemand auf; bei Haussuchungen finde die Gendarmerie nie etwas, und auf Schloß Knesebeck hielten die Nationalsozialisten ganz ungestört ihre Besprechungen ab.[33] Im folgenden Monat bestätigte ein vertraulicher Bericht aus Klagenfurt, daß die Nationalsozialisten „sehr stark" und zwei Täler in Oberkärnten „ganz nazistisch" seien, daß der Landbund ganz zu ihnen übergegangen sei, und daß „weite Kreise des Bundesheeres und der Gendarmerie" glaubten, das Regime werde sich nicht mehr lange halten.[34]

Ähnlich war die Lage in der Steiermark. Dort arbeiteten die Nationalsozialisten eng mit dem Steirischen Heimatschutz zusammen, und beide besaßen „einen sehr guten und durchorganisierten politischen und militanten Funktionär-Apparat". Laut der Generaldirektion für die öffentliche Sicherheit erblickten sie ihre Hauptaufgabe „in der systematischen Zersetzung der staatlichen Exekutive" und hatten dabei Erfolg vor allem unter jungen Offizieren und in der Gendarmerie. Ihre feindliche Einstellung zur Regierung sei unverändert, aber die von München aus organisierten „Terrorgruppen" lehnten sie meist ab, da sie über ihren Kopf gebildet wurden.[35] Der steirische Sicherheitsdirektor schätzte, daß im Bezirk Mürzzuschlag 40% der Bevölkerung mit den Nationalsozialisten sympathisierten, und ein weiteres Drittel mit den Sozialdemokraten.[36]

Im März 1934 schätzte der Sicherheitsdirektor für Oberösterreich sogar, daß in den Städten und Märkten bis zu 80% der Bevölkerung nationalsozialistisch seien, aber weniger unter der Bauernschaft; nach der Niederlage des Februar-Aufstandes folgten die radikalen Teile der Sozialdemokratie den Nationalsozialisten oder Kommunisten.[37] Manche Kleinstädte wurden von den Nationalsozialisten geradezu beherrscht. In Hitlers Geburtsort Braunau wohnte „fast in jedem Hause ein Nazigesinnter"; in den Kaffeehäusern wurde offen über die Regierung geschimpft, ohne daß jemand dagegen auftrat.[38] Im Bezirk Ried arbeitete der Landbund mit den Nationalsozialisten zusammen; in Mettmach waren sie tonangebend, überwachten und boykottierten vaterländisch Gesinnte und drohten dem örtlichen Heimwehrführer, sie würden ihm bei Unglücksfällen die Hilfe verweigern.[39]

Aus Grünau bei Gmunden berichtete die Gendarmerie, „von einem Abflauen der braunen Welle" könne nicht die Rede sein; „derzeit warten sie auf den Endkampf, der bald kommen soll und für sie siegreich enden wird". Der völkische Turnverein diene als Tarnorganisation für die SA, die stark zugenommen habe.[40] In Traunkirchen und Vorchdorf im gleichen Bezirk sympathisierten viele Bauern mit dem Nationalsozialismus; viele waren verschuldet und glaubten jedes Märchen über Deutschland, wo angeblich die kleinen Angestellten und Bauern keine Steuern zu zahlen brauchten und es von Tag zu Tag aufwärts gehe.[41] In Goisern gab es ein anderes Problem: Die evangelischen Gebirgsbauern, die früher sozialdemokratisch waren, neigten zur NSDAP, weil sie den Katholizismus der Regierung fürchteten.[42] In Bad Ischl im gleichen Bezirk schätzte die Gendarmerie, daß mindestens 40% der Bevölkerung Nationalsozialisten seien, vor allem die Gewerbetreibenden und ein Teil der Intelligenz, aber auch viele Arbeiter, die die radikalsten seien.[43] Im Juli 1934 glaubte die Generaldirektion für die öffentliche Sicherheit, daß in ganz Oberösterreich nur das Mühlviertel hinter der Regierung stünde; in vielen Gegenden arbeiteten die Nationalsozialisten „mit Hochdruck", und in bestimmten Gebirgstälern hätten sie einen Kirchenstreik organisiert. In Steyr hätten trotz strömendem Regen 2400 Personen an dem Begräbnis eines deutschnationalen Turners teilgenommen, darunter auch viele Arbeiter.[44]

Aus Vorarlberg meldete der Sicherheitsdirektor Anfang 1934, daß der nationalsozialistische Einfluß besonders stark unter den Gebirgsbauern nahe der deutschen Grenze sei, die ihre Milch nach Deutschland liefern müßten. Viele Bauern und Gastwirte seien infolge der deutschen Grenzsperre verarmt, da keine Touristen kämen, und das vergrößere die Zahl der Nationalsozialisten; die Städte Dornbirn und Lustenau seien ihre Hauptstützpunkte.[45] In Dornbirn wurde die nationalsozialistische Propaganda von den örtlichen Industriellen gefördert, gegen die die Polizei nichts unternahm; ebensowenig tat sie etwas gegen die allabendlichen politischen Ruhestörungen, so daß die Regierungstreuen zu schwanken und für ihr Schicksal zu fürchten begannen.[46] Aus Gaschurn bei Bludenz berichtete die Gendarmerie, daß sich vor allem die Gastwirte und Geschäftsleute nationalsozialistisch betätigten.[47] In Bregenz wollten einige Nationalsozialisten einen österreichischen Flüchtling, der angeblich Diebstähle in Lindau begangen hatte und von dort zurückgekehrt war, wieder nach Deutschland locken. Er sollte mit einem Boot heimlich über den Bodensee gebracht werden, aber als die Entführer auf der österreichischen Seite landeten, stießen sie auf eine Heimwehrpatrouille, von der ein Mann bei dem Zusammenstoß getötet wurde.[48]

Sonderbare Zustände herrschten in Riezlern im Walsertal, das politisch zu Österreich, aber wirtschaftlich zu Deutschland gehörte, so daß es nicht unter die Tausendmarksperre fiel und deutsche Touristen das Dorf beherrschten. Dort wurden die österreichischen Gendarmen mit „Heil Hitler" gegrüßt, die Buchhandlung stellte Bücher mit Hakenkreuzbildern aus, in den Wirtshäusern wurden Dollfuß beleidigende Lieder gesungen und Österreicher belästigt, weil sie das Abzeichen der Vaterländischen Front trugen. Während sich die Mehrzahl der Einheimischen passiv verhielt, reagierten in Riezlern beschäftigte Drainagearbeiter sehr scharf, und im September 1933 gelang es der Polizei nur mit Mühe, einen offenen Zusammenstoß zu verhindern, zu dem beide Seiten mit Bierflaschen und Zaunpfählen bewaffnet aufmarschierten. Am Silvesterabend beherrschten die deutschen Touristen völlig das Feld. Sie brannten ein aus Hunderten von Fackeln bestehendes großes Hakenkreuz ab, eine Hakenkreuzfahne wurde auf einem Gasthaus gehißt, eine große Menschenmenge sang das Horst-Wessel-Lied, und die Gendarmeriepatrouillen wurden so sehr belästigt, daß sie zurückgezogen werden mußten. In einer Wirtschaft verlangten die Gäste, daß alle Juden den Saal verlassen sollten. Da Riezlern keine Bahnverbindung mit Österreich hatte, konnten Verhaftete nicht abtransportiert werden; ein Verdächtiger wurde wegen Klebens von Hakenkreuzen verhaftet, aber deutsche Gäste verlangten demonstrativ seine Freilassung, und andere pöbelten jeden an, den sie für einen Juden hielten.[49] Aber auch anderswo hatte es die Gendarmerie keineswegs leicht. Ein Revierinspektor hörte, daß man auf einer Alp einem Schaf ein Hakenkreuz aus der Wolle geschnitten habe, aber seine „Erhebungen" ergaben nur, daß es ein Kreuz und kaum mehr sichtbar war. Doch möglicherweise hatte der „Täter“ versucht, ein Hakenkreuz auszuschneiden und war nur bei seinem Vorhaben gestört worden; jedenfalls würden „die Nachforschungen“ fortgesetzt und der Täter wenn möglich festgestellt werden.[50]

Im Burgenland wurde der sozialdemokratische Bürgermeister von Zuberbach zu acht Tagen Arrest verurteilt, weil er in betrunkenem Zustand „Heil Hitler“ gerufen hatte. Aber er konnte seine Strafe nicht antreten, weil das Arrestlokal der Bezirkshauptmannschaft nur zwei Zellen hatte, von denen eine für Zigeuner bestimmt war und die andere für kriminelle Vergehen, und beide überfüllt waren. Im ganzen hätten aus politischen Gründen Verurteilte noch über 400 Tage an Arreststrafen zu verbüßen, und Geldstrafen wären uneinbringlich, obgleich zur Zeit nur politische Strafen vollzogen würden.[51]

In Bayern wurden die österreichischen SA-Männer, die über die Grenze geflüchtet waren, im Lager Lechfeld ausgebildet; die Einheiten der „Österreichischen Legion“ zählten mehr als 10 000 Mann und warteten auf das Signal zum Einmarsch; im Falle eines Aufstandes in Österreich würde es ihre Aufgabe sein, ihn zu unterstützen. Sie wurden orientiert, daß in Österreich eine Heimwehrdiktatur bestehe, und daß die dortige Entwicklung der in Deutschland parallel sei: Erst habe Dollfuß mit dem Parlament regiert – wie seinerzeit Brüning – und dann ohne Parlament – wie Papen; die Etappe Dollfuß plus Heimwehrdiktatur entspräche der Regierung Schleicher, und danach käme die Machtergreifung, die „in Österreich nicht so ruhig und reibungslos vor sich gehen werde wie im Reiche“.[52] Interessanterweise wurde die österreichische SS getrennt ausgebildet, beim Konzentrationslager Dachau, angeblich von Reichswehroffizieren.[53] Im Dezember 1933 meldete die Generaldirektion für die öffentliche Sicherheit, daß leitende österreichische Nationalsozialisten gegen einen zu frühen Einmarsch der „Legion“ seien, weil der Ausbildungsstand der österreichischen SA zu niedrig und sie zu sehr mit Terrorakten beschäftigt sei, so daß ihre militärische Schulung leide und große Verluste einträten; auch sei man zweifelhaft bezüglich eines günstigen Echos in der Bevölkerung.[54] In Aibling in Bayern veranstaltete die österreichische SA eine Demonstration gegen den Klerus mit einem Plakat, auf dem ein Geistlicher kleinen Kindern mit der Hand winkte, unter der Überschrift „§ 175“. Als die Behörden die Entfernung des Plakats verlangten, umringte die SA unter Drohungen das Rathaus und rief: „Erschlagt ihn! Erstecht ihn, den schwarzen Hund!“ Mit den

Parolen „Los von Rom!" und „Nieder mit den Pfaffen!" wurde dann die Demonstration im benachbarten Rosenheim fortgesetzt.[55]

Die österreichischen Behörden wurden mehrfach gewarnt, daß der Einmarsch aus Bayern unmittelbar bevorstünde, daß die „Legion" an der Grenze zusammengezogen sei, daß ein Putsch geplant würde, aber zunächst passierte nichts. Im Mai 1934 suchte ein führender österreichischer Nationalsozialist, Dr. Otto Wächter, der Habicht in Österreich vertrat, das Auswärtige Amt in Berlin auf und drückte die Befürchtung aus, „daß es, wenn es zur Anwendung des Standrechts gegen Nationalsozialisten käme, schwer sein würde, die Bevölkerung (!) in der Hand zu behalten und Auflehnungsversuche zu verhindern". Er hielt solche wilden Versuche für gefährlich und schien zu meinen, „daß, wenn Auflehnungsakte nicht zu vermeiden wären, eine organisierte Erhebung vorzuziehen sei". Die Lage in Kärnten machte ihm besonders Sorge.[56] Anfang Juli erhielt der Sicherheitsdirektor für Steiermark eine vertrauliche Information, die Nationalsozialisten würden die bevorstehende Reise von Dollfuß nach Italien dazu benützen, um ihn zu ermorden und einen Putsch zu unternehmen; die Organe der Exekutive sollten angegriffen und unschädlich gemacht werden; man sei zu einem verzweifelten Versuch bereit, mit Gewalt die Macht zu erringen. Dieser Bericht wurde allen Behörden mitgeteilt, aber anscheinend von ihnen nichts getan.[57] Es gab weitere Warnungen, teilweise sogar von SA-Führern.

Möglicherweise beruhte diese Information auf einer Mitteilung über eine Besprechung, die Habicht am 25. Juni in Zürich abhielt, und an der mehrere leitende österreichische Nationalsozialisten, darunter Dr. Wächter, Dr. Rudolf Weydenhammer und der Führer der SS-Standarte 89 in Wien, SS-Sturmbannführer Fridolin Glass, teilnahmen. Letzterer hatte seit 1933 Pläne vorbereitet, den Bundespräsidenten und die Mitglieder des Kabinetts zu verhaften; bei der Besprechung in Zürich sagte er, diese Pläne könnten noch ausgeführt werden, obgleich sich die Lage von Tag zu Tag verschlechtere, aber sie könnten nicht mehr verschoben werden. Seine Einheit bestand großenteils aus Arbeitslosen und aus dem Bundesheer wegen nationalsozialistischer Betätigung entlassenen Soldaten; sie galten als militärisch gut ausgebildet und „absolut zuverlässig".[58] Sie waren besonders radikal und standen auf gespanntem Fuß mit der Wiener SA. In Zürich fragte Wächter, ob er Verbindung zur SA herstellen solle, aber Habicht erklärte, diese werde selbständig geführt und von ihrem Führer Reschny zentral eingesetzt werden. Glass versprach, daß Heereseinheiten, vor allem die 2. und 3. Brigade in Wien, an der Aktion teilnehmen würden, und es wurde beschlossen, den Plan durchzuführen. Die letzte Besprechung fand am 16. Juli in Habichts Münchener Wohnung statt; unter den Anwesenden waren außer Glass und Weydenhammer der SA-Führer Reschny, der Wiener Gauleiter Frauenfeld und ein Major aus dem Nachrichtendienst des Bundesheeres. Laut Weydenhammer war Hitler durch Habicht orientiert worden; er sprach sich gegen „einen kleinen Putsch" aus, aber billigte einen „allgemeinen nationalsozialistischen Aufstand gegen Dollfuß". Die Einzelheiten wurden Habicht überlassen, aber er blieb in München, und praktisch organisierte Glass die Aktion weitgehend selbst. Habicht stellte die nötigen Kontakte nach Wien und Rom her und verhandelte „mit zuständigen Stellen", während Weydenhammer die für den Putsch in Wien benötigten Waffen und Uniformen beschaffte.[59]

Um die Mittagszeit des 25. Juli besetzten etwa 150 Mann der SS-Standarte, die sich in einer nahegelegenen Turnhalle Heeresuniformen angezogen hatten, das Bundeskanzleramt, ohne auf Widerstand zu stoßen. Sie beabsichtigten, den Ministerrat zu verhaften, aber seine Sitzung war schon beendet, und sie trafen dort nur Dollfuß und Fey an. Dollfuß versuchte, durch eine ins Staatsarchiv führende Tür zu entkommen, und wurde dabei erschossen. SS-Leute besetzten auch das Haus der österreichischen Rundfunkgesellschaft und gaben bekannt, die Regierung sei zurückgetreten und der frühere steirische Landeshauptmann Dr. Rintelen, der bequemerweise von seinem römischen Posten in Wien angelangt war, würde eine neue Regierung bilden. Es ist nur schwer zu erklären, wie diese zwei gut bewachten Gebäude so leicht trotz aller vorangegangenen Warnungen besetzt werden konnten. Der Justizminister Dr. Kurt Schuschnigg bildete die neue Regierung. In Verhandlungen mit den Putschisten im Kanzleramt wurde ihnen freies Geleit angeboten; aber als bekannt wurde, daß Dollfuß tot war, hielt sich die Regierung nicht an dies Versprechen gebunden. Sie wurden verhaftet und vor Gericht gestellt, und schließlich wurden sieben der Teilnehmer hingerichtet.

Der Mißerfolg des Putsches in Wien war vor allem der Tatsache zuzuschreiben, daß ihn das Bundesheer nicht unterstützte und daß die SA passiv blieb. Dr. Wächter fand die örtlichen SA-Führer im Hotel St. James versammelt; als er sie fragte, wo die SA bleibe, gab ihr Führer vor, er wisse nichts von einer Aktion. Als Wächter ihm kurz die Lage schilderte und den Einsatz der SA verlangte, gab er den Alarmbefehl für die SA von Wien und Niederösterreich und versprach, sie würde innerhalb einer Stunde anmarschieren, aber später widerrief er den Befehl. Zwei Tage darauf erging ein Gruppenbefehl an die SA, in dem der Putsch als „Privataktion der SS-Standarte 89" bezeichnet wurde, für die die SA jede Verantwortung ablehne.[60] Ein Befehl eines Ministers zur Mobilisierung der Wiener Heimwehren gegen die Nationalsozialisten wurde von dem Wiener Heimwehrführer und Vizebürgermeister Major Lahr sabotiert, der seit längerem mit den Nationalsozialisten sympathisierte.[61] Die Reibungen zwischen der Wiener SA und SS waren zweifellos stark durch den ‚Röhm-Putsch' vom 30. Juni verschärft worden, bei dem die SA-Führer von der SS hingerichtet wurden. Es war die Rache der SA für die Ereignisse in Deutschland.[62]

In mehreren Ländern erhob sich die SA gegen die Regierung, als das vereinbarte Signal durch den von den Wiener Putschisten besetzten Rundfunk verbreitet wurde, aber die SS blieb passiv. Der Aufstand erfaßte Teile von Oberösterreich und Salzburg und vor allem Kärnten und Steiermark, wo er wenigstens teilweise erfolgreich war. Das Burgenland, Niederösterreich, Tirol und Vorarlberg waren nicht betroffen. Das Heer und die Gendarmerie wurden durch Heimwehreinheiten verstärkt und kämpften dank ihrer besseren Ausrüstung und Disziplin den Aufstand in wenigen Tagen nieder. Es kam zu keiner Meuterei in den Streitkräften, obgleich Starhemberg später schrieb, viele höhere Offiziere hätten zunächst darauf gewartet, was für eine neue Regierung gebildet werden würde.[63] Selbst nationalsozialistische Offiziere gehorchten ihren Befehlen, und einige von ihnen fielen in den Kämpfen. In der Steiermark allein gab es 88 Tote und 164 Verwundete.[64]

Die weitaus heftigsten Kämpfe gab es in der Steiermark, wo sich die von Kammerhofer und Meyszner kommandierten Heimwehren am Aufstand beteiligten. In der Tat waren das die ersten Einheiten, die dem Radiosignal aus Wien folgten und große Teile der Steiermark besetzten.[65] In Radkersburg wurden die öffentlichen Gebäude ohne Widerstand besetzt, und mehrere andere Städte im Süden teilten das gleiche Schicksal. Im Norden gab es besonders heftige Kämpfe in der Gegend von Leoben; in Troifach sympathisierten etwa 80% der Bevölkerung mit der Erhebung und beflaggten ihre Häuser; in Donawitz und anderen Werken der Alpinen Montangesellschaft streikten die Arbeiter. In der östlichen Steiermark wurde die Hauptlast des Kampfes von loyalen Heimwehreinheiten getragen, die in der Nähe von Ilz die SA ohne Hilfe vom Bundesheer besiegten. Um Leoben und im Süden wurden Infanterie und Artillerie eingesetzt, um den Widerstand zu brechen, und die Rebellen wurden erst nach tagelangen Kämpfen geschlagen und zerstreut. Viele flohen über die Grenze nach Jugoslawien.[66]

Überall spielte die örtliche Intelligenz – Lehrer, Rechtsanwälte und Ärzte – eine führende Rolle. In Preding besetzten die Nationalsozialisten das Postamt und die Polizeiwache und nahmen die Waffen an sich. In St. Florian beschlagnahmten sie die Gewehre der Heimwehr und marschierten dann nach Stainz, das sie besetzten, aber schließlich ergaben sie sich.[67] Doch Graz war von einer starken Garnison und loyalen Heimwehreinheiten besetzt und wurde von den Aufständischen nicht genommen. Laut einem Bericht aus Österreich, der das Auswärtige Amt erreichte, gab es Tausende von kampfbereiten jungen Menschen, aber sie hatten nicht genug Waffen und vor allem viel zu wenig Munition. Das Schicksal des Aufstandes war besiegelt, als es zu keinen Gehorsamsverweigerungen in der Exekutive kam, während bei der SA „völlige Verwirrung" herrschte.[68] Ein anderer Bericht schrieb den Mißerfolg in der Steiermark dem Fehlen des Kontaktes mit Kärnten, der negativen Haltung des Münchener Rundfunks und dem Ausbleiben eines Angriffs auf Bruck an der Mur und im Mürztal nordöstlich Bruck zu.[69]

Merkwürdigerweise begann der Aufstand in Kärnten nicht am 25., sondern erst am 26. Juli, so daß die Behörden zeitig gewarnt waren. Doch bis zum 27. waren Oberkärnten und die Städte St. Veit, Lavamünd, Oberdrauburg, Feldkirchen, Völkermarkt und Bleiburg in der Hand der Aufständischen, die in den von ihnen besetzten Bezirksstädten neue Beamte einsetzten.[70] Sie verkündeten das Standrecht, nahmen Geiseln und verhafteten ihre politischen Gegner. In Ettendorf und anderen Orten übergaben die Gendarmen ihre Waffen, da sie jeden Widerstand für hoffnungslos hielten.[71] Anderswo wurden die Sozialdemokraten zur Teilnahme am Aufstand aufgefordert, aber sie lehnten ab. Aus Beständen der Gendarmerie und der Heimwehren erhielten die Insurgenten Waffen, aber sie reichten nicht aus, und dazu fehlte es, wie in der Steiermark, an Munition.[72] Vor allem wurden auch hier die wichtigsten Städte, Klagenfurt, Villach und Spittal, nicht genommen. Vermutlich hatten die Aufständischen nicht die für größere Operationen nötige militärische Ausbildung und sie verloren zu viel Zeit. Als schließlich ein Vorstoß auf Klagenfurt unternommen wurde, war er schlecht vorbereitet und wurde ohne Mühe zurückgeschlagen.

Der Plan der Aufständischen – wenn es überhaupt einen allgemeinen Plan gab – war, Klagenfurt zu umzingeln und ihre Einheiten aus Ober- und Unterkärnten gegen die Hauptstadt einzusetzen.[73] In den Dörfern und Kleinstädten der Umgebung wurden am 26. die Männer durch Motorradfahrer mobilisiert und ihnen bestimmte Versammlungsplätze angewiesen, von wo sie die Drau überschreiten sollten. Die meisten waren unbewaffnet, und Gewehre und Revolver mit Munition wurden an sie ausgegeben. Sie setzten dann mit der Fähre (die die Behörden nicht unbrauchbar gemacht hatten!) über die Drau und warteten während der Nacht in den Wäldern um Klagenfurt; aber das war das Ende, denn am Morgen wurde ihnen gesagt, sie sollten wieder nach Hause gehen. Die meisten warfen dann ihre Waffen fort. Später sammelten die Gendarmen nicht nur Gewehre, sondern auch Maschinengewehre mit Munition ein. In Pörtschach am Wörther See wurde den SA-Leuten nur befohlen, sich im Wald zu sammeln und auf weitere Befehle zu warten, aber dann wurden sie wieder fortgeschickt, anscheinend weil ihr Führer keine weiteren Anordnungen erhielt.[74] Ein Bericht aus Österreich, der bald darauf dem Auswärtigen Amt zuging, erwähnte „Verwirrung, dazu Organisationsfehler, Kommandoschwierigkeiten, zu geringe Gefechtsausbildung und (St. Veit) Munitionsmangel" als die Ursachen des Fehlschlags. Die wichtigste Ursache habe darin gelegen, daß „die Führer schon in der Überzeugung, daß die Lage hoffnungslos sei, losgegangen" wären, und daß man von München die ganze Aktion abgeblasen habe. „Es ist nicht zu verwundern, daß unter diesen Umständen die größte Erbitterung in Kärnten herrscht und daß man das Vorgehen Münchens als ‚Verbrechen' bezeichnet ... Kannst Du die Erbitterung, die die besten von uns erfüllt, verstehen?"[75]

In Kärnten dauerten die Kämpfe bis zum 29. Juli, mehrere Tage länger als in der Steiermark. Die Insurgenten boten an, ihre Waffen auszuhändigen, falls sie freien Abzug erhielten, aber schließlich floh die Mehrzahl über die Berge nach Jugoslawien.[76] Vom Westen marschierten Einheiten der Tiroler Heimwehren in Oberkärnten ein und besetzten Oberdrauburg, Greifenburg und die Gegend um Spittal an der Drau. Da es in Tirol keinen Aufstand gab, waren die 5000 Mann, die aus den Wehrverbänden aufgerufen wurden, für Einsatz in anderen Ländern verfügbar. Laut Meldung der Tiroler Heimwehren war die Bewaffung der SA sehr mangelhaft und bestand großenteils aus alten Gewehren, Jagdstutzen usw.; was kämpfte, waren meist Jugendliche und Unterführer des steirischen Heimatschutzes.[77] Auch in Salzburg wurde die SA mobilisiert und besetzte die Höhen um Seekirchen; aber sie konnten den Ort nicht einnehmen und wurden schließlich durch drei Kompanien Wiener Heimwehr zerstreut, die aus Salzburg dorthin entsandt wurden. Andere Wiener Heimwehreinheiten halfen der Gendarmerie in der Umgebung von Salzburg.[78] Die Leistungen dieser und anderer Freiwilligenverbände wurden in den offiziellen Berichten besonders hervorgehoben, ebenso wie die der Armee. Anscheinend gab es kein Zeichen von Unzufriedenheit oder fehlender Bereitschaft, den Befehlen zu gehorchen.

In Bayern wurde die Österreichische Legion mobilisiert, um die Grenze zu überschreiten. Bei Kollerschlag nördlich der Donau gingen kleinere Einheiten über die Grenze, aber wurden von den Österreichern zurückgewiesen. Die österreichischen Stellen waren überzeugt, daß eine größere Invasion nur unterblieb, weil italienische Truppen am Brenner konzentriert wurden.[79] Nach der Niederlage der Erhebung herrschte unter den österreichischen Nationalsozialisten tiefe Depression. In Oberösterreich hörte alle illegale Aktivität zeitweise auf.[80] In Tirol erklärten verantwortliche Parteifunktionäre, sie seien nicht gewillt, den bisherigen Zustand weiter ruhig hinzunehmen, sondern sie würden sich energisch wehren, wenn die im Lande verbliebenen Führer von München nicht konsultiert würden. Die gleichen Meinungen wurden in Kärnten und Steiermark geäußert, und überall hörte man „das böse Wort ‚Verbrechen an Österreich'".[81] Doch diese Stimmung dauerte nicht sehr lange. Für die österreichischen Nationalsozialisten waren die, die nach dem Aufstand hingerichtet wurden, Märtyrer, die „am Galgen starben für Deutschlands Ehre und Freiheit, schmählich hingemordet von einer Regierung des Verfassungsbruches, des Meineides und des Volksverrates ...". Sie blieben davon überzeugt, „daß die Tage des Gerichtes und der Vergeltung kommen werden!".[82] Sie kamen nur acht Monate nach dieser Ankündigung.

Der Aufstand vom Juli 1934 war sehr verschieden von dem Münchener Putsch vom November 1923. Dieser wollte die bayerische Regierung unter von Kahr dazu zwingen, sich mit den Putschisten zu verbünden und die ‚nationale Revolution' auszurufen; es wurde kein Versuch unternommen, die Macht durch militärische Kräfte zu erobern. Am 9. November gab es eine begeisterte Massendemonstration in den Straßen Münchens, die durch eine Salve aus den Gewehren der bayerischen Landespolizei zu einem blutigen Abschluß kam, und damit war der Putsch zu Ende. Die Erhebung in Österreich war tatsächlich der einzige Versuch, der je von Nationalsozialisten unternommen wurde, die bestehende Regierung mit Waffengewalt zu stürzen, und sie schlug völlig fehl: zum großen Teil auf Grund der Uneinigkeit und Unfähigkeit der Nationalsozialisten, der Spannungen zwischen SA und SS, zwischen den Parteiführern in München und denen, die in Österreich geblieben waren. Der Aufstand war ungenügend vorbereitet und wurde mit unzureichenden und schlecht ausgebildeten Kräften unternommen, die wenig Chancen gegenüber den weit überlegenen Einheiten der Armee, der Gendarmerie und der Heimwehr hatten. Nur wenn letztere zerfielen, hätte der Putsch eine ernsthafte Bedrohung der Regierung dargestellt. Faktisch wurde ihre Position durch die Siege über die Sozialdemokraten und die Nationalsozialisten im Februar und Juli 1934 erheblich gestärkt. Sie hatte nun eine gute Chance, die oppositionellen Teile der Bevölkerung für sich zu gewinnen und einen Versuch zur Aussöhnung zu unternehmen. Doch zunächst blieb die Politik der österreichischen Regierung unversöhnlich sowohl gegenüber den Sozialdemokraten wie gegenüber den Nationalsozialisten, d. h. der großen Mehrheit der Bevölkerung.

XIII. ÖSTERREICH UNTER SCHUSCHNIGG

Dollfuß' Nachfolger als Bundeskanzler war Dr. Kurt von Schuschnigg, der unter Dollfuß Justizminister gewesen und wie er ein prominenter Führer der Christlichsozialen Partei war. Die Politik der Regierung blieb die gleiche. In der Außenpolitik verließ sie sich auf die Unterstützung Mussolinis, aber sie mußte die langsame Annäherung zwischen Deutschland und Italien beachten, die sich durch den Ausbruch des abessinischen Konfliktes 1935 beschleunigte, ebenso wie die wachsende militärische Macht Deutschlands. Hitlers große Erfolge – die Abstimmung im Saarland, die Wiedereinführung der allgemeinen Wehrpflicht, die Wiederbesetzung des Rheinlands, der Rückgang der Arbeitslosigkeit – mußten ein starkes Echo in Österreich hervorrufen, wo die wirtschaftliche Erholung nur sehr langsam vor sich ging. Man konnte so leicht glauben, daß alle wirtschaftlichen Schwierigkeiten verschwinden würden, wenn nur bessere Beziehungen zu dem großen Nachbarn im Norden hergestellt würden, zu dem Österreich so enge Bindungen hatte; dann würden die deutschen Touristen wieder ins Land strömen, und Österreich würde sich ein Absatzmarkt für sein Holz und seine Landwirtschaft öffnen. Indirekt halfen die deutschen Erfolge den österreichischen Nationalsozialisten, die im Juli 1934 eine schwere Niederlage erlitten hatten, aber deren Erholung davon – mit deutscher Hilfe – nur eine Zeitfrage war.

In seiner Innenpolitik steuerte Schuschnigg einen Mittelkurs zwischen der Scylla des Sozialismus und der Charybdis des Nationalsozialismus, aber das bedeutete, daß seine Basis klein blieb. Zunächst wurde kein ernsthafter Versuch zur Aussöhnung mit einem Teil der Opposition gemacht, und die andauernden Reibungen unter den Anhängern der Regierung und die schließliche Auflösung der Wehrverbände verengten die Basis weiter, auf der sich die wankende Struktur des Regimes erhob. Während Hitler und Mussolini auf Grund ihrer Erfolge zweifellos die Massen für sich gewannen, fehlte dieser entscheidende Faktor in Österreich völlig. Die Politik der Regierung war eintönig, zögernd und übervorsichtig; ihr fehlte die Energie und

Angriffslust der faschistischen Regime; sie konnte keine Begeisterung auslösen.

Diese Tatsachen wurden in den natürlicherweise vorsichtigen Berichten der offiziellen Organisationen zugegeben. Ende 1934 stellte die Landesleitung der Vaterländischen Front für Vorarlberg einen detaillierten Überblick über die politische und wirtschaftliche Lage zusammen, der immer wieder betonte, daß die Stimmung der Bevölkerung, vor allem aus wirtschaftlichen Gründen, „gedrückt" sei: Arbeitslosigkeit, schlechte Preise, Schwierigkeiten des Absatzes, Fehlen der deutschen Touristen und die allgemeine Malaise. Ferner beschwerten sich die Anhänger der Regierung mindestens an einigen Orten, daß man nicht energisch genug gegen ihre Feinde, die Kapitalisten, vorginge, daß die Arbeiter zu sehr ausgebeutet würden, daß die Sozialisten sehr viel schärfer bestraft würden als „die braunen Terroristen", daß das Einkommen der Beamten und Angestellten höher sei als das der Bauern. Vielleicht am bezeichnendsten war die Klage, daß so viele Gegner der Regierung beschäftigt wären, während viele Mitglieder der Vaterländischen Front noch immer arbeitslos seien. Offensichtlich wurde die Mitgliedschaft als eine Art Garantie für bevorzugte Beschäftigung angesehen. Daß solche Beschwerden ohne Kommentar in den Bericht aufgenommen wurden, zeigt, daß sogar höhere Funktionäre der Front sie als eine Art Sozialversicherung ansahen, und weniger als eine politische Organisation der überzeugten Verteidiger eines unabhängigen Österreichs. Wie stark wirtschaftliche Beweggründe die politische Einstellung beeinflußten, zeigt auch die gelegentliche Bemerkung: „Wir sind gewiß gute Österreicher, aber leben und existieren wollen wir und dazu haben wir das Recht." [1] Der Sicherheitsdirektor für Vorarlberg führte die „nat.soz. Einstellung gewisser Kreise" direkt „auf die große Schuldenlast, den hohen Zinsfuß (Brechung der Zinsknechtschaft!) und die durch den gänzlichen Ausfall des Fremdenverkehres hervorgerufene Verdienstunmöglichkeit" zurück.[2]

Eine ähnliche Einstellung zur Vaterländischen Front ergibt sich aus den Akten ihres Gauleiters in dem oberösterreichischen Bezirk Freistadt, die viele Gesuche arbeitsloser Mitglieder um Stellenbeschaffung und viele Bitten um Intervention der örtlichen Führer in einer Vielzahl privater Angelegenheiten enthalten.[3] Der Bezirkshauptmann von Eferding in Oberösterreich berichtete an die Sicherheitsdirektion: „Viele Personen sind aber nicht aus Liebe zum Vaterlande Österreich Mitglieder der Vaterl. Front, sondern aus anderen Gründen.“ Was diese waren, ergibt sich aus seiner Notiz: „Im allgemeinen werden bei Arbeitsvergebung Mitglieder [der] Vaterl. Front bevorzugt.“ In seinem Bezirk waren denn auch im Oktober 1935 5304 Personen Mitglied oder 55% der Wahlberechtigten.[4] Das waren etwa 24% der Gesamtbevölkerung, verglichen mit etwa 26% im Bezirk Freistadt, doch in der Stadt Freistadt erreichte der Mitgliederstand im Mai 1936 die erstaunliche Ziffer von 50% der Bevölkerung. Die oberösterreichische Landesleitung der Vaterländischen Front strebte im allgemeinen nach einem höheren Prozentsatz und hielt „ungefähr die Hälfte der erwachsenen Bevölkerung jedes Ortes“ für angemessen; wo der Mitgliederstand unter einem Drittel der Gesamtbevölkerung sei, wären die Gründe festzustellen, warum er so niedrig sei.[5] Für den Bezirk um Linz konnte die Gendarmerie im November 1935 melden, daß „etwa 45 bis 50% der erwachsenen Bevölkerung“ Mitglieder der Front seien; aber nicht lange vorher mußte sie zugeben, „daß sich viele Leute nur nach außen hin vaterländisch zeigen, um daraus ihre Vorteile zu ziehen, dagegen ihre innere Überzeugung eine andere ist“. Das träfe besonders auf die zu, „die sich in einem Abhängigkeitsverhältnis befinden“.[6] Im Burgenland betrug der Mitgliederstand der Vaterländischen Front im Juni 1935 ‚nur‘ 23% der Gesamtbevölkerung, aber bis zum April 1937 hatte er sich auf über 38% erhöht.[7] Diese Zunahme hing zum Teil mit den vielen sozialen Leistungen der Front zusammen, wie Verteilung von Lebensmittelpaketen, Zuteilung von Milch, Winterhilfe und Mutterschutz: unpolitische Aufgaben, die kaum auf Widerspruch stoßen konnten.[8]

Im November 1936 stellte die Generaldirektion für die öffentliche Sicherheit fest, der Vaterländischen Front fehle „eine aktivistische Truppe“, was sich oft ungünstig auswirke; die Funktionäre der Front seien nicht imstande, der durch nationalsozialistische Propaganda entstandenen „übertriebenen Angst vor dem Kommunismus“ wirksam entgegenzutreten. In der Steiermark würde „über einen großen Mangel an organisatorischer und propagandistischer Aktivität der Vaterländischen Front geklagt“, und in Vorarlberg bestehe „eine Krisenstimmung“, erzeugt „durch den vermeintlichen Mangel an politischer Arbeit der Leitung der V.F. und die bisherige Erfolglosigkeit der Bemühungen zur Lösung der sozialen Fragen“, so daß Ortsfunktionäre abberufen werden mußten.[9] Bald darauf meldete die Gendarmerie aus der steirischen Stadt Bruck, in vaterländischen Kreisen sei „fast durchwegs eine Schlappheit, Müdigkeit bzw. Interesselosigkeit wahrzunehmen. Es hat den Anschein, als ob niemand mehr aus innerer

Überzeugung, wahrer Liebe und Freude der Vaterländischen Front einen Dienst erweisen würde. Alles bewegt sich in einer gewissen bedrückten Stimmung".[10] Ein Jahr darauf hieß es aus dem gleichen Bezirk, die Leute träten der Front nur aus wirtschaftlichen Gründen bei; die Neueingetretenen hätten nur ein ganz geringes Interesse an der Bewegung.[11] Ein kleinerer Gendarmerieposten berichtete, die Leute täten nur mit, um keinen Schaden zu haben oder einen Vorteil zu erreichen; es gäbe „keine Einheit, kein Zusammenhalten".[12]

Sehr ähnliche Berichte kamen aus Tirol. Laut der Innsbrucker Polizei fehlte „der Führung der Vaterländischen Front in Tirol der mitreißende Schwung und die organisatorische Tätigkeit vollkommen", so daß sie außerstande wären, die „gefährliche Situation zu retten".[13] 1937 berichtete der Bezirkshauptmann von Innsbruck, das Leben in den Ortsgruppen der Front sei „fast überall flau";[14] und sein Kollege aus Reutte, die Front entfalte „keine äußere Tätigkeit". Als dort schließlich eine Versammlung stattfand, war sie sehr schlecht besucht; „die Teilnehmer waren Personen, die in öffentlichen Stellungen sind oder Funktionen der V.F. innehaben". In der Diskussion wurden nur Fragen wegen der Mitgliedsbeiträge gestellt, aktuellere Themen wurden nicht erörtert.[15]

Es ergibt sich die berechtigte Frage, ob diese formlose Massenorganisation, die keine Triebkraft besaß und so geringe Zeichen von Aktivität zeigte, von irgendwelchem Nutzen für die Regierung war. Es ist sicher, daß sie nicht einmal unter den Anhängern des Regimes Begeisterung auslöste, und daß die Mitgliedschaft in ihr weniger einer Überzeugung als einer politischen Rückversicherung zuzuschreiben war. Die NSDAP und die Bolschewistische Partei behaupteten, sie verträten die Elite der Nation; aber eine Organisation, die die Hälfte der Gesamtbevölkerung rekrutieren wollte, konnte unmöglich einen Elitecharakter besitzen. Das österreichische Regime hielt es offensichtlich für nötig, seine Struktur durch eine Massenorganisation zu festigen, aber trug die Vaterländische Front in nennenswertem Umfang zu dieser Festigung bei? Ihre Losung war „Österreich", aber die meisten Österreicher hielten sich für Deutsche. Die Front hatte keine klare Ideologie; der Gedanke vom Ständestaat war viel zu verschwommen und vage, um größere Kreise anzuziehen; und sie besaß nicht einmal ein Programm. Bei dem ersten Bundesappell der Front im Januar 1936 kündigte Fürst Starhemberg, der nach Dollfuß' Tod der Frontführer wurde, ein solches Programm an, aber es erschien nie.[16] Er sprach auch lange über die Frage der Monarchie – eine

Frage, die geeignet war, die Mitglieder nicht zu einigen, sondern sie zu spalten. Schuschnigg wurde nur Stellvertreter des Bundesführers, und der daraus entstehende Dualismus war eine Quelle weiterer Schwäche. Schuschniggs Ziel war die Eingliederung der Heimwehren in die Vaterländische Front, wogegen die Heimwehren heftigen Widerstand leisteten.[17] Diese mißtrauten auch Schuschniggs politischem Katholizismus und ebenso dem starken Einfluß der Bürokratie, die das Land wie in vergangenen Zeiten regierte. Laut ihrer Ansicht verursachte die Bürokratie nur Stagnation und verhinderte jede ‚dynamische' Entwicklung.[18]

Ende 1935 berichtete der päpstliche Nuntius, Kardinal Sibilia, nach Rom, die Regierung habe höchstens 30% der Bevölkerung hinter sich. Das genüge seiner Ansicht nach, um das Regime zu konsolidieren, und dann die Basis der Regierung planmäßig zu erweitern, aber das würde durch die „Totalitätsbestrebungen" der Heimwehren verhindert, deren Anhängerzahl sehr zurückgegangen sei. In mehreren Unterredungen habe der Kanzler dem Nuntius mitgeteilt, daß die Heimwehrführer eine neue Umbildung der Regierung und vor allem den Posten des Heeresministers für sich forderten – eine Forderung, die Schuschnigg scharf ablehnte. Sein Ziel, informierte er den Nuntius, war die Bildung einer Miliz und ihre absolute Unterstellung unter die Armee, deren Leiter gute Katholiken seien: ein Ziel, das er „mit unbeugsamer Energie" verfolgen würde.[19] Den Heimwehren sollte nicht erlaubt werden, ihren Einfluß auf das Heer auszudehnen, sondern sie sollten durch Einverleibung in die Miliz dem Heer unterstellt werden. Laut einem anderen gut orientierten Beobachter strebten die Heimwehrführer nach der Hegemonie und waren unfähig zur Zusammenarbeit mit ihren Partnern in Regierung und Vaterländischer Front.[20] In solchen Umständen war es kaum möglich, einen Konflikt zu vermeiden.

In der Zwischenzeit hielt sich Starhemberg auch andere Wege offen. Er setzte seine Kontakte mit deutschen Beamten fort, vor allem mit Hitlers neuem Botschafter in Wien, Papen. In einer Besprechung Anfang 1936 betonte er seine Abneigung gegen den politischen Katholizismus in Österreich und sprach mit großer Hochachtung von Hitler: „Er hat das Verdienst, der erste Staatsmann gewesen zu sein, der die Gefahr einer bolschewistisch-freimaurerischen Front für die ganze Welt erkannte und sie kompromißlos bekämpfte."[21] Im März berichtete Starhemberg Papen über seinen Besuch bei Mussolini, demgegenüber er die Notwendigkeit einer Einheitsfront der autoritären

Staaten „gegen die gemeinsame Offensive des Bolschewismus und der jüdischen Demokratie“ betont habe; Mussolini habe den Vorschlag willkommen geheißen und auf die Notwendigkeit einer neuen Mächtekonstellation in Europa nach dem Ende des abessinischen Konflikts hingewiesen. Starhemberg schlug den Italienern vor, Vertreter der drei Regierungen sollten sich Ostern privat treffen, um festzustellen, was die drei Regime verbinde und wie weit sie imstande wären, zur Erreichung ihrer großen Ziele zusammenzuarbeiten, und Mussolini drückte die Hoffnung aus, daß Deutschland akzeptieren würde. Wie Starhemberg Papen mitteilte, war er auch deswegen für diesen Vorschlag, weil er es ablehne, sein Bündnis mit Demokraten und Christlichsozialen fortzusetzen, mit denen er nur eines gemeinsam hatte, das Ziel der Erhaltung der Unabhängigkeit Österreichs.[22]

In seiner Offensive gegen den Einfluß der Heimwehren ordnete Schuschnigg im April 1936 die Wiedereinführung der allgemeinen Dienstpflicht an: eine Maßnahme, die die Position Starhembergs schwächen und die der Heeresleitung stärken mußte. Laut Papen war das nur ein erster Schritt in Richtung auf die Auflösung der Wehrverbände und die Beseitigung der Heimwehren.[23] Es ist daher nicht überraschend, daß das neue Gesetz kühl von ihnen aufgenommen wurde, während Anhänger der Regierung die Hoffnung ausdrückten, daß alle Wehrverbände verschwinden würden.[24] Ende April ging Starhemberg zum Gegenangriff über und erklärte, die größte Aufgabe sei die Bekämpfung des Bolschewismus; das erfordere ein enges Zusammenwirken mit dem italienischen Fascismus und möglichst auch mit der NSDAP und könne nur durchgeführt werden, „wenn man sich von den Saboteuren der autoritären Regierung, den Demokraten im Regierungslager, rücksichtslos trenne“; er fügte hinzu, „die Entwaffnung der Heimwehren werde nur über seine Leiche gehen“.[25] In Wien gab es einen offenen Zusammenstoß zwischen Mitgliedern der Heimwehren und des Freiheitsbundes, eines anderen Wehrverbandes innerhalb der Vaterländischen Front, als letzterer Anfang Mai eine Demonstration mit Schuschnigg an der Spitze veranstaltete.[26] Für den Kanzler mag diese offene Herausforderung der Anlaß zum Handeln gewesen sein, denn nur wenige Tage darauf entließ er Starhemberg als Vizekanzler und Führer der Vaterländischen Front: eine Maßnahme, die bei den Heimwehren erneute Feindseligkeit auslöste.[27] Aber Widerstand gab es trotz Starhembergs großsprecherischer Erklärung nicht.

Als ob man noch Salz in die Wunden streuen wollte, wurde Starhemberg zum Vorsitzenden des Mütterschutzwerks der Vaterländischen Front bestellt: eine Erniedrigung, die von der ganzen Heimwehr bitter empfunden wurde. Aber vorläufig blieb er Heimwehrführer, und sein Stellvertreter Baar-Baarenfels wurde an seiner Stelle zum Vizekanzler befördert. Der Vizekanzler sollte auch Befehlshaber der neuen Miliz werden, die Schuschnigg anstelle der Wehrverbände schaffen wollte, um den Einfluß der Heimwehr zu beseitigen. Laut ihrer eigenen Zeitung war die Stimmung in den Heimwehrreihen so schlecht, daß die Führung „ihren ganzen Einfluß habe aufbieten müssen, um Unbesonnenheiten zu verhindern".[28] Aber alles was sich an Opposition zeigte, waren gemalte Anschriften „Heil Starhemberg" und „Heil Faschismus" und ein in der Steiermark verbreitetes Flugblatt, das Starhemberg verherrlichte, zum Kampf gegen den Klerikalismus aufforderte und Schuschnigg als Schuft und Verräter bezeichnete.[29] Die Heimwehrführer waren genauso unentschlossen, wie sie es bei früheren Gelegenheiten gewesen waren; sie versuchten, innerhalb der Vaterländischen Front die „antidemokratischen Kräfte" zu sammeln und den Kampf gegen den Freiheitsbund fortzusetzen. Sie besprachen auch einen Plan, den Bundespräsidenten Miklas zum Rücktritt zu veranlassen, so daß Starhemberg sein Nachfolger werden könnte, und so einen Teil ihres Einflusses zurückzugewinnen.[30] Aber wieder wurden alle Pläne zunichte gemacht durch fehlendes Interesse und innere Reibungen, vor allem zwischen den Anhängern Starhembergs und Feys, die schließlich zu einem völligen Bruch führten.[31]

Im Oktober 1936 brach der Konflikt offen aus. Innerhalb der Heimwehren entstand wachsende Opposition gegen Starhembergs unfähige Führung. Die Führer in Kärnten und Tirol forderten, er solle zurücktreten. Im September wurde Fey wieder zum Heimwehrführer für Wien gewählt und benutzte seine Position, um den Rücktritt Starhembergs zu erreichen. Dieser ordnete daraufhin den Ausschluß von Fey und dem Wiener Vizebürgermeister Major Lahr an, aber Fey widersetzte sich und erklärte, in der Wiener Heimwehr gälten nur seine Befehle.[32] Laut einem späteren Brief Lahrs war der Zweck des ganzen Manövers, eine Verständigung mit den Nationalsozialisten herbeizuführen und „den Heimatschutz nunmehr endgültig ins nationale Lager zu überführen".[33] Jedenfalls bot die ganze Affäre dem Kanzler die gewünschte Gelegenheit, die Heimwehrführer ihres letzten Einflusses zu berauben. Am 10. Oktober verfügte die Regierung die Auflösung aller Wehrverbände; die Miliz der Vaterländischen Front wurde die einzige legale militärische Organisation neben dem

Bundesheer.[34] Das bedeutete das Ende der Heimwehren als einer legalen Organisation und besiegelte ihren Zerfall. Starhemberg erklärte in einer Versammlung seiner Anhänger, „unter diesen Umständen sei eine loyale Zusammenarbeit mit der Regierung nicht möglich“ und forderte „die Kameraden in der Regierung“ zum Rücktritt auf.[35] Aber das waren Gesten, die kein Resultat hatten. Von Schuschnigg forderte er, wieder in die Regierung aufgenommen und zum Führer der neuen Miliz ernannt zu werden, aber Schuschnigg fühlte sich stark genug, die Forderungen zurückzuweisen.[36] Äußerlich hatte er einen Sieg gewonnen. Aber gleichzeitig beraubte er sich der Unterstützung durch eine militante Formation, die – trotz aller Uneinigkeit und Zersetzung – noch immer eine relativ starke Anhängerschaft hatte:[37] eine Unterstützung, die das Regime nur schwer entbehren konnte.

Bis 1938 existierten die aufgelösten Heimwehren weiter in der Form eines „Verbandes Alt-Heimatschutz“, der die starken persönlichen Konflikte erbte, die in der Organisation vorgeherrscht hatten. Viele frühere Heimwehrführer hielten Starhemberg für das Debakel verantwortlich und wußten nur Schlechtes über ihn zu sagen, während Starhemberg selbst sich in Schweigen hüllte.[38] Die Reibungen zwischen den Anhängern Feys und Starhembergs gingen weiter; schließlich verließ Starhemberg Österreich, um dann im Ausland als prinzipieller Gegner des Nationalsozialismus aufzutreten. Gelegentlich fand die Polizei illegale Flugblätter früherer Heimwehrleute, die die alten Losungen wiederholten, absolute Treue zum Eid von Korneuburg bekundeten, die Demokratie und die Parteien, und vor allem die Klerikalen und „Schwarzen“, die die guten Posten besetzten, angriffen. Ein Flugblatt bezeichnete Schuschnigg als einen Verräter, einen „Judaskanzler“, einen „Söldner des Klerikalismus“, und schloß mit einem Hoch auf die „faschistische Revolution“.[39] Aber ohne ihre Uniformen und ohne Einfluß in der Regierung verschwanden die Heimwehren von der Bildlfäche, und viele frühere Mitglieder gingen zu den Nationalsozialisten.

Auch die Frontmiliz, die 1936 anstelle der aufgelösten Wehrverbände gegründet wurde, erlebte keine Blüte. Sie war ein künstliches Gebilde und erweckte nie irgendwelche Begeisterung. Die österreichischen Archive enthalten zahlreiche lokale Berichte, die über den langsamen Fortschritt bei ihrem Aufbau, den Mangel an Interesse, die schwierigen Werbungen (die oft durch Austritte aufgewogen wurden), die negative Haltung der Mitglieder der aufgelösten Wehrverbände usw. klagen. Selbst wo Ortsgruppen der Miliz gegründet wurden, zeigten sie keine Aktivität.[40] Ein Bezirkshauptmann meldete ausdrücklich, „daß der Schwung und die Begeisterung, die ehemals den Wehrverbänden innewohnte, in die Miliz nicht verpflanz werden konnten". Wo Gruppen bestünden, bedürfe es des ganzen Einflusses des Kommandanten, sie beisammenzuhalten.[41] In Oberösterreich wurden die alten Reibungen zwischen den verschiedenen Wehrverbänden in die neue Miliz übertragen.[42] Im Mai 1937 mußte selbst ein offizieller Bericht zugeben, daß es in „einigen Bezirken" mehr Austritte aus der Miliz gebe als neue Mitglieder.[43] Die Vaterländische Front, der die Miliz angehörte, hatte wenigstens eine Massenmitgliedschaft, aber die Miliz blieb klein und entfaltete keine Tätigkeit.

Äußerlich ähnelte Schuschniggs Sieg über die Heimwehren dem Hitlers über die SA vom Juni 1934. In beiden Fällen erwies sich der Ehrgeiz der Führer eines Wehrverbandes unvereinbar mit den Zielen und der Politik eines autoritären Regimes, das seine Wehrmacht nicht dem Einfluß des Wehrverbandes ausliefern wollte. Aber es gab auch einen entscheidenden Unterschied. Indem Hitler die SA-Führer beseitigte und die SA aller politischen Macht beraubte, sicherte er sich die Treue der Armee und den Beifall der großen Mehrheit seiner Anhänger, bei denen sich die SA-Führer durch ihren Ehrgeiz und ihr Benehmen sehr unbeliebt gemacht hatten. Schuschnigg mag sich durch seinen Sieg über die Heimwehrbestrebungen die Zustimmung der Heeresführer gesichert haben, die vermutlich nur zu froh waren, ihre Rivalen ausgeschaltet zu sehen.[44] Aber auf politischem Gebiet gewann er keine breitere Basis, sondern verengte im Gegenteil die, auf der sein Regime ruhte. Weder die Sozialdemokraten noch die Nationalsozialisten wurden durch die Beseitigung der Heimwehr versöhnt. Ihr Hauptfeind blieb das autoritäre Regime, nicht die aufgelösten Wehrverbände, aus denen die Nationalsozialisten so viele ihrer Mitglieder gewonnen hatten. Schuschniggs Sieg war ein Pyrrhussieg, während der Hitlers sehr real war. Wenn Schuschnigg mit der weiteren Hilfe Mussolinis rechnete, so war auch das eine Fehlrechnung.

Es kann kaum einen Zweifel geben, daß Schuschnigg – selbst ein Schüler der Jesuiten und gläubiger Katholik – mit der Unterstützung durch den Vatikan und die Kirche rechnete: ein hochwichtiger Faktor in einem streng katholischen Lande. Die vielen Angriffe auf den Klerus und die „Schwarzen" in der Propaganda der Heimwehren waren bestimmt einer der Gründe, warum sich der Kanzler gegen seine früheren Verbündeten wandte. Er besprach sich oft mit dem päpstlichen

Nuntius, und dieser berichtete im Dezember 1935 nach Rom, „Schuschnigg beurteile die Lage vollkommen richtig und erkenne klar die Gefahren, die in den ‚Totalitätsbestrebungen' des Heimatschutzes liegen . . .".[45] Aus dem Bericht wird klar, daß der Nuntius Schuschniggs Politik billigte und daß Schuschnigg dessen Unterstützung zu gewinnen suchte. Ein Jahr darauf berichtete der deutsche Nachrichtendienst, der die zunehmende Stärke der Legitimisten betonte, Schuschnigg verfolge eine „mittlere" Linie zwischen ihnen und den „betont Nationalen" und setze sich dadurch Angriffen von beiden Seiten aus; „solange er aber vom Vatikan und insbesondere von den Italienern unterstützt wird, sind alle im Umlauf befindlichen Kombinationen über die Neubildung des österreichischen Kabinetts hinfällig".[46] Doch ein anderer deutscher Bericht erwähnte, daß „die Einmischung der Geistlichkeit in die Politik" vielfach kritisiert würde: „Diese Verstimmung ist so stark, daß sie sich unter Umständen zu einer Gefahr für die Kirche überhaupt auswirken kann."[47] Aber vermutlich übertrieb der Bericht aus einer nationalsozialistischen Quelle diese Tendenz. Auf jeden Fall war die österreichische Hierarchie in ihrer politischen Haltung keineswegs einig. 1937 unterrichtete der nationalsozialistische Landesleiter Josef Leopold seine Untergebenen, daß Kardinal-Erzbischof Innitzer wie die Bischöfe Alois Hudal und Ferdinand Pawlikowski (Graz) „für Versöhnung mit uns sei", während Bischof Johannes Gföllner (Linz) und Erzbischof Sigismund Waitz (Salzburg) dagegen seien; die Spaltung der Kirche in dieser Frage reiche bis zum letzten Pfarrhof.[48]

Laut dem gleichen Bericht forderte Leopold seine Kameraden auf, „in Kirchenfragen vollkommen zurückhaltend zu sein" und die Geistlichkeit diese Differenzen selbst austragen zu lassen. Aber eine solche Zurückhaltung wurde von den Nationalsozialisten nicht immer geübt. 1934 organisierten sie mit Erfolg Kirchenstreiks in bestimmten Gegenden Oberösterreichs – eine Tatsache, die selbst die Behörden zugaben.[49] In späteren Jahren befürchteten diese mehrmals, daß die Nationalsozialisten die alte Losung Schönerers „Los von Rom!" wiederaufnehmen würden, um der Regierung Verlegenheit zu bereiten. Sie gaben zu, daß Leopold solche Propaganda verbiete, aber die Parole sei trotzdem ausgegeben worden, vor allem von der SS.[50] Laut Informationen, die die Wiener Polizei erreichten, förderte die illegale nationalsozialistische Propaganda den Kirchenaustritt und Übertritt zum Protestantismus – eine Wiederbelebung der Politik Schönerers. In Salzburg und Steiermark nähmen diese Übertritte einen solchen

Umfang an, daß sie angeblich bei der Bevölkerung Ärgernis erregten.[51] In Österreich war jede derartige Propaganda geeignet, die umgekehrte Reaktion auszulösen, was Leopolds vorsichtige Taktik gegenüber der Kirche erklärt. Die Nationalsozialisten zogen es vor, die Bindungen zwischen ihr und dem österreichischen Regime zu lokkern und die Meinungsverschiedenheiten in der Hierarchie in der ‚nationalen Frage' auszunutzen. Diese Politik sollte sich 1938 bezahlt machen, als Kardinal Innitzer den Anschluß begrüßte und die österreichischen Bischöfe die „hervorragenden Leistungen des Nationalsozialismus auf dem Gebiete des völkischen und wirtschaftlichen Aufbaus sowie der Sozialpolitik" feierten.[52] Für Hitler war die Unterstützung durch die Kirche ebenso wertvoll wie sie es für Dollfuß und Schuschnigg gewesen war.

Während es keinen Zweifel über Schuschniggs prokatholische Einstellung geben kann, war seine Haltung gegenüber einer anderen entscheidenden Frage, der der Wiederherstellung der Monarchie, außerordentlich vorsichtig. Im Gegensatz zu Dollfuß hielten ihn die Deutschen für einen Legitimisten.[53] Doch seine Politik war nicht monarchistisch, weil er die Reaktion Deutschlands fürchtete und Österreichs Nachbarn im Norden und Süden nicht brüskieren wollte.[54] Österreich besaß eine kleine, aber aktive und wachsende monarchistische Bewegung, und eine Restauration würde dem Anschluß einen Riegel vorgeschoben haben. Die Nationalsozialisten wußten das und sprengten daher häufig monarchistische Versammlungen. Nach einer Versammlung in Linz zu Ehren des 25. Geburtstages des Erzherzogs Otto, an der viele Offiziere und Vertreter der Behörden teilnahmen, verteilten die Nationalsozialisten ein Flugblatt „Deutsches Volk von Linz!" als eine letzte Warnung: „Habsburg dulden wir nicht! Habsburg ist deutschfeindlich! . . . Habsburg ist Hochverrat! Wehrt Euch! Duldet keinen Monarchistenputsch! Nie wieder Habsburg!" Während der Feier versuchten die anwesenden Nationalsozialisten das Singen der Kaiserhymne durch das Singen des Deutschlandliedes zu übertönen und warfen Tische und Stühle aus der Galerie in den Saal. Nach heftigen Zusammenstößen wurden sie aus dem Saal gedrängt.[55]

Es ist unmöglich festzustellen, wieviele Österreicher eine Restauration begrüßt oder in einer Volksabstimmung für sie gestimmt haben würden. Bestimmt waren die Sozialdemokraten ebenso wie die Nationalsozialisten scharf gegen eine solche Lösung. Ein deutscher Bericht vom Herbst 1933 stellte überraschenderweise fest: „Die österreichische Bevölkerung ist zum großen Teile hauptsächlich in Kreisen der

Bauernschaft seit neuerer Zeit monarchistisch eingestellt. Die monarchistische Idee wäre gerade in der jetzigen Zeit noch weiter großzuziehen, wenn diese Idee nicht durch die Mitwirkung und den Beifall der Juden kompromittiert wird, denn mehr noch als legitimistisch ist die Gesamtbevölkerung antisemitisch eingestellt." Nur wenn diese beiden Ideen je kombiniert würden, hätte eine Restauration eine wirkliche Chance.[56] Drei Jahre später hielt Papen die Restauration für die einzige Alternative zum Ausgleich mit dem Reich: „Die Masse der Bauern in den Alpenländern, die früher treu monarchistisch eingestellt war, folgt allzu leicht dem Schlagwort: ‚Es muß besser werden, ganz gleich, was geschieht.'" Die Geistlichen in den ländlichen Gegenden stellten „sich hundertprozentig in den Dienst der legitimistischen Propaganda", wofür Papen den Kirchenkampf in Deutschland verantwortlich machte.[57] Abgesehen von Bauern und Geistlichen waren auch viele ältere Leute, vor allem Beamte und Offiziere, monarchistisch eingestellt.

Der Legitimismus war besonders stark in Tirol. 1934 schätzte die Innsbrucker Polizei, daß der monarchistische „Reichsbund der Österreicher" etwa 6000 Mitglieder in Innsbruck habe; aber die Geburtstagsfeier für Erzherzog Otto wurde nur von 350 Personen besucht.[58] Im folgenden Jahr fand die Kaisergedenkfeier in Linz „bei zahlreicher Beteiligung" statt; anwesend waren Vertreter der Polizei und der Behörden sowie aller Wehrverbände.[59] Im April 1934 meldete das Burgenland „ein starkes Anwachsen des Legitimismus".[60] Im Sommer 1936 erwähnten offizielle Situationsberichte ein erhebliches Wachstum der monarchistischen Bewegung in Salzburg und Steiermark.[61] Im gleichen Jahr wurde die alljährliche Geburtstagsfeier für Erzherzog Otto in Klagenfurt von nur 300, aber in Villach von 1200 Personen besucht, darunter viele Arbeiter. Vor der Versammlung fand eine Besprechung mit einer Arbeiterabordnung statt, in der ihr Sprecher, ein früherer Gewerkschaftssekretär, erklärte, sie könnten dem Reichsbund nur beitreten, wenn sie genauer über die Einstellung der Legitimisten zur Arbeiterschaft informiert würden; deren Wünschen würden nach wie vor die größten Schwierigkeiten entgegengesetzt, während die Nationalsozialisten in den ‚nationalen' Turn- und Sportvereinen Unterschlupf fänden.[62] Aus Wiener Neustadt berichtete die Polizei, daß viele Arbeiter, darunter zahlreiche Kommunisten und revolutionäre Sozialisten, an einer monarchistischen Versammlung teilgenommen hätten.[63]

Im Januar 1937 meldete die Wiener Polizei, der Reichsbund der

Österreicher habe „einen starken Mitgliederzuwachs zu verzeichnen“; unter den Anhängern seien viele Beamte und frühere Offiziere, und neuerdings auch viele Arbeiter, aber wenig Jugendliche; eine Restauration wäre „das einzige und beste Bollwerk gegen das Vordringen des deutschen Nationalsozialismus und des russischen Bolschewismus“.[64] Als im April in der Stefanskirche ein Pontifikalamt für Kaiser Karl zelebriert wurde, betrug die Zahl der Teilnehmer rund 4000, unter ihnen Mitglieder der Regierung und der kaiserlichen Familie. Nach Schluß riefen mehrere hundert Personen: „Hoch Österreich-Ungarn!“ und „Wir wollen den Kaiser!“[65] Im Herbst berichtete auch die deutsche Botschaft, daß die legitimistische Bewegung nach einer früheren Stagnation wieder große Aktivität zeige, nicht nur in Wien, sondern auch in den Ländern. In Wien fanden am 4. Oktober 1937 zwei große Versammlungen statt. Die erste war von über tausend Personen besucht und war so überfüllt, daß der Saal schon um 7.30 Uhr polizeilich gesperrt werden mußte. Die zweite Versammlung war gleichfalls überfüllt.[66] Eine legitimistische Feier in Tirol im Juni 1936 „nahm einen glänzenden und eindrucksvollen Verlauf“ infolge der Anwesenheit des Feldmarschalls Erzherzog Eugen und der Erzherzogin Adelheid. „Die Festtage in Osttirol standen offensichtlich im Zeichen der traditionellen und unmittelbaren Verbundenheit des Tiroler Volkes mit seinem angestammten Herrscherhause“, und Formationen des Bundesheeres, der alten Armee und der Wehrverbände defilierten vor den Ehrengästen; in Lienz wurde eine Gedächtniskapelle für Kaiser Karl in Anwesenheit der Behördenvertreter eingeweiht.[67]

Anfang 1938 war die Stärke des Reichsbunds der Österreicher so gestiegen, daß er unter der Losung „Wir wollen die Unabhängigkeit Österreichs!“ gleichzeitige Massenversammlungen in ganz Österreich veranstalten konnte. Am 11. Januar – nur wenige Wochen vor der Besetzung Österreichs durch die Deutschen – wurden vierzig Versammlungen abgehalten, neun davon in Wien, zehn in anderen Städten Niederösterreichs und die restlichen im Burgenland, Kärnten, Steiermark, Tirol und Vorarlberg. Die meisten Versammlungen waren überfüllt, vor allem in Wien, wo die Polizei die Säle lange vor Beginn sperren mußte. Laut den Polizeiberichten nahmen in Wien etwa 10 000 Personen teil, und weitere 10 500 bis 10 800 in den Ländern, darunter 2000 in Graz und über 2000 in Deutsch-Kreuz. An keiner anderen Versammlung nahmen mehr als 900 Personen teil. Unter den Zuhörern waren alle Altersgruppen vertreten, aber die Mehrzahl waren ältere Menschen und vor allem viele Frauen. Auch anwesend waren viele Nationalsozialisten, und in Mödling bei Wien waren sie die große Mehrheit. In zwei der Wiener Versammlungen und in Graz versuchten sie zu stören, und bei den dadurch hervorgerufenen Raufereien wurden Bierkrüge und Stühle als Wurfgeschosse verwendet; aber alle Versammlungen wurden trotz der Störungen zu Ende geführt.[68] Doch dies war die letzte größere Unternehmung des Reichsbundes der Österreicher. Er war eine verhältnismäßig große Organisation geworden, die 20 000 Personen mobilisieren konnte, aber er war noch keine Massenbewegung. Es ist eine offene Frage, ob er je eine solche, die mit den Nationalsozialisten konkurrieren konnte, hätte werden können. Zum Teil war es ein Unterschied der Generationen, denn der Nationalsozialismus zog vor allem viele Jugendliche an, und das gleiche galt von der illegalen sozialistischen Bewegung. Eine aktivistische Massenbewegung ließ sich ohne die Jugend nicht aufbauen.

Schon 1933 bemerkte ein scharfsinniger deutscher Beobachter, daß die österreichische monarchistische Bewegung nur eine Chance haben würde, wenn sie sich mit dem Antisemitismus verbündete.[69] Vielleicht sah das auch Erzherzog Otto oder er hoffte, so Nationalsozialisten für sich zu gewinnen. Als er im Dezember 1937 einigen seiner treuen Anhänger in Vaduz eine ‚Audienz' gewährte, erklärte er, in Österreich müßten bestimmte radikale Maßnahmen gegen die Juden eingeführt werden; vor allem müsse ihr Einfluß auf die Presse und im Wirtschaftsleben eingeschränkt werden. Allerdings fügte er hinzu, es müsse ein Trennungsstrich zwischen den alteingesessenen loyalen Juden und dem anderen weniger respektablen Teil gezogen werden. Vor allem aber müsse die soziale Frage gelöst und ausreichende Alters- und Witwenrenten für die Arbeiter eingeführt werden. In dieser Form wurden Ottos Äußerungen zu den wichtigsten Tagesfragen den bei einer monarchistischen Kundgebung in Steyr Anwesenden mitgeteilt.[70] Was der Erzherzog anscheinend nicht erkannte, war, daß die, die für „durchgreifende" Maßnahmen gegen das Judentum und „die Lösung der sozialen Frage" waren, meist solche Lösungen nicht von ihm erwarteten, sondern über die Grenze blickten, wo ein anderer Österreicher mit ziemlichem Erfolg ein ähnliches Programm durchführte.

Während dieser Jahre blieb der Antisemitismus in der Tat eine immer lebendige Kraft in der österreichischen Politik. 1935 berichtete ein deutscher Besucher, die Judenfrage würde viel erörtert: man sage, die Juden hätten großen Einfluß auf die Regierung, daß Starhemberg von den Juden gekauft sei, daß sie sich eine starke Stellung in der Vaterländischen Front gesichert hätten „und wie Fettaugen auf der ganzen österreichischen Wirtschaft schwämmen".[71] Im gleichen Jahr wurde in Rinn bei Hall ein von dem Dorfpfarrer verfaßtes Stück aufgeführt, das sich auf die Legende von dem Ritualmord des „seligen Kindes Andreas von Rinn" stützte. Auf einen Einspruch bei der Tiroler Landesregierung wurde der Text abgemildert, und in dieser Form die Fortsetzung der Aufführungen gestattet.[72] 1936 veröffentlichte die „Tiroler Bauernzeitung" als „Beweis dafür, wie stark verjudet Wien ist", die Tatsache, daß 120 der 166 Wiener Kinos Juden gehörten. Ein anderer Artikel in der gleichen Zeitung behauptete: „Bei den Revolutionen in den letzten Jahren haben wir ungezählte Male (!) erlebt, daß dort, wo es brandelte, der Jude kaum fehlte." Der Beweis sei der spanische Bürgerkrieg![73] Im gleichen Jahr meldete die Generaldirektion für die öffentliche Sicherheit, daß der „soziale Antisemitismus, der leicht in einen Rassenantisemitismus ausarten könnte", bedenklich wachse.[74]

Die Nationalsozialisten betrieben systematisch antisemitische Propaganda, und diese – wie die Behörden zugaben – fand „in der Bevölkerung einen starken Widerhall".[75] Im November 1937 forderte ihre illegale Zeitung, „Österreichischer Beobachter", alle Parteigruppen auf, „sofort Kontrollposten vor den jüdischen Geschäften und Warenhäusern einzurichten"; die Namen aller „Nationalen" oder die ihrer Frauen, die dort einkauften, würden in einer „jüdischen Prangerliste" veröffentlicht werden. Daß das keine leere Drohung war, geht daraus hervor, daß die gleiche Zeitung im Dezember die Namen von Kunden jüdischer Geschäfte in Linz, Wels und Bad Hall veröffentlichte und ankündigte, daß in den Palmers-Geschäften „so viele Damen und Herren der ‚besseren' Gesellschaft" gesehen worden seien, daß in der nächsten Nummer eine eigene Rubrik mit ihren Namen erscheinen würde.[76] Als im gleichen Jahr ein junger Nationalsozialist an Blinddarmentzündung starb, beschuldigte die gleiche Zeitung einen jüdischen Arzt des Mordes aus politischer Rache und forderte seine Enthebung von der Stelle des Kreisarzts und die Schließung seiner Praxis.[77]

Die Tätigkeit des Antisemitenbundes, der seit vielen Jahren bestand, wurde von den Nationalsozialisten nach Kräften gefördert. 1937 befahl die Gauleitung Oberösterreich der NSDAP den Parteimitgliedern, dessen Versammlungen zu unterstützen und der Gauleitung etwaige kritische Äußerungen über den Nationalsozialismus genau mitzuteilen; da sie über gute Beziehungen zur Leitung des Antisemitenbundes verfüge, könne sie „solche Übergriffe jederzeit abstellen".[78] Eine Versammlung des Bundes in Graz im Februar 1937 wurde von etwa 500 Personen besucht und war so überfüllt, daß die Polizei den Zugang sperren mußte. Unter den Besuchern waren viele mittlere und höhere Beamte sowie Angestellte, Geschäftsleute und Studenten. Der Hauptredner, Karl Peter, der Leiter des Bundes, griff die Vaterländische Front an, weil sie nichts gegen die Juden täte, „sie wird schon wissen warum"; doch „der Antisemitenbund wird in Österreich Ordnung machen! . . . mit den Juden! Denn der Antisemitenbund ist kein Verein, sondern eine Volksbewegung!". Peter bezeichnete „das Judentum als einen Fremdkörper in unserem Volk, dessen radikale Entfernung im Interesse des Staates notwendig sei". Seine Rede rief „frenetischen Jubel" hervor, so daß er sie mehrmals unterbrechen mußte. Ein anderer Redner zitierte aus den „Protokollen der Weisen von Zion" und beschuldigte die Juden der Begünstigung des „Weltbolschewismus": „Ohne Brechung der jüdischen Herrschaft gibt es keine Befreiung unseres Vaterlandes." Er sagte nicht, welches Vaterland er meinte, aber der Berichterstatter fügte hinzu: „Vielleicht meinte er Österreich damit."[79]

Die antisemitischen Tendenzen erhielten neuen Auftrieb durch den Zusammenbruch der Phönix Versicherungsgesellschaft im Jahre 1936 auf Grund von Fehlspekulationen. Da Juden unter den Leitern der Gesellschaft waren und ein Beamter des Innenministeriums, der für die Überwachung des Geschäftsgebahrens verantwortlich war, Selbstmord beging, konnte die Affäre propagandistisch zu einem Korruptionsskandal aufgeblasen werden, der geeignet war, der Regierung schwer zu schaden und sie unlauterer Beziehungen zu Juden zu verdächtigen. Laut einer Reihe lokaler Berichte verursachte die Affäre große Unruhe und schwere Depression gerade auch unter Regierungsanhängern; sie „hat dem vaterländischen Aufbau einen auf lange Zeit nichtwiedergutzumachenden Schaden zugefügt". Viele meinten, wenn solche Korruptionsgeschichten im früheren Parteienstaat üblich gewesen wären, warum sollten sie dann unter dem autoritären Regime wiederkehren?[80] Laut Papen war die Folge „ein überaus starkes Anwachsen der antisemitischen Stimmung innerhalb der christlichen Arbeiterschaft", die fand, daß ihre Interessen nicht berücksichtigt wurden, und die Staatsführung für „unsozial" hielt.[81] Da diese Propaganda vom deutschen Radio und mit deutschen Mitteln unterstützt wurde, stand ihr die Regierung hilflos gegenüber.

Doch der Regierung entstanden die größten Schwierigkeiten durch die andauernde Wirtschaftskrise, die schwere Arbeitslosigkeit, die schlechten Preise für landwirtschaftliche Produkte und die großen Absatzschwierigkeiten. Daß diese Umstände schwere politische Folgen hatten, zeigt sogar die vorsichtige Ausdrucksweise der offiziellen Berichte. So hieß es im Lagebericht für März 1935:

> „Unter der friedliebenden Bevölkerung hat sich infolge der bedrängten wirtschaftlichen Lage, welche bisher keine wesentliche Besserung erfahren hat, eine gewisse Gleichgültigkeit gegenüber den politischen Vorgängen und der Vaterländischen Bewegung, teilweise auch Verbitterung und Hoffnungslosigkeit eingestellt. Das Vordringen der Vaterländischen Front stößt daher auf große Schwierigkeiten ..."[82]

Im gleichen Jahr erwähnte der Bericht über eine Dienstreise des Staatssekretärs für Sicherheitswesen nach Kärnten „die ablehnende Haltung der Bevölkerung", verursacht durch „die sehr schlechte wirtschaftliche Lage"; „die Notlage der Bauern ist besonders groß".[83] Der Sicherheitsdirektor für Vorarlberg befürchtete ein weiteres Anwachsen des Nationalsozialismus auf Grund der „ständig zunehmenden Verarmung der Gebirgsbauernschaft".[84] Im April 1936 meldete der Sicherheitsdirektor für Oberösterreich: „Die Stimmung der Bevölkerung gegen den vaterländischen Gedanken scheint an Gleichgültigkeit zugenommen zu haben. Ursache ist die Unzufriedenheit der Bauern über den ungenügenden Absatz und Preistiefstand, sowie der Arbeiter über die andauernde Arbeitslosigkeit ..."[85] Und gegen Ende des Jahres wiederholte der offizielle Lagebericht: „Infolge der herrschenden Not hat sich bei einzelnen Ortsgruppenleitern der Vaterländischen Front eine gewisse Amtsmüdigkeit eingestellt ..."[86]

Viele Einzelberichte betonen die Folgen der wirtschaftlichen Not, das Elend in weiten Kreisen der Bevölkerung. Aus Edelschrott in der Steiermark meldete die Gendarmerie 1934, daß die Bauern auf Grund der wirtschaftlichen Schwierigkeiten alle Parteien ablehnten, daß die Mehrzahl nicht an eine Besserung glaube, und daß es darum unmöglich war, eine Ortsgruppe der Vaterländischen Front zu gründen.[87] Aus Kufstein berichtete der Bezirkshauptmann im November 1935, daß die Zahl der Arbeitslosen gegenüber dem Vorjahr zugenommen habe. In einem kleinen Ort im Bezirk bedürfe fast die Hälfte der 3500 Einwohner der Unterstützung durch die Winterhilfe, aber nach Besprechungen mit dem Pfarrer und der Polizei wären etwa hundert von der Liste gestrichen worden, und so sei die Zahl auf etwa

1600 reduziert worden![88] Anfang 1936 befürchtete der Bezirkshauptmann von Imst in Tirol, daß die Abstriche im Haushalt die Arbeitsbeschaffung erschweren und so den Nationalsozialisten unter Hinweis auf die bessere Lage in Deutschland die Erzeugung von Unzufriedenheit unter den Arbeitern ermöglichen würden.[89] Anfang 1937 meldete der Bezirkshauptmann von Graz, das ganze Gewerbe leide unter Mangel an Aufträgen, so daß die Industrie Arbeiter entlassen und Kurzarbeit einführen mußte; Ursache des Auftragsmangels sei „die geringe Kaufkraft weiter Bevölkerungskreise" und die Arbeitslosigkeit, die etwas zugenommen habe; in einem Dorf sei ein Viertel der Bevölkerung auf öffentliche Mildtätigkeit angewiesen; die Winterhilfe lindere zwar die ärgste Not, aber bringe keine wirkliche Hilfe.[90] Im November berichtete der gleiche Beamte, in zwei Gemeinden bei Graz seien fast 50% der Bevölkerung arbeitslos, und die Gesamtzahl habe wieder etwas zugenommen.[91]

Zweifellos fanden die Nationalsozialisten in der wirtschaftlichen Not und dem vorherrschenden Antisemitismus ihre wirksamsten Waffen gegen die österreichische Regierung. Sie konnten dabei auf die Maßnahmen verweisen, die die Hitlerregierung gegen diese ‚Gefahren' ergriffen hatte und die Lage in Österreich mit der günstigeren in Deutschland vergleichen. Unter diesen Umständen war es für die Regierung schwer, ihre Position zu verteidigen, während es für die deutsche Propaganda leicht war, eine Verbindung zwischen beiden Fragen herzustellen. Die Regierung beschränkte sich auch im allgemeinen auf die Abwehr und überließ es den Nationalsozialisten, sie mit den schärfsten Mitteln anzugreifen.

XIV. DIE ILLEGALE NATIONALSOZIALISTISCHE PARTEI

Die Niederlage vom Juli 1934 verursachte unter den österreichischen Nationalsozialisten tiefe Niedergeschlagenheit und verschärfte die Zwietracht in ihren Reihen. Wenige Tage nach dem Putsch verordnete Hitler, der Komplikationen in seiner Außenpolitik und vor allem irgendwelche Schwierigkeiten mit Italien vermeiden wollte, die Auflösung der Landesleitung Österreich der NSDAP, die in München amtierte und die Verantwortung für den Aufstand trug. Das wurde intern in dem Sinn erläutert, daß „die Partei in Österreich als aufgelöst und ihre gesamten Organisationen (wie Gauleitungen, NSBO. etc.) als aufgehoben zu betrachten seien". Der SS-Brigadeführer Rodenbücher wurde mit der Durchführung des Erlasses betraut.[1] Zwei Wochen darauf erklärte Hitlers Stellvertreter Heß, „daß die reichsdeutsche Partei laut Befehl des Führers in keiner Weise sich mit den Nationalsozialisten in Österreich befassen darf", und das gleiche gelte für die österreichischen Funktionäre, die in Deutschland Zuflucht gefunden hatten: dies sei „ein tatsächlicher Befehl", dessen Nichtbefolgung schwer bestraft werden würde.[2] Der deutsche Gesandte, der am Tage des Putsches in Wien eine ziemlich zweifelhafte Rolle gespielt hatte, wurde abberufen; an seiner Stelle wurde Franz von Papen als Hitlers Sonderbotschafter nach Wien geschickt, um durch sein diplomatisches Geschick und seinen konservativen Katholizismus die Österreicher in Ruhe zu wiegen. In Wirklichkeit tat er, was er konnte, um die deutschnationalen Elemente zu sammeln und im Trüben zu fischen. Für die deutschen Nationalisten in Österreich war Papen ein Symbol der wachsenden Stärke des Dritten Reiches. Seine umfangreichen Berichte an Hitler zeigen, daß er seine Aufgabe genau verstand.

Für eine kurze Frist waren die österreichischen Nationalsozialisten auf ihre eigenen Kräfte angewiesen, während bisher alle ihre Tätigkeit von München gelenkt und finanziert worden war. Anfang September berichtete der deutsche Militärattaché aus Wien:

„... Es macht sich nunmehr aufs Unangenehmste fühlbar, daß als Folge der Illegalität der Partei, aber auch eines überspannten Führerprinzips, keine zusammenfassende Leitung im Lande selbst, der die ganze Parteiorganisation und ihre Wehrformationen unterstanden hätten, gehalten werden konnte... Bis heute ist die Sammlungsaktion nicht über Ansätze hinausgekommen. Schon stehen sich mit der Regierung verhandlungsgeneigte und jede Verständigung ablehnende Kreise gegenüber, eine gemäßigte Richtung einer radikalen. Um verschiedene Führerpersönlichkeiten sammeln sich Gefolgschaften. Der Gegensatz zwischen politischer Organisation, S.A. und S.S. klafft auf ...“ [3]

Ein Bericht des Sicherheitsdirektors für Oberösterreich sprach von zwei Richtungen unter den Nationalsozialisten: die eine beharre auf der Ansicht, daß die Machtergreifung nur durch Gewalt oder einen Putsch erfolgen könne, die andere sei für Übernahme der Macht auf ‚evolutionärem' Wege; „durch Entsendung von Parteigenossen in die Vaterländische Front“ und die Wehrverbände sollten diese „auf friedlichem Wege“ zersetzt werden.[4] Einige Nationalsozialisten verurteilten aufs schärfste nicht nur den Mord an Dollfuß und den folgenden Aufstand, sondern auch die vorangegangenen „Terroraktionen“ und die von München aus befohlenen Kampfmethoden, die sie vor allem Habicht zuschrieben.[5] Hitler konnte so die Schuld für den Fehlschlag Habicht zuschieben und selbst alle Verantwortung ablehnen.[6]

Einer der Kritiker der Münchener Führung, der bereit war, mit der österreichischen Regierung zu verhandeln, war – wie man erwarten konnte – Dr. Walter Riehl. In einem Interview mit einem ausländischen Journalisten im Oktober sprach er seine Überzeugung aus, daß auch Schuschnigg eine Versöhnung aus außenpolitischen Gründen wünsche, und auch deshalb, weil er nur von einem schwachen Drittel der Bevölkerung unterstützt würde; „die österreichischen Völkischen würden einer solchen Lösung zustimmen, wenn wir unseren Leuten ein freies Leben, Amnestieen, u.s.w. bringen können“. Schuschnigg empfing Riehl und Reinthaller, die zu Habichts Politik in Opposition standen und darum von ihm aus der Partei ausgeschlossen worden waren.[7] In einem Rundschreiben an seine Anhänger erklärte Riehl, er würde alles tun, um auf der Grundlage seines Programms den inneren Frieden zu erreichen. Er war für den Massenbeitritt der ‚nationalen' Elemente zur Vaterländischen Front unter der Bedingung, daß sie dort und im Regierungsapparat wichtige Positionen erhielten; ferner sollte die allgemeine Wehrpflicht eingeführt und die Wehrverbände als eine Art Landwehr zusammengefaßt werden, in die auch Nationalsozialisten eintreten könnten; mit Deutschland sollten freundschaftliche Beziehungen hergestellt und in Wien besondere ‚arische' Ortsgruppen der Vaterländischen Front gebildet werden, da die Völkischen nicht mit Juden in einer Ortsgruppe sitzen wollten.[8] Vielleicht war es diese Bedingung, oder Zweifel an der Stärke der Anhängerschaft Riehls und Reinthallers, an denen die Verhandlungen scheiterten; denn, wie wir gesehen haben, entsprach die allgemeine Wehrpflicht und die Landwehr oder Miliz durchaus dem Programm Schuschniggs.

Anfang 1935 waren jedenfalls in Wien die Nationalsozialisten auf ihren alten Kurs zurückgekehrt. Laut einer privaten Mitteilung zogen sie „einen scharfen Trennungsstrich zwischen sich und den sogenannten ‚betont Nationalen'" wie Riehl und Reinthaller und befolgten nur die direkten Anweisungen aus Deutschland.[9] Doch laut einem Bericht, der der deutschen Gesandtschaft von einem zuverlässigen Gewährsmann übergeben wurde, gab es immer noch zwei Gruppen: eine für „baldigen Frieden und Versöhnung", die andere „für eine Fortsetzung der aggressiven Politik"; die erste würde von Göring und Heß, die zweite von Goebbels unterstützt; erfreulich sei die endgültige Ausschaltung Habichts, der im Harz in der Verbannung lebe.[10] Aus diesen Berichten geht hervor, daß in der Zwischenzeit die deutschen Stellen ihre Haltung der Nichtintervention in Österreich aufgegeben hatten und wieder Anweisungen an die österreichischen Nationalsozialisten ausgaben.

In Wien erschien ein neuer ‚Führer' der österreichischen Nationalsozialisten in der Person von Dr. Hermann Neubacher, Generaldirektor einer Industriefirma und Schulfreund Reinthallers. Als er von der Polizei im Februar 1935 vernommen wurde, erklärte er, er verurteile die Methoden Habichts und der österreichischen Emigranten und sei für eine Versöhnung mit der Regierung; er hoffe auf einen Umbau der Vaterländischen Front, der es den Nationalsozialisten erlauben würde, den ihnen gebührenden Einfluß auszuüben.[11] Laut der Generaldirektion für die öffentliche Sicherheit begann die Reorganisation der Partei schon im September 1934 und war bis zum November mehr oder minder vollendet; aber das Verhältnis der einzelnen Parteiorganisationen zueinander war „kein gutes", und in einem Schulungsbrief wurde das zwischen der SA und SS ausdrücklich als „sehr schlecht" bezeichnet.[12] Das wurde teilweise bestätigt durch einen aufgefangenen Befehl der Kreisleitung Mittelsteiermark der NSDAP vom November 1935, der „zeitweise Reibungen" aus zwei Gründen zugab: Verhältnis der Partei zur SA und Verteilung der Geldmittel. Um die Reibungen zu beseitigen, verordnete die Gauleitung die Unterstellung der SA unter den Landesleiter von Österreich, der somit das Recht erhielt, der SA Befehle zu erteilen – ein Recht, das sonst nur ihrem eigenen obersten Führer zustand.[13]

Die nüchternste Beschreibung der internen Konflikte unter den Parteiführern kam von dem deutschen Militärattaché in Wien, dessen Funktion offensichtlich nicht nur eine militärische war. Laut seinem Bericht vom August 1935 hatte Neubacher als Landesleiter von Anfang an mit großen Schwierigkeiten zu kämpfen, weil viele Unterführer ihm als Neuling mißtrauten und ihn ablehnten. Aber dann wurde der frühere Gauleiter von Niederösterreich, Hauptmann Leopold, aus dem Anhaltelager entlassen und beanspruchte als dienstältester Gauleiter den Posten des Landesleiters für sich. Die anderen Gauleiter arrangierten dann eine Zusammenarbeit in der Form, daß Leopold Landesleiter wurde und Neubacher sein erster Mitarbeiter. Aber bald wurde es den anderen Parteiführern klar, daß Leopold nicht die nötigen Qualifikationen besaß, „ja daß sein politisches Feldwebeltum auf die Dauer eine Gefahr darstelle“. Sie beriefen daher eine Tagung ein, aber bevor sie stattfand wurden Leopold und Neubacher verhaftet. Sofort nach der Verhaftung tauchte ein „Testament“ Leopolds auf, in dem er den früheren Abgeordneten Franz Schattenfroh zu seinem Nachfolger bestimmte und, falls er verhindert sei, ein Direktorium zur Führung der Geschäfte einsetzte. Mehrere Gauleiter der Alpenländer bezweifelten die Echtheit dieses Testaments und bestritten das Recht Leopolds, die Nachfolge aus eigener Machtvollkommenheit zu regeln. Auf einer Tagung, auf der außer Wien und Niederösterreich alle Gaue vertreten waren, beschlossen sie daher, die Frage der Landesleitung zu vertagen, bis Leopold entlassen wäre, und in der Zwischenzeit dem Gauleiter von Kärnten den Vorsitz im Kapitel der Gauleiter zu übertragen. So stand die Mehrheit der Gauleiter dem von Leopold eingesetzten Direktorium gegenüber, das bald durch innere Zwistigkeiten arbeitsunfähig wurde. Dann wurde Schattenfroh aus der Haft entlassen und pochte auf seiner Ernennung zum Landesleiter durch Leopold. Er hielt die Gauleiter für „Dissidenten“ vom Führerprinzip, „eine Gruppe von Aufrührern gegen die geheiligte Parteidisziplin“, und behandelte sie entsprechend. Laut dem Bericht entstand so „eine Krisis im Führerprinzip“, die der Herzogswahl der germanischen Stämme oder der Ernennung eines Diktators durch den römischen Senat ähnelte.[14] Die früheren Konflikte zwischen den verschiedenen Gauleitern waren wiederaufgelebt, und die Partei war so uneinig wie je zuvor.

Trotz aller Uneinigkeit gelang es der Partei, bald ihren alten Einfluß zurückzugewinnen, aber nicht nur durch ihre eigenen Anstrengungen. Im März 1936 mußte die Generaldirektion für die öffentliche Sicherheit zugeben, daß die Bewegung durch die Besetzung des Rheinlands und die deutsche Volksabstimmung „einen starken Auftrieb" erhalten hatte, und daß die Erfolge Hitlers auch auf die vaterländischen Kreise Eindruck machten.[14a] Im April stellte die gleiche Behörde fest, daß die nationalsozialistische Propaganda nationale Einstellung und nationales Denken mit dem Nationalsozialismus identifiziere und es so leicht fände, Anhänger zu gewinnen. Unter den Bauern stoße diese Werbung auf geringen Widerstand, speziell unter den Gebirgsbauern, deren Lage sehr ungünstig sei. Die ehemalige Großdeutsche Partei habe ihre Anhänger fast ganz an die Nationalsozialisten verloren und sei völlig passiv. „Man würde das Wesen des Nationalsozialismus verkennen", fuhr der Bericht fort, „wenn man annimmt, daß die NSDAP und ihre Führung zu einer Kompromißlösung geneigt ist". Denn ein dauerndes Abweichen von der unabänderlich festgelegten Weltanschauung nach links oder rechts sei ausgeschlossen. „Überdies ist die Erbitterung und das Rachegefühl sowie der Glaube an die nat.soz. Idee in den nat.soz. Kreisen zu groß, um zu einem befriedigenden Ergebnis zu kommen." Laut diesem Bericht kamen die Führer der illegalen Partei vor allem aus der „arbeitslosen Intelligenz", besonders aus der Studentenschaft, die keine Möglichkeit sehe, am Ende des Studiums in irgendeinem Beruf unterzukommen. Abgesehen von ihnen wären die arbeitslosen Angestellten und kleinen Gewerbetreibenden, deren Existenz ruiniert sei, die aktivsten Anhänger der Bewegung; viele ehemalige Offiziere hofften, durch einen nationalsozialistischen Sieg wieder zu Stellen zu gelangen; viele kleine Beamte sympathisierten aus ‚nationalen' Gründen mit dem Nationalsozialismus und hofften, einen Posten in einer der vielen Parteiorganisationen zu erhalten. Bei den zwei letzten Gruppen fände der Militarismus begeisterte Aufnahme, während bei den Gewerbetreibenden und anderen sozialen Gruppen der Antisemitismus besonders zugkräftig sei.[15]

Diese Beobachtungen wurden zum Teil durch Lokalberichte bestätigt. So stellte der Bezirkshauptmann von Lienz 1936 fest, daß „Intelligenzkreise" immer noch „unentwegt am Nationalsozialismus festhalten", aber daß man unter den Bauern nur wenig davon höre. Ein

Dorf sei stark nationalsozialistisch, weil dort die gutsituierten Bauern tonangebend seien, die früher alldeutsch eingestellt waren.[16] Aus Liezen in der Steiermark berichtete der Bezirkshauptmann, daß viele Beamte kritisch gegenüber der Regierung eingestellt wären, vor allem wegen ihrer Sparmaßnahmen; die Mehrheit der bürgerlichen Bevölkerung sei immer ‚national' eingestellt gewesen und habe bis zum Juliaufstand „mit der NSDAP mehr oder minder sympathisiert"; Bürger und Bauern wünschten vor allem den Ausgleich mit dem Deutschen Reich, von dem sie eine wirtschaftliche Besserung erwarteten, während die Arbeiterschaft nur wenig von der NSDAP beeinflußt gewesen sei und ihr jetzt ablehnend gegenüberstehe.[17]

In der Steiermark blieb die Begeisterung für den Nationalsozialismus und das Dritte Reich stark. Im Juni 1936 meldete die Generaldirektion für die öffentliche Sicherheit, daß dort die vaterländischen Kreise einem nationalsozialistischen Boykott ausgesetzt seien und „der offene und versteckte Terror der Nationalsozialisten besonders stark" wäre.[18] 1935-36 gingen viele Landarbeiter und Bauernsöhne auf Arbeitssuche nach Deutschland; als sie zurückkamen, waren sie gut gekleidet, hatten Geld gespart und waren begeistert für Deutschland, wo alles besser als in Österreich sei.[19] In Kärnten blieben die Bezirke, die führend am Juliaufstand beteiligt waren, der Regierung feindlich gesinnt; in der Gegend von Wolfsberg „war geradezu eine gewisse Verbissenheit zu beobachten".[20] Der Bezirkshauptmann von Völkermarkt berichtete, daß dort unter dem Einfluß der „Klagenfurter Nazi-Intelligenz" vor allem antiitalienische Propaganda betrieben wurde; man propagiere den Boykott italienischer Waren wie Obst und Gemüse und erinnere „auch bei den überflüssigsten Anläßen" an das Verhalten Italiens im Weltkrieg und an Südtirol, um die Schwierigkeiten der Regierung zu erhöhen; jenseits der Grenze in Marburg und Laibach betrieben die Nationalsozialisten genau die gleiche „Italienhetze"; „die Bauernfürsorge des Führers" würde in den günstigsten Farben gemalt, und der wirtschaftliche Zusammenschluß mit dem Dritten Reich als Ausweg aus aller Not hingestellt.[21] Scharfe antiitalienische Propaganda und heftige Angriffe auf die proitalienische Politik der Regierung wurden auch aus anderen Bundesländern gemeldet.[22]

In Tirol waren die nationalsozialistischen Sympathien besonders stark in vielen Sportvereinen, in denen „die seit Jahrzehnten gerade in Sportkreisen sorgfältig gepflegte und hochgezüchtete extremnationale Sinnesrichtung" überwog. Als im Innsbrucker Hallenbad ein deutscher Sportler den Arm zum Hitlergruß erhob, brach die Mehrheit der Zuschauer in lauten Beifall aus.[23] In Vorarlberg war der Leiter der illegalen Parteiorganisation der Geschäftsführer eines Hotels in Dornbirn; die Mitglieder trafen sich regelmäßig in bestimmten Gasthäusern und wurden über die politische Lage informiert. Sie zahlten nur 50 Groschen Monatsbeitrag, und die Gruppenführer leiteten sie an den Kassierer weiter. Hilfsbedürftige Nationalsozialisten wurden durch die wesentlich höheren Zahlungen wohlhabender Mitglieder unterstützt. Die führenden Fabrikanten Dornbirns, deren nationalsozialistische Einstellung stadtbekannt war, hatten ihren Stammtisch in dem Hotel, wo der Parteileiter Geschäftsführer war, so daß dort die Kontakte zusammenliefen und Propagandamaterial und Geld von dort verteilt werden konnte. In Bregenz war ein Pelzgeschäft die Hauptstelle der illegalen Bewegung.[24] In dem kleinen Burgenland behauptete die illegale Partei 1936, sie habe nicht nur seit 1933 ihre Stärke erhalten, sondern auch viele neue Ortsgruppen gegründet und ‚tausende' von neuen Mitgliedern geworben, wie sie stolz dem Sicherheitsdirektor mitteilte.[25] Aber wir besitzen keine Zahlen für die Parteistärke in dieser Zeit, und eine Werbung in solchem Umfang ist äußerst unwahrscheinlich.

In Oberösterreich unterhielt der Sicherheitsdirektor, Peter Graf Revertera, freundliche Beziehungen zu prominenten Mitgliedern der „nationalen Opposition". In einer Unterhaltung mit Papen im August 1935 wies er auf seine Bemühungen hin, der Opposition „eine Lebensmöglichkeit zu sichern", nur müsse sie sich deutlich von der deutschen Partei trennen.[26] Im November hatte Revertera eine Aussprache mit dem ‚gemäßigten' Nationalsozialisten Reinthaller und teilte mit, daß er seine Bemühungen in Richtung auf Versöhnung fortsetzen würde; zu Weihnachten würde es eine Teilamnestie für Nationalsozialisten geben, und er sei bemüht, „sie möglichst umfangreich zu gestalten".[27] Zwei Wochen darauf sprach er mit Franz Langoth, der einst ein prominenter Großdeutscher gewesen war und sich inzwischen stark den Nationalsozialisten genähert hatte. Ihm gegenüber drückte Revertera sein Bedauern aus, daß wieder so viele Nationalsozialisten verhaftet worden seien; das sei ihm unangenehm und störe seine Pläne; der Text der illegalen Flugblätter sei meist ganz dumm. Im Verlauf des Jahres 1935 hatte Revertera einen gewissen Erfolg, als sich mehrere oberösterreichische nationalsozialistische Funktionäre der Polizei stellten und schriftlich versprachen, sich in Zukunft aller illegalen Tätigkeit zu enthalten. Aber Langoth gegenüber gab Revertera wehmütig zu, sie hätten ihr Versprechen nicht gehalten und seien wieder unter die Illegalen gegangen.[28] Örtliche Polizeiberichte schätzten die Stärke der oberösterreichischen Nationalsozialisten mit 14 oder 15 Prozent der Bevölkerung.[29] Aber das mag eher eine Unterschätzung gewesen sein.

Trotz ihrer gegenteiligen Behauptungen scheint es nicht, als ob die illegale Partei in den Jahren 1935-36 große Fortschritte gemacht habe; das wurde durch ihre internen Konflikte und die vielen Verhaftungen verhindert. Andererseits gelang es auch der Regierung nicht, ihre schmale Basis zu erweitern. Aber dieses Patt wurde durch das Abkommen vom 11. Juli 1936, das die deutsche und die österreichische Regierung auf Initiative Papens schlossen, dramatisch zu Gunsten der Nationalsozialisten verändert. Das Abkommen handelte an sich von den diplomatischen Beziehungen; es erkannte die politische Unabhängigkeit Österreichs an und hatte eine vorsichtige Annäherung der beiden Staaten zur Folge. Deutsche Touristen kamen wieder nach Österreich, was wirtschaftlich von Bedeutung war. Aber das Abkommen enthielt auch eine Geheimklausel, in der der Bundeskanzler seine Bereitschaft zu einer „weitreichenden politischen Amnestie" für alle verhafteten Nationalsozialisten und die Emigranten erklärte. Noch wichtiger war, daß er auch versprach, „Vertreter der bisherigen sogenannten ‚nationalen Opposition in Österreich' zur Mitwirkung an der politischen Verantwortung heranzuziehen"; ihre Aufgabe sollte es sein, „für die innere Befriedung der nationalen Opposition und ihre Beteiligung an der politischen Willensbildung in Österreich zu sorgen". Die Vertreter sollten durch den Bundeskanzler ausgewählt werden und sein Vertrauen genießen.[30] Damit erhielt „die nationale Opposition" eine halboffizielle Stellung, und ihre Führer oder die Reichsregierung konnten jederzeit behaupten, daß die Bestimmungen der Geheimklausel von Österreich nicht eingehalten würden, und so einen Druck auf die Regierung ausüben. Es war völlig falsch, wenn die Vaterländische Front behauptete, Österreich habe keine Zugeständnisse gemacht, das Abkommen trage „dem österreichischen Standpunkt in Hinsicht Unabhängigkeit volle Rechnung", Hitler habe einen Programmpunkt aufgegeben und die extremen Nationalsozialisten hätten eine Niederlage erlitten.[31] Es war gleichfalls eine Illusion anzunehmen, das Abkommen garantiere Österreichs Existenz als ein unabhängiger deutscher Staat und sichere seine Grenzen.[32]

Doch Verwirrung herrschte auch unter den illegalen Nationalsozialisten, von denen viele glaubten, die Reichsregierung habe zu viel Konzessionen gemacht. Das „Weisungsblatt der Landesleitung der NSDAP für Österreich“ sprach von „Gedrücktheit und sogar Entmutigung“ in den Reihen der Partei und versicherte den Getreuen, daß Hitler „weiß was notwendig ist und wird immer das richtige tun ... Wir Nationalsozialisten Österreichs fühlen es in unserem Blute (!), Adolf Hitler läßt uns nicht fallen, er wird uns nie vergessen. Wer hierin Zweifel hegt, der gehört nicht zu uns.“ Die Landesleitung gab ferner bekannt, daß sich an ihrem Ziel, der „Erringung der Macht in diesem Staate“ nichts geändert habe; die Parteimitglieder müßten den Anordnungen der Führer folgen und „eiserne Disziplin“ halten.[33] Die Enttäuschung über „diesen faulen Frieden“ betonte auch einer der Wiener Aktivisten: „wenn auch Opportunisten und Salon-Nazi, welche in Amt und Würden sind und bisher keinerlei Opfer gebracht haben, über das Abkommen begeistert sind ... so kann man über solche Kurzsichtigkeit nur lächeln ...“ Nach seiner Ansicht war das Abkommen „ein glatter Sieg des halsstarrigen Schuschnigg, der ... weiter mit seinen schwarzen Freunden jede nationale Regung, jede Sehnsucht völkisch denkender und fühlender Menschen brutal unterdrücken wird ... Es bleibt eine gewisse Verbitterung im Herzen übrig und ein unangenehmer Geschmack auf der Zunge, denn: ... Auf Weisung vom Reich wurde von uns ein Kleinkrieg geführt, der viele Opfer forderte, viele um alles brachte. Mit welchem Erfolg? ...“[34]

Ähnliche Kritik wurde auch von den Funktionären verschiedener deutscher Organisationen in Wien geäußert, vor allem gegen Papen, den Vater des Abkommens. Der österreichische Landesleiter Leopold suchte ihn auf und machte ihm bittere Vorwürfe. Aber nach einer Unterredung Papens mit drei deutschen Funktionären änderte sich ihre Haltung völlig, und sie bemühten sich, das Abkommen „als die genialste Tat Hitlers hinzustellen“ und durchblicken zu lassen, daß das Endergebnis eine völlige Kapitulation der österreichischen Regierung sein würde, daß sie „der Hineingefallene bei den Verhandlungen sei“. Der deutsche Nationalsozialist Rittgen bereiste dann in Begleitung eines Österreichers die Provinz, um die Reaktion der Parteimitglieder festzustellen und jede Unzufriedenheit zu beschwichtigen. Mit einem Augenzwinkern versicherten die Deutschen, es habe sich nichts geändert, auch nicht in ihrem Verhältnis zu den österreichischen Nationalsozialisten.[35] In Gmunden erklärten die ‚gemäßigten‘ Nationalsozialisten ihre Zustimmung zu dem Abkommen, aber andere, besonders Jugendliche, waren empört, und es kam sogar zu Ausbrüchen gegen Hitler.[36] Eine ähnliche Differenz wurde in Bruck an der Mur beobachtet; „der weitaus überwiegende Teil der Nationalsozialisten ist jedoch sehr zuversichtlich und erblickt in dem Übereinkommen nur den Auftakt zu einer Lösung der politischen Verhältnisse in einem für den Nationalsozialismus günstigen Sinne ..."[37]

Waren die Nationalsozialisten in ihrer Einstellung zu dem Abkommen vom 11. Juli uneinig, so galt das gleiche für die Regierungsanhänger und die Vaterländische Front. Laut der Generaldirektion für die öffentliche Sicherheit schwächte es den Willen zur Abwehr des Nationalsozialismus; auch regierungstreue Kreise seien nunmehr für ein Bündnis zwischen der Front und der NSDAP „gegen die kommunistische Gefahr"; selbst Geistliche seien der Ansicht, „daß im Hinblick auf die Gefahr des Bolschewismus alle anderen Gegensätze zurücktreten müssen", während die nationalsozialistische Propaganda „den Bolschewismus als die einzige Gefahr" hinstelle.[38] Aus Gmunden meldete der Bezirkshauptmann „größte, einmütige Entrüstung" über das Abkommen, „teilweise sogar Mutlosigkeit".[39] In einem anderen kleinen oberösterreichischen Ort wurde das Abkommen laut der Polizei von der großen Mehrheit, auch den Heimwehrmitgliedern, „freudigst begrüßt". Die Bauern hofften auf bessere Absatzmöglichkeiten und höhere Preise, und die Nationalsozialisten auf ein Aufleben ihrer Bewegung und auf die schließliche Machtergreifung.[40] In Innsbruck waren die vaterländischen Kreise besorgt, „ob die Regierung weiterhin imstande sein wird, die NSDAP niederzuhalten", und ob nicht der ganze Kampf gegen sie umsonst gewesen sei.[41] Aus diesen verstreuten Berichten geht klar hervor, daß der Wille zur Abwehr des Nationalsozialismus, der nie besonders stark gewesen war, infolge des Abkommens noch mehr geschwächt wurde, während es das Selbstvertrauen der Nationalsozialisten und ihre Entschlossenheit, weitere Zugeständnisse zu erzwingen, stärkte.

Ebenso entschlossen zur Ausnutzung der geheimen Bestimmungen war Hitlers Sonderbotschafter in Wien Papen. Im November 1936 telegraphierte er stolz nach Berlin, „unter dem Druck meiner dauernden Vorstellungen bezüglich einer im Sinne 11. Juli gelegenen inneren Umbildung der Regierung" sei soeben „nach schweren inneren Kämpfen" eine Neubildung der Regierung beschlossen worden. Die Repräsentanten der Heimwehren (die im vergangenen Monat aufgelöst worden waren) verschwanden aus der Regierung; sie seien durch drei Männer ersetzt worden, die zwar keine Nationalsozialisten seien aber doch „betont national“; das sei „ein erfreulicher Fortschritt und wird Ausbau der Politik des 11. Juli beschleunigen“.[42] Schon zuvor war die österreichische Regierung oft uneins gewesen; von jetzt an waren die Befürworter eines prodeutschen Kurses immer bereit, für neue Konzessionen an die „nationale Opposition“ einzutreten. Sie waren das wirkliche hölzerne Pferd.

Die politische Amnestie, die die Regierung laut dem Abkommen vom 11. Juli erklärte, brachte weitere wichtige Veränderungen. Vor dem Abkommen waren so viele leitende Funktionäre der Partei und ihrer Unterorganisationen verhaftet worden, daß sie von „politischen Unteroffizieren“ geführt wurden, wie die Parteileitung selbst zugab. Nach dem Abkommen wurden zahlreiche erprobte Führer, darunter der Landesleiter Leopold, die meisten Gauleiter und die meisten höheren Führer der SA und SS entlassen und nahmen ihre früheren Posten in dem illegalen Apparat wieder ein, der rasch reorganisiert wurde. Sie hielten sich für Märtyrer und waren entschlossen, dem Regime keinerlei Konzessionen zu machen; sie fühlten sich der Unterstützung durch die deutsche Partei sicher. Ihr Ziel war nicht eine innere „Befriedung“, sondern die Machtergreifung und der Sturz der Regierung Schuschnigg.[43]

Leopold stellte sofort Kontakt zu Papen her und, zunächst kritisch zu dem Abkommen eingestellt, erkundigte er sich, wie sich Papen die Zukunft der Partei in Österreich vorstelle. Nach einem Besuch in Deutschland trat er auch an Schuschnigg heran und stellte sich ihm als Führer der „nationalen Opposition“ vor: da Schuschnigg mit ihr verhandeln wolle, sei er gleichfalls dazu bereit. Doch seinen Anhängern versicherte er, daß nichts von dem Parteiprogramm geopfert und nur die Taktik geschmeidiger werden würde, um „die jesuitische Kampfesweise auf gleiche Art zu erwidern“.[44] Zunächst bestätigte Leopold die jüngeren Funktionäre in ihren Ämtern und behielt sich selbst nur die letzte Entscheidung in wichtigen Fragen vor. Aber im September 1936 enthob er sie ihrer Posten und ernannte wieder Schattenfroh zu seinem Stellvertreter. Aber das rief in der Partei starke Opposition hervor, vor allem weil Schattenfroh mit einer Jüdin verheiratet war – ein „offenkundiger Verstoß gegen die Grundsätze des Parteiprogramms“. Laut der Aufzeichnung eines deutschen Diplomaten erstreckte sich „die Gärung“ nicht nur auf die jüngeren Führer, sondern sie ergriff „die breite Masse der Bewegung“.[45]

Während der restlichen Monate des Jahres 1936 traten die Nationalsozialisten nach außen wenig hervor. Die Terror- und Sabotageaktionen wurden nicht wiederaufgenommen, und sogar die sichtbare Propaganda ließ nach. Nach den der Polizei zukommenden Informationen geschah das auf Veranlassung der deutschen NSDAP, laut der die Kontakte unter den Parteimitgliedern aufrechterhalten und die Tätigkeit ruhig weitergehen sollte. Diese Taktik wurde den Schwierigkeiten in der deutschen Außenpolitik und der Hoffnung zugeschrieben, die Bevölkerung durch friedliche Methoden für den Nationalsozialismus zu gewinnen, eine Taktik, die auf längere Sicht Erfolg bringen würde. Angeblich wurde Leopold aus Berlin angewiesen, die Partei zur Anwendung friedlicherer Methoden zu veranlassen, aber das traf auf den Widerstand aktivistischer Studenten und Arbeiter, die radikalere Aktionen befürworteten.[46] In Oberösterreich ging die Gauleitung so weit, daß sie alle Propaganda für den Anschluß verbot, ebenso wie die Losung „Ein Volk, ein Reich", denn „Adolf Hitler selbst hat vertraglich die Unabhängigkeit Österreichs anerkannt und ausgesprochen. Er wird wissen, warum".[47]

Aus Innsbruck meldete die Polizei Anfang 1937, daß die SA kaum Zeichen irgendwelcher Aktivität zeige; statt Appellen und Exerzieren unternehme sie kleine Skiausflüge; die Stimmung unter der SA sei gedrückt, und man sei überzeugt, daß die ganze Tätigkeit doch keinen Wert habe; zum Appell erschienen nur ganz wenige, aber die internen Meldungen sprächen immer vom vollzähligen Erscheinen der Mitglieder.[48] Aus Freistadt in Oberösterreich hieß es, die nationalsozialistische Agitation unter den Bauern habe nachgelassen, und diese seien infolge der höheren Preise für Vieh und Getreide zufriedener geworden.[49] Ende 1936 berichtete ein deutscher Besucher, die Lage der österreichischen Nationalsozialisten sei „sehr ernst", besonders in Kärnten, wo sie unter Arbeitslosigkeit und Verfolgung zu leiden hätten. „Im Reich wurden die Massen für die Idee des Nationalsozialismus gewonnen, in Österreich in der Hauptsache nur die Intellektuellen. In Kärnten die Intellektuellen und die Bauern." Wenn nicht die Arbeitermassen Wiens und der größeren Städte gewonnen würden, „wird die Tschechei den Bolschewismus bis an Wien hinanzutreiben versuchen".[50]

Doch in den ersten Monaten von 1937 wurde die Taktik der Nationalsozialisten aggressiver, vielleicht weil Hitler jetzt annahm, daß Mussolini ihn unterstützen würde. Als Schuschnigg im April 1937 einen Staatsbesuch in Venedig machte, betonte Mussolini unter Versicherung seiner Loyalität gegenüber Österreich, daß dieses entsprechend dem Abkommen vom Juli 1936 die deutschen Forderungen erfüllen müsse.[51] Wie der illegale „Österreichische Beobachter" es ausdrückte:

> „Eine zweite Illusion ist in Venedig zerstoben, nämlich jene, daß der 11. Juli eine rein außenpolitische Angelegenheit sei. Im Gegenteil. Die Erörterungen über die österreichische Innenpolitik haben den größten Teil der diplomatischen Unterhaltungen im Palazzo Corner ausgemacht. Um es hier trocken und nackt herauszusagen: Der Duce forderte im Namen Italiens und des Deutschen Reiches:
> Die Erfüllung des Artikels IXb der am 11. Juli 1936 abgegebenen Erklärungen des österreichischen Bundeskanzlers zur Innenpolitik, der die Heranziehung der sogenannten nationalen Opposition zur politischen Mitverantwortung und zur Beteiligung an der politischen Willensbildung vorsieht . . .
> Hitler und Mussolini sind heute Garanten der Gleichberechtigung des Nationalsozialismus in Österreich . . ." [52]

Als wenige Wochen vorher der deutsche Außenminister Freiherr von Neurath Wien besuchte, organisierten die Nationalsozialisten Massendemonstrationen zu seinen Ehren, für die ihre Anhänger aus Niederösterreich nach Wien gebracht wurden. Da diese Ovationen dem Vertreter eines ‚befreundeten Staates' galten, konnte die Polizei nicht intervenieren, aber die Vaterländische Front organisierte Gegendemonstrationen.[53]

Ab Anfang 1937 fanden Verhandlungen zwischen Vertretern der Regierung und der „nationalen Opposition" statt, die bezweckten, sie in der Form eines Vereins zu legalisieren, aber Schuschnigg sprach sich schließlich gegen den Vorschlag aus. Anfang Februar erteilten Papen sowohl wie General Glaise-Horstenau (ein ‚nationales' Mitglied der Regierung) den Nationalsozialisten den Rat, sie sollten ein Komitee bilden, das den Fortgang der „Befriedungsaktion" mit den Regierungsstellen diskutieren würde, und der Landesleiter Leopold stimmte dem zu. Das Komitee hatte sieben Mitglieder, von denen drei aktive Nationalsozialisten waren; drei Beamte vertraten die Regierung, und der siebente war der Rektor der Universität Wien, Professor Oswald Menghin, dessen ‚nationale' Sympathien bekannt waren. Dieser sogenannte „Siebener-Ausschuß" führte fortan eine legale Existenz und bezog ein Büro in der Teinfaltstraße in Wien. Er arbeitete eng mit Leopold und der illegalen Partei zusammen. Der Ausschuß beschloß, zunächst vorsichtig vorzugehen und die Gründung eines legalen politischen Vereins nicht zu forcieren, um nicht eine Regierungskrise heraufzubeschwören, da die Regierung die Forderung ablehnen würde. Zwei Mitglieder des Ausschusses wurden von

Schuschnigg empfangen und versicherten ihm, daß sie sich „aus realpolitischen Gründen" auf den Boden der Unabhängigkeit Österreichs stellten und sie zur Kenntnis nähmen; und das gleiche gelte bezüglich der Verfassung von 1934 und des Gesetzes über die Vaterländische Front. Die gleiche Versicherung wurde von Leopold gegenüber dem Bundeskanzler abgegeben. Aber intern betonte er, es bestünde „ein Wesensunterschied" zwischen „zur Kenntnis nehmen" und „anerkennen", was soviel bedeute wie „als unabänderlich betrachten": das Ganze bedeute keinen Friedensschluß, sondern nur den ersten Schritt „zur Besprechung eines Präliminarfriedens", vorausgesetzt daß beide Seiten diese Linie loyal einhielten.[54]

Trotz aller dieser Erklärungen für den internen Gebrauch entstand innerhalb der Partei starke Opposition, vor allem in Wien. Viele Parteifunktionäre waren der Ansicht, daß der „Befriedungskurs" „eine schwere Belastung für die Partei bedeute" und „für die Dauer sogar untragbar sei". Wie konnte der Landesleiter „mit dem bis aufs Messer bekämpften System" verhandeln, einem Regime, das hunderte und tausende von Parteigenossen verhaftet hatte?[55] Im März kündigten der Wiener Gauleiter und seine Amtswalter Leopold förmlich den Gehorsam auf, weil er die Selbständigkeit Österreichs und die Vaterländische Front anerkannt habe, was „einen Verrat an nationalsozialistischen Grundsätzen bedeutet". Das war in Leopolds Augen „Meuterei", und er enthob den Gauleiter, seinen Stab und die Kreis- und Bezirksleiter ihrer Ämter, soweit sie sich mit der abgesetzten Gauleitung solidarisch erklärten.[56] Als neuen Gauleiter von Wien setzte er Dr. Leopold Tavs ein, der Mitglied des Siebener-Ausschusses war und so seine ‚legale' Funktion mit der Leitung der illegalen Partei vereinen konnte – beides im gleichen Büro in der Teinfaltstraße. Tavs gelang es, die „Meuterei" innerhalb weniger Tage zu unterdrücken.[57]

Eine noch schwerere Krise brach aus ähnlichen Gründen in der Steiermark aus, wo vor allem SA-Führer Leopolds Politik scharf angriffen. Die Angriffe lähmten die Tätigkeit der steirischen Partei und führten in ihren eigenen Augen „fast zur völligen Lähmung und Zersplitterung aller Kräfte"; 1937 war „gekennzeichnet durch Auflehnung und Meuterei, Angebereien mit anschließenden Verhaftungen, völliges Versagen der Propaganda, inneren Streit und politische Ziellosigkeit . . ."[58] In Oberösterreich setzte Reinthaller seine Anstrengungen fort, Nationalsozialisten zum Eintritt in die Vaterländische Front zu überreden, eine Politik, die laut seiner Aussage von Leopold gebilligt wurde. Aber die oberösterreichische Gauleitung der

NSDAP war anderer Meinung und befahl den Parteimitgliedern, der Front nicht beizutreten, wenn sie nicht aus wirtschaftlichen Gründen dazu gezwungen seien. Sie beschuldigte Reinthaller, daß er ständig die Befugnisse, die ihm auf Grund seiner Abmachungen mit Leopold zustünden, überschreite.[59]

Reinthaller arbeitete mit einem anderen ‚gemäßigten' Nationalsozialisten zusammen, Dr. Arthur Seyß-Inquart, einem bekannten Wiener Rechtsanwalt, der von Schuschnigg im Juni 1937 in den Staatsrat berufen wurde mit dem Auftrag, „die Heranziehung bisher abseits stehender Kreise zur Mitarbeit an der politischen Willensbildung in der Vaterländischen Front zu prüfen und geeignete Vorschläge zu machen".[60] Mit anderen Worten, unter dieser merkwürdigen Formulierung wurde wieder Riehls alter Plan diskutiert, die „nationale Opposition" zum Eintritt in die Vaterländische Front zu veranlassen, aber der Widerstand der Nationalsozialisten dagegen war der gleiche geblieben.[61] Die österreichischen Behörden hielten Seyß-Inquart für „gegenüber den Nationalsozialisten 100%ig loyal. Sein Ziel ist dasselbe wie jenes der österreichischen NSDAP, nur seine Taktik ist eine andere. Dr. Seyß ist die Brücke zwischen Leopold und dem Bundeskanzler . . ."[62] Er und ein anderer Mann von „betont nationaler Einstellung" waren verantwortlich für das sogenannte Volkspolitische Referat der Vaterländischen Front, dessen Aufgabe es war, die „innere Befriedung" zu fördern. Ein Redner der Front versicherte seinen Zuhörern, daß beide Männer „auf dem Boden Österreichs stehen und sich voll und ganz das Programm der V.F. und ihrer Führer zu eigen gemacht haben".[63] Aber das war eine Illusion – ebenso wie die Erwartung, daß durch derartige kleine Konzessionen eine Versöhnung mit den Nationalsozialisten erreicht werden könnte.

Die Tätigkeit Seyß-Inquarts und seiner Mitarbeiter brachte neue Konfliktstoffe unter die Nationalsozialisten. Bei einer Besprechung in Mondsee in Oberösterreich erklärte Leopold in Anwesenheit eines Beauftragten Hitlers, daß Seyß-Inquarts Mitarbeiter von der Partei abgelehnt würden und „nur mit Verrätern, Schurken und Schuften in Verbindung stehen". Laut einer anderen Version meinte Leopold mit dieser freundlichen Bezeichnung direkt die Mitarbeiter Seyß-Inquarts, die Nationalsozialisten Odilo Globotschnigg, Dr. Mühlmann und Dr. Rainer. Nach der Besprechung wandte sich Seyß-Inquart an Hitlers Beauftragten Dr. Keppler, um festzustellen, welche Äußerung gefallen sei, da sein weiteres Verhalten davon abhängig wäre.[64] Laut der Generaldirektion für die öffentliche Sicherheit lehnten die Führer der illegalen Partei die Tätigkeit von Seyß-Inquart nicht nur ab, sondern bekämpften sie aktiv. Sie berichtete ferner, daß es in Wien und anderen Gauen zu schweren Zerwürfnissen zwischen der Landesleitung und einzelnen Parteiorganisationen gekommen wäre, daß die hieraus folgende Desorganisation vor allem in Wien, Salzburg und Tirol zu spüren sei, wo sich viele Mitglieder weigerten, ihre Beiträge zu zahlen, und daß die von Berlin regelmäßig überwiesenen Beiträge für die illegale Partei im Juli und August 1937 ausgeblieben seien.[65] Im Oktober gab die Partei bekannt, daß einer von Seyß' Mitarbeitern, Odilo Globotschnigg, wegen parteischädigenden Verhaltens aus der Partei ausgeschlossen wurde.[66]

Ende September 1937 beschrieb Dr. Keppler, Hitlers Sonderbevollmächtigter für Österreich, Bormann die Schwierigkeiten, die er mit Landesleiter Leopold habe. Bormann war sich der Schwierigkeiten einer Zusammenarbeit bewußt und empfahl Keppler, „von Leopold unbedingte Disziplin zu verlangen und ihm mit der Abberufung als Landesleiter zu drohen, falls er nicht pariere". Hitler habe in Gesprächen mit Leopold betont, „daß er weniger Wert auf die Parteiorganisationen lege", und Leopold beauftragt, „eine andere Plattform für die Arbeit zu suchen" – in Vereinen oder auch in der Vaterländischen Front – „und dort für eine wirklich deutsche Politik zu werben".[67] In einer weiteren Besprechung mit Bormann vier Wochen darauf schilderte Keppler den Kampf innerhalb der österreichischen Partei zwischen einer Gruppe, die „den evolutionären Weg gehen wollte und der anderen Gruppe, die rein revolutionär und illegal weiterarbeiten wolle": angesichts der Gefahr einer Spaltung habe die zweite Gruppe die Oberhand gewonnen. Doch Bormann war für den evolutionären Weg, „denn es gibt bei den Wünschen des Führers keine andere Möglichkeit".[68] In seinem Kampf gegen Keppler und Seyß-Inquart ging Leopold so weit, allen Parteimitgliedern zu verbieten, mit diesen Kontakt zu haben. Als Reinthaller es ablehnte, eine solche Erklärung zu unterschreiben, wurde er aller seiner Ämter enthoben. Intern bemerkte Leopold, daß „ein gewisser Dr. Keppler österreichische Politik machen wolle", aber er lasse sich „keinen Habicht 2 aufoktroyieren",[69] mit anderen Worten keinen Reichsdeutschen, der in Österreich ‚Ordnung' schaffen sollte. Es scheint ziemlich sicher, daß Hitler – der offensichtlich genug von den österreichischen Streitereien und den unfähigen österreichischen Parteiführern hatte – 1937 keinen klaren Plan für Österreich besaß. Aber es war ebenso klar, daß die von der Polizei verfolgten und miteinander hadernden österreichischen Führer auf deutsche Anordnungen und deutsche Zuschüsse angewiesen waren.

Widerstand gegen Leopolds ‚weiche' Politik war besonders stark in radikalen Einheiten der SA und SS. Sie unterstanden ihren eigenen Führern in Deutschland und lehnten es ab, sich Leopold unterzuordnen.[70] In Niederösterreich ordnete die SS 1936 an, SS-Angelegenheiten auch nicht mit Parteigenossen zu besprechen: „Wir quatschen nicht, sondern wir handeln. Wir sprechen nicht viel über die Machtübernahme, sondern wir bereiten sie vor!" [71] Im Burgenland betraute der Gauleiter während einer Abwesenheit von drei Monaten den örtlichen SS-Führer mit der Leitung des Gaues. Als er zurückkehrte, stellte er fest, daß der SS-Führer versuchte, „die ganze Partei in eine Art Abhängigkeitsverhältnis von der SS zu bringen", so daß es darüber zu schweren Auseinandersetzungen kam. Der Gauleiter hob dann bestimmte Anordnungen des SS-Führers auf und stellte der SS neue Aufgaben. Doch der SS-Führer wollte diese als interne SS-Angelegenheiten behandeln und meinte, die Partei habe kein Weisungsrecht gegenüber der SS: „Wenn der Gauleiter glaubt, mich wie die anderen abwürgen zu können, so wird er sich täuschen . . ." Der Gauleiter wiederum bestand auf dem Aufsichtsrecht der Partei gegenüber den Parteiorganisationen, sonst würde es nie „eine Einheitlichkeit der Bewegung geben" und es würde ihr an „der erforderlichen Schlagkräftigkeit" fehlen.[72] Leopold seinerseits beschwerte sich bei Himmler über eine Äußerung des österreichischen SS-Führers Dr. Ernst Kaltenbrunner, der behaupte, daß er erklärt habe, „daß der Führer von einer Kamarilla, bestehend aus Göring, Himmler, Heß und Bormann umgeben sei, welche es verhindere, daß man ihm ein klares Bild über die Lage in Österreich gäbe". Leopold verlangte eine strenge Untersuchung, „da mir unter diesen Umständen niemand zumuten kann, mit der dermaligen SS-Führung in Österreich zusammenzuarbeiten".[73] Aber anscheinend fand diese Untersuchung nicht statt.

Die Nationalsozialisten waren besonders stark und selbstbewußt in Kärnten und Steiermark. Den Behörden war das natürlich bekannt; 1937 wurden sie aus verläßlicher Quelle informiert, daß in beiden Ländern die Bewegung ständig wachse, und daß bestimmte Gebiete als „verloren" zu betrachten seien.[74] Im September 1936 berichtete die Gendarmerie aus Mariazell (Steiermark), daß die dortigen Nationalsozialisten optimistischer als je seien, „daß ein großer Teil der Bevölkerung weiterhin im nationalen Lager verharrt", und daß sich somit die Lage verschlechtert habe.[75] Im April 1937 bemerkte der

Bezirkshauptmann von Bruck an der Mur „eine besondere Zuversicht und ein größeres Siegesbewußtsein" unter den Nationalsozialisten, was er der „Befriedungspolitik" der Regierung und den Besprechungen von Schuschnigg und Mussolini in Venedig zuschrieb; die Nationalsozialisten hofften, daß sie daraufhin der Vaterländischen Front und später auch der Regierung beitreten würden.[76] Bei einer Handwerkertagung in Voitsberg im März 1937 demonstrierten die Teilnehmer mit vielen Zwischenrufen wie „Nieder mit den Juden, hinaus mit ihnen" und bewiesen dadurch, wie der Bezirkshauptmann berichtete, ihre „radikale" Einstellung.[77]

In Bodendorf in Kärnten wurde im April 1937 Hitlers Geburtstag öffentlich gefeiert. Am Vorabend läuteten die Glocken der protestantischen Kirche. Dann wurden Hakenkreuzfeuer angezündet und nationalsozialistische Flugblätter öffentlich verteilt. Der Tag selbst war Feiertag, Knechte und Mägde gingen in Sonntagskleidern und wurden von den besser situierten Einwohnern zum Mittagessen eingeladen.[78] In der Steiermark war die SA stark und bestand aus drei Brigaden. Die 5. Brigade in Graz bestand 1937 aus acht Standarten mit etwa 7700 Mann; die 9. Brigade in Leoben hatte neun Standarten und galt „bezüglich Schlagkraft als Musterbrigade".[79] In Kärnten war die SA schwächer und wurde von der Polizei auf etwa 3000 Mann geschätzt.[80] Die SA-Brigade Tirol bestand aus drei Standarten mit nur etwa 1700 Mann, und die Tiroler SS wurde für „äußerst schwach" gehalten.[81]

Nicht nur die Stärke der SA, sondern auch die der Partei war in den einzelnen Ländern sehr verschieden. In Kärnten und Steiermark war auf Grund ihrer Grenzlage das Nationalgefühl immer stark gewesen, vor allem seit den Kämpfen gegen die Jugoslawen nach dem ersten Weltkrieg. In beiden Ländern wurde die SA in den frühen dreißiger Jahren erheblich durch ihre Vereinigung mit den Heimwehren verstärkt; im Aufstand vom Juli 1934 zeigte sie ihre Kampfkraft. In Tirol andererseits wurde der Fortschritt der Nationalsozialisten durch den starken Katholizismus und Hitlers Verzicht auf Südtirol verlangsamt. Dort hatte die Partei selbst im November 1938 nur 4104 Mitglieder, verglichen mit 19 611 in Kärnten und 26 808 in der Steiermark. Doch Oberösterreich hatte noch weniger Mitglieder, nämlich 2212 – eine überraschend niedrige Zahl.[82] Diese Unterschiede werden noch klarer, wenn man die Bevölkerungsstärke in Rechnung zieht. 1938 hatte Oberösterreich 13,35 Prozent der österreichischen Bevölkerung, aber nur 1,8 Prozent der Parteimitgliedschaft. Tirol und Vorarlberg hatten zusammen 7,47 Prozent der Bevölkerung, aber nur 3,2 Prozent der Parteimitgliedschaft, und Salzburg hatte 3,64 Prozent der Bevölkerung und 1,3 Prozent der Parteimitglieder. Auf der anderen Seite hatte die Steiermark 15 Prozent der Bevölkerung, aber 21,1 Prozent der Parteimitglieder, und Kärnten nur 6 Prozent der Bevölkerung aber 15,4 Prozent der Parteimitgliedschaft. Nur in Wien und Niederösterreich entsprach die Mitgliederzahl ungefähr der der Bevölkerung: zusammen hatten sie etwa 54,5 Prozent der Bevölkerung und 57,2 Prozent der Parteimitgliedschaft.[83] Die ungleichmäßige Verteilung der nationalsozialistischen Stärke im Lande und unter den verschiedenen sozialen Gruppen hatte ihre Parallele in Deutschland in den Jahren vor 1933,[84] aber in Österreich war sie besonders ausgeprägt.

Doch das größte Hindernis, das dem Aufstieg des Nationalsozialismus im Wege stand, war die Uneinigkeit der Partei, die schweren Konflikte zwischen den einzelnen Führern während ihrer gesamten Entwicklung. Aber die Regierung und die hinter ihr stehenden Kreise waren ebenso zerstritten und ihre Anhänger weniger als begeistert für die Verteidigung Österreichs. In dieser Hinsicht hatte Göring völlig recht, als er einem österreichischen Besucher im November 1937 erklärte, daß der Anschluß unvermeidlich sei: „an einen Widerstand könnte nur ein Land denken, das vom Regierungschef abwärts bis zum letzten Dorfbewohner in sich geeint und zum Widerstande entschlossen wäre. Dies sei aber bei Österreich keineswegs der Fall, denn die österreichische Armee würde dank der alten Kampfgemeinschaft im Weltkriege nie ernstlich die Waffen gegen den alten Bundesgenossen erheben, und das österreichische Volk stehe zu mindestens einem Drittel fest zum neuen deutschen Reiche . . .“[85]

XV. DER ANSCHLUSS

Anfang 1938 schien es, als ob sich an der innerpolitischen Situation in Österreich wenig geändert hätte. Die Nationalsozialisten waren immer noch eine illegale Partei, die unter den Verfolgungen der Polizei zu leiden hatte. Ihre Anhängerschaft war gewachsen, aber nicht besonders rasch, und es bestanden unter ihr schwere Konflikte über die gegenüber der Regierung anzuwendende Taktik. Aber es stimmt auch, daß deren Position durch ihre Bereitschaft zu kleinen Zugeständnissen langsam unterminiert worden war, ob das nun die Aufnahme von ‚national' gesinnten Ministern in die Regierung war, oder die Einrichtung des ‚Volkspolitischen Referats' in der Vaterländischen Front unter ‚gemäßigten' Nationalsozialisten, oder die Politik der ‚inneren Befriedung' im allgemeinen. Die Nationalsozialisten hatten guten Grund anzunehmen, daß auf diese Zugeständnisse weitere folgen würden, daß die ‚nationale Opposition' früher oder später eine legale Partei werden und daß ihr zunächst ein Teil und später die ganze Macht zufallen würde – ähnlich wie das in Deutschland 1933 geschehen war. Es war mehr als wahrscheinlich, daß eine solche Salamitaktik schließlich den Endsieg bringen würde. Was dazu nötig war, war Geduld und vereinte Anstrengungen seitens der österreichischen Nationalsozialisten, kombiniert mit dem nötigen Druck des Dritten Reichs.

Wir haben bereits gesehen, daß Hitler und Bormann im November 1937 für den „evolutionären Weg" waren.[1] Drei Monate später war kein Wechsel in ihrer Haltung sichtbar. Anfang Februar 1938 schrieb Keppler, Hitlers Sonderbevollmächtigter für Österreich, an Ribbentrop:

> „Kreise der österreichischen Regierung, die uns wohlgesinnt sind, haben mir wiederholt erklärt, daß Schuschnigg nicht in der Lage sei, die wenigen Nationalsozialisten, die der Regierung offen angehören, ausscheiden zu lassen, und m. E. muß es nun das Ziel einer eventuellen Aktion sein, innerhalb der Regierung derartig Fuß zu fassen, daß es für den Bundeskanzler unmöglich wird, ein Ausscheiden dieser Herren zu tragen. Wenn dieses Ziel

erreicht ist, werden wir uns bei einigermaßen geschickter Politik bestimmt mehr und mehr durchsetzen können, zumal doch ein sehr großer Teil der Bevölkerung fest hinter uns steht ..."

Aber, fügte er hinzu, diese Taktik würde „außerordentlich erschwert" durch die „Gegenarbeit der österreichischen Landesleitung"; alle seine Bemühungen, „um Landesleiter Leopold in die richtige Linie zu bekommen", seien fruchtlos gewesen, so daß er und Göring der Ansicht seien, daß Leopold ausscheiden müsse.[2] Ein paar Tage darauf kam Keppler auf diesen Punkt zurück. Obgleich Hitler wiederholt erklärt habe, die Arbeit der Partei solle „nach dem legalen Sektor" verlegt werden, und „weniger nach der illegalen Seite" hin geschehen, arbeite Leopold noch immer dem entgegen und setze seinen Kampf gegen Keppler und Dr. Seyß-Inquart fort, obgleich er Göring eine Änderung seiner Taktik versprochen habe. Während der vergangenen Woche habe er große Demonstrationen organisiert, die zu schweren Verhaftungen führten.[3]

Die Pläne der leitenden österreichischen Nationalsozialisten gingen weiter als dieses stufenweise Programm. Anfang 1938 entwarfen sie ein „Aktionsprogramm 1938", das mit der Behauptung (für die es keine Beweise gab) begann: „Schuschnigg will den Vertrag vom 11. Juli 1936 nicht erfüllen; daher muß die Erfüllung des Vertrages ohne oder gegen Schuschnigg erzwungen werden." Es folgte eine intelligente Analyse der europäischen Lage: Italien sei „auf die Freundschaft Deutschlands angewiesen" und „Frankreich in einer schweren inneren Krise, zum Angriff außerhalb seiner Landesgrenzen unfähig"; in Rußland bestehe Chaos (ein Hinweis auf die große Säuberung); England sei „in Ostasien, in Indien und Mittelmeer gebunden", es habe bei der Besetzung des Rheinlands durch Hitler nichts getan, „obzwar der Rhein Englands Grenze ist", und würde noch weniger „für die Donau marschieren": „daher Aktionsfreiheit für das Deutsche Reich". Dieses solle „die integrale Erfüllung des Vertrages vom 11. Juli 1936 durch eine befristete Demarche bei der österreichischen Bundesregierung" verlangen. Nach Konsultation mit der italienischen Regierung könne ferner der Rücktritt der Regierung gefordert werden und die Bestellung eines Kanzlers, „der fähig und willens ist, zwischenstaatliche Verträge zu erfüllen". Wenn die Bundesregierung diese Forderung nicht akzeptiere, sollten deutsche Fliegerformationen und alle Panzerdivisionen an die österreichische Grenze verlegt und Italien und Jugoslawien zu ähnlichen Maßnahmen veranlaßt werden. Die österreichische Übergangsregierung müsse sich zu völliger Toleranz der NSDAP verpflichten, eine Volksabstimmung abhalten und die Ministerliste „in Vereinbarung mit dem Führer der nationalen Opposition“ festlegen, womit vermutlich Leopold gemeint war. Bis zur Durchführung der Volksabstimmung sei jede Behörde in den Ländern zur Hälfte mit Nationalsozialisten und mit Nichtnationalsozialisten zu besetzen, wobei der Vorsitzende in jedem Fall ein Nationalsozialist sein müsse. Laut Ansicht der Polizei war dies Programm mit seiner Kenntnis der inneren und äußeren Lage und der militärischen Verhältnisse „das Ergebnis wiederholter eingehender Besprechungen eines Führerkreises“; aber der verhaftete Wiener Gauleiter Dr. Tavs behauptete, er habe es allein kurz vor seiner Verhaftung abgefaßt.[4] Es ist erstaunlich, wie genau dieser Plan im Februar und März 1938 befolgt wurde.

Am 11. Februar fuhr Schuschnigg nach Berchtesgaden, um Hitler zu treffen – eine Begegnung, die von Papen angeregt worden war. Dort legte Hitler Schuschnigg seine Forderungen vor: das Verbot der Nationalsozialistischen Partei sollte aufgehoben und eine Amnestie für verhaftete Nationalsozialisten verkündet werden; mehr amtliche Stellen sollten an ihre Anhänger vergeben und Seyß-Inquart Innenminister mit Verantwortung für Sicherheits- und Polizeifragen werden; General Glaise-Horstenau, eines der ‚nationalen‘ Mitglieder der Regierung, sollte Heeresminister werden. Die Erfüllung dieser Forderungen hätte den österreichischen Nationalsozialisten die entscheidenden Positionen überantwortet, von denen aus es nur ein weiterer Schritt zur ganzen Macht war, und es ließ sich voraussehen, daß die Vaterländische Front rasch unter dem Angriff ihrer Gegner zerfallen würde. Aber unter der Drohung deutscher militärischer Vorbereitungen hielt Schuschnigg jeden Widerstand für zwecklos und nahm die Bedingungen des Ultimatums an.[5] Aber selbst dieser Erfolg brachte nicht das Ende der Konflikte innerhalb der österreichischen Partei und der Zwistigkeiten zwischen ihren Führern und den deutschen Stellen. Leopold wurde von ihnen dazu überredet, bis auf weiteres nach Deutschland zu kommen, und ein neuer österreichischer Landesleiter wurde ernannt, ein Major Klausner aus Kärnten. Doch der Wiener Gauleiter Dr. Tavs wies seine Leute an, alle Fensterscheiben in der Deutschen Gesandtschaft zu zertrümmern, und einer von Leopolds leitenden Funktionären äußerte, Hitler solle sich nicht in österreichische Dinge einmischen. Die Opposition gegen den neuen Innenminister, den „Verräter“ Seyß-Inquart, ging in voller Stärke weiter.[6]

Die Wut der ‚Illegalen' war verständlich, da er jetzt Minister unter dem verhaßten Schuschnigg war, und sie waren noch immer nicht an der Macht.

Am 21. Februar wurde Leopold von Hitler empfangen und beschwerte sich, daß er über die Zusammenkunft in Berchtesgaden nicht vorher orientiert worden sei. Hitler seinerseits wies ihn scharf wegen seiner Tätigkeit nach dieser Besprechung und der Kritik an seinen Maßnahmen zurecht. Es wurde ihm befohlen, sich aus der österreichischen Politik herauszuhalten: Hitler werde für ihn sorgen und ihm einen anderen Auftrag erteilen. Vier weitere österreichische Nationalsozialisten wurden nach Deutschland beordert, unter ihnen Tavs und Schattenfroh. Dann empfing Hitler Klausner und erklärte ihm, „wie die Partei in Österreich geführt werden solle. Man müsse von dem illegalen auf das legale Feld", ähnlich wie das Gauleiter Bürckel vor einigen Jahren an der Saar getan habe; so wie er alle geeigneten Elemente in einer „deutschen Front" zusammengefaßt habe, aus der heraus er dann die Partei organisiert hätte, müsse es auch in Österreich geschehen.[7] Ende Februar sah Hitler die fünf nach Deutschland verbannten österreichischen Nationalsozialisten und informierte sie, „die Österreich-Frage könne nie durch eine Revolution gelöst werden". Er habe für Deutschland diesen Weg 1923 verlassen müssen und das gleiche gelte für Österreich. Die fünf sollten in Deutschland bleiben und sich im Land umsehen.[8] Hitler hatte sie offensichtlich abgeschrieben.

In Wien waren die Mitglieder der Regierung, die ‚national' eingestellt waren, für die Annahme der deutschen Bedingungen, aber die ehemaligen Christlichsozialen waren gegen die Ernennung Seyß-Inquarts zum Innenminister. Die Opposition wurde so stark, daß Schuschnigg sogar mit seinem Rücktritt drohte. Erst als die Nachrichten über die deutschen militärischen Vorbereitungen an der Grenze eintrafen, „wurde der Widerstand der ultraschwarzen Kreise gebrochen". Auf einer gleichzeitigen Tagung der Vaterländischen Front war die Stimmung sehr gedrückt, und einige Kritiker gaben Schuschnigg deutlich zu erkennen, „daß diese traurige Entwicklung für Österreich in dem Ausmaße nicht erfolgt wäre, wenn Starhemberg heute noch in der Regierung säße". In Oberösterreich rief die Annahme der deutschen Bedingungen unter den ‚gemäßigten' Nationalsozialisten Siegesstimmung, aber bei den Radikalen „Enttäuschung und Nichtanerkennung" hervor, wie Graf Revertera, der Sicherheitsdirektor, am 17. Februar notierte.[9] Am Vortage verkündete die neue österreichische Regierung eine Amnestie für alle Nationalsozialisten, einschließlich der wegen des Mordes an Dollfuß Verurteilten.[10]

Am 19. Februar, wie Graf Revertera nach Wien berichtete, traf er die „Führer des nationalen Lagers", um „alle Eventualitäten" zu besprechen und Demonstrationen nach einer Hitlerrede zu verhindern, und sie versprachen ihm „ihre volle Unterstützung". Am Abend marschierten die einzelnen Gruppen durch Linz und grüßten ihre Bekannten je nach Einstellung mit „Heil Österreich" oder „Heil Hitler". Es kam zu keinen Spannungen, und die erregteren Nationalsozialisten wurden durch ihre eigenen Ordner, vor allem SS-Leute, mit Parolen wie „Ruhe geben" und „weitergehen" an Ausschreitungen verhindert.[11] Zwei Tage später trafen sich die Amtswalter der Vaterländischen Front in Linz und erklärten sich „für eine vertrauensvolle Zusammenarbeit mit allen jenen nationalen Kräften, die bereit wären, sich auf den Boden der V.F. zu stellen". Der örtliche Vertreter des Volkspolitischen Referats versicherte feierlich, daß alle illegale Arbeit in Oberösterreich zu Ende sei und daß keinerlei illegale Betätigung außerhalb der Vaterländischen Front erlaubt werden würde. Am gleichen Tage fand auch eine Führerbesprechung der oberösterreichischen Nationalsozialisten statt und beschloß, sie „würden unter keinen Umständen den legalen und evolutionären Weg verlassen". Sie erklärten sich gegen jede revolutionäre Aktion und versprachen Revertera, sie würden selbst für Ruhe und Ordnung sorgen und sich den Weisungen der Behörden fügen.[12] Wieder hatte Revertera Gelegenheit, die „mustergiltige Ordnung" der Nationalsozialisten zu bewundern: das sei vor allem „beschämend, wenn man einen Vergleich mit diesem unglückseligen Ölfleck von der V.F. zieht".[13] Am 23. Februar notierte er: „Die Front versagt auf der ganzen Linie, alles kommt zu mir um Rat und Instruktionen, von den Braunen angefangen bis zu den Kommunisten. Ein sonderbarer Zustand." [14]

Doch in der Zwischenzeit entwickelten sich ganz andere Verhältnisse in Graz und der Steiermark, wo die Nationalsozialisten viel stärker und viel weniger kompromißbereit waren. Dort wurden aktive Vorbereitungen zu einer Erhebung von dem „Nationalsozialistischen Soldatenring" getroffen, einer Geheimorganisation im Heer und in der Polizei. In Graz verfügte er über etwa ein Viertel der Garnison und Polizei; ihm war eine besondere Verfügungstruppe aus Zivilisten angeschlossen. Am 19. Februar zogen Scharen dieser Einheit durch die Stadt und begrüßten einander demonstrativ mit „Heil Hitler!"

Die Polizisten – viele von ihnen Mitglieder des Soldatenringes – ließen sie gewähren. Am Nachmittag gab der Polizeidirektor den Befehl, alle nationalsozialistischen Ansammlungen zu zerstreuen und ihnen Fahnen und Fackeln abzunehmen. Der zuständige Inspektor, der Mitglied des Soldatenringes war, antwortete, der Befehl sei undurchführbar, sabotierte auch alle weiteren Befehle und wies seine Untergebenen an, nicht gegen die Nationalsozialisten vorzugehen. So konnte sich die Grazer SA ungestört versammeln und den ersten offenen Aufmarsch gegen das österreichische Regime durchführen. Bei der in der Polizei herrschenden Stimmung war ihr Einsatz unmöglich geworden.[15] Laut einem offiziellen Bericht nahmen etwa 8000 Personen an einem Fackelzug teil, dem Hakenkreuzfahnen vorangetragen wurden. Eine von ihnen und ein Hitlerbild wurden am Rathaus angebracht, aber von der Polizei wieder entfernt. Kleinere Demonstrationen fanden in elf weiteren steirischen Städten statt, bei denen die Teilnehmerzahl zwischen 70 und etwa 3000 schwankte. Und am nächsten Tag gab es sehr viel mehr Kundgebungen, mit über 10 000 Teilnehmern in Graz und über 35 000 in sechsundzwanzig anderen steirischen Städten. An einigen von ihnen nahmen Soldaten teil, an anderen Funktionäre der Vaterländischen Front.[16] Am gleichen Tag wurden ähnliche Demonstrationen in Kärnten und Tirol organisiert, aber mit weniger Teilnehmern: nur 3000 in Innsbruck und nur 1400 in Klagenfurt, aber 4000 in Villach und 2000 in Spittal an der Drau.[17]

Am 24. Februar versuchte Schuschnigg, seine Anhänger durch eine Rede, die in alle größeren Orte übertragen wurde, zu sammeln. In Voitsberg in der Steiermark hörten sich etwa 500 Personen die Übertragung an, aber die Nationalsozialisten versammelten fast viermal so viele Anhänger aus dem ganzen Verwaltungsbezirk. Die Teilnehmer trugen Hakenkreuzabzeichen oder -armbinden, ihr Fackelzug wurde von einer Werkskapelle eröffnet, nicht nur das Deutschlandlied, sondern auch das Horst-Wessel-Lied wurde gespielt und gesungen, und am Schluß fand ein Vorbeimarsch vor den Führern statt. Unter den Teilnehmern bemerkten die Behörden Angehörige aller Stände wie Richter, Lehrer, Ärzte, Rechtsanwälte, Gewerbetreibende, Arbeiter und Bauern.[18] In Graz allein wurden am 27. die Einheiten der SA auf 10 000 geschätzt, die „auffallend diszipliniert“ waren. Gegenüber dem Bundesheer und den Verstärkungen, die nach Graz geschickt wurden, aber nichts unternahmen, war ihr Verhalten „enthusiastisch“, vielleicht, weil diese nicht mehr zuverlässig waren.[19]

Am 21. Februar verbot der neue Innenminister Seyß-Inquart das

Tragen von Hakenkreuzabzeichen und Parteiuniformen sowie das Hissen von Hakenkreuzfahnen; der Hitlergruß wurde nur als ‚Privatgruß' erlaubt, aber nicht im Verkehr mit Behörden oder Ämtern. Die österreichische Regierung betonte, Hitler habe die österreichische Verfassung anerkannt, laut der es keine politischen Parteien und keine Parteiembleme gebe.[20] Am 1. März wiederholte das Innenministerium, daß der Hitlergruß nur erlaubt sei, „soferne er nicht demonstrativ erfolgt und nur von einzelnen Personen gebraucht wird". Österreichern wurde das Hissen von Hakenkreuzfahnen verboten; die Generaldirektion für die öffentliche Sicherheit würde in jedem Fall entscheiden, „inwieweit das Hakenkreuz für sich allein als Symbol nationalsozialistischer Weltanschauung verwendet werden kann".[21] Noch am 8. März verfügte die gleiche Behörde die Beschlagnahme aller Parteiuniformen und Hakenkreuzarmbinden; alle nicht genehmigten Kundgebungen und Aufmärsche wurden verboten.[22] Doch alle solche Versuche, die nationalsozialistische Flut zu brechen, mußten fehlschlagen. An vielen Orten waren die Polizei und andere Behörden nicht imstande oder nicht dazu bereit, Verordnungen durchzuführen, die nur bewiesen, daß die Räder der österreichischen Bürokratie sich noch drehten. Am 7. März berichtete Keppler über seinen kürzlichen Besuch in Wien sehr optimistisch: „‚Heil Hitler!' und Hitlergruß werden geduldet ... Schon jetzt sind die gestanzten Hakenkreuze zwar nicht offiziell genehmigt, aber werden überall geduldet ..."[23]

In Graz hatte sich die Bewegung inzwischen weiter radikalisiert. Viele Soldaten und Polizisten verbrüderten sich mit den Nationalsozialisten. Der Divisionskommandant schätzte, daß von den „Beamten aller Kategorien ... mindestens 70% nationalsozialistisch sind", und noch mehr unter den städtischen Beamten, von denen viele früher sozialdemokratisch eingestellt waren.[24] Offensichtlich war die Zahl der ‚Märzgefallenen' in Österreich ebenso groß wie einst in Deutschland. Keppler seinerseits erwähnte eine Schätzung, laut der 80% der Grazer Bevölkerung mit dem Nationalsozialismus sympathisierte. Er hielt es für notwendig, die Bewegung etwas zu bremsen, „um dadurch immer neue Konzessionen bei Schuschnigg herauszuhandeln". Am 1. März fuhr Seyß-Inquart selbst nach Graz, um Exzesse zu verhüten und die dortigen Nationalsozialisten zu beruhigen, da die Bewegung leicht in noch radikaleres Fahrwasser abgeglitten wäre. Er verhandelte mit den Behörden, und er übertrug den SA- und SS-Formationen die Wiederherstellung der ‚Ordnung'. Es wurde ihnen die Veranstaltung eines weiteren Fackelzuges gestattet, diesmal zu Ehren des neuen Ministers.[25] Gegenüber Schuschnigg betonte Seyß-Inquart, daß die Ruhe und Ordnung „nur unter Benutzung der alten Organisationen und Führer infolge der dort herrschenden Disziplin" aufrechterhalten werden konnte, und erreichte so ihre faktische Legalisierung. Keppler glaubte nunmehr, daß die Partei „wieder durchaus schlagkräftig ist und disziplinvoll bei dem politischen Spiel benutzt werden kann ..." Er vertraute darauf, daß es Seyß-Inquart gelingen würde, ihr eine legale Organisationsmöglichkeit zu schaffen.[26]

In Oberösterreich fand am 1. März eine Sitzung der Landesregierung statt, und der Landeshauptmann schlug die Bildung militanter Abteilungen aus der Vaterländischen Front vor, um Übergriffe der Nationalsozialisten zu bekämpfen. Der Kommentar des Sicherheitsdirektors war: „Also dazu hat man den Heimatschutz aufgelöst?" Er hielt es auch bezeichnend „für die vollkommene Kopflosigkeit in der V.F.", daß man die Liste ihrer Gau- und Bezirksführer durchgehen mußte, um festzustellen, „wer verläßlich und brauchbar wäre". Am Abend suchten drei ‚nationale' Führer Revertera auf, die ihn informierten, es herrsche „erregte Stimmung" unter ihren Anhängern.[27] Am 2. März wurde eine für den 6. geplante nationalsozialistische Demonstration von den Behörden verboten, aber die ‚nationalen' Führer erklärten, sie würde trotzdem stattfinden, was zu einem Aufruhr führen könnte. Der Landeshauptmann fragte den Sicherheitsdirektor um Rat, ob er nicht zurücktreten solle, aber das wurde ihm ausgeredet, ebenso wie sein Plan der Schaffung militanter Abteilungen der Vaterländischen Front, da dieser „gänzlich undurchführbar" war. Der Sicherheitsdirektor hielt bestimmte Konzessionen an die Nationalsozialisten für nötig, um Zeit zu gewinnen. „Die derzeitige Lage ist für uns absolut ungünstig und, wenn die Nationalen wirklich wollen und wenn das Reich dies decken würde, wäre es heute schon um die Unabhängigkeit Österreichs geschehen."[28]

Dieses Bild aus Linz wird durch Polizeiberichte aus einigen kleineren oberösterreichischen Orten bestätigt. Aus Weng bei Braunau wurde am 7. März gemeldet, daß etwa 70% der Bevölkerung Anhänger des Nationalsozialismus seien, und daß die Bewegung seit dem 12. Februar erheblich zugenommen habe; die Vaterländische Front habe offiziell 618 Mitglieder, aber es stelle sich jetzt heraus, daß viele von ihnen „national eingestellt" seien.[29] Aus Ried am Inn berichtete die Gendarmerie am 9. März, daß fast jede Person auf der Straße ein Hakenkreuz trage, und daß unter der Bevölkerung „ein außergewöhnlicher Grußwille durch Heben der rechten Hand besteht", so daß man von „einer Hakenkreuzpsychose" sprechen könne; die vaterländische Bevölkerung zeige sich wenig auf der Straße und sei eingeschüchtert und deprimiert.[30] Am Vortag hatte Schuschnigg beschlossen, eine Volksabstimmung zu halten, ob die Österreicher in einem freien und unabhängigen Österreich leben wollten, aber die Ankündigung ermutigte seine Anhänger nicht und löste nur Hitlers Wut aus.[31]

In Graz, Innsbruck, Linz und sonstwo in Österreich übernahmen die Nationalsozialisten die örtliche Gewalt schon vor dem Einmarsch der deutschen Truppen. Am Abend des 11. März wurde das Tiroler Landhaus von der SS besetzt und fanden in vielen Städten große nationalsozialistische Demonstrationen statt. Auf dem Hauptplatz in Linz waren SA- und SS-Formationen in Uniform erschienen; die „Sieg Heil"-Rufe und andere Parolen wurden von einer Riesenmenge aufgenommen (laut Schätzung der Polizei 15–20 000 Personen). Dann gab der Gauleiter von Oberösterreich bekannt, die Regierung Schuschnigg sei zurückgetreten und Dr. Seyß-Inquart bilde eine neue Regierung. Die SA und SS wurden angewiesen, mit den Sicherheitsbehörden zusammenzuarbeiten. Einige Stunden später marschierte ein SS-Sturm vor der Polizeidirektion auf. Sein Führer teilte dem Polizeidirektor mit, daß die SS im Namen des neuen Bundeskanzlers das Amt übernehme und sich der Polizeidirektion zur Verfügung stelle. Akten durften nicht vernichtet werden, und alle Büros wurden von SS-Leuten bewacht. Die öffentlichen Gebäude in Linz wurden in ähnlicher Weise von den Nationalsozialisten besetzt, die sich auf den Auftrag des neuen Kanzlers beriefen. Der Polizeidirektor ermahnte seine Beamten zur treuen Dienstleistung für die neue Regierung und zur Zusammenarbeit mit den nationalsozialistischen Formationen.[32] Am folgenden Tag hielt Hitler seinen triumphalen Einzug in Linz, der Stadt, wo er so viele seiner Jugendjahre verbracht hatte – der Anschluß war vollendet. Der Sieg war nur zum Teil den Anstrengungen der österreichischen Nationalsozialisten zuzuschreiben, und noch mehr deutschem Druck und der militärischen Macht des Dritten Reiches.

XVI. FASCHISTISCHE BEWEGUNGEN IN ÖSTERREICH UND DEUTSCHLAND

Offensichtlich gibt es sehr auffallende Parallelen in der Entwicklung der faschistischen und halbfaschistischen Bewegungen in Österreich und in Deutschland. Nicht nur wurde in beiden Ländern die gleiche Sprache gesprochen, so daß politische Einflüsse leicht aus dem einen in das andere dringen konnten. Politisch war es viel wichtiger, daß sich – bis 1938 – die meisten Österreicher als Deutsche fühlten, daß es nur einen deutschen, aber keinen österreichischen Nationalismus gab. Schuschnigg erwähnt, daß am 11. März 1938 ein Mitglied seines Kabinetts in die Worte ausbrach: „Ich schäme mich, ein Deutscher zu sein."[1] Nach dem Zusammenbruch von 1918 waren alle österreichischen Parteien für den Anschluß, weil sie das kleine ‚Deutschösterreich' für nicht lebensfähig hielten. Es war ganz natürlich, daß die schwache österreichische Republik Anschluß an den viel stärkeren Nachbarn suchte, mit dem sie bis 1866 in der einen oder anderen Form auch staatlich verbunden war. In Österreich bestand eine starke großdeutsche Tradition, sowohl unter den Sozialdemokraten wie auf der Rechten, wo 1919 eine Großdeutsche Volkspartei gegründet wurde. Nur die Führer der Christlichsozialen Partei standen dem Anschlußgedanken zögernder gegenüber, weil sie den norddeutschen Protestantismus, Preußen und die ‚roten' Tendenzen der ersten Monate der neuen deutschen Republik ablehnten. Aber selbst sie erklärten immer, daß sie deutsch seien und ihre Politik einen deutschen Kurs verfolge. Anfang März 1938 betonte selbst Dr. Schuschnigg Hitlers Abgesandten Keppler gegenüber „seine unbedingte Treue zum Volksdeutschtum" und „zu einer gemeinsamen Politik, worin er uns nie enttäuschen werde". Er bat Keppler, „seine großen Arbeiten, insbesondere im Burgenland, für die Germanisierung zu studieren".[2]

Der deutsche Nationalismus war besonders stark in den Burschenschaften und vielen anderen Studentenverbindungen, deren ‚alte Herren' eine hervorragende Rolle im politischen und wirtschaftlichen Leben des Landes spielten. Seit den Tagen Georg von Schönerers besaßen die Burschenschaften, die Turnerschaften und viele ähnliche Vereine eine völkische und antisemitische Ideologie – in viel stärkerem Umfang als das in Deutschland der Fall war. Viele von ihnen führten den ‚Arierparagraphen' ein, der nicht nur Juden, sondern alle ausschloß, die nicht von rein deutscher ‚Rasse' waren. Daß diese Ideologie in Österreich schon vor 1918 so stark wurde, läßt sich vielleicht aus der besonderen Lage der Deutschen in der Monarchie erklären. Viele österreichische Deutsche fühlten sich von einer steigenden Flut des Panslawismus bedroht; in der österreichischen Hälfte der Monarchie waren sie nur eine Minderheit, die durch tschechische oder südslawische Forderungen oft in die Defensive gedrängt wurde; die Juden nahmen in Wien leitende wirtschaftliche und kulturelle Stellungen ein, und ihr Einfluß reichte weiter als der der deutschen Juden. Auch das Deutsche Reich von 1871 hatte im Osten starke slawische Minderheiten, aber diese stellten keine Bedrohung für die Deutschen dar, und sie konnten unmöglich den Zerfall der Monarchie herbeiführen, der in Österreich bevorzustehen schien.

Für den ‚kleinen Mann' in Wien und anderen Städten bestand eine andere Gefahr: die rascher wirtschaftlicher Veränderungen, des Vordringens des Kapitalismus und der großen Unternehmungen, die die wirtschaftliche Existenz so vieler unabhängiger Handwerker und Gewerbetreibender bedrohte. Diese Furcht wurde dramatisch bestätigt durch den ‚Schwarzen Freitag' vom Mai 1873, den ‚Krach' an der Wiener Börse, der den Zusammenbruch vieler Banken und Industriefirmen zur Folge hatte und eine schwere Wirtschaftskrise erzeugte. Da viele Banken in jüdischen Händen waren, wuchs der Antisemitismus, der von der Kirche und der entstehenden Christlichsozialen Partei gefördert wurde. Auch in Deutschland brachten die Jahrzehnte vor 1914 das rasche Anwachsen von Antisemitismus, Alldeutschtum und sich überschlagendem Nationalismus, der vom Alldeutschen Verband und ähnlichen Vereinen gefördert wurde. Aber dies waren keine faschistischen oder vorfaschistischen Organisationen. Man kann nur sagen, daß Organisationen wie der Alldeutsche Verband oder Schönerers Partei den Boden vorbereiteten, auf dem nach dem Zusammenbruch der Monarchien faschistische Bewegungen entstanden, daß nach 1918 die wichtigsten Bestandteile ihrer Ideologien von neuen Massenbewegungen übernommen wurden, daß viele der späteren faschistischen Führer ihre ersten politischen Schritte in diesen älteren Organisationen machten.

Denn es bedurfte der großen Katastrophe von 1918, des Zusammenbruchs einer Welt, die so stabil und festgefügt schien, der ‚Schmach' der Niederlage und der roten Revolution, des Hungers der Nachkriegsjahre und des völligen Verfalls der Währung, um die Bedingungen zu schaffen, unter denen sich faschistische Bewegungen entwickeln konnten. In Österreich entstanden die ersten Heimwehren unmittelbar nach dem Ausbruch der Revolution, als Antwort auf die ‚Bedrohung' durch das ‚rote' Wien, durch eine Regierung, die zum erstenmal sozialistische Mitglieder hatte, durch eine neue Armee, die teilweise unter sozialistischem Einfluß stand. Einige der neuen Minister waren Juden, und während der unruhigen Jahre 1918–19 fanden viele Ostjuden Zuflucht in Wien: Umstände, die unter den Einheimischen starken Widerstand hervorriefen und wesentlich zum raschen Anwachsen des Antisemitismus beitrugen. Die militärische Niederlage konnte so nicht der Tatsache, daß Deutschland und Österreich viel schwächer als ihre Feinde waren, sondern ‚Verrätern' zugeschrieben werden, die Sozialisten oder Juden waren. So behauptete die neue Frontkämpfervereinigung, daß der Zusammenbruch „auf verräterische Weise herbeigeführt" worden sei, während ihre Mitglieder „dem Ansturme der feindlichen Übermacht *siegreich* standgehalten haben und zum Danke dafür die gehässigsten Verleumdungen und niederträchtigsten Anfeindungen seitens jüdischer Drückeberger über sich ergehen lassen müssen", ohne daß die Regierung dagegen einschritte.[3]

Das Jahr 1919 brachte in Bayern sowohl wie in Ungarn die Ausrufung von Räterepubliken, die fast ausschließlich von jüdischen Intellektuellen geleitet wurden. Für kurze Zeit schien es, als ob die bolschewistische Revolution auch in Wien ausbrechen würde. Die Räterepubliken und die bolschewistische Gefahr erzeugten ein Trauma, das durch die Unterdrückung der Räterepubliken schon nach kurzer Zeit mit Hilfe ‚weißer' Truppen nicht beseitigt wurde. Im Gegenteil erwies sich die Gefahr, die schon vorüber war, als eine der Hauptursachen der Entstehung der frühen faschistischen Bewegungen. In Bayern und in Ungarn wurden Anfang der zwanziger Jahre ausgesprochene Rechtsregierungen gebildet. Sie beschützten und förderten diese Bewegungen, die in dieser reaktionären Atmosphäre wie Pilze aus dem Boden schossen und eng mit der Armee verbunden waren. Die Hilfe aus Bayern und von mehreren Landesregierungen ermöglichte auch in Österreich die Entfaltung der frühen Heimwehren. Dazu kamen starke Tendenzen zur Gründung einer katholisch-konservativen und antibolschewistischen Achse, die von München bis Budapest reichte, als Gegenpol zu Berlin und den angeblich marxistischen deutschen Regierungen: Pläne, die vor allem von Oberst Bauer und anderen völkisch eingestellten Offizieren gefördert wurden.

Die kleine Reichswehr und das noch kleinere Bundesheer der zwanziger Jahre konnten unmöglich die vielen Berufsoffiziere und -unteroffiziere der kaiserlichen Armeen aufnehmen. Ihre Ruhmestage waren vorbei, und sie mußten mit ihren knappen Pensionen so gut wie möglich auskommen. Aber sie konnten ein neues Tätigkeitsfeld in den vielen Wehrverbänden wie den Heimwehren oder dem Stahlhelm finden, wo sie ihre Leute auf neue Ruhmestaten vorbereiten und wieder hohe, geachtete Stellungen einnehmen konnten. Sie waren der neuen Ordnung dauernd entfremdet und lehnten die Republik ab, die grau und zivilistisch war und die dem Offizier nicht die ihm gebührende Stellung zuerkannte. Frühere Offiziere und Soldaten bildeten die Kaders der ersten faschistischen Organisationen.[4] Dort gab es Uniformen, Fahnen und Militärkapellen, hinter denen die Männer jeden Sonntag marschieren konnten. Zu ihnen gesellten sich viele Jugendliche, die am Weltkrieg nicht mehr teilnehmen konnten und nun auf den Kampf gegen den ‚inneren Feind' brannten, ob das nun Marxisten oder Juden waren. Die gut disziplinierten Freikorps und Wehrverbände waren eine Vorbedingung der Entstehung faschistischer Bewegungen. Hier entstand auch die Ideologie vom Führer, der von seinen Leuten verehrt wurde und sie an Tapferkeit übertraf, wie der Führer einer Patrouille oder eines Stoßtrupps im großen Krieg von 1914. So entstand aus der Niederlage ein neuer Militarismus, der sich mehr gegen ‚Verräter' und ‚Rote' im eigenen Land als gegen den äußeren Feind richtete.

Weder Österreich noch Deutschland besaß eine lebendige demokratische Tradition. Die Parlamente der Vorkriegszeit spielten nur eine bescheidene Rolle, und vor allem die des österreichischen Reichsrats war durch Obstruktion und die nie endenden Konflikte zwischen den nationalen Gruppen gekennzeichnet. Als 1918 die Demokratie eingeführt wurde, geschah das auf Grund des militärischen Zusammenbruchs und nicht infolge einer starken Volksbewegung. Nur die sozialdemokratischen Arbeiter forderten eine entsprechende Änderung der Verfassung, aber für viele Angehörige der Mittel- und Oberklassen war die Demokratie etwas Fremdes. Sie sahen auf die neue Ordnung herab, die sie ihrer führenden sozialen Stellung beraubte, und die sie für ihr wirtschaftliches Elend verantwortlich machten. Für sie war die Demokratie ‚undeutsch', eine Ausgeburt der verhaßten französischen Revolution; daher ihre Versuche, eine neue ‚deutsche'

Ordnung, die sich auf Ständen oder Korporationen aufbauen sollte, zu schaffen. Und in beiden Ländern unternahmen es zahllose Lehrer, die heranwachsende Jugend in einem Geist zu erziehen, der die Demokratie ablehnte, einem Geist der Rache an dem verhaßten Feind und der Verehrung für alles Deutsche.[5] Viele von ihnen waren keine Faschisten, aber die Atmosphäre, die sie schufen, war der Nährboden des Faschismus.

Schon im November 1919 meldete die Wiener Polizeidirektion: „Allgemein ist der Ruf nach einer starken Regierung, die alle Kräfte aufbietet, den Volksnotwendigkeiten Rechnung zu tragen, diese aber in der Förderung der Interessen *aller* arbeitenden Bewohner dieses Staates ... sieht“[6] – ein klarer Hinweis, daß nach ihrer Ansicht der Regierung diese Interessen nicht am Herzen lagen. Zehn Jahre darauf hieß es in einem lokalen Gendarmeriebericht: „Der Wunsch der Bevölkerung geht nach einer starken staatlichen Exekutivgewalt, welche alle anderen Organisationen überflüssig und unmöglich macht.“[7] In Österreich gab es gegen Ende der zwanziger Jahre eine Gefahr des Bürgerkriegs, hervorgerufen durch die ständigen Aufmärsche und Gegendemonstrationen der miteinander konkurrierenden Wehrverbände. Die Gefahr, die die Heimwehren angeblich bekämpfen wollten, war durch ihre provozierende Haltung sehr viel näher gerückt, da die Sozialdemokraten sie mit einer ähnlichen Taktik beantworteten.

Der rote Schreck lebte 1927 wieder auf, als der Justizpalast brannte und Straßenunruhen in Wien ausbrachen. Wenige Jahre später brachte die große Wirtschaftskrise eine Wiedergeburt der bolschewistischen Gefahr, vor allem in Deutschland, da die österreichischen Kommunisten sehr schwach blieben. Aber wieder war die Gefahr keine reale Gefahr, denn Millionen kommunistischer Stimmen bedeutete nicht, daß die Kommunisten die Regierung stürzen konnten, eine Regierung, die über eine starke Armee und Polizei verfügte. Aber es bestand auch eine wirkliche Gefahr für zahllose Angehörige der Mittelschichten, die der Proletarisierung. Viele Tausende von Angestellten verloren ihre Stellung; viele Tausende von Beamten mußten Gehaltskürzungen hinnehmen; viele Tausende von Studenten sahen keine Hoffnung, je einen Posten zu erhalten; Tausende von kleinen Läden mußten schließen. Überall strömten die Opfer der Krise in die faschistischen Bewegungen. Für viele von ihnen schien die Beseitigung der jüdischen Konkurrenz und der Warenhäuser der einzige Weg aus der Krise zu sein. Den Opfern der Krise in Österreich schien die wirtschaftliche Belebung im Dritten Reich zu beweisen, daß nur der Anschluß die wirtschaftliche Rettung bringen würde.

Da die Bauern besonders schwer von der Wirtschaftskrise betroffen wurden, konnten die deutschen Nationalsozialisten in den Jahren um 1930 große Eroberungen auf dem Lande machen, wo ihnen ganze Provinzen – Schleswig-Holstein, Niedersachsen, Pommern, Ostpreußen – zufielen. Auch in Österreich gelang es den Nationalsozialisten, auf Grund der Agrarkrise, die durch die deutsche Wirtschaftssperre verschärft wurde, große Teile der Bauernschaft für sich zu gewinnen, vor allem in der Steiermark und Kärnten, wo die Mehrheit der Heimwehren zu ihnen übertrat. Andererseits waren die Nationalsozialisten sowohl in Deutschland wie in Österreich viel weniger erfolgreich unter der städtischen Arbeiterschaft. In beiden Ländern waren die traditionell stärksten Parteien, die Sozialdemokraten und die katholischen Parteien, viel erfolgreicher in der Abwehr des nationalsozialistischen Ansturms als die Rechtsparteien. In Österreich fanden die Nationalsozialisten in den vielen völkischen und rechten Vereinen und Klubs ein ideales Feld für die Mitgliederwerbung, was ihren Aufstieg sehr erleichterte. Auch in Deutschland saugten sie im Verlauf der zwanziger Jahre die Mehrzahl der Völkischen auf. Da die große Mehrheit der völkischen Rekruten aus bürgerlichen oder kleinbürgerlichen Kreisen stammte, verstärkte das deren Stärke innerhalb der Nationalsozialistischen Partei.

Die Führer der Heimwehren wie der Nationalsozialisten kamen aus den gleichen sozialen Gruppen. Unter ihnen waren vor allem sehr viele frühere Offiziere und Männer mit akademischer oder halbakademischer Bildung, die einen Doktortitel oder wenigstens den eines Ingenieurs führten, sehr viele Rechtsanwälte und Lehrer. Noch mehr als in Deutschland herrschte in Österreich die ‚Intelligenz' aller Schattierungen in den faschistischen Organisationen vor, eine Rolle, auf die sie durch ihre völkisch-antisemitische Einstellung und ihren wütenden Nationalismus vorbereitet waren. In diesen Bewegungen konnten sie Befehle erteilen und autoritative Stellungen einnehmen, die ihnen nur zu oft im wirklichen Leben versagt blieben. Viele von ihnen waren einst Schönerer gefolgt, viele gehörten einer Burschenschaft an. Einige von ihnen kamen aus Gegenden der Monarchie, die nunmehr der Tschechoslowakei oder Jugoslawien gehörten, die also durch die Neuordnung ihre Heimat verloren hatten. Unter den Heimwehrführern, aber nicht denen der Nationalsozialisten, kamen manche aus altadligen Familien, die sich immer noch für die natürlichen Führer ‚ihrer' Bauern hielten. Doch in der Person des Fürsten Starhemberg vereinte sich das Alte mit dem Neuen, denn er hatte mit dem Freikorps Oberland in Oberschlesien gekämpft und als Oberländer am Hitlerputsch in München teilgenommen, bevor er Heimwehrführer wurde.

Ein Charakterzug, den die österreichischen faschistischen Bewegungen nie verloren, waren ihre ewigen Streitereien, inneren Konflikte und Spaltungen. Die gesamte Geschichte der Heimwehren war durch persönliche und politische Konflikte zwischen ihren Führern gekennzeichnet, die eine Vereinheitlichung der Bewegung verhinderten und sie zur Erfolglosigkeit verurteilten. Sogar der Versuch zur Einführung einer offen faschistischen Ideologie war ein Fehlschlag und verursachte neue Streitigkeiten. Die Heimwehren hatten viele Führer, aber keinen Führer. In ihren auswärtigen Beziehungen waren einige auf Italien ausgerichtet und andere auf Deutschland. Weder die Rechtsanwälte Dr. Pfrimer und Dr. Steidle noch der junge Fürst Starhemberg besaßen die nötige Energie und das Charisma, um die streitenden Gruppen zu einigen. Am Ende fand es Schuschnigg überraschend leicht, die Heimwehren aufzulösen und ihre Führer jeden Einflusses zu berauben. Aber was so charakteristisch für die Heimwehren war, galt genauso für die österreichischen Nationalsozialisten. Sie litten ebenso unter ständigen inneren Kämpfen und den Rivalitäten der Gauleiter, die sich wie die Herrscher über feudale Fürstentümer aufführten, in denen sie keine Einmischung duldeten. Die österreichische nationalsozialistische Bewegung brachte keinen Führer hervor, der im ganzen Land anerkannt wurde, und die von so manchen Führern benutzten ‚Feldwebelmethoden' verärgerten nur die anderen. Genauso erfolglos blieb der Versuch, Kontrolle von außen durch deutsche Emissäre oder Bevollmächtigte herzustellen, die ‚preußische' Methoden einzuführen suchten. Diese innere Schwäche der österreichischen Rechten würde sie vermutlich zu politischer Impotenz verurteilt haben, wenn sie nicht dauernd Hilfe aus Italien oder Deutschland erhalten hätte. Es ist eine Ironie der Geschichte, daß der einzige Österreicher, der ein charismatischer Führer auf der Rechten wurde, sein Land als unzufriedener junger Mann verließ und seine unumstrittene Führerstellung nicht in Österreich, sondern in Deutschland erreichte. Schließlich war er es, der – zum Entsetzen vieler österreichischer Nationalsozialisten – dem Land ein deutsches System und deutsche Herrschaft auferlegte. So wird die Geschichte der österreichischen faschistischen Bewegungen zur Wiedergabe ihrer erfolglosen Versuche, die Macht durch ihre eigenen Anstrengungen zu erobern.

Die Frage, warum die österreichischen Nationalsozialisten sich

1926 so bereitwillig Hitler unterstellten, ist schwer zu beantworten. Aber vielleicht waren sie sich unbewußt klar, daß ihre eigene Partei keinen Mann hervorbringen würde, den die verschiedenen Fraktionen je als Führer anerkannt hätten. Ihr erfahrenster Führer, Dr. Riehl, war 1923 ausgeschlossen worden und war offensichtlich für viele unakzeptabel. Die österreichische Partei war noch sehr klein, und Hitler war nicht nur ein Österreicher, sondern auch der Führer einer viel größeren Partei, der in München die nationale Revolution ausgerufen hatte und dafür verurteilt und eingesperrt worden war. In den Augen seiner österreichischen Bewunderer war er ein Märtyrer und ein Held. In Passau setzte er sich mit seiner Rednergabe und seinem Selbstbewußtsein durch. Seine österreichischen Anhänger hofften, sein Prestige und seine Autorität würden ihnen weitere innere Kämpfe ersparen, aber die Hoffnung erfüllte sich nicht. Fraktionskämpfe und Gauleiterrivalitäten setzten sich fort, bis die Partei 1933 verboten wurde, und ebenso während der fünf Jahre ihres illegalen Kampfes. Sie trugen nur dazu bei, Hitler in seiner Verachtung für alle österreichischen Führer zu bestärken; der Entschluß reifte in ihm, die österreichische Partei seinem Willen dienstbar zu machen, genau wie es ihm gelungen war, sich die deutsche Partei und dann ganz Deutschland zu unterwerfen. In den Wahlen vom März 1933, als Hitler bereits Kanzler war, wurden 44 % aller Stimmen für die NSDAP abgegeben; aber es läßt sich nicht sagen, wie viel Prozent die österreichischen Nationalsozialisten fünf Jahre später bei einer freien Wahl erhalten hätten.

Nach März 1938 verschwand selbst der Name Österreich. Sogar Nieder- und Oberösterreich wurden in Niederdonau und Oberdonau umgenannt, um alle Erinnerung an ein selbständiges Österreich zu beseitigen. Österreich wurde in sieben Gaue geteilt, die wie deutsche Gaue behandelt wurden. In Passau hatte Hitler 1926 erklärt, daß die Unterschiede zwischen Österreich und Bayern nicht größer seien als die zwischen Bayern und irgendeinem anderen Teil Deutschlands, und gemäß diesem Prinzip handelte er zwölf Jahre später. Doch dieser Versuch zur Beseitigung aller österreichischen Besonderheiten erreichte genau das Gegenteil. Er führte zur Wiedergeburt eines österreichischen Patriotismus. Als der zweite Weltkrieg zu Ende ging, empfanden die meisten Österreicher, daß sie Österreicher und nicht Deutsche wären. Und das Großdeutsche Reich, das so viele Österreicher angezogen hatte, und sogar die deutsche Einheit gehörten der Vergangenheit an.

ANMERKUNGEN

I. DIE VORLÄUFER: GEORG VON SCHÖNERER UND DIE ALLDEUTSCHEN

[1] Siehe die Zahlen im einzelnen bei Robert A. Kann, Das Nationalitätenproblem der Habsburgermonarchie, Graz-Köln 1964, II S. 390–92.

[2] Dirk van Arkel, Antisemitism in Austria, Proefschrift, Leiden 1966, S. 178.

[3] John Christopher Peter Warren, The political career and influence of Georg Ritter von Schönerer, unveröffentl. Londoner Dissertation, Juni 1963, S. 95 f.

[4] Eduard Pichl, Georg Schönerer, Oldenburg 1938, II S. 319 f. Die sechs Bände dieses Werkes sind eine riesige Materialsammlung zum Thema Schönerer, verfaßt von einem seiner glühenden Bewunderer.

[5] Bertholdt Windt, Die Juden an den Mittel- und Hochschulen Österreichs seit 1850, Statistische Monatsschrift, Wien 1881, VII S. 442–57, zitiert von Warren, a. a. O., S. 140.

[6] Friedrich Heer, Freud the Viennese Jew, in: Jonathan Miller (Hsg.), Freud, the man, his world, his influence, London 1972, S. 9.

[7] Dr. Th. Billroth, Über das Lehren und Lernen der medicinischen Wissenschaften an den Universitäten der deutschen Nation, Wien 1876, S. 152, 153 Anm.

[8] Pichl, a. a. O., I S. 21; Warren, a. a. O., S. 42–44.

[9] Pichl, a. a. O., I S. 28 f.; Warren, a. a. O., S. 58, 66.

[10] Pichl, a. a. O., I S. 54 f.

[11] Ebenda, S. 70 f.; Warren, a. a. O., S. 93–95. Laut dem Protokoll gab es an dieser Stelle „lebhaften Widerspruch".

[12] Pichl, a. a. O., I S. 100 f.

[13] Ebenda, S. 112–14; Kann, a. a. O., I S. 98 f.

[14] Pichl, a. a. O., I S. 99.

[15] Ebenda, S. 161–63.

[16] Ebenda, S. 115.

[17] Ebenda, S. 270, 316 f.

[18] Andrew Whiteside, Austria, in: Hans Rogger und Eugen Weber (Hsg.), The European Right, Berkeley-Los Angeles 1965, S. 313.

[19] Pichl, a. a. O., II S. 543.

[20] Ebenda, I S. 353–55.

[21] Ebenda, II S. 59, 66.
[22] van Arkel, a. a. O., S. 50–52.
[23] Andrew G. Whiteside, The Socialism of Fools – Georg Ritter von Schönerer and Austrian Pan-Germanism, Berkeley 1975, S. 86.
[24] Pichl, a. a. O., II S. 381 f.; P. G. J. Pulzer, The Rise of Political Anti-Semitism in Germany and Austria, New York 1964, S. 223.
[25] Zitiert bei P. G. J. Pulzer, The Development of Political Antisemitism in Austria, in: J. Fraenkel (Hsg.), The Jews of Austria, London 1867, S. 433.
[26] Pichl, a. a. O., VI S. 155, II S. 274, 277, 288.
[27] Ebenda, IV S. 204.
[28] Ebenda, II S. 428 f.
[29] Ebenda, II S. 31, IV S. 599.
[30] Ebenda, IV S. 470.
[31] Polizeibericht vom 29. 1. 1888: ebenda, II S. 376. „Die Wacht am Rhein" drückte die Solidarität mit dem Deutschen Reich aus.
[32] Pichl, a. a. O., III S. 435.
[33] Ebenda, I S. 190 f.
[34] Ebenda, I S. 226, 229, 271; Whiteside, Socialism of Fools, S. 109 f.
[35] Pichl, a. a. O., III S. 112, 117 (1883).
[36] Ebenda, III S. 426 (1886).
[37] Ebenda, III S. 433 (1884).
[38] Ebenda, II S. 315, IV S. 421; van Arkel, a. a. O., S. 171. Vgl. unten S. 21–23 für Schönerers Verlust und Wiedererlangung der bürgerlichen Ehrenrechte.
[39] van Arkel, a. a. O., S. 143, hat die detaillierte geographische Verteilung, laut der nur 0,8 % auf Tirol und 1,3 % auf Kärnten fielen.
[40] Ebenda, S. 136–44, die detaillierte Aufteilung nach Berufen, aus der ich obige Ziffern und Prozente berechnet habe. Die Berufsangaben sind oft schwierig zu interpretieren und für seine Hilfe dabei bin ich Dr. Gerhard Botz, Linz, sehr dankbar.
[41] Pulzer, The Rise of Political Anti-Semitism, S. 283, nach zwei undatierten Listen des Wiener Vorstandes der Schönererpartei.
[42] Warren, a. a. O., S. 258 f.
[43] Obiges laut Schönerers Aussage vor Gericht: Pichl, a. a. O., II S. 436; Zitat aus der Anklageschrift ebenda, S. 456.
[44] Ebenda, II S. 439–41, 470; Warren, a. a. O., S. 211 f., 215.
[45] Pichl, a. a. O., II S. 484, 497; Warren, a. a. O., S. 216.
[46] Pichl, a. a. O., II S. 498.
[47] van Arkel, a. a. O., S. 91 f.; Warren, a. a. O., S. 237.
[48] Warren, a. a. O., S. 231–36, mit vielen Zitaten aus der Korrespondenz Türk-Schönerer.
[49] „Unverfälschte Deutsche Worte", 16. 6. 1895: Pichl, a. a. O., IV S. 39.
[50] Ebenda, IV S. 407–13; Warren, a. a. O., S. 256 Anm. 83, S. 260.
[51] Pichl, a. a. O., IV S. 58, 204 f., mit Zitat aus dem Jahresbericht des Deutschen Volksvereins für 1894.

[52] Ebenda, IV S. 113; Warren, a. a. O., S. 267, 271 f.
[53] Pichl, a. a. O., V S. 21, 28; Whiteside, Socialism of Fools, S. 168, 174 f., 184 f. Der Ausgleich von 1867 mußte alle zehn Jahre erneuert werden.
[54] Pichl, a. a. O., V S. 29–31, mit Zitaten aus dem Stenogramm; Warren, a. a. O., S. 295–97.
[55] Pichl, a. a. O., V S. 51.
[56] Ebenda, IV S. 475.
[57] Ebenda, IV S. 384, 482.
[58] Warren, a. a. O., S. 301 f.
[59] Pichl, a. a. O., VI S. 385.
[60] Ebenda, VI S. 56: Rede vom 28. 12. 1903.
[61] Ebenda, VI S. 76. Warren, a. a. O., S. 304, schätzt, daß im Lauf von 20 Jahren etwa 40 000 Übertritte zum Protestantismus erfolgten. Ab 1902 sank die Zahl der Übertritte rasch: Whiteside, Socialism of Fools, S. 255.
[62] Pichl, a. a. O., V S. 93, VI S. 251 f., 572; Warren, a. a. O., S. 312–19; Andrew G. Whiteside, Austrian National Socialism before 1918, Den Haag 1962, S. 81.
[63] Pichl, a. a. O., V S. 231, 234; Warren, a. a. O., S. 328.
[64] Pichl, a. a. O., VI S. 75.
[65] Das ist die Ansicht von Whiteside, Austrian National Socialism . . ., S. 84.
[66] All das ist aus seiner eigenen Erfahrung vor allem betont worden von Adam Wandruszka, Österreichs politische Struktur, in: Heinrich Benedikt (Hsg.), Geschichte der Republik Österreich, Wien 1954, S. 405 f.
[67] Bezirkshauptmannschaft Güssing an Landesamtsdirektion, 27. 10. 1933: Burgenländ. Landesarchiv, Landesamtsdirektion, 245–1933.
[68] Leopold an Himmler, Wien, 29. 1. 1938: Berlin Document Center, Partei-Kanzlei-Korrespondenz.
[69] Whiteside, Austrian National Socialism . . ., S. 63, 85.
[70] Hitler, Mein Kampf, 97. Ausg. München 1934, S. 108.

II. DIE DEUTSCHNATIONALEN GEWERKSCHAFTEN UND DIE DEUTSCHE ARBEITERPARTEI

[1] Whiteside, Austrian National Socialism before 1918, S. 38, 49, 52, 60 f.; Pichl, Schönerer, VI S. 219; K. D. Bracher, Die deutsche Diktatur, Köln-Berlin 1969, S. 56. Die Monatsschrift des Verbandes hieß zunächst „Der deutsche Gehilfe“ und wurde 1898 in „Der deutsche Arbeiter“ umbenannt.
[2] Whiteside, a. a. O., S. 62 f.; Pichl, a. a. O., VI S. 219, 226 f.; Bracher, a. a. O., S. 56.
[3] A. Ciller, Vorläufer des Nationalsozialismus, Wien 1932, S. 96.
[4] Ciller, a. a. O., S. 43, 65, 135 f.; Andrew G. Whiteside, Nationaler Sozialismus in Österreich vor 1918, Vierteljahrshefte für Zeitgeschichte, IX 1961, S. 333 f.; Bracher, a. a. O., S. 56.

[5] Ciller, a. a. O., S. 90; Pichl, a. a. O., VI S. 228; Bracher, a. a. O., S. 57; Whiteside, a. a. O., S. 344, mit Wahlziffern.

[6] Whiteside, Austrian National Socialism . . ., S. 95 f.; Bracher, a. a. O., S. 57.

[7] Whiteside, a. a. O., S. 97 f., und Socialism of Fools, S. 279; Bracher, a. a. O., S. 57.

[8] Whiteside, in Vierteljahrshefte für Zeitgeschichte IX, S. 344–46; Bracher, a. a. O., S. 57 f.

[9] Rudolf Jung, Der nationale Sozialismus, 3. Aufl. München 1922, S. 65; Ciller, a. a. O., S. 108, 140–42; Whiteside, a. a. O., S. 349.

[10] Rede Hitlers am 12. 8. 1926: Bundesarchiv Koblenz, NS 26/54, Fol. 100 f. Vgl. unten S. 136–37.

[11] Whiteside, Austrian National Socialism . . ., S. 107–14, und Nationaler Sozialismus . . ., S. 350 f. Die erste Ausgabe von Jungs Buch erschien in Troppau in Böhmen, die späteren in München.

[12] Pichl, a. a. O., VI S. 314.

[13] So die gedruckten Satzungen der deutschvölkischen Turnvereine: Steiermärk. Landesarchiv, k.k. Statthalterei, Depart. VII, Nr. 18285.

[14] Pulzer, Rise of political Anti-Semitism . . ., S. 223.

[15] Ebenda, S. 159; Pichl, a. a. O., VI S. 155, 258, 454 f.

[16] Schönerer an die Burschenschaft ‚Teutonia' am 18. 9. 1886: Pichl, a. a. O., II S. 542. Die völkische Ideologie spiegelte sich auch in den Namen der Burschenschaften.

III. GEGEN DIE ROTE REVOLUTION – DIE FRÜHEN HEIMWEHREN

[1] Für Einzelheiten siehe Francis L. Carsten, Revolution in Mitteleuropa 1918–1919, Köln 1973, S. 82 f., 185 f.

[2] Fritz Fellner, The Background to Austrian Fascism, in: P. F. Sugar (Hsg.), Native Fascism in the Successor States, Santa Barbara 1971, S. 22; Rudolf G. Ardelt, Zwischen Demokratie und Faschismus, Wien–Salzburg 1972, S. 10.

[3] Pol. Direktion Wien, 17. 11. 1919: Verwaltungsarchiv Wien, Staatsamt des Innern, 22/gen., Box 4860.

[4] Polizeibericht, 17. 11. 1919, ebenda.

[5] Berichte vom 14. 2. und 15. 3. 1919: Steiermärk. Landesarchiv, Akten der k.k. Statthalterei – Präsidium, E. 91, 1919.

[6] Berichte vom 22. 7. und 23. 6. 1919: ebenda, E. 91, 1918 (ii).

[7] Berichte vom 26. 5., 15. 7., 16. 9. 1919: ebenda, Präsidialakten 1919, 289 J 204, 443 J 204.

[8] Befehl des untersteirischen Bauernkommandos vom 14. 6. 1919: ebenda, Akten der k.k. Statthalterei – Präsidium, E. 91, 1918 (ii), gez. Dr. Willi Brodmann.

[9] Anton Rintelen, Erinnerungen an Österreichs Weg, München 1941, S. 126 f., 130.

[10] Bruce S. Pauley, Hahnenschwanz und Hakenkreuz, Wien 1972, S. 41 f.

[11] Lebenslauf Hanns Rauter, 15. 2. 1935: Institut für Zeitgeschichte, München, 2108/57. Rauter wurde später ein hoher SS-Führer.

[12] Undatierte Notiz, Polizeiarchiv Wien, Nachlaß Schober, box 46/1.

[13] Fellner, a. a. O., S. 21.

[14] F. O. Lindley an das Foreign Office, Wien, 11. 6. 1920: Public Record Office, F. O. 371, File 5445, Bd. 3538, Nr. 203366.

[15] Ludger Rape, Die österreichische Heimwehr und ihre Beziehungen zur bayerischen Rechten 1920–1923, unveröffentl. Wiener Diss. 1968, S. 52, 111.

[16] Ebenda, S. 59 f.

[17] Horst G. W. Nusser, Konservative Wehrverbände in Bayern, Preußen und Österreich 1918–1933, München 1973, S. 131.

[18] Rape, a. a. O., S. 48, 76, 83.

[19] „Bericht über die Vertrauensmännerversammlung am 7. März 1920 im Mödelhammerbräu zu Salzburg": Bundesarchiv Koblenz, NS 26, vorl. 649.

[20] Rape, a. a. O., S. 108, 111.

[21] „Protokoll der Sitzung am 13. Mai 1920": Bundesarchiv Koblenz, NS 26, vorl. 649.

[22] Ebenda.

[23] Steidle an Landesregierung, 15. 5.; Bezirkshauptmannschaft Landeck an Landesregierung, 20. 5. 1920: Tiroler Landesarchiv, Präsidialakten 1932, 303 III 10, „Bildung der Heimatwehren in Tirol".

[24] „Lagebericht Nr. I", 23. 9. 1920: Bundesarchiv Koblenz, NS 26, vorl. 647.

[25] Bericht an Orka, 28. 10. 1920: ebenda, vorl. 648.

[26] Bericht an Orka, 3. 12. 1920: ebenda, vorl. 648.

[27] Heimatschutz in Österreich, Wien 1934, S. 294.

[28] „Bericht über die Reise nach Graz und Klagenfurth", Rosenheim, 26. 6. 1920: Bundesarchiv Koblenz, NS 26, vorl. 649.

[29] Bericht über eine Konferenz in Salzburg am 29. 10. 1921: Tiroler Landesarchiv, Präsidialakten 1932, 303 III 10.

[30] „Bericht über eine Zusammenkunft mit Führern der Großdeutschen in Salzburg am 4. Juli 1920": Bundesarchiv Koblenz, NS 26, vorl. 649.

[31] Rape, a. a. O., S. 247.

[32] Ebenda, S. 217 f., 234; Bericht über die Verhandlungen in Wien am 12. 9. 1920: Bundesarchiv Koblenz, NS 26, vorl. 649.

[33] Bericht über eine Tagung der Studentenschaft in Wien am 12. 9. 1920, ebenda; Rape, a. a. O., S. 230.

[34] Polizeibericht, Wien, 8. 12. 1920: Polizeiarchiv Wien, Polizeiberichte 1919–1921. Die Orgesch war eine bayerische Organisation, die auch in anderen Teilen Deutschlands tätig war: Escherichs Ziel war die Einigung aller deutschen „Selbstschutzverbände" unter seiner Führung.

[35] Schraffl an Bundesinnenministerium, 23. 11. und 2. 12. 1920: Tiroler Landesarchiv, Präsidialakten 1922, II 11 g, 165 II 11 g; Bericht des Gendarmeriepostens Kufstein vom 19. 11. 1920: ebenda, II 11 g; Bericht des Postens Scharnitz vom 19. 11. 1920, ebenda.

[36] „Protokoll über die Besprechung des Landeshauptmanns mit den Leitern der pol. Bezirksbehörden und dem Vorstande der Heimwehr", 18. 7. 1921: ebenda, Präsidialakten 1932, 303 III 10.

[37] Stumpf an die Tiroler Bezirkshauptmannschaften, 2. 11. 1921, ebenda.

[38] Der deutsche Konsul in Innsbruck an das A. A., 1. 12. 1921: Bundesarchiv Koblenz, Reichskanzlei – Akten betr. Österreich, R 43 I/105.

[39] von Stockhammern an Reichskanzlei, 2. 12. 1921, ebenda.

[40] Landkarte von 1922: Landesarchiv Tirol, Präsidialakten 1932, 303 III 10, mit Stärkeangaben.

[41] „Protokoll der Stabsleitersitzung in Klagenfurth am 13. August 1921", ebenda.

[42] „Bericht über eine zwischen christlich-sozial. Heimatwehrführern stattgefundene Besprechung in Salzburg am 29. Oktober 1921": ebenda. Gezeichnet von Dr. Steidle.

[43] ebenda.

[44] Rape, a. a. O., S. 338–44; Bericht vom 16. 8. 1922: Bundesarchiv Koblenz, Nachlaß Bauer, Nr. 30a.

[45] „Information" für den Polizeipräsidenten, Wien, 1. und 6. 7. 1922: Polizeiarchiv Wien, Nachlaß Schober, Box 37.

[46] Bericht Obwurzers, Wien, 17. 10. 1922, und Wandeslebens, Wien, 18. 10. 1922: Bundesarchiv Koblenz, Nachlaß Bauer, Nr. 30a.

[47] Obiges laut „159. Sitzung des Verbandes der Großdeutschen Volkspartei am 18. Oktober 1922": Verwaltungsarchiv Wien, Großdeutsche Volkspartei, Karton 3. Rintelen und Steidle waren Christlichsoziale, Hartmann und Klimann Großdeutsche.

[48] Wandesleben an Bauer, Innsbruck, 8. 11. 1922: Bundesarchiv Koblenz, Nachlaß Bauer, Nr. 30a.

[49] Bauer an Ludendorff, 3. 2. 1922: Nusser, a. a. O., S. 227.

[50] Bericht von Hörl, München, 13. 3. 1922: Nachlaß Bauer, Nr. 30a.

[51] Zusammenfassender Bericht Bauers, Wien, 6. 3. 1923: ebenda, Nr. 30b.

[52] Krauß an Nationalverband deutscher Offiziere: Friedrich Berg, Die weiße Pest – Beiträge zur völkischen Bewegung in Österreich, Wien 1926, S. 17 f.

[53] Bericht Bauers, Wien, 6. 3. 1923: Bundesarchiv, Nachlaß Bauer, Nr. 30b.

[54] Deutscher Wehrbund, Wien, 29. 4. 1922: ebenda, Nr. 30a.

[55] Bericht von Missuweit und Obwurzer, Wien, 16. 8. 1922, ebenda.

[56] „Verhandlungsschrift über die Landesparteileitungs-Sitzung am 4. Feber 1922": Verwaltungsarchiv Wien, Großdeutsche Volkspartei, Karton 29.

[57] Bericht von Bauer, Wien, 6. 3. 1923: Bundesarchiv, Nachlaß Bauer, Nr. 30b.

[58] Bericht von Bauer, Wien, 15. 7. 1922: ebenda, Nr. 30a.

[59] „Entwurf eines Arbeitsprogramms", undatiert (Juli 1922), ebenda.
[60] Bericht Bauers über seine Verhandlungen in Innsbruck und München, Wien, 15. 7. 1922: ebenda.
[61] Steidle an Bauer (?), Innsbruck, 10. 7. 1922, ebenda.
[62] Rape, a. a. O., S. 406, 413 f., 423 ff., 435 ff., 500; Nusser, a. a. O., S. 230.
[63] Rape, a. a. O., S. 433 f., 483 f., 517.
[64] Landesleitung Tirol an Bauer (?), Innsbruck, 3. 11. 1922: Bundesarchiv, Nachlaß Bauer, Nr. 30a.
[65] Rape, a. a. O., S. 500 ff.
[66] Steidle an Seipel, 29. 1. 1923: Bundesarchiv, Nachlaß Bauer, Nr. 30a.
[67] Bauer an Graf Revertera, Wien, 26. 2. 1923, und Klimanns Bemerkungen vom gleichen Tage, ebenda.
[68] Rape, a. a. O., S. 585 f.
[69] Bauer an Pabst, 12. 3. 1923: Nachlaß Bauer, Nr. 30b.
[70] Rape, a. a. O., S. 547–55; Nusser, a. a. O., S. 231.
[71] Heimwehr-Gauleitung Mittel- und Westtirol an Landesleitung, Innsbruck, 26. 4. 1923: Tiroler Landesarchiv, Präsidialakten 1932, 303 III 10.
[72] Bericht der gleichen Gauleitung, Innsbruck, 16. 1. 1923, ebenda.
[73] Berichte der gleichen Gauleitung, Innsbruck, 21. 3. 1923, 20. 11. 1924, ebenda.
[74] Protokoll über die Verhandlungen bei der Landesregierung am 2. 10. 1923: Kärntner Landesarchiv, Präs. 7–1/1038, 1923, Fasz. 672.
[75] Polizeiberichte vom 22. 10. und 2. 11. 1923: ebenda.
[76] Kärntner Landesregierung an Bundesminister für Inneres, Klagenfurt, 7. 2. 1923: ebenda.
[77] Bruce F. Pauley, Hahnenschwanz und Hakenkreuz, Wien 1972, S. 43 f.

IV. DIE ANFÄNGE DER ÖSTERREICHISCHEN NATIONALSOZIALISTEN

[1] „Reichspost", 29. 6. 1919.
[2] Polizeibericht vom 20. 8. 1919: Verwaltungsarchiv Wien, Pol.-Dir. Wien, Berichte 1919.
[3] Polizeibericht vom 1. 9. 1920: ebenda, Berichte 1920.
[4] Rudolf Brandstötter, Dr. Walter Riehl und die Geschichte der nationalsozialistischen Bewegung in Österreich, unveröffentlichte Wiener Diss. 1969, S. 150.
[5] „Deutsche Arbeiter-Presse – Nationalsozialistisches Wochenblatt", Nr. 49, Wien, 6. 12. 1919.
[6] Ferd. Raab, Schlossermeister in Neumarkt, „Die Geschichte der nationalsozialistischen Bewegung in Neumarkt", Ms. im Oberösterreichischen Landesarchiv, S. 1.
[7] Polizeibericht vom 3. 1. 1920: Tiroler Landesarchiv, Präsidialakten 1920, XII 77.

[8] Brandstötter, a. a. O., S. 171, 175.
[9] W. Gattermayer im Januar 1920: Pichl, a. a. O., V S. 283.
[10] Brandstötter, a. a. O., S. 162 ff., 170.
[11] „Deutsche Arbeiter-Presse – Nationalsozialistisches Wochenblatt", Nr. 26, Wien, 23. 7. 1921, mit Einladung zum *zweiten* zwischenstaatlichen Vertretertag der nationalsozialistischen Partei: in Wirklichkeit war es der dritte.
[12] Ebenda.
[13] Für Einzelheiten siehe F. L. Carsten, Der Aufstieg des Faschismus in Europa, Frankfurt 1968, S. 122 f., Alan Bullock, Hitler, Ausg. 1973, S. 74 ff., Albrecht Tyrell, Vom ‚Trommler' zum ‚Führer', München 1975, passim.
[14] Brandstötter, a. a. O., S. 184–87.
[15] Dr. Schober an Bundesministerium für Inneres, Wien, 8. 3., und Polizeiberichte vom 12. und 13. 3. 1921: Verwaltungsarchiv Wien, Bundeskanzleramt, 22/gen., Box 4862, und Polizeiarchiv Wien, Nachlaß Theodor Reimer, Box 7.
[16] Landesparteileitung Kärnten an Großdeutsche Parteileitung, Klagenfurt, 25. 2. 1921: Verwaltungsarchiv Wien, Großdeutsche Volkspartei, Karton 29.
[17] Deutscher Konsul in Innsbruck an A. A., 20. 4. 1923: Bundesarchiv Koblenz, Reichskanzlei, R 43 I/106.
[18] „Sitzung der Vertreter der deutschvölkischen Landes- und Parteiorganisationen am 12. Mai 1920": Verwaltungsarchiv Wien, Großdeutsche Volkspartei, Karton 1.
[19] Brandstötter, a. a. O., S. 194.
[20] Deutscher Konsul in Innsbruck an A. A., 20. 4. 1923: Bundesarchiv Koblenz, Reichskanzlei, R 43 I/106.
[21] Polizeidirektion Graz an Steiermärk. Landesregierung, 22. 3. und 26. 4. 1923: Steiermärk. Landesarchiv, Präsidialakten, E. 91, 1921–1925, Polizeiberichte.
[22] Polizeibericht vom 10. 1. 1923: Haus-, Hof- und Staatsarchiv, Liasse Österreich, 2/21, Fasz. 302.
[23] Schober an Bundeskanzleramt, 1. 9. 1923: ebenda und in Nachlaß Schober, Polizeiarchiv Wien, Box 49.
[24] Bauer an Hitler, Wien, 14. 4. 1923: Bundesarchiv Koblenz, Nachlaß Bauer, Nr. 30b.
[25] Bezirkshauptmannschaft Voitsberg an steiermärk. Landesregierung, 2. 11. 1923: Steiermärk. Landesarchiv, Präsidialakten, E. 91, 1921–1925.
[26] Schober an Bundeskanzleramt, 5. 7. 1923: Haus-, Hof- und Staatsarchiv, Liasse Österreich, 2/3, Fasz. 275; Gerhard Botz, Gewalt in der Politik – Attentate, Zusammenstöße, Putschversuche, Unruhen in Österreich 1918 bis 1934, München 1976, S. 118 f.
[27] Bauer an Ludendorff, Wien, 26. 4. 1923: Nachlaß Bauer, Nr. 30b.
[28] Pabst an Bauer, Innsbruck, 2. 5. 1923: ebenda.

[29] Bauer an Hitler, Wien, 25. 4. 1923: ebenda.
[30] Bauer an Ludendorff, Wien, 20. 8. 1923: ebenda.
[31] Bauer an Scheubner-Richter, Wien, 30. 9. 1923: ebenda.
[32] „Die Geschichte der Bestrebungen nach Herstellung einer nationalen Einheitsfront", S. 12: Verwaltungsarchiv Wien, Großdeutsche Volkspartei, Karton 28.
[33] So der Nationalsozialist Dr. Suchenwirth am 16. 8. 1923: Bericht vom 17. 8. in Polizeiarchiv Wien, Nachlaß Schober, Box 49.
[34] Brandstötter, a. a. O., S. 197 f.; „Verhandlungsschrift über die Sitzung der Landesparteileitung Wien", 20. 8. 1923: Verwaltungsarchiv Wien, Großdeutsche Volkspartei, Karton 16.
[35] Bauer an Ludendorff, 20. 8. 1923: Nachlaß Bauer, Nr. 30b.
[36] Obiges laut Meldung Lechners nach München vom 29. 8. 1923: Polizeiarchiv Wien, Nachlaß Schober, Box 49.
[37] Polizeibericht, Graz, 6. 9. 1923: Steiermärk. Landesarchiv, Präsidialakten, E. 91, 1921–1925.
[38] Meldung Lechners nach München, Wien, 1. 9. 1923: Polizeiarchiv Wien, Nachlaß Schober, Box 49.
[39] Riehl an Sekretär Lauböck in München, Wien, 23. 10. 1923: Institut für Zeitgeschichte, München, Mikrofilm MA 731.
[40] Bauer an Ludendorff, Wien, 20. 11. 1923: Bundesarchiv Koblenz, Nachlaß Bauer, Nr. 30b.
[41] Brandstötter, a. a. O., S. 214, 218.
[42] Schober an Bundeskanzleramt, Wien, 17. 3. 1925: Haus-, Hof- und Staatsarchiv, Liasse Österreich, 2/21, Fasz. 302.

V. DAS VÖLKISCHE LAGER

[1] Für detaillierte Wahlziffern siehe C. A. Gulick, Austria from Habsburg to Hitler, Berkeley-Los Angeles 1948, I S. 690.
[2] Pichl, Schönerer, V S. 275, mit Zitat aus dem „Alldeutschen Tagblatt".
[3] „Die Einigung der nationalen Parteien", 16. 12. 1919: Verwaltungsarchiv Wien, Verhandlungsschriften der „Großdeutschen Vereinigung".
[4] Erklärung Dr. Ursins vom 26. 2. 1919: ebenda, 1. Sitzung der deutschnationalen Nationalräte.
[5] „Sitzung der Vertreter der deutschvölkischen Landes- und Parteiorganisationen am 12. Mai 1920": Verwaltungsarchiv Wien, Großdeutsche Volkspartei, Karton 1.
[6] Pichl, a. a. O., V S. 289 f.
[7] „13. Sitzung des Verb. d. Abg. der Großdeutschen Volkspartei am 16. Dez. 1920": Verwaltungsarchiv, Großdeutsche Volkspartei, Karton 1.
[8] „18. Sitzung des Verb. d. Abgeordneten der Großdeutschen Volkspartei am 25. 1. 1921", ebenda (Rede des Abgeordneten Zeidler).

[9] Sitzung vom 25. 1. 1921, ebenda; Sitzung vom 8. 6.1920: Verwaltungsarchiv, Verhandlungsschriften der „Großdeutschen Vereinigung".

[10] „106. Sitzung des Verbandes der Abgeordneten der Großdeutschen Volkspartei am 21. Februar 1922": ebenda, Großdeutsche Volkspartei, Karton 3.

[11] „4. Sitzung des Abgeordnetenverbandes der Großdeutschen Volkspartei am 21. November 1923": ebenda, Karton 4.

[12] „46. Sitzung des Abgeordnetenverbandes der Großdeutschen Volkspartei am 11. November 1924": ebenda, Karton 5.

[13] Großdeutsche Reichsparteileitung an Geschäftsführer Ibounig in Klagenfurt, Wien, 9. 7. 1929 (Durchschlag): ebenda, Karton 29.

[14] „Verband deutschvölkischer Vereine Deutschösterreichs", gez. Max Kilhof, Wien, ohne Datum: ebenda, Karton 10.

[15] Hans Krebs an Gregor Strasser, Aussig, 18. 3. 1930: Bundesarchiv Koblenz, Sammlung Schumacher, Nr. 305 I.

[16] „Bundesturnzeitung", 11. 3. 1920, zitiert bei Rudolf G. Ardelt, Zwischen Demokratie und Faschismus, Wien–Salzburg 1972, S. 43.

[17] Rape, a. a. O., S. 217 f.

[18] Bauer an Ludendorff, 10. 12. 1922: Bundesarchiv Koblenz, Nachlaß Bauer, Nr. 30a.

[19] Ferdinand Khull-Kholwald, „Rassenfragen", in „Bundesturnzeitung", 15. 9. 1920, zitiert bei Ardelt, a. a. O., S. 65.

[20] Der gleiche in „Bundesturnzeitung", 1. 12. 1920, zitiert ebenda, S. 66.

[21] „Unsere Leitsätze" in „Bundesturnzeitung", 15. 5. 1920, zitiert ebenda, S. 93 f.

[22] „Hüte dich, deutsches Mädchen", in „Bundesturnzeitung", 1. 10. 1924, zitiert ebenda, S. 105.

[23] „Der verjudete Arier" in „Bundesturnzeitung", 15. 1. 1925, zitiert ebenda, S. 63.

[24] „Bundesturnzeitung", 15. 1. 1925, zitiert ebenda, S. 83.

[25] Polizeibericht, Wien, 30. 9. 1923: Polizeiarchiv Wien, Nachlaß Schober, Box 49.

[26] Polizeibericht vom 28. 9. 1924: ebenda, Box 50.

[27] „97. Sitzung des Abgeordnetenverbandes der Großdeutschen Volkspartei am 1. September 1925": Verwaltungsarchiv Wien, Großdeutsche Volkspartei, Karton 5; Brandstötter, a. a. O., S. 226 f.; Berg, Die weiße Pest, S. 69.

[28] Ludwig Jedlicka, The Austrian Heimwehr, in: Journal of Contemporary History, I 1, 1966, S. 130–32.

[29] Steidle an Schober, Innsbruck, 27. 6. 1925: Polizeiarchiv Wien, Nachlaß Schober, Box 27/4.

[30] Polizeibericht, Wien, 25. 9. 1919: Verwaltungsarchiv Wien, Pol.-Dir. Wien, Berichte 1919, Pr. Z. 13 814.

[31] Polizeibericht vom 5. 10. 1919, Pr. 13 909/4, ebenda.

[32] Polizeibericht vom 7. 6. 1920, Pr. Z. 5248/1: ebenda, Berichte 1920.

[33] Polizeibericht vom 7. 11. 1920, Pr. 9780, ebenda.

[34] Flugblatt mit den Forderungen des Tiroler Antisemitenbundes in Tiroler Landesarchiv, Präsidialakten 1919, XII 76 e; vgl. ebenda XII 77 für die Versammlung vom 30. 11. 1919.

[35] Tiroler Antisemitenbund an Landesregierung, Innsbruck, 21. 1. und 22. 2. 1920, mit Antwort vom 25. 2. 1920: ebenda, Präsidialakten 1921, XII 76 e.

[36] Tiroler Landesregierung an Antisemitenbund, Innsbruck, 13. 2. 1920 (Entwurf), ebenda.

[37] „Neue Tiroler Stimmen", 9. 1. 1919, Mittagsblatt.

[38] Ebenda, 13. 2. 1919, Mittagsblatt.

[39] Ebenda, 21. 1. 1919, Abendausgabe.

[40] Polizeiberichte vom 20. und 22. 9. 1921: Polizeiarchiv Wien, Nachlaß Reimer, Box 7.

[41] Polizeibericht vom 6. 11. 1921: Verwaltungsarchiv Wien, Bundeskanzleramt, 22/gen., Box 4862.

[42] Polizeibericht, Graz, 6. 4. 1921: Steiermärk. Landesarchiv, Präsidialakten, E. 91, 1921–1925, Polizeiberichte.

[43] Polizeiberichte, Wien, 20.–21. 1. 1923: Polizeiarchiv Wien, Nachlaß Schober, Box 49. Die Massenbeteiligung läßt sich dadurch erklären, daß es ein Sonntag war.

[44] Polizeibericht, Wien, 14. 2. 1923: ebenda, Box 38/1.

[45] Polizeibericht vom 28. 9. 1924: ebenda, Box 50.

[46] Polizeikommissariat Eisenstadt an Polizeiabteilung der burgenländ. Landesregierung, Eisenstadt, 12. 2. 1925 und 14. 11. 1924, undatiertes völkisches Flugblatt für die Gemeinderatswahlen vom 11. 1. 1925: Burgenländ. Landesarchiv, Regierungsarchiv, 4–11/1924, V–8/1925. Für die Losung vgl. oben S. 35–36.

VI. DER AUFSTIEG DER HEIMWEHREN

[1] Gauleitung Unterinntal an Landesleitung, Melans, Absam, 30. 9. 1925: Tiroler Landesarchiv, Präsidialakten 1932, 303 III 10.

[2] Gauleitung Mittel- und Westtirol an Landesleitung, Innsbruck, 17. 4. 1926: ebenda.

[3] Gleiche Gauleitung an Landesleitung, 20. 11. 1924: ebenda.

[4] Steidle an Schober, 14. 7. 1925: Polizeiarchiv Wien, Nachlaß Schober, Box 27/4.

[5] Obiges nach der Korrespondenz im Nachlaß Schober, Box 27/4: Steidle an Schober, Innsbruck, 27. 6. und 14. 7. 1925, mit Kopien seines Briefes an Ehrenfels, Innsbruck, 27. 6., und Ehrenfels' Antwort, Wien, 10. 7. 1925.

[6] Deutscher Konsul in Innsbruck an A. A., 13. 1. 1927: Auswärt. Amt, Abt. II, Akten betr. Heimwehr-Organisationen, 6080 H, E450990–91.

[7] Der gleiche an A. A., 9. 8. 1926: Bundesarchiv Koblenz, Reichskanzlei, R 43 I/108.
[8] Der gleiche an A. A., Innsbruck, 27. 10. 1926: ebenda.
[9] Kommerzialrat Rhomberg an Ender, Dornbirn, 29. 12. 1926; Ender an Rhomberg, 10. 1., Rhomberg an Ender, 11. 1. 1927: Vorarlberger Landesarchiv, Präsidialakten 900, 1928. „Vorarlberger Volksblatt", 31. 12. 1926, mit den Satzungen des Heimatdienstes.
[10] Der Vorsitzende des Heimatdienstes an Major Matt, 30. 5. 1927: ebenda.
[11] Gedruckte Satzungen in: Steiermärk. Landesarchiv, Bezirkshauptmannschaft Graz 1927, Gruppe 14.
[12] Lebenslauf Hanns Rauter, 15. 2. 1935: Institut für Zeitgeschichte, 2108/57.
[13] Josef Hofmann, Der Pfrimer-Putsch, Wien-Graz 1965, S. 8 f.
[14] 50 Jahre Burgenland, in „Burgenländisches Leben", XXII, Nr. 11–12, Nov.–Dez. 1971, S. 21.
[15] Bezirkshauptmannschaft Mattersburg an Landesregierung, 1. 5., 1. 6., 1. 7., 1. 8. 1926: Burgenländ. Landesarchiv, Regierungsarchiv, III–6/1926; Bericht des Polizeikommissariats Eisenstadt, 14. 6. 1926, ebenda.
[16] Bezirkshauptmannschaft Mattersburg an Landesregierung, 31. 12. 1926: ebenda, III–16/1927.
[17] „Burgenländische Freiheit", Sauerbrunn, 4. 2.; „Bauernstimmen" (Burgenländische Ausgabe), Graz, 5. 2. 1927.
[18] Bezirkshauptmannschaft Mattersburg an Landesregierung, 1. 2. 1927: Burgenländ. Landesarchiv, Regierungsarchiv, III–16/1927.
[19] Bericht der gleichen Behörde, 1. 7. 1927, ebenda.
[20] Polizeiberichte, Wien, 18. und 21. 7. 1927: Polizeiarchiv Wien, Nachlaß Schober, Box 87 (mit allen Einzelheiten über die Unruhen). Vgl. Botz, a. a. O., S. 144–54.
[21] Franz Schweiger, Geschichte der niederösterreichischen Heimwehr von 1928 bis 1930, unveröffentl. Wiener Diss. 1964, S. 3.
[22] Ebenda, S. 5.
[23] Heimatschutz in Österreich, Wien 1934, S. 75.
[24] Stumpf an Steidle, Innsbruck, 17. 7. 1927, und Abrechnung vom Sept. 1927: Tiroler Landesarchiv, Präsidialakten 1929, 1709 XII 57.
[25] Tiroler Landesregierung an Bundeskanzleramt, Innsbruck, 4. 8. 1927, ebenda.
[26] Heimatwehr für Oberösterreich an Dr. Schlegel, Linz, 17. 7. 1927: Oberösterreich. Landesarchiv, Nachlaß Theodor Berger, Nr. 26.
[27] Siehe oben S. 65–66.
[28] „Vereinbarung, Judenburg, 18. 7. 1927": Kopie in Steiermärk. Landesarchiv, Bezirkshauptmannschaft Liezen, Gruppe 14; Pauley, Hahnenschwanz und Hakenkreuz, S. 49.
[29] So „Der Panther – Steirische Heimatschutzzeitung", 1. Jahrgang, Folge 13, Graz, 26. 7. 1930, in einem Artikel zum dreijährigen Jahrestag von „Dr. Pfrimers Sieg".

30 Bericht des ungarischen Gesandten in Prag, Masirevich, über Unterredung mit Schober am 13. 7., Prag, 16. 7. 1927: D. Nemes, Die „österreichische Aktion“ der Bethlen-Regierung, Acta Historica, XI, Budapest, 1965, S. 191.

31 Ansicht des ungarischen Armeekommandanten Jánky, zitiert ebenda, S. 197.

32 Reichskommissar für die Überwachung der öffentlichen Ordnung, Berlin 22. 7. 1927, S. 5: Bundesarchiv Koblenz, Reichskanzlei, R 43 I/109.

33 Schweiger, a. a. O., S. 34.

34 Memorandum für Bethlen, Innsbruck, 23. 5. 1928: L. Kerekes (Hsg.), Akten zu den geheimen Verbindungen zwischen der Bethlen-Regierung und der österreichischen Heimwehrbewegung, Acta Historica, XI, Budapest, 1965, Nr. 2, S. 309 f. Steidles erstes Memorandum für die Italiener, in dem er die Gefahren des Bolschewismus und des Republikanischen Schutzbundes betonte, stammt vom April 1927: I Documenti diplomatici Italiani, 7. Serie, Bd. 5, Rom 1967, S. 177.

35 Steidles Erklärung vom Juli 1928, ebenda, Nr. 8, S. 317; L. Kerekes, Italien, Ungarn und die österreichische Heimwehrbewegung, in: Österreich in Geschichte und Literatur, IX 1, 1965, S. 2–6.

36 L. Kerekes, Abenddämmerung einer Demokratie, Wien–Frankfurt–Zürich 1966, S. 23; Nusser, Konservative Wehrverbände . . ., S. 303 ff.

37 Für den Stahlhelm siehe Volker R. Berghahn, Der Stahlhelm, Bund der Frontsoldaten 1918–1935, Düsseldorf 1966.

38 Steidle an Bethlen, Innsbruck, 4. 3. 1929: Kerekes, Akten zu den geheimen Verbindungen . . ., Nr. 13, S. 319 f.; Kerekes, Abenddämmerung einer Demokratie, S. 32 f. über Pabsts Besuch in Berlin.

39 Schweiger, a. a. O., S. 134.

40 Aufzeichnung, Wien, 10. 9. 1929: Auswärt. Amt, Akten betr. Heimwehr-Organisationen, 6080H, E451059.

41 „Der Panther“, I. Jahrgang, Folge 12, Graz, 19. 7. 1930, mit Bild.

42 Erklärung der Heimwehrführer, Wien, 10. 8. 1929: Kerekes, Akten zu den geheimen Verbindungen . . ., Nr. 16, S. 324.

43 Botschaft Bethlens für Steidle, 27. 9. 1929: Kerekes, Abenddämmerung einer Demokratie, S. 52.

44 Unterredung Walkós mit Steidle, Wien, 20. 9. 1929: Kerekes, Akten zu den geheimen Verbindungen . . ., Nr. 21, S. 329 f.

45 „Die Rolle Italiens in der österreichischen Heimwehrpolitik“, Wien, 14. 11. 1929: Oberösterreich. Landesarchiv, Nachlaß Berger, Nr. 27.

46 „Major Pabst über sein Aktionsprogramm, Wien, 1. Nov. 1929“, ebenda. Anscheinend Notizen, die sich jemand während der Sitzung machte.

47 „Der Panther“, 3. Jahrgang, Folge 49, Graz, 10. 12. 1932.

48 Habicht an Hitler, Linz, 4. 11. 1932: Bundesarchiv Koblenz, Sammlung Schumacher, Nr. 305 I.

49 „Die Heimwehr“, Nr. 2, 11. 1. 1929, zitiert bei Schweiger, a. a. O., II S. 104.

[50] Steidle in Amstetten am 1. 7. 1928: ebenda, I S. 25.
[51] Bundespolizeidirektion Wien, 20. 7. 1929: Polizeiarchiv Wien, Nachlaß Schober, Box 31.
[52] Zwölfseitiger Bericht Schobers vom 31. 8. 1929: ebenda, Box 31, und Verwaltungsarchiv Wien, Bundeskanzleramt, 22/gen., Karton 4865.
[53] Schätzung von 1928 bei Pauley, Hahnenschwanz und Hakenkreuz, S. 60.
[54] Schweiger, Geschichte der niederösterreichischen Heimwehr . . ., S. 11, 29, 53–59.
[55] Gendarmeriepostenkommando Bruck an Bezirkshauptmannschaft Bruck, 6. 10. 1928: Steiermärk. Landesarchiv, Bezirkshauptmannschaft Bruck, Gruppe Vrst.
[56] Graf Lerchenfeld an A. A., Wien, 20. 9. 1928: Bundesarchiv Koblenz, Reichskanzlei, R 43 I/110.
[57] Tiroler Landesregierung an Bundeskanzleramt, 13. 11. 1928: Verwaltungsarchiv Wien, Bundeskanzleramt, 22/gen., Karton 4865.
[58] Schweiger, a. a. O., S. 89 f.
[59] Polizeidirektion Graz an Bundeskanzleramt, 13. 11. 1929: Verwaltungsarchiv, Bundeskanzleramt, 22/gen., Karton 4865; Bericht vom 16. 11. 1929: Bundesarchiv Koblenz, Reichskanzlei, R 43 I/110.
[60] Bericht der „Deutschösterreichischen Tageszeitung", 3. 12. 1929: Verwaltungsarchiv Wien, Bundeskanzleramt, 22/gen., Karton 4866, Vgl. unten S. 168 für Starhemberg und Oberland.
[61] Pauley, a. a. O., S. 52.
[62] „Zusammenfassender Bericht über die auftragsgemäß bei den Werksbetrieben der österr. Alpine Montangesellschaft durchgeführten Erhebungen", Graz, 30. 8. 1934: Verwaltungsarchiv Wien, Bundeskanzleramt, 22/gen., Karton 4923; Hans Hautmann und Rudolf Kropf, Die österreichische Arbeiterbewegung vom Vormärz bis 1945, Wien 1974, S. 158 f.
[63] Siehe oben S. 65–66.
[64] Kerekes, Abenddämmerung . . ., S. 24.
[65] Kerekes, Akten zu den geheimen Verhandlungen . . ., Nr. 11, S. 318.
[66] Memorandum vom Mai 1928: Nemes, Die „österreichische Aktion" der Bethlen-Regierung, Acta Historica, XI, 1965, S. 200.
[67] Walter Goldinger, Der geschichtliche Ablauf der Ereignisse in Österreich, in: H. Benedikt (Hsg.), Geschichte der Republik Österreich, Wien 1954, S. 158.
[68] Schweiger, a. a. O., S. 80, 201.
[69] Klemens von Klemperer, Ignaz Seipel, Princeton 1972, S. 289; Peter Huemer, Sektionschef Robert Hecht und die Entstehung der ständisch-autoritären Verfassung, unveröffentl. Wiener Diss. 1968, S. 580.
[70] Klemperer, a. a. O., S. 356.
[71] Deutsche Gesandtschaft Wien an von Bülow im A. A., 23. 8. 1929: Auswärt. Amt, Abt. II, Akten betr. Heimwehr, 6080 H, E451042–43.
[72] Klemperer, a. a. O., S. 357.

[73] So Vinzenz Schumy, Führer des Bauernbundes, in MS. von 1938 über die Heimwehren, S. 30, 35: Institut für Zeitgeschichte, Wien.

[74] So Steidle am 20. 9. 1929: Kerekes, Akten zu den geheimen Verbindungen . . ., Nr. 21, S. 330.

[75] „Gedächtnisstütze über den Bericht des Landeshauptmannstellvertreters Langoth . . . über Unterredung mit Schober im Sept. 1929": Oberösterreich. Landesarchiv, Nachlaß Schlegel, Nr. 1, Fasz. 2.

[76] So Ms. von Schumy, S. 46: Institut für Zeitgeschichte, Wien.

[77] Polizeibericht, Graz, 9. 5. 1931: Steiermärk. Landesarchiv, Landesamtsdirektion 1932, 384 He 2.

[78] So Ms. von Schumy, S. 46, über Unterredung mit Schober im November 1929: Institut für Zeitgeschichte, Wien.

[79] Kerekes, Einleitung zu: Akten zu den geheimen Verbindungen . . ., S. 304.

[80] Geheiminstruktion für Auriti, Wien, 1. 12. 1930: Oberösterreich. Landesarchiv, Nachlaß Th. Berger, Nr. 27.

[81] „Heimwehr" vom 4. 10. 1929, zitiert bei Schweiger, a. a. O., II S. 160.

[82] Vertraulicher Bericht aus Österreich, gesandt an Reichskanzlei am 17. 1. 1930: Bundesarchiv Koblenz, Reichskanzlei, R 43 I/111.

[83] „Aktionsplan der Heimwehrführung, Wien, den 14. Oktober" (1929): Oberösterreich. Landesarchiv, Nachlaß Th. Berger, Nr. 27.

[84] Vertraulicher Bericht aus Österreich, gesandt an Reichskanzlei am 17. 1. 1930: Bundesarchiv, Reichskanzlei, R 43 I/111.

[85] „123. Sitzung des Verbandes der Abgeordneten der Großdeutschen Volkspartei am 14. Mai 1929": Verwaltungsarchiv Wien, Großdeutsche Volkspartei, Karton 6. Der Redner war Dr. Straffner.

[86] Schweiger, a. a. O., I S. 150.

[87] Kerekes, Abenddämmerung . . ., S. 66.

[88] Bundespolizeikommissariat Klagenfurt an Bundeskanzleramt, 22. 8. 1929: Verwaltungsarchiv Wien, Bundeskanzleramt, 22/gen., Karton 4865.

[89] Bericht aus Graz, 4. 9. 1929, ebenda.

[90] Bundespolizeidirektion Salzburg an Bundeskanzleramt, 10. 9. 1929: ebenda.

[91] Bericht des Oberösterreichischen Landesgendarmeriekommandos, Linz, 28. 11. 1927: Oberösterreich. Landesarchiv, Politische Akten, Nr. 18.

[92] Schweiger, a. a. O., I S. 187.

[93] Polizeidirektion Wien an Bundeskanzleramt, 31. 8. 1929: Verwaltungsarchiv Wien, Bundeskanzleramt, 22/gen., Karton 4865. Auch in Polizeiarchiv Wien, Nachlaß Schober, Box 31.

[94] Bericht der Bezirkshauptmannschaft Oberwart, 12. 12. 1928: Burgenländ. Landesarchiv, Regierungsarchiv, III–6/1929.

[95] Bericht der Bezirkshauptmannschaft Neusiedl, 2. 10. 1929, ebenda.

[96] Berichte der Bezirkshauptmannschaften Mattersburg und Güssing, 7. 10. und 4. 11. 1929, ebenda.

[97] Bericht der Bezirkshauptmannschaft Eisenstadt, 28. 12. 1928, mit Notiz vom 9. 1. 1929: ebenda, III–3/1928.

[98] Bericht des Polizeikommissariats Eisenstadt, 17. 12. 1928, ebenda.
[99] Bericht des Bundespolizeikommissariats Eisenstadt, 8. 10. 1929: ebenda, III–16/1929.
[100] Bericht der Bezirkshauptmannschaft Eisenstadt, 31. 10. 1929, ebenda.
[101] Bericht der Bezirkshauptmannschaft Neusiedl, 31. 5. 1929, ebenda.
[102] Berichte des Bundespolizeikommissariats Eisenstadt vom 11. 2., 30. 4. und 28. 5. 1930: ebenda, III–31/1930.
[103] Berichte der Bezirkshauptmannschaft Neusiedl, 26. 2. und 1. 4. 1930, ebenda.
[104] Satzungen vom 17. 8. 1927: ebenda, Burgenländ. Vereinsakten, A/IV–14, Nr. 1098.
[105] Satzungen vom 28. 10. 1929: ebenda, Burgenländ. Vereinsakten, A/IV–14, Nr. 1041.
[106] Bundespolizeidirektion Linz an Bundeskanzleramt, 24. 9. 1929: Verwaltungsarchiv Wien, Bundeskanzleramt, 22/gen., Karton 4865.
[107] „Aufzeichnungen des Fürsten Ernst Rüdiger Starhemberg bis zum Jahre 1938 verfaßt während des zweiten Weltkrieges in London“: Ms. in Institut für Zeitgeschichte, Wien, S. 29.
[108] „Lebenserinnerungen des Fürsten Ernst Rüdiger von Starhemberg von ihm selbst verfaßt im Winter 1938/39 in Saint Gervais“, Ms. ebenda. Dies ist die frühere Version, die in manchem aufschlußreicher ist als die spätere.
[109] „Vortrag über das Thema ‚Heimwehr‘ vor dem Arbeitskreis für österr. Geschichte in Wien am 9. März 1961“ von Peter Graf Revertera: Herrschaftsarchiv Helfenberg, Oberösterreich.
[110] Bericht der Bundespolizeidirektion Wien, 21. 7. 1929: Polizeiarchiv Wien, Nachlaß Schober, Box 31.
[111] „Heimatwehr in Oberösterreich, Mitteilungen des Pg. (sic!) Gustav Wurm jun.“, anscheinend nach 1938 geschrieben: Oberösterreich. Landesarchiv, Nachlaß Th. Berger, Nr. 31.
[112] Der Bezirkshauptmann von Steyr Dr. Strasnicky an Oberösterreich. Landesregierung, 7. 9. 1929: ebenda, Landesregierungsarchiv, Nr. 7.
[113] Bundespolizeidirektion Salzburg an Bundeskanzleramt, 10. 9. 1929: Verwaltungsarchiv Wien, Bundeskanzleramt, 22/gen., Karton 4865.
[114] Polizeidirektion Graz an Landeshauptmann Rintelen, 9. 10. 1928: Steiermärk. Landesarchiv, Landesamtsdirektion, 1928, 384 W 26.
[115] Gemeindeamt Andritz an Landesregierung, 28. 3. 1929: ebenda, Bezirkshauptmannschaft Graz 1929, Gruppe 14.
[116] Rauter an Bezirkshauptmannschaft Graz-Umgebung, 21. 3. 1929, ebenda.
[117] Steidle an Tiroler Landesregierung, Innsbruck, 9. 1. 1928: Tiroler Landesarchiv, Präsidialakten 1929, 1709 XII 57.
[118] Aufzeichnung eines unparteiischen Österreichers, übersandt von Deutscher Gesandtschaft an von Bülow, 23. 8. 1929: Auswärt. Amt, Abt. II, Akten betr. Heimwehr, 6080H, E451049.

VII. HITLER BEANSPRUCHT DIE FÜHRUNG IN ÖSTERREICH

[1] Polizeiberichte, Wien, 24. 8. 1924 und 17. 3. 1925: Polizeiarchiv Wien, Nachlaß Schober, Box 50; Haus-, Hof- u. Staatsarchiv, Liasse Österreich 2/21, Fasz. 302.

[2] SA-Befehl Nr. 21, Wien, 30. 11. 1923, gez. Ekkehard Czedron: Berg, Die weiße Pest, Wien 1926, S. 25.

[3] Rundschreiben der Kärntner Landesleitung, Klagenfurt, 19. 4. 1924: Bundesarchiv Koblenz, NS 26, vorl. 143.

[4] Bericht Schobers, Wien, 17. 3. 1925: Haus-, Hof- und Staatsarchiv, Liasse Österreich 2/21, Fasz. 302.

[5] Polizeibericht, Wien, 28. 9. 1924: Polizeiarchiv Wien, Nachlaß Schober, Box 50.
Das Wort „Hackenkreuzler" kommt in diesen Jahren noch häufig in den Polizeiberichten vor.

[6] Bericht Schobers vom 17. 3. 1925 (siehe Anm. 4). Für den Eisenbahnerstreik und die Haltung der Großdeutschen siehe oben S. 86.

[7] Polizeibericht vom 19. 8. 1925: Polizeiarchiv Wien, Nachlaß Schober, Box 27/4.

[8] Brandstötter, Dr. Walter Riehl . . ., S. 226 f. Vgl. für die Haltung der Großdeutschen oben S. 90–91.

[9] „Die Geschichte der Bestrebungen nach Herstellung einer nationalen Einheitsfront", Ms. S. 17: Verwaltungsarchiv Wien, Großdeutsche Volkspartei, Karton 28.

[10] Landesparteileitung für Steiermark an NSDAP in München, Graz, 10. 10. 1925, und Münchener Antwort, 2. 11. (gez. Bouhler?): Bundesarchiv Koblenz, Sammlung Schumacher, Nr. 305 I.

[11] Polizeibericht vom 22. 1. 1926: Polizeiarchiv Wien, Nachlaß Schober, Box 28.

[12] Vertraulicher Polizeibericht, Wien, 15. 8. 1924; ebenda, Box 50, und Haus-, Hof- u. Staatsarchiv, Liasse Österreich 19, Fasz. 401, mit genauen Zahlen für 30. 6. 1924 und den Angaben, daß der Münchener Kommandant Hermann Wilhelm von (!) Goering und sein Stellvertreter General (!) Röhm sei, da Goering sich gegenwärtig auf Urlaub befinde.

[13] Vertraulicher Polizeibericht, Wien, 21. 3. 1926: Haus-, Hof- u. Staatsarchiv, Liasse Österreich 2/21, Fasz. 302; Polizeiarchiv, Nachlaß Schober, Box 28.

[14] Polizeiberichte, Wien, 1. und 6. 5. 1926: ebenda, Nachlaß Schober, Box 28. Suchenwirth war Mittelschullehrer, nicht Universitätsprofessor.

[15] Hitlers Rede existiert nur in der Form einer gekürzten Übertragung eines Stenogramms: Bundesarchiv Koblenz, NS 26/54, Folio 99–107. Ein Polizeibericht, offenbar von einem Anwesenden verfaßt, in Haus-, Hof- u. Staatsarchiv, Liasse Österreich 2/21, Fasz. 302. ‚Anschluß' bedeutet hier vermutlich den Anschluß der österreichischen Partei an die deutsche.

16 Obiges laut der Übertragung des Stenogramms im Parteiarchiv: Bundesarchiv, NS 26/54, Fos. 104 ff.; ebenda Folio 112 im Stenogramm die Namen der verschiedenen Landesvertreter. Für Schulz' Meinungsverschiedenheiten mit Hitler siehe Brandstötter, a. a. O., S. 235 ff., anscheinend aus einer anderen Quelle.

17 Polizeibericht, Wien, 31. 8. 1926: Haus-, Hof- u. Staatsarchiv, Liasse Österreich 2/21, Fasz. 302; Polizeiarchiv, Nachlaß Schober. Box 28.

18 Pauley, a. a. O., S. 94.

19 „Die Geschichte der Bestrebungen nach Herstellung einer nationalen Einheitsfront", S. 18: Verwaltungsarchiv Wien, Großdeutsche Volkspartei, Karton 28 (ohne Datum).

20 Polizeibericht, Wien, 6. 11. 1926: Polizeiarchiv, Nachlaß Schober, Box 28.

21 Polizeibericht, Wien, 3. 10. 1926: Haus-, Hof- u. Staatsarchiv, Liasse Österreich, 2/21, Fasz. 302.

22 Polizeibericht, Wien, 27. 6. 1927, ebenda; Proksch an Untersuchungs- und Schlichtungsausschuß der NSDAP, Linz, 10. 3. 1931: Berlin Document Center, Proksch-Akten. Obgleich vier Jahre später geschrieben, scheint Prokschs Zeugnis im allgemeinen den Tatsachen zu entsprechen. Interessanterweise ernannte Hitler auch später zweimal frühere Offiziere zu österreichischen Landesleitern, Leopold und Klausner.

23 Prokschs eben zitierter Brief vom 10. 3. 1931; Brandstötter, a. a. O., S. 246, 251 f.

24 „Verhandlungsschrift über die Sitzung der Landesparteileitung am 12. März 1927": Verwaltungsarchiv Wien, Großdeutsche Volkspartei, Karton 16.

25 Jankovic an Hitler, München, 1. 4. 1927: Bundesarchiv Koblenz, Sammlung Schumacher, Nr. 305 II.

26 Rundschreiben, München, 7. 4. 1927: ebenda, Nr. 305 I.

27 „Rundschreiben Nr. 2 an alle Gaue von Österreich", München, 31. 5. 1927, ebenda. Das Exemplar ist von Hitler gezeichnet und hat den Stempel „Propagandaabteilung" mit der zusätzlichen Signatur von Himmler. Das Exemplar in Bundesarchiv, NS 26, vorl. 642, ist ungezeichnet.

28 Polizeibericht, Wien, 27. 6. 1927: Haus-, Hof- u. Staatsarchiv, Liasse Österreich 2/21, Fasz. 302.

29 Bericht der Polizeidirektion Graz, 11. 3. 1926: Steiermärk. Landesarchiv, Landesamtsdirektion 1926, 384 V 1.

30 Polizeibericht, Wien, 9. 7. 1927: Polizeiarchiv, Nachlaß Schober, Box 29; Telegramm aus Salzburg, 3. 7., ebenda, Box 1; Brandstötter, a. a. O., S. 260. Im Parteiarchiv scheint diese Rede nicht vorhanden zu sein.

31 Rundschreiben Nr. 3, München, 7. 7. 1927: Bundesarchiv Koblenz, Sammlung Schumacher, Nr. 305 I.

32 Rundschreiben Nr. 4, München, 5. 9. 1927, ebenda.

33 „Notizen anläßlich der am 9. VI. 28 in Wien stattgefundenen Führertagung" mit den Gauleiternamen und genauen Zahlen, ebenda. Die von

Brandstötter, a. a. O., S. 268, und Pauley, a. a. O., S. 96, angegebene Zahl von 7000 Mitgliedern für 1928 ist zu hoch.

34 Proksch an NSDAP Reichsleitung, Linz, 22. 5. 1929, ebenda.

35 Zahlen bei Bullock, Hitler, Ausg. von 1973, S. 141.

36 Organisationsabteilung der NSDAP an Suske, München, 20. 6. 1928: Bundesarchiv Koblenz, Sammlung Schumacher, Nr. 305 I.

37 Brandstötter, a. a. O., S. 268.

38 „Verhandlungsschrift über die Sitzung der Landesparteileitung Wien am 29. Mai 1928": Verwaltungsarchiv Wien, Großdeutsche Volkspartei, Karton 16.

39 SA-Personalakte Reschny, Berlin Document Center.

40 Administrative Landesgeschäftsführung der NSDAP an die Gauleiter, Graz, 7. 9. 1928: Bundesarchiv Koblenz, Sammlung Schumacher, Nr. 305 I.

41 Cand. jur. und SA-Gruppenführer Leopold Teimel an Gauleiter Frauenfeld, Wien, 23. 4. 1930: Verwaltungsarchiv Wien, NS-Parteistellen, Karton 5.

42 Für Spann, siehe unten, Kapitel 8, S. 156–58.

43 Ausgiebiges Material zu dem Konflikt ebenda, Karton 20, vor allem Briefe an den Untersuchungs- und Schlichtungsausschuß und an die Reichsleitung des NSDStB in München und Berichte über die „Geheimorganisation"; ferner Brief Teimels an Frauenfeld vom 23. 4. 1930, ebenda, Karton 5.

44 Kreis und Ortsgruppe Salzburg der NSDAP an Gauleitung Salzburg, 20. 10. 1929: Bundesarchiv Koblenz, Sammlung Schumacher, Nr. 305 II.

45 Sepp Koller an Gregor Strasser, Salzburg, 23. 1. 1930, ebenda.

46 Josef Kielwein an NSDAP Reichsleitung, Rankweil, 10. 2. 1930: ebenda.

47 Walter Rentmeister an Hitler, Wien, 4. 10. 1929, ebenda. Er war der frühere Kärntner Gauleiter, der 1927 nach Wien transferiert wurde, aber der derzeitige Wiener Gauleiter war Josef Sacher.

48 Heinrich Suske an Gregor Strasser, Innsbruck, 21. 1. 1930: ebenda, Nr. 305 I.

49 X. Hudelmayer an H. J. Reichsleitung, 23. 10. 1929, ebenda.

50 „Gedächtnisprotokoll Wemmer", München, 18. 1. 1930: Verwaltungsarchiv Wien, Nachlaß W. Lohmann, Karton 7, geschrieben am gleichen Tag.

51 Hans Krebs an Gr. Strasser, Aussig, 18. 3. 1930: Bundesarchiv Koblenz, Sammlung Schumacher, Nr. 305 I.

52 Haubenbergers Exposé, Wien, 30. 3. 1930: ebenda, Nr. 305 II.

53 A. Proksch an NSDAP Reichsleitung, Linz, 22. 3. 1930: ebenda, Nr. 305 I.

54 Die N. S. Kartei im Berlin Document Center gibt Fraunfelds Parteieintritt mit dem 25. 11. 1929 an.

55 Frauenfeld an NSDAP Reichsleitung, Wien, 12. 2. 1930: Bundesarchiv, Sammlung Schumacher, Nr. 305 II.

56 37 unterzeichnete Wiener NSDAP-Funktionäre an Reichsleitung, ebenda (Februar 1930).

[57] Rundschreiben der NSDAP-Sektion Ottakring, Wien, 22. 3. 1930; Gr. Strasser an Ernst Sopper, München, 24. 3. 1930, ebenda.

[58] Frauenfeld an NSDAP-Reichsleitung, Wien, 22. 3. und 11. 4. 1930, ebenda. Über den „Orden zum dritten Reich" vgl. oben S. 146. F. verglich ihn offensichtlich mit einer Freimaurerloge.

[59] Riehl an Proksch, Wien, 30. 9. 1930: Verwaltungsarchiv Wien, NS-Parteistellen, Karton 6 (in dem er Proksch mit ‚Du' anredete).

[60] Suske an NSDAP-Reichsleitung, Innsbruck, 27. 9. 1930: ebenda, Karton 5.

[61] Ortsgruppe Klosterneuburg an Frauenfeld, 23. 9., und Frauenfelds Antwort vom 30. 9. 1930, ebenda. Sperrungen im Original.

[62] NSDAP-Landesleitung Österreich an Frauenfeld, Linz, 30. 11. 1930: ebenda, Karton 6.

[63] Suske an NSDAP-Reichsleitung, Innsbruck, 27. 9. 1930: ebenda, Karton 5.

[64] Andreas Bolek an NSDAP-Reichsleitung, Linz, 18. 7. und 25. 8., Strasser an Bolek, 6. 9. 1930: Bundesarchiv Koblenz, Sammlung Schumacher, Nr. 305 I.

[65] Bolek an NSDAP-Reichsleitung, Linz, 18. 7. 1930, ebenda.

[66] Rundschreiben vom 1. 5. 1930: Verwaltungsarchiv Wien, Großdeutsche Volkspartei, Karton 10.

[67] Die genauen Zahlen bei Klemperer, Seipel, S. 379 Anm. 118. Die Nationalsozialisten erhielten 2,94 % der abgegebenen Stimmen.

[68] Laut einem Flugblatt „Hitler oder Proksch", das von oppositionellen Nationalsozialisten 1932 verbreitet wurde: Bundesarchiv Koblenz, Sammlung Schumacher, Nr. 302.

VIII. DIE HEIMWEHREN WÄHLEN DEN FASCHISMUS

[1] Schweiger, Geschichte der niederösterreichischen Heimwehr . . ., S. 219.

[2] Adam Wandruszka, Österreichs politische Struktur . . ., in Heinrich Benedikt (Hsg.), Geschichte der Republik Österreich, Wien 1954, S. 335, 413. ‚National' und ‚deutschnational' bedeutete damals das Gleiche.

[3] Schweiger, a. a. O., S. 216; Martin Schneller, Zwischen Romantik und Faschismus – Der Beitrag Othmar Spanns zum Konservativismus der Weimarer Republik, Stuttgart 1970, S. 107 f.

[4] Othmar Spann, Der wahre Staat – Vorlesungen über Abbruch und Neubau der Gesellschaft, gehalten im Sommersemester 1920 an der Universität Wien, Leipzig 1921, S. 204 f.

[5] Ebenda, S. 210.

[6] Ebenda, S. 274, 289.

[7] Ebenda, S. 256, 259, 265.

[8] Ebenda, S. 70.

9 Tiroler Ständerat an Prof. Michael Mayr, Innsbruck, 18. 8. 1919: Tiroler Landesarchiv, Nachlaß Michael Mayr, V/20.

10 Flugschrift „Die Stände" (ohne Datum, aber sicher von 1919), S. 8 f.

11 So ein Wiener Polizeibericht vom 31. 8. 1929: Verwaltungsarchiv Wien, Bundeskanzleramt, 22/gen., Karton 4865.

12 So „Programm der Ständeorganisation Österreichs" vom Mai 1931, zitiert bei Josef Hofmann, Der Pfrimer-Putsch, Wien–Graz 1965, S. 55.

13 „Verhandlungsschrift über die Sitzung der Landesparteileitung, 22. Jänner 1930": Verwaltungsarchiv Wien, Großdeutsche Volkspartei, Karton 16.

14 „Grazer Tagespost", 23. 10. 1929, mit Wiedergabe von Spanns Artikel aus den „Münchener Neuesten Nachrichten", zitiert vom Bundespressedienst: Polizeiarchiv Wien, Nachlaß Schober, Karton 2b.

15 Karl Viererbl, Werden und Durchbruch des Volksgedankens, in: Nationalsozialistische Monatshefte, VI, 1935, S. 814 ff. Der Artikel enthält scharfe Angriffe auf Spann.

16 Kampfbund für deutsche Kultur, Ortsgruppe Wien, an Gauleiter Frauenfeld, 17. 10. 1931: Verwaltungsarchiv Wien, NS-Parteistellen, Karton 5.

17 „Der Panther", 1. Jahrgang, Folge 4, 24. 5. 1930; Schweiger, a. a. O., S. 189 f.

18 Der Text des Eides bei Schweiger, a. a. O., S. 192, und in Heimatschutz in Österreich, Wien 1934, S. 43.

19 Vertraulicher Polizeibericht, Salzburg, 22. 5. 1930: Verwaltungsarchiv Wien, Bundeskanzleramt, 22/gen., Karton 4866.

20 „Der Panther", 1. Jahrgang, Folge 4, 24. 5. 1930, mit der Überschrift „Voller Sieg unserer Richtung in Niederösterreich", was die verschiedenen Tendenzen innerhalb der Heimwehren betonte.

21 „Vorarlberger Volksblatt", Bregenz, 26. 5. 1930.

22 „Die Heimwehr", 16. 5. 1930, zitiert bei Schweiger, a. a. O., II S. 198.

23 T. Klimann, Die Heimwehrfrage, in: Pressemitteilungen der Großdeutschen Volkspartei, Nr. 881, 19. 2. 1931: Verwaltungsarchiv Wien, Großdeutsche Volkspartei, Karton 14.

24 „Der Panther", 1. Jahrgang, Folge 6, Graz, 7. 6. 1930.

25 „Vorarlberger Volksblatt", Bregenz, 26. 5. 1930.

26 „174. Sitzung des Verbandes der Abgeordneten der Großdeutschen Volkspartei am 23. Mai 1930": Verwaltungsarchiv Wien, Großdeutsche Volkspartei, Karton 6.

27 „176. Sitzung des Verbandes . . . am 28. Mai 1930": ebenda.

28 „178. Sitzung des Verbandes . . . am 3. Juni 1930": ebenda. Da es keine entsprechenden Berichte über die Sitzungen der Christlichsozialen Abgeordneten gibt, sind dies die einzigen zur Einstellung der Parteien zum Korneuburger Gelöbnis.

29 „179. Sitzung des Verbandes . . . am 5. Juni 1930": ebenda.

30 „180. Sitzung des Verbandes . . . am 6. Juni 1930": ebenda.

31 „181. Sitzung des Verbandes . . . am 11. Juni 1930": ebenda.

[32] „184. Sitzung des Verbandes . . . am 17. VI. 1930" und „186. Sitzung des Verbandes . . . am 25. VI. 1930": ebenda.

[33] So Walter Goldinger, in: Heinrich Benedikt (Hsg.), Geschichte der Republik Österreich, S. 172, der den Tag von Korneuburg für ein Symptom der inneren Krise der Heimwehr hält.

[34] Franz Langoth, Kampf um Österreich, Wels 1951, S. 82. L. war führender Großdeutscher.

[35] Deutsche Gesandtschaft Wien an A. A., 16. 6. 1930: Botschaft Wien, Geheimakten 1930, 4938 part 3, E266492. Pabst wurde nach seiner Entlassung aus der Armee und seiner Flucht aus Deutschland 1920 zum Major befördert.

[36] Siehe oben S. 120.

[37] Wiener Polizeibericht, 11. 10. 1930: Polizeiarchiv Wien, Nachlaß Schober, Box 32.

[38] Bezirksgendarmeriekommando Völkermarkt an Bezirkshauptmannschaft, 10. 9. 1931: Kärntner Landesarchiv, Präs. 9–2/1411, Fasz. 904; Bericht über Bauernwehrgründung in Öftering am 5. 5. 1930: Oberösterreich. Landesarchiv, Nachlaß Th. Berger, Nr. 26.

[39] Von Starhemberg gezeichnetes Flugblatt „Die Heimatwehr zur Gründung der Bauernwehren" (1930), ebenda.

[40] Gleiche Berichte wie Anm. 38.

[41] Deutsches Konsulat Innsbruck an A. A., 13. 11. 1930: Botschaft Wien, Geheimakten 1930, 4938 part 3, E266467 f.

[42] Österreich. Gesandtschaft beim Heil. Stuhle an Schober, Rom, 4. 6. 1930: Haus-, Hof- u. Staatsarchiv, Liasse Österreich 2/3, Fasz. 276.

[43] Jánky an Apor, 28. 6. 1930: Kerekes, Abenddämmerung . . ., S. 76.

[44] Ebenda, S. 78; Schweiger, a. a. O., II S. 211 Anm. 1.

[45] Proksch an NSDAP-Reichsleitung, Linz, 22. 3. 1930: Bundesarchiv Koblenz, Sammlung Schumacher, Nr. 305 I. Er schrieb auch: „Es ist wertvoll, daß wir Starhemberg hier zur Hand haben, wenn es darauf ankommt, Beziehungen herzustellen und auszubauen."

[46] „Der Panther", Folge 29, 15. 11. 1930; Pauley, a. a. O., S. 82; Kerekes, Abenddämmerung . . ., S. 87; Goldinger, a. a. O., S. 175.

[47] Riehl an Proksch, 4. 10. 1930: Verwaltungsarchiv Wien, NS-Parteistellen, Karton 6.

[48] „Aufzeichnungen des Fürsten Ernst Rüdiger Starhemberg bis zum Jahre 1938 . . .", Ms. im Institut für Zeitgeschichte Wien, S. 43.

[49] Starhemberg am 25. 3. 1930: „Die Heimwehr", 4. 4. 1930, zitiert bei Schweiger, a. a. O., II S. 202.

[50] F. Zacherl an Starhemberg, München, 17. 12. 1930, und undatiertes Flugblatt „Oberländer!": Polizeiarchiv Wien, Box 1929/1.

[51] Wiener Polizeibericht, 2. 11. 1930: ebenda, Nachlaß Schober, Box 32.

[52] Protokoll der Sitzung vom 29. 11. 1930: Verwaltungsarchiv Wien, Großdeutsche Volkspartei, Karton 7.

[53] „Münchner Zeitung", 17. 12. 1930, und undatiertes Oberland-Flugblatt in Mappe „Freikorps Oberland 1929–1932": Polizeiarchiv Wien, Box 1929/1.

[54] Schweiger, a. a. O., II S. 210 Anm. 1–2.

[55] Kerekes, Abenddämmerung . . ., S. 89.

[56] Großdeutsche Volkspartei für Tirol an Reichsparteileitung, Innsbruck, 13. 1. 1931: Verwaltungsarchiv Wien, Großdeutsche Volkspartei, Karton 29.

[57] Regierungsrat Dr. Ernst Verdroß an „Präsident", Hall, 3. und 5. 2. 1931: Tiroler Landesarchiv, Präsidialakten 1932, 303 III 10. Beruhend auf Besprechungen mit verschiedenen Bezirksführern.

[58] Verdroß an Starhemberg, Hall, 5. 2. 1931, ebenda.

[59] Gábor Apors Aufzeichnungen über Unterredung mit Pabst, Wien, 25. 1. 1931: Kerekes, Akten zu den geheimen Verbindungen . . ., Nr. 24, S. 337 ff. Frauenfeld war der Wiener Gauleiter.

[60] Bericht des ungar. Gesandten in Wien, Graf Ambrózy, vom Febr. 1931: Nemes, „Die österreichische Aktion" der Bethlen-Regierung, S. 255.

[61] Aktenvermerk von Legationsrat Th. Hornbostel, Wien, 14. 9. 1931: Haus-, Hof- u. Staatsarchiv, Liasse Österreich 2/3, Fasc. 277.

[62] Kerekes, Abenddämmerung . . ., S. 93.

[63] „Der Panther", 4. 4. 1931, zitiert bei Hofmann, Der Pfrimer-Putsch, S. 37.

[64] Landesführung des Heimatschutzverbandes für Oberösterreich an alle Kreis- und Bezirksführer, Linz, 25. 8. 1931: Haus-, Hof- u. Staatsarchiv, Liasse Österreich 2/3, Fasz. 277.

[65] Polizeiberichte aus Kapfenberg, Tragöss und Thörl, 13.–14. 9. 1931: Steiermärk. Landesarchiv, Bezirkshauptmannschaft Bruck, Gruppe Vrst.

[66] Hofmann, a. a. O., passim; Pauley, a. a. O., S. 114, 117 f.

[67] Curtius' Notizen, Genf, 16. 9. 1931: Bundesarchiv Koblenz, Reichskanzlei, R 43 I/112.

[68] Bundespolizeikommissariat Klagenfurt an Bundesregierung, 22. 4. 1931: Kärntner Landesarchiv, Präs. 7–6/450, 1932, Fasz. 941.

[69] „Der Panther", 2. Jahrgang, Folge 45, 7. 11. 1931; Bundespolizeidirektion Graz an Bundeskanzleramt, 1. 11. 1931: Verwaltungsarchiv Wien, Bundeskanzleramt, 22/gen., Karton 4869.

[70] Bundespolizeidirektion Graz an Bundeskanzleramt, 2. 11. 1931, ebenda.

[71] „Steirische Gaunachrichten der N.S.D.A.P. (Hitlerbewegung)", Folge 44 und 47, zitiert in Berichten der Bundespolizeidirektion Graz vom 3. und 21. 11. 1931, ebenda.

[72] Bundespolizeikommissariat Villach an Bundeskanzleramt, Villach, 9. 11. 1931, ebenda.

IX. DAS WACHSEN DES NATIONALSOZIALISMUS

[1] Erich Zöllner, Geschichte Österreichs, Wien 1961, S. 557 f.

[2] Meldung der Bundespolizeidirektion Wien, 23. 8. 1930: Verwaltungsarchiv Wien, Bundeskanzleramt, 22/gen., Karton 4867.

[3] Meldung der gleichen, 4. 5. 1931: Polizeiarchiv Wien, Nachlaß Schober, Box 33/1.

[4] „Information über die N.S.D.A.P. (Hitlerbewegung) in Österreich in den Monaten Oktober und November 1931“, S. 3: Verwaltungsarchiv, Bundeskanzleramt, 22/gen., Karton 4869. Leopolds Todesanzeige im Berlin Document Center.

[5] Polizeibericht, Wien, 18. 9. 1931: Polizeiarchiv, Nachlaß Schober, Box 33/1.

[6] Monatliche Standesmeldungen Gau Wien: Verwaltungsarchiv, NS-Parteistellen, Karton 20.

[7] Streng vertrauliche Information der Bundespolizeidirektion Wien über „Aufbau und Organisation der N.S.D.A.P. (Hitlerbewegung)“, 20. 5. 1931: Vorarlberger Landesarchiv, Bezirkshauptmannschaft Bregenz, Nr. 613, 1931, S. 12.

[8] Gleiche Information, ebenda, S. 1 f.

[9] Franz Langoth an Schober, Linz, 20. 4. 1931: Polizeiarchiv Wien, Nachlaß Schober, Box 74.

[10] Steiermärk. Landesarchiv, Bezirkshauptmannschaft Voitsberg, 1931 Gruppe 14 R–Z; 1932 Gruppe 14.

[11] „Bericht über nationalsozialistische Bewegung für Oktober und November 31“, Innsbruck, 8. 12. 1931: Tiroler Landesarchiv, Präsidialakten 1933, 181 XII 59.

[12] Polizeiberichte vom 5. 8., 1. 9., 9. 11. 1931 (die ersten im Faszikel): Vorarlberger Landesarchiv, Bezirkshauptmannschaft Bregenz, Nr. 613, 1931.

[13] Meldungen Bundespolizeikommissariat Eisenstadt, 9. 9., 8. 11. 1930: Burgenländ. Landesarchiv, Regierungsarchiv, III–31/1930.

[14] Berichte Bezirkshauptmannschaft Neusiedl, 27. 2., 31. 3. 1931: ebenda, I–16/1931.

[15] Berichte Gendarmeriepostenkommando Oberschützen in denen des Landesgendarmeriekommandos für Burgenland, 31. 8., 30. 9. 1931, ebenda.

[16] Bericht Landesgendarmeriekommando für Burgenland, 31. 10. 1931, ebenda.

[17] Bezirkshauptmannschaft Spittal a. d. Drau an Kärntner Landesregierung, 9. 11. 1931: Kärntner Landesarchiv, Präs. 9–2/1411, Fasz. 904.

[18] Bericht Bundespolizeikommissariat Villach, 11. 12. 1931: Verwaltungsarchiv Wien, Bundeskanzleramt, 22/gen., Karton 4872.

[19] Bericht Gendarmeriepostenkommando Windischgarsten, 6. 10. 1931: ebenda, Karton 4871.

[20] „Information über die NSDAP (Hitlerbewegung) in Österreich in den Monaten Dezember 1931 und Jänner 1932“: ebenda, Karton 4872.

21 Von Gauleiter Suske gezeichnetes Flugblatt vom Mai 1930: Tiroler Landesarchiv, Präsidialakten 1930, 956 III 10.

22 Wiener Polizeibericht, 7. 4. 1932: Polizeiarchiv Wien, Nachlaß Schober, Box 33/1; Verwaltungsarchiv, Bundeskanzleramt, 22/gen., Karton 4873.

23 Habicht an Gauleitung Wien, Linz, 8. 8. 1931: ebenda, NS-Parteistellen, Karton 6.

24 Gauleitung Wien an Landesleitung in Linz, 22. 9. 1931, ebenda.

25 Wolfgang Rosar, Deutsche Gemeinschaft – Seyß-Inquart und der Anschluß, Wien 1971, S. 44.

26 „Gau-Nachrichten der N.S.D.A.P. (Hitlerbewegung)", Folge 51–53, zitiert in Bericht der Bundespolizeidirektion Graz, 11. 12. 1931: Verwaltungsarchiv Wien, Bundeskanzleramt, 22/gen., Karton 4872.

27 „Gauführertagung Linz am 16. 3. 1930": Bundesarchiv Koblenz, Sammlung Schumacher, Nr. 305 I.

28 Bericht Bezirksgendarmeriekommando Völkermarkt, 10. 9. 1931: Kärntner Landesarchiv, Präs. 9–2/1411, Fasz. 904.

29 Protokolle großdeutscher Sitzungen für Wien und Niederösterreich, 24. 2. und 29. 3. 1931: Verwaltungsarchiv, Großdeutsche Volkspartei, Kartons 16 und 22.

30 „Pressemitteilungen der Großdeutschen Volkspartei", Nr. 968, Wien, 23. 3. 1932: ebenda, Karton 14. Hervorhebungen im Original.

31 Polizeibericht über nationalsozialistische Versammlung in Bregenz im Juni 1932: Vorarlberger Landesarchiv, Präsidialakten 1932, Nr. 232.

32 Berichte der Führer des Sturmbanns III/4, II/4, I/24, II/24 vom 25. 3., 1. 4., 30. 6., 1. 7. 1932: Verwaltungsarchiv Wien, NS-Parteistellen, Karton 19.

33 Berichte des Führers des Sturmbanns II/4, 1. 4. und 1. 7. 1932, ebenda.

34 Berichte der Führer des Sturmbanns II/4 und II/24, 1. 4. und 1. 7. 1932, ebenda.

35 Berichte der Führer des Sturmbanns II/4, II/24, III/24 vom 1. 4. und 1. 7. 1932, ebenda. Die Berichte enthalten nichts über die zahlenmäßige Stärke der SA.

36 Wiener Polizeibericht, 3. 5. 1933: ebenda, Bundeskanzleramt, 22/gen., Karton 4875.

37 „Zusammenstellung bis 19. Nov. 38", von der Partei am 14. 12. 1938 zusammengestellt: Bundesarchiv Koblenz, Sammlung Schumacher, Nr. 303.

38 Siehe oben S. 144.

39 Bericht Landesgendarmeriekommando für Burgenland, 31. 8. 1931: Burgenländ. Landesarchiv, Regierungsarchiv, I–16/1931.

40 Bericht Gendarmeriepostenkommando Gmunden, 30. 3. 1934: Oberösterr. Landesarchiv, Politische Akten, Nr. 11 (Gmunden).

41 Die Liste wurde von den Bezirkshauptmannschaften Bregenz, Bludenz und Feldkirch 1933 im Sept. zusammengestellt: Vorarlberger Landesarchiv, Präsidialakten 1933, 757.

42 Liste der Gendarmerie Bregenz vom Jan. 1938, ebenda, Bezirkshauptmannschaft Bregenz, Nr. 174, 1938.
43 Riehl an Proksch, Wien, 26. 4. 1932: Bundesarchiv Koblenz, Sammlung Schumacher, Nr. 305 II.
44 Wiener Polizeibericht, 15. 10. 1931: Haus-, Hof- u. Staatsarchiv, Liasse Österreich 2/21, Fasz. 302.
45 Peter Huemer, Sektionschef Dr. Robert Hecht . . ., Wiener Diss. 1968, II S. 272.
46 Habicht an Gregor Strasser, Linz, 2. 6. 1932: Bundesarchiv Koblenz, Sammlung Schumacher, Nr. 305 I.
47 Wandruszka, Österreichs politische Struktur, a. a. O., S. 409; Zöllner, Geschichte Österreichs, S. 511.
48 „Verhandlungsschrift über die Sitzung der Landesparteileitung für Niederösterreich am 4. Mai 1932": Verwaltungsarchiv Wien, Großdeutsche Volkspartei, Karton 16.
49 Deutsche Gesandtschaft Wien an A. A., 18. 5. 1933: Bundesarchiv Koblenz, Reichskanzlei, R 43 II/1475.
50 Rundschreiben von Dr. Herbert Stadler, Kreisführer der Großdeutschen Volkspartei, Wien, 15. 6. 1932: Verwaltungsarchiv, NS-Parteistellen, Karton 12.
51 „Vorarlberger Tagblatt", 8. 5. 1933.
52 Deutscher Schulverein Südmark an Gau Groß-Wien der NSDAP, Wien, 26. 1. 1932: Verwaltungsarchiv Wien, NS-Parteistellen, Karton 5.
53 Flugblatt vom Mai 1932: ebenda, Nachlaß Lohmann, Karton 6.
54 Verfügung Hitlers, München, 13. 7. 1931: Bundesarchiv Koblenz, Sammlung Schumacher, Nr. 305 I.
55 Proksch an Frauenfeld, Linz, 4. 4. 1931: Verwaltungsarchiv, NS-Parteistellen, Karton 6.
56 Proksch an Frauenfeld, Linz, 30. 4. 1931, ebenda.
57 Frauenfeld an Oberhaidacher, Wien, 4. 4. 1931: ebenda, Karton 5.
58 Obiges nach der Flugschrift „Hitler oder Proksch" von 1932: Bundesarchiv Koblenz, Sammlung Schumacher, Nr. 302.
59 „Mitteilungsblatt der Landesleitung Österreich der Nationalsozialistischen Deutschen Arbeiterpartei", Folge 11, Linz, 1. 9. 1932, ebenda.
60 Gleiche Flugschrift wie Anm. 58.
61 Strasser an Habicht, München, 19. 4. 1932: ebenda, Nr. 305 I.
62 Habicht an Strasser, Linz, ? 6. 1932, ebenda.
63 Gleiche Flugschrift wie Anm. 58.
64 Brief gez. Opdenhoff, Wien, 2. 4. 1938, beiliegend einer undatierten Aktennotiz für Gauleiter Bürckel, Geheime Reichssache!: Bundesarchiv Koblenz, Sammlung Schumacher, Nr. 304.
Nach dem Anschluß wurden nur sehr wenigen Österreichern wichtige politische Stellen in Österreich übertragen.
65 „Verhandlungsschrift über die Sitzung der Landesparteileitung für Nieder-

österreich am 23. November 1932": Verwaltungsarchiv Wien, Großdeutsche Volkspartei, Karton 16.

66 Wiener Polizeibericht, 18. 9. 1931: Polizeiarchiv Wien, Nachlaß Schober, Box 33/1.

67 „SS Abschnitt VIII, seine Entstehung und Entwicklung bis Herbst 1932", 9. 6. 1933, ohne Unterschrift: Verwaltungsarchiv Wien, Bundeskanzleramt, 22/gen., Karton 4876.

68 Polizeiberichte vom 27. 5., 27. 6. 1932, 10. 2., 6. 3. und 10. 6. 1933: Vorarlberger Landesarchiv, Präsidialakten 232, 1932; Bezirkshauptmannschaft Bregenz, Nr. 1380, 1934.

69 Polizeibericht, Bregenz, 7. 3. 1933: ebenda, Präsidialakten 252, 1933.

70 Streng vertrauliche Polizeiinformation, Febr. 1932: Haus-, Hof- u. Staatsarchiv, Liasse Österreich 2/21, Fasz. 302.

71 Bericht von Felix Kraus, Innsbruck, 4. 4. 1933: Bundesarchiv Koblenz, Nachlaß H. Steinacher, Nr. 45.

72 Bericht Gendarmerieabteilungskommando Landeck, 13. 3. 1933: Tiroler Landesarchiv, Präsidialakten 1933, 675 III 10.

73 Berichte Landesgendarmeriekommando für Steiermark, Graz, 13. 6., 13. 8., 11. 11. 1932: Steiermärk. Landesarchiv, Landesamtsdirektion 1932, 384 He 2.

74 „Österreichische Alpine Montangesellschaft; Untersuchung wegen der Vorfälle anläßlich der Juli-Unruhen", 20. 10. 1934: Verwaltungsarchiv Wien, Bundeskanzleramt, 22/gen., Karton 4926; und „Zusammenfassender Bericht über die auftragsgemäß bei den Werksbetrieben der Österr. Alpine Montangesellschaft ... durchgeführten Erhebungen", Graz, 30. 8. 1934: Steiermärk. Landesarchiv, Landesamtsdirektion 1934, 384 A 114, beide sehr detailliert.

75 Deutscher Konsul an A. A., Klagenfurt, 10. 6. 1933: Bundesarchiv Koblenz, Reichskanzlei R 43 II/1475.

76 Bericht der Gendarmerie Feistritz, 11. 8. 1934: Bezirkshauptmannschaft Klagenfurt, 1934, J 1–300.

77 Adam Wandruszka, Österreichs politische Struktur, a. a. O., S. 405 f.

78 Flugschrift „Hitler oder Proksch" von 1932, S. 11: Bundesarchiv, Sammlung Schumacher, Nr. 302. So dachten die oppositionellen Tiroler Nationalsozialisten *nach* ihrem Ausschluß aus der Partei!

X. DER ZERFALL DER HEIMWEHREN UND DES VÖLKISCHEN LAGERS

1 „Aufzeichnungen des Fürsten Ernst Rüdiger Starhemberg bis zum Jahre 1938 verfaßt während des zweiten Weltkrieges in London", S. 53: Ms. im Institut für Zeitgeschichte Wien.

2 „Der Panther", 3. Jahrgang, Folge 8, Graz, 27. 2. 1932.

[3] Vertraulicher Polizeibericht, Wien, 7. 4. 1932: Polizeiarchiv Wien, Nachlaß Schober, Box 34.

[4] Wiener Polizeibericht, 10. 4. 1932: ebenda und Haus-, Hof- u. Staatsarchiv, Liasse Österreich 2/21, Fasz. 302.

[5] Vertraulicher Polizeibericht, Wien, 1. 5. 1932: Polizeiarchiv Wien, Nachlaß Schober, Box 34.

[6] „Der Panther", 3. Jahrgang, Folge 33 und 35, 20. 8. und 3. 9. 1932.

[7] Walter Goldinger, Geschichte der Republik Österreich, Wien 1962, S. 169.

[8] Gesandtschaft Wien an A. A., 28. und 30. 1. 1933: Auswärt. Amt, Botschaft Wien, Geheimakten 1933, 4938 part 5, E268013, 268019.

[9] Aufzeichnung Hüffers, Berlin, 17. 2. 1933, Geheim!; Auswärt. Amt, Abt. II, Akten betr. Heimwehr-Organisationen, 6080H, E451075. Die Notiz sagt nicht, wann das Geld gezahlt wurde, aber erwähnt, daß sich Pabst bei von Bredow darüber beschwert habe: Bredow trat die Nachfolge Schleichers im Ministeramt im Juni 1932 an und trat Ende Januar 1933 von ihm zurück.

[10] „Grundsätzliche Einstellung des Heimatschutzes zu staatspolitischen, kulturellen, wirtschafts- und sozialpolitischen Fragen" vom Januar 1932: Verwaltungsarchiv Wien, Bundeskanzleramt, 22/gen., Karton 4872.

[11] Österreichisches Heimatschutz-Jahrbuch 1933, Graz 1933, S. 44, zitiert bei Schweiger, a. a. O., II S. 208.

[12] Landesleitung der NSDAP an die Gauleiter, Linz, 30. 5. 1932: Verwaltungsarchiv Wien, NS-Parteistellen, Karton 6.

[13] „Das Abkommen zwischen NSDAP und steirischem Heimatschutz", Liezen, 22. 4. 1933: Bundesarchiv Koblenz, Sammlung Schumacher, Nr. 277; „Der Panther", 4. Jahrgang, Folge 17, 29. 4. 1933 (Text zensiert).

[14] „Besprechung in Venedig den 23. November 1933": Bundesarchiv, Sammlung Schumacher, Nr. 277.

[15] Landesleitung Österreich der NSDAP an Reichsleitung, Berlin, 23. 1. 1935, ebenda.

[16] „Information über die NSDAP in Österreich in den Monaten Dezember 1931 und Jänner 1932": Verwaltungsarchiv, Bundeskanzleramt, 22/gen., Karton 4872; Pauley, a. a. O., S. 152.

[17] Habicht an Hitler, Linz, 18. 4. 1932: Bundesarchiv Koblenz, Sammlung Schumacher, Nr. 305 I. Der Besuch in Berlin wird in Starhembergs Memoiren beschrieben.

[18] „Offener Brief" an Proksch, Wien, 10. 3. 1933: Verwaltungsarchiv Wien, Nachlaß Lohmann, Karton 10.

[19] Zitiert bei Anton Staudinger, Christlichsoziale Partei und Errichtung des „Autoritären Ständestaates" in Österreich, in: Vom Justizpalast zum Heldenplatz, Wien 1975, S. 74.

[20] „Die Verfassungskrise", Wien, 255 3. 1933: Botschaft Wien, Geheimakten 1933, 4938 part 5, E268203.

[21] Bericht Gendarmeriepostenkommando Bruck, 21. 11. 1933: Steiermärk. Landesarchiv, Bezirkshauptmannschaft Bruck 1933, Gruppe Vrst. 1.

22 Heimatschutz in Österreich, Wien 1934, S. 336. Dies war eine neue Form der großdeutschen Ideologie, die in der Bewegung immer stark gewesen war.

23 „Lebenserinnerungen des Fürsten Ernst Rüdiger von Starhemberg von ihm selbst verfaßt im Winter 1938/39 in Saint Gervais", Ms. im Institut für Zeitgeschichte Wien.

24 Bericht Gendarmeriepostenkommando Ligist, 11. 6. 1933: Steiermärk. Landesarchiv, Bezirkshauptmannschaft Voitsberg 1933, Gruppe 14 A–O.

25 Berichte der Bezirkshauptleute von Hermagor und St. Veit, 15. 5. 1933: Kärntner Landesarchiv, Präs. 9-2/1411, Fasz. 904.

26 Bericht Bundespolizeikommissariat Villach, 12. 11. 1931: Verwaltungsarchiv Wien, Bundeskanzleramt, 22/gen., Karton 4869; Heimatschutz in Österreich, 1934, S. 192, 196.

27 Ebenda, S. 278; Polizeiberichte vom 31. 1., 29. 4., 30. 6. 1931, 14. 3. 1932, 30. 7. 1934: Burgenländ. Landesarchiv, Regierungsarchiv, I–16/1931; Nr. 206, 603, 1358 der Burgenländ. Vereinsakten, A/IV-14.

28 Berichte Landesgendarmeriekommando für Steiermark, Graz, 22. 6. und 12. 7. 1933: Steiermärk. Landesarchiv, Landesamtsdirektion 1932, 384 He 2.

29 Polizeibericht, Leoben, 31. 7. 1934: ebenda, Landesamtsdirektion 1934, 384 A 114.

30 Berichte Bezirksgendarmeriekommando Linz, 4. 3., 5. 6., 3. 8. 1933: Oberösterr. Landesarchiv, Politische Akten Nr. 23 (Linz-Land).

31 Polizeibericht, Ried, 12. 4. 1934: ebenda, Nr. 31 (Ried am Inn).

32 Stumpf an Vaugoin, Innsbruck, 24. 10. 1932: Tiroler Landesarchiv, Präsidialakten 1933, 675 III 10.

33 Felix Kraus an Dr. Steinacher, Innsbruck, 4. 4. 1933: Bundesarchiv Koblenz, Nachlaß Hans Steinacher, Nr. 45.

34 Heimwehrplakat aus Landeck von 1933: Tiroler Landesarchiv, Präsidialakten 1933, 181 XII 59.

35 Bericht Ostenburgs, 11. 10. 1933: Ausw. Amt, Abt. II, Nationalsozialismus, Österreich, Bd. 1, 6111H, E452563.

36 Generaldirektion für die öffentl. Sicherheit, Wien, 21. 12. 1933: Oberösterr. Landesarchiv, Politische Akten, Nr. 1 (Braunau).

37 Gedächtnisprotokoll über Aussprache mit Habicht am 27. 9. 1933: Langoth, Kampf um Österreich, S. 121.

38 Aufzeichnung Gesandtschaftsrat Hüffer, Berlin, 13. 10. 1933: Akten zur deutschen auswärt. Politik, Serie C, I 1, Göttingen 1971, S. 903 und Anm. 3.

39 Habicht an Hüffer, München, 6. 12. 1933: ebenda, Bd. II 1, Göttingen 1973, S. 184.

40 „Aufruf des Bundesführers!", 16. 1. 1934: Verwaltungsarchiv Wien, Nachlaß Lohmann, Karton 10.

41 Aufzeichnung Hüffers, Berlin, 24. 1. 1934: Akten zur deutschen auswärtigen Politik, Serie C, Bd. II 1, S. 403.

[42] Dr. Rieth an Staatssekretär von Bülow, Wien, 19. und 23. 7. 1934, Geheim! Botschaft Wien, Geheimakten 1934, 4938 part 7, E270049–51, E270058. Major a. D. Lahr an ungenannte NSDAP-Stelle, ohne Datum: Berlin Document Center.

[43] Dr. H. Steinacher an Treviranus, mit Brief von Viktor Miltschinsky, Wien, 5. 2. 1932: Bundesarchiv Koblenz, Reichskanzlei, R 43 I/113.

[44] Akten zur deutschen auswärtigen Politik, Serie C, I 1, S. 52 ff. und Anm. 5.

[45] Berichte aus Gmunden vom 30. und 31. 3. 1934: Oberösterr. Landesarchiv, Politische Akten, Nr. 11 (Gmunden).

[46] Sicherheitsdirektor für Oberösterreich an Bezirkshauptmannschaft Braunau, Linz, 6. 9. 1933: ebenda, Politische Akten, Nr. 1 (Braunau).

[47] Information der Generaldirektion für die öffentl. Sicherheit, 4. 4. 1936, S. 12: Haus-, Hof- u. Staatsarchiv, Liasse Österreich 2/21, Fasz. 468.

[48] Ms. von Vinzenz Schumy von 1938, S. 127: Institut für Zeitgeschichte Wien.

[49] Aktennotiz über Mettmach, Ried, 3. 10. 1933: Oberösterr. Landesarchiv, Politische Akten, Nr. 30 (Ried).

[50] Berichte vom 14. 2. und 12. 8. 1934: ebenda, Nr. 3 und 4 (Braunau).

[51] Sicherheitsdirektor für Kärnten, Klagenfurt, 1. 6. 1934: Verwaltungsarchiv Wien, Bundeskanzleramt, 22/gen., Karton 4882.

[52] Bericht der Bundespolizeidirektion Wien, 14. 3. 1934, ebenda.

[53] Polizeiberichte vom 17. 4. 1930, 30. 5., 8. und 18. 6. 1931, 14. 12. 1936: ebenda, 15/gen., Karton 2418.

[54] Berichte von R. Kiffl über Versammlungen vom 31. 1., 7., 16., 21., 28. 2. 1933, Wien, 11. und 19. 2., 3. 3. 1933: Verwaltungsarchiv, NS-Parteistellen, Karton 12 (Nachrichtendienst).

[55] Vereinsversammlung des „Deutschen nat. soz. Vereines für Österreich“ am 28. März (1933): ebenda, Karton 13 (Nachrichtendienst).

[56] Verband deutschvölkischer Vereine Deutschösterreichs, Wien, am 5. Ostermonds 1930: ebenda, Großdeutsche Volkspartei, Karton 10.

[57] Verband deutschvölkischer Vereine Deutschösterreichs, Wien, am 13. Lenzmonds 1931: ebenda.

[58] Rundschreiben des Verbandes, Wien, 25. 4. 1932, ebenda.

[59] Deutscher Schulverein Südmark, Kreisleitung Tirol, an Verband deutschvölkischer Vereine, Innsbruck, 31. 5. 1932, ebenda.

[60] Streng vertrauliche Information übersandt von Bundespolizeidirektion Wien, 4. 2. 1932: Haus-, Hof- u. Staatsarchiv, Liasse Österreich 2/21, Fasz. 302; Polizeiarchiv, Nachlaß Schober, Box 34.

[61] „Gauführertagung Linz am 16. 3. 1930“: Bundesarchiv Koblenz, Sammlung Schumacher, Nr. 305 I.

[62] Meldung des Sturmbanns II/4, Wien, 1. 7. 1932: Verwaltungsarchiv Wien, NS-Parteistellen, Karton 19.

[63] Abwehr der Angriffe auf den Deutschen Turnerbund. Herausgegeben vom Bundesturnrate, Wien 1933, S. 15, von Kupka übersandt an Steidle am 21. 9.: Tiroler Landesarchiv, Präsidialakten 1933, 181 XII 59.

64 Resolution vom 11. 3. 1933: Verwaltungsarchiv Wien, NS-Parteistellen, Karton 13. Hervorhebungen im Original.
65 Rosar, Deutsche Gemeinschaft . . ., S. 61.
66 Flugblatt von 1932: Verwaltungsarchiv Wien, Nachlaß Lohmann, Karton 6.

XI. DOLLFUSS' AUTORITÄRES REGIME

1 Grete Klingenstein, Bemerkungen zum Problem des Faschismus in Österreich, in: Österreich in Geschichte und Literatur, XIV 1, Januar 1970, S. 11: Miklas' Äußerung stammt von 1938.
2 Zöllner, Geschichte Österreichs, S. 511 f.; Huemer, Sektionschef Dr. Robert Hecht . . ., S. 254 f.
3 Huemer, a. a. O., S. 257, mit Zitat aus Leopold Kunschak, Österreich 1918–1934, Wien 1934, S. 176.
4 Huemer, a. a. O., S. 262 ff.; Zöllner, a. a. O., S. 512.
5 „Wiener Zeitung", 16. 5. 1933; „Reichspost", 12. 9. 1933: zitiert von Huemer, a. a. O., S. 346, 413.
6 Zöllner, a. a. O., S. 515.
7 Kerekes, Abenddämmerung . . ., S. 156–59; Zöllner, a. a. O., S. 513.
8 Kerekes, a. a. O., S. 159; Jedlicka, The Austrian Heimwehr, in: Journal of Contemporary History, I 1, S. 143.
9 Botschaftsrat Smend an A. A., Rom, 21. 9. 1933: Akten zur deutschen auswärtigen Politik, Serie C, I 2, Göttingen 1971, S. 818.
10 Aufzeichnungen Hüffers, Berlin, 5. 4. 1934: Auswärt. Amt, Abt. II, Nationalsozialismus, Österreich, 6111H, E452764–65; Jürgen Gehl, Austria, Germany and the Anschluß, London 1963, S. 56, 72 f.
11 Goldinger, Geschichte der Republik Österreich, S. 189.
12 „Innsbrucker Zeitung", 2. 2. 1934; Aktennotiz, Innsbruck, 1. 2., Dr. Stumpf an Bundeskanzler, Innsbruck, 3. 2. 1934: Tiroler Landesarchiv, Präsidialakten 1934, 479 III 10; Goldinger, a. a. O., S. 192.
13 Notizen über Diskussion Schlegels mit Heimwehrführern am 6. 2. und Sitzung der Landesregierung am 7. 2. 1934: Oberösterr. Landesarchiv, II 1432–1931, und Ms. von Dr. H. Slapnicka über Heimwehren, ebenda; Entschließung des Landbundes und der Großdeutschen Volkspartei vom 10. 2.: ebenda, Politische Akten, Nr. 3 (Braunau).
14 Bericht des deutschen Konsuls in Linz in Deutsche Gesandtschaft an A. A., Wien, 24. 2. 1934: Auswärt. Amt, Abt. II, 6112H, E454228.
15 So Heimatschutz in Österreich, Wien 1934, S. 228 ff.
16 So Goldinger, a. a. O., S. 192, laut dem ein ähnliches Ultimatum auch in Steiermark überreicht wurde.
17 Karl R. Stadler, Opfer verlorener Zeiten, Wien 1974, S. 25, 36–43.
18 Berichte von Generallt. Wolfgang Muff Nr. 7 und 10, Wien, 22. 3. und

17. 4. 1934: Deutsche Gesandtschaft Wien, Geheimakten 1934, 4938 part 7, E269658, E269688.

[19] So der Sicherheitsdirektor für Oberösterreich schon am 24. 3. 1934: Verwaltungsarchiv Wien, Bundeskanzleramt, 22/gen., Karton 4884.

[20] Aufzeichnung Gilberts in der Maur, Wien, 16. 2. 1934: Akten zur deutschen auswärtigen Politik, Serie C, II 2, S. 488.

[21] Goldinger, a. a. O., S. 199 f.; und Der geschichtliche Ablauf der Ereignisse in Österreich, in: H. Benedikt (Hsg.), Geschichte der Republik Österreich, S. 222; Huemer, a. a. O., S. 585–89; Zöllner, a. a. O., S. 515.

[22] So „Rednerbrief Nr. 1", Nov. 1934, der Vaterländischen Front: Burgenländ. Landesarchiv, Zeitgeschichtl. Sammlung.

[23] So ein Manuskript „Burgenländische Landesschützen", ebenda, A/VIII–3 (ohne Datum).

[24] Gerhard Botz, Die historische Erscheinungsform des Faschismus, in: Beiträge zur historischen Sozialkunde, IV 3, 1974, S. 60.

[25] „Bundes-Organisations-Statut" ohne Datum, verfaßt von Landesleiter Engelberg Dworak: Haus-, Hof- u. Staatsarchiv, Liasse Österreich, 2/26, Fasz. 316.

[26] Irmgard Bärnthaler, Die Vaterländische Front, Wien–Frankfurt–Zürich 1971, S. 23, 109.

[27] Huemer, a. a. O., S. 430, 437.

[28] „Informationsdienst der Vaterländischen Front", Nr. 43, Wien, 3. 11. 1934, S. 4–8: Verwaltungsarchiv Wien, Bundeskanzleramt, 22/gen., Karton 4900.

[29] Prinz zu Erbach an A. A., Wien, 29. 9. 1933: Bundesarchiv Koblenz, Reichskanzlei, R 43 II/1476; Kerekes, Abenddämmerung . . ., S. 159 f.

[30] Bärnthaler, a. a. O., S. 35 f.

[31] Bericht von ‚Martin' oder ‚Florian', von Th. Hornbostel am 14. 4. 1935 dem Bundeskanzleramt übersandt: Verwaltungsarchiv Wien, Bundeskanzleramt, 22/gen., Karton 4913.

[32] Bericht Sicherheitsdirektor für Salzburg, 3. 5. 1935, ebenda.

[33] Vertraulicher Bericht von Hans Becker an Bundeskanzleramt, 23. 10. 1935: ebenda, Karton 4938.

[34] Bärnthaler, a. a. O., S. 34.

[35] Ebenda, S. 78, 93 f. mit Zitat aus der illegalen „Arbeiter-Zeitung" vom 5. 5. 1935.

[36] So der Führer des Landbundes V. Schumy in einem unveröffentl. Manuskript, S. 161: Institut für Zeitgeschichte Wien.

[37] Bericht Bezirksgendarmeriekommando Linz, 2. 4. 1935: Oberösterr. Landesarchiv, Politische Akten, Nr. 26 (Linz-Land).

[38] Polizeiberichte aus Unterweißenbach, Schönau und Königswiesen, 26. 9., 26. 10. 1934: ebenda, Freistadt, Politischer Nachrichtendienst.

[39] Bericht von ‚Martin' oder ‚Florian', April 1935: Verwaltungsarchiv Wien, Bundeskanzleramt, 22/gen., Karton 4913.

40 Bericht Sicherheitsdirektor für Salzburg, 3. 5. 1935, ebenda.

41 „Prager Presse“, 28. 3. 1935; „Salzburger Volksblatt“, 1. 4. 1935.

42 Situationsberichte Generaldirektion für die öffentl. Sicherheit, Wien, 20.–21. 3. 1934: Verwaltungsarchiv, Bundeskanzleramt, 22/gen., Karton 4888; Heimatschutz in Österreich, Wien 1934, S. 269 f.

43 Steidle an Graf Revertera, 6. 12. 1934: Herrschaftsarchiv Helfenberg, Karton 102a.

44 Bericht Bundespolizeidirektion Innsbruck: Verwaltungsarchiv, Bundeskanzleramt, 22/gen., Karton 4965.

45 Bericht Sicherheitsdirektor Dr. Mörl, Innsbruck, 2. 10. 1936: ebenda, Karton 4969.

46 Bericht Bundespolizeidirektion Innsbruck, ebenda, ohne Datum.

47 Bericht Sicherheitsdirektor für Tirol, 20. 11. 1934: Tiroler Landesarchiv, Präsidialakten 1934, 194 prs XII 57.

48 Polizeiberichte aus Sierning und Steyr, 24. 12. 1934, 2. 5. 1935: Oberösterr. Landesarchiv, Politische Akten, Nr. 46 und 48 (Steyr).

49 Polizeibericht aus Königswiesen, 26. 10. 1934: ebenda, Freistadt, Politischer Nachrichtendienst 1934–38.

50 Polizeibericht aus Kefermarkt, 11. 2. 1935, ebenda.

51 Bericht Bezirkshauptmannschaft Kufstein, 3. 2. 1935: Tiroler Landesarchiv, Präsidialakten 1935, 62 prs. XII 57.

52 Berichte vom 21. und 22. 3. 1935: Verwaltungsarchiv Wien, Bundeskanzleramt, 22/gen., Karton 4927.

53 Bericht Generaldirektion für die öffentl. Sicherheit, 16. 12. 1934: ebenda, Karton 4907.

54 Bericht der gleichen, 16. 4. 1935, ebenda.

55 Bericht Bundesministerium für Landesverteidigung über „Regierungstreue Verbände“, Wien, 12. 12. 1933: ebenda, Karton 4879; Muff an Reichswehrministerium, Wien, 9. 4. 1934: Botschaft Wien, Geheimakten 1934, 4938 part 7, E269667, Geheim.

56 Papen an Hitler, Wien, 20. 3. 1936: Botschaft Wien, Geheimakten 1935–38, 4939 part 1, E272277 ff.

57 Papen an Hitler, Wien, 12. 5. 1936: Documents on German Foreign Policy, Serie C, V, Washington 1966, Nr. 319, S. 531 ff.

58 Ebenda, S. 531.

59 Bericht Generalleutnant Muff Nr. 10, Wien, 17. 4. 1934: Deutsche Botschaft Wien, Geheimakten 1934, 4938 part 7, E269657.

60 Steidle an Starhemberg, 5. 12. 1934 (Durchschlag): Herrschaftsarchiv Helfenberg, Karton 102a.

XII. REVOLTE GEGEN DOLLFUSS

1 Andreas Huber an Steidle, Kufstein, 15. 6. 1933: Tiroler Landesarchiv, Präsidialakten 1933, 181 XII 59.

[2] Steidle an Bundesministerium für Justiz, Innsbruck, 10. 7. 1933: ebenda. St. war Sicherheitsdirektor für Tirol.
[3] Steidle an Präsidenten des Landesgerichts, 1. 8. 1933, ebenda.
[4] Flugblatt vom 5. 7. 1933: Verwaltungsarchiv Wien, Bundeskanzleramt, 22/gen., Karton 4877.
[5] Undatiertes Flugblatt des Tiroler Gauleiters Franz Hofer: Tiroler Landesarchiv, Präsidialakten 1933, 181 XII 59.
[6] Flugblatt des gleichen Gauleiters: Vorarlberger Landesarchiv, Bezirkshauptmannschaft Bregenz, Nr. 3875, 1933.
[7] Undatierte illegale Flugblätter: Verwaltungsarchiv Wien, Bundeskanzleramt, 22/gen., Karton 4886.
[8] Flugblatt des Gauleiters Andreas Bolek, Passau, 11. 12. 1933, ebenda.
[9] „Der rote Adler, Kampfblatt der N.S.D.A.P. für Tirol und Vorarlberg", 3. Jahrgang, Folge 20, 14. 5. 1934: Vorarlberger Landesarchiv, Bezirkshauptmannschaft Feldkirch, 1934.
[10] „Der rote Adler", 3. Jahrgang, Folge 6, 5. 2. 1934, ebenda.
[11] Stadler, Opfer verlorener Zeiten, S. 96: Brief Theodor Grills an seine Frau von 1934.
[12] „Aufzeichnungen des Fürsten Ernst Rüdiger Starhemberg bis zum Jahre 1938 verfaßt während des zweiten Weltkrieges in London", S. 186: Institut für Zeitgeschichte Wien.
[13] Meldung von Revierinspektor Kohout, Neumarkt, 27. 3. 1934: Oberösterr. Landesarchiv, Freistadt, Politischer Nachrichtendienst 1934–38.
[14] Generaldirektion für die öffentl. Sicherheit, „Information über den gegenwärtigen Stand der nationalsozialistischen Bewegung in Österreich", 4. 4. 1936: Haus-, Hof- u. Staatsarchiv, Liasse Österreich, 2/21, Fasz. 468.
[15] Bericht Dr. Gabert aus Salzburg, 31. 12. 1933: Bundesarchiv Koblenz, Nachlaß Otto Geßler, Nr. 24.
[16] „Zusammenstellung bis 19. Nov. 38": ebenda, Sammlung Schumacher, Nr. 303.
[17] Bericht Steidles, Innsbruck, 11. 9. 1933: Tiroler Landesarchiv, Präsidialakten 1933, 181 XII 59.
[18] Sicherheitsdirektor für Oberösterreich, Linz, 12. 2. 1935: Oberösterr. Landesarchiv, Politische Akten, Nr. 18 (Linz-Land).
[19] Polizeibericht, Steyr, 14. 6. 1934: Verwaltungsarchiv Wien, Bundeskanzleramt, 22/gen., Karton 4838.
[20] Bundesministerium für Landesverteidigung, Wien, 12. 12. 1933: ebenda, Karton 4879.
[21] Standartenführer Dr. Otto Wächter an Himmler, Wien, 31. 5. 1938: Berlin Document Center, SS-Personalakten.
[22] ‚Blitz', Führer der Untergruppe Wien der SA, an Brigadeführer T., Wien, 23. 7. 1934, S. 13 f., 16 f.: Verwaltungsarchiv Wien, Bundeskanzleramt, 22/gen., Karton 4894: von der Linzer Polizei bei einem Kurier gefunden.
[23] „Tatsachen- und Stimmungsbericht aus dem Gebiete des Gaues Kärnten

der NSDAP", 26. 6. 1933: Bezirkshauptmannschaft Klagenfurt, JI 1934, 121–257.

[24] Brandstötter, a. a. O., S. 301–9; „Gaurundschreiben Nr. 5 der Gauleitung Salzburg der NSDAP", Freilassing, Sept. 1933: Verwaltungsarchiv Wien, Bundeskanzleramt, 22/gen., Karton 4879.

[25] Bericht Bundespolizeidirektion Wien, 28. 4. 1934: ebenda, Karton 4887.

[26] Riehl an Dollfuß, Wien, 2. 7. 1934: ebenda, Karton 4895.

[27] Habicht an Flüchtlingswerk der NSDAP, Wittenberg, 25. 3. 1937: Berlin Document Center, Partei-Kanzlei Korrespondenz.

[28] Brief eines anonymen Nationalsozialisten (Josef Koller?), Salzburg, 4. 6. 1934: Verwaltungsarchiv, Bundeskanzleramt, 22/gen., Karton 4891.

[29] Proteste der Ärzteorganisation, der Landwirtschaftskammer usw., Villach u. Klagenfurt, 16.–19. 6. 1933: Kärntner Landesarchiv, Präs. 9–2/1411, Fasz. 904.

[30] Berichte von ‚Martin' und Rechtsanwalt Dr. Moebius, 7. 9. und 23. 12. 1933: Haus-, Hof- u. Staatsarchiv, Nachlaß Hornbostel, Fasz. 247; „Freie Stimmen", Klagenfurt, 30. 12. 1933.

[31] Otto Trumbl an Gauleiter vom Kothen, München, 30.–31. 1. 1934: Bundesarchiv Koblenz, NS 26, vorl. 143 (Gau Kärnten). Beide saßen sicher in Deutschland.

[32] Freiherr von Hahn an A. A., Klagenfurt, 14. 5. 1934: Auswärt. Amt, Abt. II, Akten betr. Nationalsozialismus, 6112H, E453408.

[33] Bericht von ‚Martin', Klagenfurt, 16. 6. 1934: Haus-, Hof- u. Staatsarchiv, Liasse Österreich 2/21, Fasz. 303.

[34] Vertraul. Bericht aus Klagenfurt, 21. 7. 1934: Verwaltungsarchiv Wien, Bundeskanzleramt, 22/gen., Karton 4898.

[35] Information der Generaldirektion für die öffentl. Sicherheit, Juli 1934: ebenda, Karton 4891.

[36] Bericht Sicherheitsdirektor für Steiermark, Graz, 3. 3. 1934: ebenda, Karton 4883.

[37] Sicherheitsdirektor für Oberösterreich, 24. 3. 1934: ebenda, Karton 4884.

[38] Der gleiche an Bezirkshauptmann von Braunau, 9. 9. 1933: Oberösterr. Landesarchiv, Politische Akten, Nr. 1 (Braunau).

[39] Aktennotiz, Ried, 3. 10. 1933: ebenda, Nr. 30 (Ried).

[40] Polizeiberichte, Grünau, 10. 4., 11. 5. 1934: ebenda, Nr. 11 (Gmunden).

[41] Polizeiberichte, Vorchdorf, 9. 5., und Traunkirchen, 8. 6. 1934, ebenda.

[42] Polizeiberichte, Goisern, 9. 4., 8. 5., 23. 7. 1934, ebenda.

[43] Polizeibericht, Bad Ischl, 9. 5. 1934, ebenda. Alle diese Berichte stammen aus dem Bezirk Gmunden.

[44] Bericht Generaldirektion für die öffentl. Sicherheit, Juli 1934: ebenda, Politische Akten, Nr. 6 (Braunau).

[45] Bericht Sicherheitsdirektor für Vorarlberg, Bregenz, 2. 3. 1934: Verwaltungsarchiv Wien, Bundeskanzleramt, 22/gen., Karton 4883.

[46] Anonymer Brief aus Dornbirn, 18. 1. 1934: Vorarlb. Landesarchiv, Präsidialakten 544, 1933.

[47] Polizeiberichte, Gaschurn, 21. und 26. 7. 1933, ebenda.
[48] Bericht Bezirkshauptmannschaft Bregenz, 16. 11. 1934: ebenda, Bezirkshauptmannschaft Bregenz, Nr. 384, 1936.
[49] Gendarmerieberichte, Riezlern, 25.–26. 9. 1933, 1. 1., 10. 2. 1934: ebenda, Bezirkshauptmannschaft Bregenz, Nr. 170, 1871, 1934.
[50] Gendarmeriebericht, Mellau, 26. 9. 1933: ebenda, Nr. 3625, 1933.
[51] Bericht Bezirkshauptmannschaft Oberwart, 13. 12. 1933: Burgenländ. Landesarchiv, Landesamtsdirektion, 243–1933.
[52] Bericht Bundespolizeikommissariat Innsbruck, 5. 10. 1933: Verwaltungsarchiv Wien, Bundeskanzleramt, 22/gen., Karton 4878. Information der Generaldirektion für die öffentl. Sicherheit, 23. 3. 1936: ebenda, Karton 4961.
[53] Bericht vom 22. 1. 1935: Botschaft Wien, Geheimakten 1935–38, 4939 part 1, E271826.
[54] Bericht Generaldirektion für die öffentl. Sicherheit, 21. 12. 1933: Oberösterr. Landesarchiv, Politische Akten, Nr. 1 (Braunau).
[55] Bericht Reichsstatthalter für Bayern, München, 31. 8. 1935: Botschaft Wien, Geheimakten 1935–38, 4938 part 9, E271296 f.
[56] Aufzeichnung des Legationsrats von Renthe-Fink, Berlin, 29. 5. 1934: Akten zur deutschen auswärtigen Politik, Serie C, II 1, S. 833.
[57] Mitteilungen des Sicherheitsdirektors für Steiermark, Graz, 5. 7. 1934, und des Sicherheitsdirektors für Oberösterreich, Linz, 10. 7.: Vorarlb. Landesarchiv, Bezirkshauptmannschaft Bregenz, Nr. 3250, 1934; Oberösterr. Landesarchiv, Politische Akten, Nr. 1.
[58] So eine nationalsozialistische Darstellung: Wladimir von Hartlieb, Parole: Das Reich, Wien-Leipzig 1939, S. 222.
[59] Obiges laut dem Brief von Dr. Wächter an Oberstes Parteigericht, Wien, 28. 5. 1938: Berlin Document Center (gedruckt Vierteljahrshefte für Zeitgeschichte, XII 1964, S. 207 ff.) und dem Bericht Weydenhammers von 1964: Zeugenschrifttum Nr. 1928, Institut für Zeitgeschichte München, mit Aufzeichnung von Dr. H. Auerbach vom 14. 2. 1964. Vgl. Die Erhebung der österreichischen Nationalsozialisten im Juli 1934 (Akten der historischen Kommission des Reichsführers SS), Wien–Frankfurt–Zürich 1965.
[60] So Bericht Wächters vom Januar 1937: Die Erhebung der österreichischen Nationalsozialisten . . ., S. 133.
[61] Undatierter Brief Lahrs an eine NSDAP-Stelle: Berlin Document Center.
[62] Vgl. die Schlußfolgerung der SS-Untersuchungskommission in: Die Erhebung der österreichischen Nationalsozialisten . . ., S. 133.
[63] „Aufzeichnungen des Fürsten Ernst Rüdiger Starhemberg bis zum Jahre 1938 . . .“, S. 105: Ms. im Institut für Zeitgeschichte Wien.
[64] Bericht Landesgendarmeriekommando für Steiermark, 18. 8. 1934: Verwaltungsarchiv Wien, Bundeskanzleramt, 22/gen., Karton 4904a. Die Zahlen bei Pauley, Hahnenschwanz und Hakenkreuz, S. 190, sind zu niedrig.

65 Landesleitung Österreich der NSDAP an Reichsleitung, Berlin, 23. 1. 1935: Bundesarchiv Koblenz, Sammlung Schumacher, Nr. 277.

66 Berichte Landesgendarmeriekommando für Steiermark, 18. 8. 1934, und Generaldirektion für die öffentl. Sicherheit, 27. 12. 1934: Verwaltungsarchiv, Bundeskanzleramt, 22/gen., Karton 4904a.

67 Viele Einzelberichte ebenda, Karton 4903.

68 Anonymer Bericht, Wien, 31. 7. 1934: Akten zur deutschen auswärt. Politik, Serie C, III 1, Göttingen 1973, S. 276 ff.

69 Anonymer Bericht vom August 1934: Auswärt. Amt, Akten betr. Nationalsozialismus, Bd. 2, 6114H, E454325f.

70 Anonymer Bericht, Wien, 31. 7. 1934, a. a. O.

71 Bericht Generaldirektion für öffentl. Sicherheit über Kärnten, ohne Datum: Verwaltungsarchiv Wien, Bundeskanzleramt, 22/gen., Karton 4902.

72 Anonymer Bericht, Wien, 31. 7. 1934, a. a. O.

73 So eine Rundfunksendung der Rebellen: Verwaltungsarchiv Wien, Bundeskanzleramt, 22/gen., Karton 4898.

74 Sehr detaillierte Gendarmerieberichte vom 26., 30. 7., 2. und 11. 8. 1934: Bezirkshauptmannschaft Klagenfurt, 1934 J 1–300, JI 1934 1–120, JI 1935 1–100, 1935 J 1–300.

75 Anonymer Bericht aus Wien, 31. 7. 1934, a. a. O., von Dr. Steinacher (VDA) dem A. A. übermittelt.

76 Situationsberichte aus Kärnten, 28. und 29. 7. 1934: Verwaltungsarchiv Wien, Bundeskanzleramt, 22/gen., Karton 4898.

77 Bericht Sicherheitsdirektor für Tirol, Innsbruck, 8. 8. 1934, mit Beilage 4: ebenda, Karton 4904a.

78 Bericht der Generaldirektion für die öffentl. Sicherheit über Seekirchen, 27. 4. 1935: ebenda, Karton 4922a. Die Kartons 4902–04 und 4922 a–b enthalten sehr detaillierte Berichte über die Juli-Ereignisse.

79 Information der Generaldirektion für die öffentl. Sicherheit, 23. 3. 1936: ebenda, Karton 4961; Zöllner, a. a. O., S. 517.

80 Information des Sicherheitsdirektors für Oberösterreich, Linz, 3. 10. 1934: Oberösterr. Landesarchiv, Politische Akten, Nr. 1.

81 Anonymer Bericht vom VDA, Ende August 1934: Auswärt. Amt, Akten betr. Nationalsozialismus, Bd. 1, 6114H, E454327.

82 „Österreichischer Beobachter", Juli 1937: Oberösterr. Landesarchiv, Politische Akten, Nr. 11 (Eferding).

XIII. ÖSTERREICH UNTER SCHUSCHNIGG

1 Undatierter „Bericht über die politischen und wirtschaftlichen Verhältnisse in den einzelnen Orten Vorarlbergs zusammengezogen aus den monatlichen Meldungen und Stimmungsberichten der Ortsgruppen der V. F. der

Monate November und Dezember 1934": Vorarlberger Landesarchiv, Bezirkshauptmannschaft Bregenz, Nr. 169, 1935.

[2] Bericht Sicherheitsdirektor für Vorarlberg, Bregenz, 2. 3. 1934, S. 6: Verwaltungsarchiv Wien, Bundeskanzleramt, 22/gen., Karton 4883.

[3] Zwei Bündel „Vaterländische Front" in Oberösterr. Landesarchiv, Bezirk Freistadt.

[4] Bericht des Bezirkshauptmanns von Eferding, 28. 10. 1935: ebenda, Politische Akten, Nr. 10 (Eferding).

[5] Landesleitung der V. F. an Bezirksleitung Freistadt und an Gauleiter des Bezirks, 11. 5. 1936: ebenda, Politische Akten Freistadt, Vaterländische Front 1934–38.

[6] Berichte Bezirksgendarmeriekommando Linz, 2. 7., 29. 11. 1935: ebenda, Politische Akten, Nr. 26 (Linz-Land).

[7] Burgenländ. Landesarchiv, Zeitgeschichtl. Sammlung, A/VIII–3, IV 1–2.

[8] Ebenda, A/VIII–3, XI 1–3, Akten der Ortsgruppen Donnerskirchen, Loretto und St. Georgen.

[9] Lagebericht Generaldirektion für die öffentl. Sicherheit, Wien, 30. 11. 1936: Haus-, Hof- u. Staatsarchiv, Nachlaß Hornbostel, Fasz. 250.

[10] Bericht Gendarmeriepostenkommando Bruck, 30. 12. 1936: Steiermärk. Landesarchiv, Bezirkshauptmannschaft Bruck a. d. Mur 1936, Gruppe Vrst.

[11] Bericht des Bezirkshauptmanns, Bruck, 30. 11. 1937: ebenda, 1937, Gruppe Vrst. 1–2.

[12] Bericht Gendarmeriepostenkommando Breitenau, 27. 10. 1937, ebenda.

[13] Undatierter Bericht Bundespolizeidirektion Innsbruck: Verwaltungsarchiv Wien, Bundeskanzleramt, 22/gen., Karton 4969.

[14] Bericht Bezirkshauptmannschaft Innsbruck, 1. 5. 1937: Tiroler Landesarchiv, Präsidialakten 1937, 29 prs. XII 57.

[15] Meldungen des Bezirkshauptmanns von Reutte, 6. 4., 6. 7. 1937, ebenda.

[16] Bärnthaler, Vaterländische Front, S. 66, 109.

[17] Ebenda, S. 66, 78.

[18] So Steidle an Starhemberg, Triest, 5. 12. 1934: Herrschaftsarchiv Helfenberg, Karton 102a.

[19] Sibilias Bericht vom 5. 12. 1935 zitiert in: Botschaft Wien, Geheimakten 1935–38, Privatakten Papen, 4939 part 2, E272754 ff.

[20] Ms. von Vinzenz Schumy, S. 161: Institut für Zeitgeschichte Wien.

[21] Zitiert in Papen an Hitler, Wien, 10. 1. 1936: Botschaft Wien, Geheimakten 1935–38, 4939 part 1, E272200.

[22] Papen an Hitler, Wien, 13. 3. 1936: Documents on German Foreign Policy, Serie C, V, Washington 1966, Nr. 90, S. 125.

[23] Papen an Hitler, 21. 4. 1936: Botschaft Wien, Geheimakten 1935–38, 4939 part 1, E272293.

[24] Bericht Sicherheitsdirektor für Oberösterreich, Linz, 15. 4. 1936: Verwaltungsarchiv Wien, Bundeskanzleramt, 22/gen., Karton 4962.

25 Papen an Hitler, 29. 4. 1936: Bundesarchiv Koblenz, Reichskanzlei, R 43 II/1473.

26 Wandruszka, in: Benedikt (Hsg.), Geschichte der Republik Österreich, S. 368. Für den Freiheitsbund, siehe oben S. 227.

27 Bärnthaler, a. a. O., S. 111 ff. Für eine andere Version siehe Kurt Schuschnigg, Im Kampf gegen Hitler, Wien-München-Zürich 1969, S. 176 f.

28 „Times", 18. 5., „Thurgauer Zeitung", 18. 5. 1936, mit Zitaten aus der Heimwehrzeitung „Neue Zeit".

29 Situationsberichte Generaldirektion für die öffentl. Sicherheit, 17. und 20. 5. 1936: Verwaltungsarchiv Wien, Bundeskanzleramt, 22/gen., Karton 4942.

30 Vertraulicher deutscher Bericht, 5. 7. 1936: Auswärt. Amt, Österreich 1A, Lageberichte der Geh. Staatspolizei und der SA, Bd. 1, 2971H, D578760.

31 Undatierter Bericht Bundespolizeidirektion Innsbruck: Verwaltungsarchiv Wien, Bundeskanzleramt, 22/gen., Karton 4969, ca. Okt. 1936.

32 Ebenda; „Bohemia", Prag, 6. und 8. 10. 1936: ebenda, Karton 5017.

33 Lahr an ungenannte NSDAP-Stelle: Berlin Document Center.

34 „Prager Abendzeitung", 10. 10. 1936; Berichte Generalleutnant Muff, Wien, 12. und 21. 10. 1936: Botschaft Wien, Geheimakten 1935–38, 4938 part 10, E271619 f., 271629.

35 Papen an Hitler, Wien, 12. 10. 1936: ebenda, 4939 part 1, E272467; undatierter Bericht über Versammlung in Wiener Neustadt am 4. 10.: Bundesarchiv Koblenz, Nachlaß Seyß-Inquart, Sondermappe 2, Nr. 7.

36 So Papen an Hitler, 12. 10. 1936, a. a. O.

37 Gehl, Austria, Germany and the Anschluss, S. 143 f.

38 So Zirkular der Landesführung Niederösterreich des Verbands Alt-Heimatschutz, 21. 9. 1937: Verwaltungsarchiv Wien, Bundeskanzleramt, 22/ gen., Karton 4975.

39 Flugblätter in Burgenl. Landesarchiv, Zeitgeschichtl. Sammlung, A/ VIII–14, III–3; Steiermärk. Landesarchiv, Bezirkshauptmannschaft Voitsberg 1936, Gruppe 14 Vo.

40 Berichte vom 31. 8., 30. 9., 30. 11. 1937: ebenda, Bezirkshauptmannschaft Graz 1936, Gruppe 14, Bezirkshauptmannschaft Bruck 1937, Gruppe Vrst. 1–2.

41 Bericht Bezirkshauptmann Imst, 5. 5. 1937: Tiroler Landesarchiv, Präsidialakten 1937, 29 prs. XII 57.

42 Der oberösterreich. Führer der Frontmiliz an Dr. Felix Reitter, Linz, 12. 8. 1936: Oberösterr. Landesarchiv, Politische Akten, Nr. 58 (Schutzkorps).

43 „Lagebericht über den Monat Mai 1937", Wien, 25. 6. 1937: Haus-, Hof- u. Staatsarchiv, Nachlaß Hornbostel, Fasz. 252.

44 Das war die Meinung des deutschen Militärattachés, der enge Beziehungen zu leitenden österreichischen Offizieren hatte: Bericht Generalleutnant Muff, Wien, 21. 10. 1936: Botschaft Wien, Geheimakten 1935–38, 4938 part 10, E271629.

[45] Bericht vom 5. 12. 1935, zitiert in Botschaft Wien, Geheimakten 1935–38, 4939 part 1, E272759. Seine Echtheit ist ziemlich sicher.

[46] Bericht vom 10. 12. 1936: Auswärt. Amt, Österreich 1A, Akten betr. Politische Lageberichte, Bd. 2, 2971H, D579043.

[47] Dr. W. Förster, Bürgermeister von Bautzen, an Reichsaußenminister, Juli 1935: ebenda, Akten betr. Nationalsozialismus, Österreich Bd. 3, 6111H, E453187.

[48] „Bericht über die Aussprache zwischen Hauptmann Leopold und den Wiener Bezirksleitern der NSDAP", 16. 4. 1937: Haus-, Hof- u. Staatsarchiv, Liasse Österreich 2/21, Fasz. 308.

[49] Berichte Generaldirektion für die öffentl. Sicherheit, Juli 1934, und Gendarmeriepostenkommando Grünau, 11. 9. 1934: Oberösterr. Landesarchiv, Politische Akten, Nr. 6 und 11.

[50] Berichte vom 30. 12. 1936 u. 27. 1. 1937: Verwaltungsarchiv Wien, Bundeskanzleramt, 22/gen., Karton 4975 und 4913.

[51] Bericht Bundespolizeidirektion Wien, 27. 7. 1937: Haus-, Hof- u. Staatsarchiv, Liasse Österreich 2/21, Fasz. 308.

[52] Zitiert bei Bracher, Die deutsche Diktatur, 1969, S. 337 f.

[53] Der deutsche Gesandte Rieth an A. A., Wien, 18. 4. 1934: Botschaft Wien, Habsburger Frage, K1066, K 274803.

[54] Schuschnigg, a. a. O., S. 181 f.

[55] Deutscher Konsul in Linz an Botschaft Wien, 30. 11. 1937: Botschaft Wien, Habsburger Frage, K1066, K275157; Bericht vom 28. 11. 1937: Verwaltungsarchiv Wien, Bundeskanzleramt, 22/gen., Karton 4934.

[56] Bericht Ostenburgs, 11. 10. 1933: Auswärt. Amt, Akten betr. Nationalsozialismus, Österreich, Bd. 1, 6111H, E452563.

[57] Papen an Hitler, Wien, 17. 6. 1936: Botschaft Wien, Geheimakten 1935–38, 4939 part 1, E272376.

[58] Bericht Bundespolizeikommissariat Innsbruck, 13. 12. 1934: Verwaltungsarchiv Wien, Bundeskanzleramt, 22/gen., Karton 4901.

[59] Situationsbericht vom 24. 11. 1935: ebenda, Karton 4907.

[60] „Lagebericht 2. Hälfte April 1934": ebenda, Karton 4884.

[61] Berichte vom 25. 6. und 27. 7. 1936: ebenda, Karton 4913.

[62] Berichte Bundespolizeikommissariate Klagenfurt und Villach, 21. 11. und 15. 12. 1936: ebenda, Kartons 4945 und 4987.

[63] Bericht Bundespolizeikommissariat Wiener-Neustadt, 22. 2. 1937: ebenda, Karton 4987.

[64] Bericht Bundespolizeidirektion Wien, 26. 1. 1937, ebenda.

[65] Situationsbericht Generaldirektion für die öffentl. Sicherheit, 4. 4. 1937: ebenda, Karton 4984.

[66] Freiherr vom Stein an A. A., Wien, 14. 10. 1937: Botschaft Wien, Habsburger Frage, K1066, K275116 f.

[67] Bericht Sicherheitsdirektor für Tirol, Innsbruck, 1. 7. 1936: Verwaltungsarchiv Wien, Bundeskanzleramt, 22/gen., Karton 4945.

68 Bericht Generaldirektion für die öffentl. Sicherheit, 12. 1. 1938, und „Legitimistische Versammlungen am 11. Jänner 1938" mit detaillierten Zahlenangaben: ebenda, Kartons 5011 u. 5013. Bericht Generalleutnant Muff, 14. 1. 1938: Botschaft Wien, Geheimakten 1935–38, 4938 part 10, E271730, und Habsburgerfrage, K1066, K275188.

69 Siehe oben S. 260.

70 Bericht Bundespolizeikommissariat Steyr, 24. 1. 1938: Verwaltungsarchiv Wien, Bundeskanzleramt, 22/gen., Karton 5013.

71 Der Bürgermeister von Bautzen, Dr. Förster, an den deutschen Außenminister, Juli 1935: Auswärt. Amt, Akten betr. Nationalsozialismus, Österreich, Bd. 3, 6111H, E435186.

72 Union österr. Juden an Bundesminister für Inneres, Wien, 19. 12. 1935: Verwaltungsarchiv Wien, Bundeskanzleramt, 22/gen., Karton 4957, mit weiteren Beispielen antisemitischer Propaganda.

73 „Tiroler Bauernzeitung", Innsbruck, 7. 5. u. 3. 9. 1936: Ausschnitte ebenda, Karton 4939.

74 Bericht vom 30. 11. 1936: Haus-, Hof- u. Staatsarchiv, Nachlaß Hornbostel, Fasz. 250.

75 Bericht der gleichen Behörde vom 2. 3. 1937: ebenda, Fasz. 252.

76 „Österreichischer Beobachter", zweite November- und erste Dezemberfolge 1937: Burgenländ. Landesarchiv, Zeitgeschichtl. Sammlung, A/VIII-10, X.

77 „Österreichischer Beobachter", Folge 10, März 1937: ebenda, A/VIII–14, III–1.

78 „Gau-Weisungsblatt Nr. 11" der Gauleitung Oberösterreich, übermittelt vom Sicherheitsdirektor, Linz, 19. 2. 1937: Oberösterr. Landesarchiv, Politische Akten, Nr. 9 (Braunau).

79 Polizeiberichte über die Versammlung, Graz, 22. 2., 14. 4. 1937: Verwaltungsarchiv Wien, Bundeskanzleramt, 22/gen., Karton 5016.

80 Berichte, Wien, 24. 4., Linz, 29. 4., Ried, 1. 5., Freistadt, Mai 1936: ebenda, Karton 4913; Oberösterr. Landesarchiv, Politische Akten, Nr. 27 und 33, Freistadt – Politischer Nachrichtendienst 1934–38. Siehe auch Starhembergs „Aufzeichnungen . . . verfaßt während des zweiten Weltkrieges in London", S. 187, im Institut für Zeitgeschichte Wien.

81 Papen an Hitler, Wien, 12. 1. 1937: Akten zur deutschen auswärtigen Politik, Serie D, I, Baden-Baden 1950, S. 303.

82 „Lagebericht über den Monat März", 25. 4. 1935: Verwaltungsarchiv Wien, Bundeskanzleramt, 22/gen., Karton 4913.

83 „Dienstreise des Staatssekretärs für Sicherheitswesen nach Steiermark und Kärnten", ohne Datum: ebenda, Karton 4932.

84 Bericht, Bregenz, 2. 3. 1934: ebenda, Karton 4883.

85 Bericht, Linz, 7. 4. 1936: ebenda, Karton 4962 (bezieht sich auf das Innviertel).

86 „Lagebericht über den Monat November", 30. 12. 1936: ebenda, Karton 4913.

[87] Gendarmeriebericht, Edelschrott, 7. 3. 1934: Steiermärk. Landesarchiv, Bezirkshauptmannschaft Voitsberg 1934, Gruppe 14, L–R.
[88] Bericht aus Kufstein, 2. 11. 1935: Tiroler Landesarchiv, Präsidialakten 1935, 62 prs. XII 57.
[89] Bericht aus Imst, 5. 2. 1936: ebenda, Präsidialakten 1937, 434 XII 57.
[90] Bericht aus Graz, 1. 2. 1937: Steiermärk. Landesarchiv, Bezirkshauptmannschaft Graz 1936, Gruppe 14.
[91] Bericht aus Graz, 2. 11. 1937, ebenda.

XIV. DIE ILLEGALE NATIONALSOZIALISTISCHE PARTEI

[1] Aufzeichnung Hüffers, Berlin, 7. 8. 1934, mit dem Text des Hitlerbefehls vom 3. 8.: Auswärt. Amt, Akten betr. Nationalsozialismus, Österreich, Bd. 2, 6111H, E452910–11.
[2] Heß an Frauenfeld, München, 21. 8. 1934: ebenda, 6111H, E452942.
[3] Bericht Generallt. Muff, Wien, 5. 9. 1934, Geheim: Auswärt. Amt, Militär-Attaché Wien, Bd. 2, 5705H, E413377 f.
[4] Bericht des Sicherheitsdirektors, Linz, 3. 10. 1934: Oberösterr. Landesarchiv, Politische Akten, Nr. 1 (Braunau).
[5] Bericht des österr. Generalkonsuls in Köln, 26. 8. 1934: Verwaltungsarchiv Wien, Bundeskanzleramt, 22/gen., Karton 4896.
[6] Habichts Ungnade geht daraus hervor, daß er auch nach 1938 nur den unwichtigen Posten des Bürgermeisters von Wittenberg und keine Position in Österreich erhielt.
[7] „Informationsdienst der Vaterländischen Front", Nr. 41, Wien, 19. 10. 1934: ebenda, Karton 4899a. Habichts Brief vom 25. 3. 1937 über die Ausschlüsse: Berlin Document Center, Partei-Kanzlei-Korrespondenz.
[8] Brandstötter, Dr. Walter Riehl . . ., S. 325 ff.
[9] Mitteilung an Bundeskanzleramt, Abt. 13, Wien, 10. 1. 1935: Verwaltungsarchiv Wien, Bundeskanzleramt, 22/gen., Karton 4920.
[10] „Bericht II. Berlin, 22. I. 1935": Botschaft Wien, Geheimakten 1935–38, 4939 part 1, E271824 f.
[11] Bericht Bundespolizeidirektion Wien, 6. 2. 1935: Verwaltungsarchiv Wien, Bundeskanzleramt, 22/gen., Karton 4919.
[12] Bericht Generaldirektion für die öffentl. Sicherheit, 11. 2. 1935: ebenda, Karton 4914.
[13] Befehl der Kreisleitung Mittelsteiermark der NSDAP, Graz, 18. 11. 1935: ebenda, Karton 4939 (Abschrift).
[14] Generallt. Muff: „Die Krise des Führerprinzips der NSDAP in Österreich", Wien, 28. 8. 1935: Auswärt. Amt, Akten betr. Nationalsozialismus, Österreich, Bd. 3, 6111H, E453231–36.
[14a] „Lagebericht über den Monat März 1936", 24. 4. 1936: Verwaltungsarchiv Wien, Bundeskanzleramt, 22/gen., Karton 4913. Vgl. auch den Lagebericht über Januar, ebenda.

[15] „Information über den gegenwärtigen Stand der nationalsozialistischen Bewegung in Österreich", 4. 4. 1936, S. 2 ff., 6, 9, 12 ff.: Haus-, Hof- u. Staatsarchiv, Liasse Österreich 2/21, Fasz. 468.

[16] Bericht, Lienz, 22. 1. 1936: Tiroler Landesarchiv, Präsidialakten, 1937, 434 XII 57.

[17] Bericht aus Liezen, 30. 6. 1936: Steiermärk. Landesarchiv, Bezirkshauptmannschaft Liezen, Vrst. 1935–36.

[18] Bericht vom 25. 6. 1936: Verwaltungsarchiv, Bundeskanzleramt, 22/gen., Karton 4913.

[19] Gendarmeriebericht, Stallhofen, 30. 12. 1936: Steiermärk. Landesarchiv, Bezirkshauptmannschaft Voitsberg 1936, Gruppe 14 Gi-La.

[20] „Dienstreise des Staatssekretärs für Sicherheitswesen . . .", Mai 1935: Verwaltungsarchiv, Bundeskanzleramt, 22/gen., Karton 4932.

[21] Bericht Sicherheitsdirektor für Kärnten, Klagenfurt, 25. 3. 1935: ebenda, Karton 4923.

[22] Bericht Bundeskommissar für Heimatdienst, Wien, 30. 1. 1935: Haus-, Hof- u. Staatsarchiv, Liasse Österreich 2/21, Fasz. 305.

[23] Bericht Sicherheitsdirektor für Tirol, Innsbruck, 9. 9. 1935: Verwaltungsarchiv Wien, Bundeskanzleramt, 22/gen., Karton 4925.

[24] Berichte Bezirkshauptmann Bregenz, 20. 6. u. 9. 7. 1935: Vorarlberger Landesarchiv, Bezirkshauptmannschaft Bregenz, Nr. 1138, 1935.

[25] NSDAP-Gauleiter für Burgenland an Sicherheitsdirektor, 18. 3. 1936: Burgenl. Landesarchiv, Zeitgeschichtl. Sammlung, A/VIII–10, VIII–5.

[26] Papen an Hitler, Wien, 12. 8. 1935: Botschaft Wien, Geheimakten 1935–38, 4939 part 1, E272101.

[27] Langoth an Papen, Linz, 21. 11. 1935: ebenda, 4938 part 8, E270124 f.

[28] Langoth, Kampf um Österreich, S. 193. Im Dritten Reich wurde L. für seine Verdienste mit einem Ehrenrang in der SS und dem Posten des Oberbürgermeisters von Hitlers Lieblingsstadt Linz belohnt.

[29] Gendarmerieberichte, Eferding, 29. 7., und Linz, 29. 11. 1935: Oberösterreichisches Landesarchiv, Politische Akten, Nr. 10 und Nr. 26.

[30] Der Text der Geheimklausel bei Schuschnigg, Im Kampf gegen Hitler, S. 189 f., und Der Hochverratsprozeß gegen Dr. Guido Schmidt vor dem Wiener Volksgericht, Wien 1947, S. 481 f. Im Text steht nichts über die Aufnahme von Nationalsozialisten in die Vaterländische Front (wie von Bracher, Die deutsche Diktatur, S. 336, behauptet wird).

[31] So der Kommentar eines Bezirksführers der V. F. am 16. 7. 1936: Oberösterr. Landesarchiv, Politische Akten, Freistadt, Vaterl. Front 1934–38.

[32] So die Heimwehrzeitung „Neue Zeit", Linz, 27. 1. 1937, in einem Leitartikel.

[33] „Weisungsblatt der Landesleitung", 13. 7. 1936: Haus-, Hof- u. Staatsarchiv, Liasse Österreich 2/21, Fasz. 306.

[34] „Otto" an Dr. Lohmann, Wien, 13. 7. 1936: Verwaltungsarchiv Wien, Nachlaß Lohmann, Karton 6.

[35] „Aktenvermerk", Wien, 17. 7. 1936: Haus-, Hof- u. Staatsarchiv, Liasse Österreich 1/12, Fasz. 466.

[36] Aktennotiz, Gmunden, 26. 7. 1936: Oberösterr. Landesarchiv, Politische Akten, Nr. 12.

[37] Bericht Bezirkshauptmann Bruck, 31. 8. 1936: Steiermärk. Landesarchiv, Bezirkshauptmannschaft Bruck 1936, Gruppe Vrst.

[38] „Lagebericht über den Monat August 1936", 24. 9. 1936: Verwaltungsarchiv Wien, Bundeskanzleramt, 22/gen., Karton 4913.

[39] Bericht aus Gmunden, 5. 8. 1936: Oberösterr. Landesarchiv, Politische Akten, Nr. 12.

[40] Gendarmeriebericht, Sandl, 20. 7. 1936: ebenda, Politische Akten (Reservat) 1936–38.

[41] Bericht, Sicherheitsdirektor für Tirol, Innsbruck, 5. 8. 1936: Verwaltungsarchiv, Bundeskanzleramt, 22/gen., Karton 4968.

[42] Papen an Hitler, Wien, 3. 11. 1936: Botschaft Wien, Geheimakten 1935–38, 4939 part 2, E272484.

[43] Undatierter Bericht Bundespolizeidirektion Wien (1937): Polizeiarchiv Wien, Staatspolizeiliche Agenden 1933: NSDAP.

[44] „Bericht über die Aussprache zwischen Hauptmann Leopold und den Wiener Bezirksleitern der NSDAP", 16. 4. 1937: Haus-, Hof- u. Staatsarchiv, Liasse Österreich 2/21, Fasz. 308.

[45] Aufzeichnung des Gesandtschaftsrats Altenburg, A. A., 22. 9. 1936: Akten zur deutschen auswärtigen Politik, Serie D, I, Baden-Baden 1950, S. 248.

[46] Polizeiberichte, Wien, 30. 12. 1936, 27. 1. 1937: Verwaltungsarchiv Wien, Bundeskanzleramt, 22/gen., Karton 4913.

[47] „Gau-Weisungsblatt Nr. 11" der NSDAP Oberösterreich: Oberösterr. Landesarchiv, Politische Akten, Nr. 9.

[48] Bericht Bundespolizeidirektion Innsbruck, 23. 1. 1937: Verwaltungsarchiv, Bundeskanzleramt, 22/gen., Karton 4979.

[49] Bericht Bezirkshauptmann Freistadt, 3. 1. 1937: Oberösterr. Landesarchiv, Freistadt, Politischer Nachrichtendienst 1934–38.

[50] Oberrechnungsrat Max Freese an Himmler, Stuttgart, 4. 12. 1936: Institut für Zeitgeschichte München, Akten des Reichsführers SS, Fa 199/45. Seine Information beruhe auf Besprechungen mit dem stellvertretenden Gauleiter von Kärnten, Longin.

[51] Bullock, Hitler, Ausg. 1973, S. 362.

[52] „Österreichischer Beobachter", Folge 17, 1. 4. 1937: Burgenländ. Landesarchiv, Zeitgeschichtl. Sammlung, A/VIII–14, III–1.

[53] „Amtlicher Informationsdienst", Wien, 5. 3. 1937: Haus-, Hof- u. Staatsarchiv, Liasse Österreich 2/3, Fasz. 285.

[54] „Bericht II über die Zeit vom 24. I. bis 14. II." (1937), gez. Gilbert In der Maur: Burgenl. Landesarchiv, Zeitgeschichtl. Sammlung, A/VIII–10, VIII–5.

[55] „Standort, am 17. II. 1937", von der Polizei am 21. 4. in der Teinfaltstr.

gefunden: Verwaltungsarchiv Wien, Bundeskanzleramt, 22/gen., Karton 5000.

56 „Kurzinformation über Gau Wien der NSDAP Hitlerbewegung", ebenda (gleichfalls von der Polizei in der Teinfaltstr. gefunden).

57 Bericht Generaldirektion für die öffentl. Sicherheit, 30. 5. 1937: Haus-, Hof- u. Staatsarchiv, Nachlaß Hornbostel, Fasz. 251.

58 „Die Ereignisse vom Feber und März in Graz . . .", Ms. in Nachlaß Lohmann, Karton 7, Verwaltungsarchiv Wien.

59 Reinthaller an Seyß-Inquart, Attersee, 2. 11. 1937: Bundesarchiv Koblenz, Nachlaß Seyß-Inquart, Sondermappe 2.

60 „Österreichischer Beobachter", Okt. 1937: Burgenl. Landesarchiv, Zeitgeschichtl. Sammlung, A/VIII–10, Varia X/1.

61 Vgl. oben S. 268 f.

62 Vertraulicher Bericht, Wien, 22. 6. 1937: Verwaltungsarchiv, Bundeskanzleramt, 22/gen., Karton 5001.

63 Bericht über Versammlung der Vaterl. Front in Hietzing am 9. 7. 1937: Bundesarchiv, Nachlaß Seyß-Inquart, Sondermappe 1.

64 Seyß-Inquart an Keppler, Salzburg, 18. 8. 1937: Akten zur deutschen auswärtigen Politik, Serie D, I, S. 371 f.

65 „Lagebericht über den Monat August 1937": Auswärt. Amt, Akten betr. Politische Lageberichte der Geh. Staatspolizei, Bd. 3, 2971H, D579309.

66 „Österreichischer Beobachter", 1. Novemberfolge 1937: Oberösterr. Landesarchiv, Politische Akten, Nr. 11. Im Dritten Reich war Gl. einer der berüchtigtsten SS-Führer im besetzten Polen.

67 Aktennotiz vom 1. 10. 1937: Akten zur deutschen auswärtigen Politik, Serie D, I, S. 379.

68 Aktennotiz vom 2. 11. 1937: ebenda, S. 392.

69 Aktennotiz vom 4. 10. 1937: ebenda, S. 381.

70 Vertraulicher Bericht, Wien, 30. 12. 1936: Verwaltungsarchiv Wien, Bundeskanzleramt, 22/gen., Karton 4975.

71 Befehl der SS-Standarte 9, 1. 10. 1936: Haus-, Hof- u. Staatsarchiv, Liasse Österreich 2/21, Fasz. 306.

72 „Bericht über die Stellung der SS im Gau", 31. 1. 1937: Burgenländ. Landesarchiv, Zeitgeschichtl. Sammlung, A/VIII–10, Varia X/1.

73 Leopold an Himmler, Krems, 4. 12. 1937: Berlin Document Center, Partei-Kanzlei-Korrespondenz.

74 Undat. Bericht: Haus-, Hof- u. Staatsarchiv, Nachlaß Hornbostel, Fasz. 252.

75 Bericht aus Mariazell, 14. 9. 1936: Steierm. Landesarchiv, Bezirkshauptmannschaft Bruck 1936, Gruppe 14, K–N.

76 Bericht aus Bruck, 30. 4. 1937: ebenda, 1937, Gruppe Vrst. 1–2.

77 Bericht aus Voitsberg, 31. 3. 1937: ebenda, Bezirkshauptmannschaft Voitsberg 1938, Gruppe 14, L–O.

78 Bericht vom Okt. 1937: Bundesarchiv Koblenz, Nachlaß Seyß-Inquart, Nr. 26.

[79] Bericht Sicherheitsdirektor für Steiermark, Graz, 9. 4. 1937: Verwaltungsarchiv Wien, Bundeskanzleramt, 22/gen., Karton 4993.
[80] Bericht Sicherheitsdirektor für Kärnten, Klagenfurt, 26. 3. 1937, ebenda.
[81] Bericht Bundespolizeidirektion Innsbruck, 25. 3. 1937, ebenda.
[82] Finanz- und Parteiverwaltung, Mitgliedschaftswesen, an Reichsamtsleiter Meiler, Wien, 14. 12. 1938, gibt die Gesamtstärke der Partei am 21. 11. 1938 mit 127 056 an mit Ziffern für die sieben Parteigaue: Bundesarchiv Koblenz, Sammlung Schumacher, Nr. 303.
[83] Die Prozentsätze sind aus obigem Brief errechnet, die Bevölkerungszahlen laut Encyclopaedia Britannica, Ausg. 1949, II S. 744.
[84] Für die geographische Verteilung des nationalsozialistischen Einflusses in Deutschland nach den Wahlen von 1924 bis 1932 siehe die Tabelle in K. D. Bracher, Die Auflösung der Weimarer Republik, Stuttgart-Düsseldorf 1955, S. 647.
[85] Peter Graf Revertera an Schuschnigg, Wien, 20. 11. 1937, über seine Unterredung mit Göring am 17. 11.: Der Hochverratsprozeß gegen Dr. Guido Schmidt vor dem Wiener Volksgericht, Wien 1947, S. 295.

XV. DER ANSCHLUSS

[1] Siehe oben S. 282.
[2] Keppler an Ribbentrop, 7. 2. 1938: Akten zur deutschen auswärtigen Politik, Serie D, I, S. 411.
[3] Keppler an Ribbentrop, 10. 2. 1938: ebenda, S. 415.
[4] Der Text des Aktionsprogramms 1938 mit Polizeikommentaren in: Bundespolizeidirektion Wien an Staatsanwaltschaft Wien I, 28. 1. 1938: Verwaltungsarchiv Wien, Bundeskanzleramt, 22/gen., Karton 5022.
[5] Für Einzelheiten siehe Bullock, Hitler (Ausg. 1973), S. 422 ff. und Schuschnigg, Im Kampf gegen Hitler, S. 237 ff.
[6] „Lagebericht über Österreich bis zum 18. 2. 1938“: Akten zur deutschen auswärtigen Politik, Serie D, I, S. 440.
[7] Aktennotiz Kepplers, 22. 2. 1938: ebenda, S. 443.
[8] Aktennotiz Kepplers, 28. 2. 1938: ebenda, S. 450.
[9] Notizen Reverteras, „Donnerstag, 17. II. 1938“: Herrschaftsarchiv Helfenberg, Karton 102a.
[10] Bullock, a. a. O., S. 426.
[11] Revertera an Generaldirektion für die öffentl. Sicherheit, Linz, 21. 2. 1938: Herrschaftsarchiv Helfenberg, Karton 102a.
[12] Bericht Reverteras, Linz, 22. 2. 1938, ebenda.
[13] Notizen Reverteras, „Dienstag, den 22. II. 1938“, ebenda.
[14] Notizen Reverteras, „Mittwoch, den 23. II. 1938“, ebenda.
[15] „Die Ereignisse vom Feber und März in Graz“: Ms. in Nachlaß Lohmann Karton 7, Verwaltungsarchiv Wien.

[16] „Situationsberichte" vom 20.–21. 2. 1938: ebenda, Bundeskanzleramt, 22/gen., Karton 5011.
[17] = Anm. 16.
[18] Berichte aus Voitsberg, 25. 2. und 1. 3. 1938: Steierm. Landesarchiv, Bezirkshauptmannschaft Voitsberg 1938, Gruppe 14, L–O.
[19] Der Divisionskommandant in Graz an Heeresministerium, 27. 2. 1938, von Generallt. Muff nach Berlin gesandt: Botschaft Wien, Geheimakten 1935–38, 4938 part 10, E271754.
[20] Telefonische Mitteilung der Sicherheitsdirektion für Oberösterreich nach Freistadt, 20. 2. 1938: Oberösterr. Landesarchiv, Politische Akten, Freistadt 1934–38.
[21] Generaldirektion für die öffentl. Sicherheit an alle Sicherheitsdirektoren, 1. 3. 1938: Vorarlb. Landesarchiv, Bezirkshauptmannschaft Bregenz 1938, Nr. 603.
[22] Streng vertrauliche Mitteilung der gleichen Behörde, 8. 3. 1938, ebenda.
[23] Kepplers Bericht über Besuch in Wien, 3. bis 6. 3.1938: zitiert von Schuschnigg, Im Kampf . . ., S. 293.
[24] Der Divisionskommandant in Graz an Heeresministerium, 27. 2. 1938, von Generallt. Muff am 1. 3. nach Berlin gesandt: Botschaft Wien, Geheimakten 1935–38, 4938 part 10, E271754.
[25] Bericht Kepplers über Besuch in Wien, 3.–6. 3. 1938, zitiert von Schuschnigg, a. a. O., S. 293; „Basler Nachrichten", 2. 3. 1938.
[26] Bericht Kepplers über Besuch in Wien, 3.–6. 3. 1938, zitiert von Schuschnigg, a. a. O., S. 293 f.
[27] Notizen Reverteras, „Dienstag, 1. III. 1938": Herrschaftsarchiv Helfenberg, Karton 102a.
[28] Notizen Reverteras, „Mittwoch, 2. III. 1938", ebenda.
[29] Gendarmeriebericht, Weng, 7. 3. 1938: Oberösterr. Landesarchiv, Politische Akten, Nr. 10 (Braunau).
[30] Gendarmeriebericht, Ried, 9. 3. 1938: ebenda, Nr. 36 (Ried).
[31] Bullock, a. a. O., S. 426.
[32] Bericht Bundespolizeidirektion Linz, 11. 3. 1938: Verwaltungsarchiv Wien, Bundeskanzleramt, 22/gen., Karton 5026.

XVI. FASCHISTISCHE BEWEGUNGEN IN ÖSTERREICH UND DEUTSCHLAND

[1] Schuschnigg, Im Kampf gegen Hitler, S. 25.
[2] Bericht Kepplers über Unterredung mit Schuschnigg am 5. 3. 1938: Akten zur deutschen auswärtigen Politik, Serie D, I, S. 457. Sch. sprach sich auch für die Schaffung eines gemeinsamen Deutschen Reiches „auf lange Sicht" aus.
[3] Von einer Massenversammlung in Wien im Juli 1920 angenommene Ent-

schließung: Oberösterr. Landesarchiv, Archiv der k.k. Statthalterei, Präsidium, 6 J 1, Nr. 274. Hervorhebung vom Verfasser.

4 Vgl. die Bemerkungen von Fritz Fellner, The Background of Austrian Fascism, in P. F. Sugar (Hsg.), Native Fascism in the Successor States 1918–1945, Santa Barbara 1971, S. 21.

5 Fellner, a. a. O., S. 20.

6 Polizeibericht, Wien, 17. November 1919: Verwaltungsarchiv Wien, Bundeskanzleramt, 22/gen., Karton 4860. Hervorhebung im Original.

7 Bericht Gendarmeriepostenkommando Jennersdorf, 27. 8. 1929: Burgenl. Landesarchiv, Landesregierungsarchiv, III–16/1929.

BIBLIOGRAPHIE

A. Unveröffentlichte Quellen

Berlin Document Center

Nationalsozialistische Kartei: Alfred Eduard Frauenfeld, Theo Habicht, Hugo Jury, Josef Leopold, Hermann Reschny, Heinrich Suske.

Akten des Obersten Parteigerichts: Briefe von Reichsamtsleiter Meiler und Alfred Proksch.

Parteikanzlei-Korrespondenz: Briefe von Major Lahr, Walther Oberhaidacher.

SS Personal-Akten: Anton Reinthaller, Dr. Otto Wächter.

Bundesarchiv Koblenz

Reichskanzlei, Akten betreffend Österreich, R 43 I/105–112, R 43 II/1473–1479.

Hauptarchiv der NSDAP, NS 26/54, vorl. 143, vorl. 642, vorl. 647–649.

Sammlung Schumacher, Nr. 277, 302, 303, 305 I und II.

Nachlaß Max Bauer, Nr. 30 a und b.

Nachlaß Otto Gessler, Nr. 24.

Nachlaß Arthur Seyß-Inquart, Sondermappe I und II, Nr. 6, 7, 25, 26.

Nachlaß Hans Steinacher, Nr. 45, 47.

Foreign Office Library, London

Auswärtiges Amt, Akten betreffend Heimwehr-Organisationen in Östereich, 6080H.

Akten betreffend Nationalsozialismus, Österreich, Band 1–3, 6111H.

Akten betreffend Nationalsozialismus – Terrorakte, 6112H.

Akten betreffend Nationalsozialismus, Österreich – Einigungsverhandlungen, Band 1–2, 6114H.

Militärattaché Wien, Band 1–3, 5705H.

Politische Abteilung, Österreich 1A, Akten betreffend Politische Lageberichte der Geheimen Staatspolizei und der SA, Band 1–3, 2971H.

Botschaft Wien, Geheimakten 1930, 1931, 1932, 1933, 1934, 1935–38, 4938 part 3–10, 4939 part 1.

Botschaft Wien, Habsburger-Frage, K 1066.

Institut für Zeitgeschichte, München

Akten des Reichsführers SS, Fa 199/45.

Hauptarchiv der NSDAP, Mikrofilm MA 731.

Lebenslauf Hanns Rauter, 2108/57.
Zeugenschrifttum 1928, Dr. Rudolf Weydenhammer.

Institut für Zeitgeschichte, Wien
Lebenserinnerungen des Fürsten Ernst Rüdiger von Starhemberg von ihm verfaßt im Winter 1938–39 in Saint Gervais.
Aufzeichnungen des Fürsten Ernst Rüdiger Starhemberg bis zum Jahre 1938 verfaßt während des zweiten Weltkrieges in London.
Vinzenz Schumy, Manuskript über *Heimwehren*, verfaßt 1938, revidiert etwa 1960.

Haus-, Hof- und Staatsarchiv, Wien
Liasse Österreich, 2/3, Faszikel 275, 276, 277, 285.
Liasse Österreich, 2/21, Faszikel 302, 303, 305, 306, 308, 468.
Liasse Österreich, 2/26, Faszikel 316.
Liasse Österreich, 19, Faszikel 401.
Liasse Österreich, 1/12, Faszikel 466, 467.
Nachlaß Theodor Hornbostel, Faszikel 246–252.

Polizeiarchiv, Wien
Nachlaß Theodor Reimer, Box 7.
Nachlaß Johann Schober, Box 2a and b, 8, 27/4, 28, 31, 32, 33/1, 34, 37, 38/1, 46/1, 49, 50, 74, 87, 92, Politische Informationen 1919.
Box 1929/1, ‚Freikorps Oberland 1929–1932'.
Staatspolizeiliche Agenden 1933, NSDAP.

Verwaltungsarchiv, Wien
Bundeskanzleramt, 15/gen., Box 2418.
Bundeskanzleramt, 22/gen., Box 4860 bis 5026.
Polizeidirektion Wien, Berichte 1919, Berichte 1920.
Großdeutsche Volkspartei, Box 1 bis 30.
Verhandlungsschriften der ‚Großdeutschen Vereinigung' 1919–1920.
Nationalsozialistische Parteistellen, Box 5, 6, 12, 13, 19, 20.
Nachlaß Walter Lohmann, Box 6, 7, 10.

Burgenländisches Landesarchiv, Eisenstadt
Landesregierungsarchiv, 4–11/1924, V–8/1925, III–6/1926, III–16/1927, III–3/1928, III–16/1929, III–31/1930, L–16/1931.
Landesamtsdirektion – 243 – 1933: Nationalsozialistische Partei.
Landesamtsdirektion – 245 – 1933: Sicherheitspolizeiliche Berichte.
Landesamtsdirektion – 19 – 1934: Sicherheitspolizeiliche Berichte.
Burgenländische Vereinsakten, A/IV–14.
Zeitgeschichtliche Sammlung, A/VIII–3, III 1–2, IV 1–2, VIII–3, XI 1–3.
A/VIII–10, VIII/5, Varia X/1 and X.
A/VIII–14, III–1, III–2 and III–3.

Herrschaftsarchiv Helfenberg
Box 102a.
Vortrag Peter Graf Revertera, 9. März 1961, ‚Heimwehr'.

Kärntner Landesarchiv, Klagenfurt
Präs. 7–12/8356, 1922, Faszikel 653.
Präs. 17–1/237, 1923, Faszikel 678.
Präs. 7–1/1038, 1923, Faszikel 672.
Präs. Lo–2/3490, 1923, Faszikel 675.
Präs. 9–2/1411, 1928, Faszikel 904.
Präs. 7–6/450, 1932, Faszikel 941.

Klagenfurt, Bezirkshauptmannschaft
J 1–300, 1934.
JI 1934, 121–257.
JI 1934, 1–120.
JI 1935, 1–100.
J 1–300, 1935.

Oberösterreichisches Landesarchiv, Linz
Archiv der k.k. Statthalterei, Präsidium, 6 J 1, Nr. 274.
Archiv der Landesregierung, Nr. 7.
Politische Akten, Nr. 1 to 81.
Politische Akten, Freistadt, Reservat 1934–35, 1936–38.
Politische Akten, Freistadt, Schutzkorps und sonstige politische Akten.
Politische Akten, Freistadt, Politischer Nachrichtendienst 1934–38.
Politische Akten, Freistadt, Vaterländische Front 1934–38.
Politische Akten, Freistadt, Politische Akten 1934–38.
Nachlaß Theodor Berger, Nr. 26, 27, 31.
Nachlaß Landeshauptmann Dr. Schlegel, Nr. 1, Faszikel 2.
Dr. Harry Slapnicka, Manuskript über ‚Heimwehren und Schutzbund in Oberösterreich'.

Steiermärkisches Landesarchiv, Graz
Präsidialakten, E. 91, 1921–1925, Polizeiberichte.
Akten der k.k. Steiermärkischen Statthalterei – Präsidium, E. 91, 1918 und 1919–1920.
Präsidialakten 1919, 443 J 204 and 289 J 204.
Landesamtsdirektion 1926, 384 V 1.
Landesamtsdirektion 1928, 384 W 26.
Landesamtsdirektion 1932, 384 He 2: Heimatschutzverband.
Landesamtsdirektion 1932, 384 Mo 1: Monarchisten.
Landesamtsdirektion 1932, 384 A 114.
Bezirkshauptmannschaft Graz, 1927, Gruppe 14.

Bezirkshauptmannschaft Graz, 1929, Gruppe 14.
Bezirkshauptmannschaft Graz, 1934, Gruppe 14.
Bezirkshauptmannschaft Graz, 1936, Gruppe 14.
Bezirkshauptmannschaft Bruck an der Mur, 1928–29, Gruppe Vst.
Bezirkshauptmannschaft Bruck an der Mur, 1931, Gruppe Vst.
Bezirkshauptmannschaft Bruck an der Mur, 1933, Gruppe Vst. 1.
Bezirkshauptmannschaft Bruck an der Mur, 1934, Gruppe Vst. A–C.
Bezirkshauptmannschaft Bruck an der Mur, 1934, Gruppe 14.
Bezirkshauptmannschaft Bruck an der Mur, 1936, Gruppe Vrst.
Bezirkshauptmannschaft Bruck an der Mur, 1936, Gruppe 14.
Bezirkshauptmannschaft Bruck an der Mur, 1937, Gruppe Vrst. 1–2.
Bezirkshauptmannschaft Bruck an der Mur, 1938, Gruppe Vrst.
Bezirkshauptmannschaft Liezen, 1927, Gruppe 14.
Bezirkshauptmannschaft Liezen, 1935–36, Gruppe Vrst.
Bezirkshauptmannschaft Liezen, 1936, Gruppe 14 S–W and V–Z.
Bezirkshauptmannschaft Voitsberg, 1927, Gruppe 14.
Bezirkshauptmannschaft Voitsberg, 1931, Gruppe 14.
Bezirkshauptmannschaft Voitsberg, 1933, Gruppe 14 A–O.
Bezirkshauptmannschaft Voitsberg, 1934, Gruppe 14 L–R.
Bezirkshauptmannschaft Voitsberg, 1935, Gruppe 14 A–M.
Bezirkshauptmannschaft Voitsberg, 1936, Gruppe 14 Gi–La and Vo–Z.
Bezirkshauptmannschaft Voitsberg, 1937, Gruppe 14 V–Z.
Bezirkshauptmannschaft Voitsberg, 1938, Gruppe 14 L–O.

Tiroler Landesarchiv, Innsbruck
Präsidialakten 1919, XII 76 e.
Präsidialakten 1921, XII 76 e.
Präsidialakten 1922, II 11 g: ‚Festschießen der Heimatwehren Nov. 1920'.
Präsidialakten 1922, 165 II 11 g.
Präsidialakten 1929, 1709 XII 57.
Präsidialakten 1930, 956 III 10.
Präsidialakten 1932, 303 III 10: ‚Bildung der Heimatwehren in Tirol'.
Präsidialakten 1933, 675 III 10.
Präsidialakten 1933, 181 XII 59.
Präsidialakten 1933, 1851 I 6.
Präsidialakten 1934, prs XII 57 und 479 III 10.
Präsidialakten 1935, 62 prs XII 57.
Präsidialakten 1937, 434 XII 57 und prs XII 57.
Nachlaß Michael Mayr, V/20: Tiroler Ständerat.

Vorarlberger Landesarchiv, Bregenz
Landesregierung, Präsidialakten 900, 1928.
Präsidialakten 488, 1931.
Präsidialakten 232, 1932.

Präsidialakten 252, 1933.
Präsidialakten 1093, 1933.
Präsidialakten 544, 1933.
Präsidialakten 757, 1933.
Präsidialakten 321, 1934.
Präsidialakten 484, 1934.
Bezirkshauptmannschaft Bregenz, Nr. 613, 1931.
Nr. 1380, 1934.
Nr. 3625, 1933.
Nr. 3875, 1933.
Nr. 170, 1934.
Nr. 1871, 1934.
Nr. 403, 1934.
Nr. 3250, 1934.
Nr. 1138, 1935.
Nr. 169, 1935.
Nr. 384, 1936.
Nr. 174, 1938.
Nr. 603, 1938.

B. *Veröffentlichte Quellen*

Akten zur deutschen auswärtigen Politik 1918–1945, Serie C, Band I 1, I 2, Göttingen, 1971.

Akten zur deutschen auswärtigen Politik 1918–1945, Serie C, Band II 1, Göttingen, 1973.

Akten zur deutschen auswärtigen Politik 1918–1945, Serie C, Band III 1, Göttingen 1973.

Akten zur deutschen auswärtigen Politik 1918–1945, Serie D, Band 1, Baden-Baden, 1950.

Documents on German Foreign Policy, Series C, Bd. IV, Washington, 1962.

Documents on German Foreign Policy, Series C, Bd. V, Washington, 1966.

Erhebung der österreichischen Nationalsozialisten im Juli 1934 (Akten der Historischen Kommission des Reichsführers SS), Wien–Frankfurt–Zürich, 1965.

Hochverratsprozeß gegen Dr. Guido Schmidt vor dem Wiener Volksgericht – Die gerichtlichen Protokolle mit den Zeugenaussagen, unveröffentlichten Dokumenten, sämtlichen Geheimbriefen und Geheimakten, Wien, 1947.

Kerekes, L. (Hsg.), ‚Akten zu den geheimen Verbindungen zwischen der Bethlen-Regierung und der österreichischen Heimwehrbewegung', Acta Historica, XI, Budapest, 1965, S. 299–339.

Nemes, D. (Hsg.), ‚„Die österreichische Aktion" der Bethlen-Regierung', Acta Historica, XI, Budapest, 1965, S. 187–258.

„Österreichischer Beobachter“, 1. bis 3. Jahrgang, 1936–38.

„Panther, Der, Steirische Heimatschutzzeitung“, 1. bis 4. Jahrgang, 1930–33.

„Roter Adler, Der,“ 3. Jahrgang, 1934.

C. *Literatur*

Anon., ‚50 Jahre Burgenland – Die ersten Jahre des Burgenlandes‘, in: Burgenländisches Leben, 22. Jahrgang, Nr. 11–12, Nov.–Dez. 1971.

Ardelt, Rudolf G., Zwischen Demokratie und Faschismus – Deutschnationales Gedankengut in Österreich 1919–1930, Wien–Salzburg 1972.

Bärnthaler, Irmgard, Die Vaterländische Front – Geschichte und Organisation, Wien–Frankfurt–Zürich 1971.

Berg, Friedrich, Die weiße Pest – Beiträge zur völkischen Bewegung in Österreich, Wien 1926.

Billroth, Theodor, Über das Lehren und Lernen der medicinischen Wissenschaften an den Universitäten der deutschen Nation, Wien 1876.

Botz, Gerhard, Die historischen Erscheinungsformen des Faschismus, in: Beiträge zur historischen Sozialkunde, IV 3, Juli–September 1974, S. 56–62.

– Gewalt in der Politik, München 1976.

Bracher, Karl Dietrich, Die Deutsche Diktatur, Köln 1969.

Brandstötter, Rudolf, Dr. Walter Riehl und die Geschichte der nationalsozialistischen Bewegung in Österreich, unveröffentlichte Wiener Dissertation 1969.

Bullock, Alan, Hitler: A Study in Tyranny, rev. Ausgabe, London 1973.

Carsten, Francis L., Revolution in Mitteleuropa 1918–1919, Köln 1973.

Ciller, A., Vorläufer des Nationalsozialismus, Wien 1932.

Fellner, Fritz, The Background of Austrian Fascism, in: Peter F. Sugar (Hsg.), Native Fascism in the Successor States 1918–1945, Sanata Barbara 1971, S. 15–23.

Gehl, Jürgen, Austria, Germany and the Anschluß 1931–1938, London 1963.

Goldinger, Walter, Der geschichtliche Ablauf der Ereignisse in Österreich von 1918 bis 1945, in: Heinrich Benedikt (Hsg.), Geschichte der Republik Österreich, Wien 1954, S. 15–288.

– Geschichte der Republik Österreich, Wien 1962.

Haag, John, Knights of the Spirit – the Kameradschaftsbund, in: Journal of Contemporary History, VIII 3, Juli 1973, S. 133–53.

Hartlieb, Wladimir von, Parole: Das Reich, Wien–Leipzig 1939.

Heer, Friedrich, Freud – the Viennese Jew, in: Jonathan Miller (Hsg.), Freud – the Man, his World, his Influence, London 1972, S. 1–20.

Heimatschutz in Österreich, Wien 1934.

Hofmann, Josef, Der Pfrimer-Putsch – Der steirische Heimwehrprozeß des Jahres 1931, Wien–Graz 1965.

Huemer, Peter, Sektionschef Dr. Robert Hecht und die Entstehung der ständisch-autoritären Verfassung in Österreich, unveröffentlichte Wiener Dissertation 1968.
Jedlicka, Ludwig, The Austrian Heimwehr, in: Journal of Contemporary History, I 1, Januar 1966, S. 127–44.
Jung, Rudolf, Nationaler Sozialismus, 3. Ausg. München 1922.
Kann, Robert A., Das Nationalitätenproblem der Habsburger Monarchie, Graz–Köln 1964.
Kerekes, Lajos, Italien, Ungarn und die österreichische Heimwehrbewegung 1928–1931, in: Österreich in Geschichte und Literatur, IX, 1965, S. 1–13;
– Abenddämmerung einer Demokratie – Mussolini, Gömbös und die Heimwehr, Wien–Frankfurt–Zürich 1966.
Klemperer, Klemens von, Ignaz Seipel – Christian Statesman in a Time of Crisis, Princeton 1972.
Klingenstein, Grete, Bemerkungen zum Problem des Faschismus in Österreich, in: Österreich in Geschichte und Literatur, XIV 1, Januar 1970, S. 1–13.
Langoth, Franz, Kampf um Österreich – Erinnerungen eines Politikers, Wels 1951.
Nusser, Horst G. W., Konservative Wehrverbände in Bayern, Preußen und Österreich 1918–1933, München 1973.
Pauley, Bruce F., Hahnenschwanz und Hakenkreuz – Der Steirische Heimatschutz und der österreichische Nationalsozialismus, Wien 1972.
Pichl, Eduard, Georg Schönerer, 6 Bände, Oldenburg 1938.
Pulzer, Peter G. J., The Rise of Political Anti-Semitism in Germany and Austria, New York–London 1964;
– The Development of political Antisemitism in Austria, in: Josef Fraenkel (Hsg.), The Jews of Austria, London 1967, S. 429–43.
Rape, Ludger, Die österreichische Heimwehr und ihre Beziehungen zur bayerischen Rechten zwischen 1920 und 1923, unveröffentlichte Wiener Dissertation 1969.
Rintelen, Anton, Erinnerungen an Österreichs Weg, München 1941.
Rosar, Wolfgang, Deutsche Gemeinschaft – Seyß-Inquart und der Anschluß, Wien–Frankfurt–Zürich 1971.
Rosenkranz, Herbert, The Anschluss and the Tragedy of Austrian Jewry, in: Josef Fraenkel (Hsg.), The Jews of Austria, London 1967, S. 479–526.
Schneller, Martin, Zwischen Romantik und Faschismus – Der Beitrag Othmar Spanns zum Konservativismus der Weimarer Republik, Stuttgart 1970.
Schuschnigg, Kurt, Im Kampf gegen Hitler – Die Überwindung der Anschlußidee, Wien–München–Zürich 1969.
Schweiger, Franz, Geschichte der niederösterreichischen Heimwehr von 1928 bis 1930, unveröffentlichte Wiener Dissertation 1964, 2 Bde.
Spann, Othmar, Der wahre Staat – Vorlesungen über Abbruch und Neubau der Gesellschaft gehalten im Sommersemester 1920 an der Universität Wien, Leipzig 1921.

Stadler, Karl R., Opfer verlorener Zeiten – Die Geschichte der Schutzbund-Emigration 1934, Wien 1974.
Staudinger, Anton, Christlichsoziale Partei und Errichtung des „Autoritären Ständestaates“ in Österreich, in: Vom Justizpalast zum Heldenplatz, Wien 1975, S. 65–81.
van Arkel, Dirk, Antisemitism in Austria, Leiden 1966, Manuskript.
Wandruszka, Adam, Österreichs politische Struktur, in: Heinrich Benedikt (Hsg.), Geschichte der Republik Österreich, Wien 1954, S. 289–485.
Warren, John Christopher Peter, The Political Career and Influence of Georg Ritter von Schönerer, unveröffentlichte Londoner Diss. 1963.
Whiteside, Andrew G., Nationaler Sozialismus in Österreich vor 1918, in: Vierteljahrshefte für Zeitgeschichte, IX, 1961, S. 333–59;
– Austrian National Socialism before 1918, Den Haag 1962;
– Austria, in: Hans Rogger und Eugen Weber (Hsg.), The European Right, Berkeley–Los Angeles 1966, S. 308–63;
– The Socialism of Fools – Georg Ritter von Schönerer and Austrian Pan-Germanism, Berkeley–Los Angeles–London 1975.
Zöllner, Erich, Geschichte Österreichs, Wien 1961.

REGISTER

Veröffentlichungen des Historischen Institutes Mannheim

1 **Klaus Hildebrand: Vom Reich zum Weltreich**
Hitler, NSDAP und koloniale Frage 1919–1945. 955 Seiten, Ln. DM 108,—

„Eine umfassende und in ihren Ergebnissen überzeugende Untersuchung, die sich auf eine Fülle bisher nicht ausgewerteter Quellen stützt, aber auch eine umfangreiche historische Literatur berücksichtigt, und die besonders wegen ihres hohen Niveaus der Interpretation als eine der wichtigsten und interessantesten Veröffentlichungen zur Geschichte des Nationalsozialismus gelten darf."
(Frankfurter Rundschau)

2 **Gottfried Niedhardt: Großbritannien und die Sowjetunion 1934–1939**
498 Seiten, Ln. DM 76,—

„Eine klar gegliederte und methodisch vorbildliche historische Untersuchung, deren Ansatz auch für vergleichbare Themen zur internationalen Politik fruchtbar zu machen wäre." (FAZ)

3 **Jürgen Voss: Das Mittelalter im historischen Denken Frankreichs**
484 Seiten mit 29 Tabellen, Ln. DM 112,—

„Das Buch kommt zur rechten Zeit, um die heftig entbrannte Diskussion um die Daseinsberechtigung der aus dem 17. Jahrhundert überkommenen humanistischen Trias Antike–Mittelalter–Neuzeit auf eine neue Grundlage zu stellen."
(Das Historisch-Politische Buch)

„Die ausgezeichnete Arbeit stellt ein in sich geschlossenes Ganzes dar, das geradezu den Rang eines unentbehrlichen Nachschlagewerkes speziell für die vorrevolutionäre Zeit besitzt."
(Archiv für Kulturgeschichte)

„Die von Voss vorgelegte Arbeit setzt Maßstäbe. Ein überaus wertvoller Einblick in die Herausbildung des Geschichtsverständnisses und damit der Geschichtswissenschaft."
(Deutsche Literaturzeitung)

„Ein unentbehrliches Hilfsmittel für jeden, der sich mit Historiographie zwischen dem 16. und dem 19. Jahrhundert beschäftigt. Es bleibt zu hoffen, daß es auch von der französischen Forschung in gebührendem Maße zur Kenntnis genommen wird."
(Schweizerische Zeitschrift für Geschichte)

Georg Klaus: Semiotik und Erkenntnistheorie
182 Seiten, kart. DM 12,80

Inhalt: Sprachanalyse und Erkenntnistheorie; natürliche Sprache – Fachsprache – Kunstsprache – Metasprache; allgemeine Grundbegriffe der Semiotik; spezielle Probleme der Zeichenfunktion; sinnvolle und sinnlose Zeichenzusammenstellungen; Semiotik als Grundlagenforschung; allgemeine Bemerkungen zur Sprachstruktur und zu ihrer Analyse; semiotische Betrachtungen und Analysen.

„Dieses Buch, das jetzt bereits die 4. Auflage erlebte, ist längst zu einem Standardwerk geworden und sollte in jeder vertieften Auseinandersetzung mit zeitgemäßen Problemen Berücksichtigung finden."
(Neuer Bücherdienst)

Georg Klaus: Rationalität, Integration, Information
Entwicklungsgesetze der Wissenschaft in unserer Zeit (Kritische Information 33). 302 Seiten, kart. DM 28,—

„Der Verfasser, führender Philosoph und Wissenschaftstheoretiker der DDR, ist auch bei uns durch zahlreiche Veröffentlichungen bestens bekannt. Kybernetik, Systemtheorie und Dialektik sind die zentralen Themen. Die Darstellung ist, wie zu erwarten, insgesamt wieder ein imponierender Wurf, im einzelnen äußerst anregend, provokant, aber schlüssig." (Buchanzeiger für Öffentliche Büchereien)

„Klaus' Buch greift in eine Diskussion ein, die ohne Kenntnis seines wahrhaft grundlegenden Werkes nicht weiterzuführen ist. Die wesentlichen Entwicklungsprobleme heutiger Wissenschaft, ob es sich um die Einheit von Natur- und Geisteswissenschaften, um Fragen der Logik, Kybernetik, Philosophie und Wissenschaftstheorie allgemein oder auch deren spezifische Sorgen handelt, werden hier überzeugend traktiert, vor allem im Hinblick auf die fortschreitende Mathematisierung." (Neue Zürcher Zeitung)

A. Sinowjew/H. Wessel: Logische Sprachregeln
Eine Einführung in die Logik. 592 Seiten, Ln. mit Schutzumschlag DM 48,—

„Eine umfassende Einführung in die moderne Logik für Leser, die keine speziellen Vorkenntnisse haben. Die logischen Regeln werden vor allem als Vorschriften zum Operieren mit sprachlichen Gebilden bestimmter Art betrachtet. Andererseits enthält die Darstellung auch die moderne Symbolik der verschiedenen Logiken. Neben abgeschlossenen Bereichen werden Gebiete dargestellt, die erst in Grundzügen ausgearbeitet sind (z. B. Theorie der Termini, Wissenschaftslogik). Sehr empfehlenswert für Studenten, Lehrer, Wissenschaftler."
(Zentralblatt für Didaktik)